KB270112

財政運用의 懸案課題와 改善方向

2000年度
國家豫算과 政策目標

財政運用의 懸案課題와 改善方向

韓國開發研究院
文亨杓·高英先 編著

比峰出版社

序　言

　1997년에 발생한 외환위기는 금융 및 기업부문 등 민간경제 전반
뿐 아니라 정부재정운영에도 큰 변화를 초래하였다. 금융부문 구조
조정을 위한 정부지원 및 경기침체 탈피를 위한 적극적인 재정운용
으로 말미암아 전통적으로 강조되어온 균형재정 기조가 흔들리게 되
고 장기적인 재정건전성 유지에 대한 우려가 대두되고 있다. 이와 함
께 실업급증 및 빈부격차 확대 등 외환위기와 구조조정의 사회적 악
영향을 치유하기 위한 정부의 복지지출도 급속히 늘어나게 되었다.
이처럼 금융구조조정에 따른 이자비용부담 및 사회안전망의 확충 등
으로 인해 재정지출의 증대압력은 이전에 비해 크게 늘어나게 되었
다. 이에 따라 악화된 재정여건하에서 재정건전성을 회복·유지해
나가기 위해서는 중장기적인 재정운용의 기본틀 안에서 한정된 공공
재원을 보다 효율적으로 배분하고 지출생산성을 극대화하는 노력이
그 어느 때보다도 절실히 요구되는 시점이다.

　재정지출의 효율성을 제고하는 데 있어 무조건적으로 정부지출을
억제하는 것만이 능사는 아닐 것이다. 경제·사회적 여건 변화에 맞
추어 수요가 늘어나는 부문에 대해서는 재원배분을 확대해 나가되,
동시에 이러한 지출증가가 지나치게 경직화되는 것을 방지하고 지출
목표를 가장 효과적으로 달성할 수 있도록 제도를 효율적으로 재정
비하는 것이 보다 올바른 방향일 것이다. 특히 사회복지, 보건의료,
노동, 교육 등 사회개발 부문은 이러한 지출규모의 적정화 노력이 각
별히 요구되는 분야이다. 최근 빠른 증가를 보이고 있는 사회개발지

출부문은 제도적 특성 및 이해집단의 문제, 그리고 정치적 이유 등으로 인해 한 번 늘어나게 되면 다시 감축하기가 매우 어렵게 되어 있어 재정경직화 및 만성적 재정적자의 요인이 될 수 있음을 많은 선진국의 사례에서 찾아볼 수 있다. 더욱이 이 부문의 지출은 자칫하면 수혜대상의 도덕적 해이를 발생시켜 예산낭비를 초래하고 경제적 효율성을 저해할 소지가 크므로 제도 고안에 세심한 주의가 필요할 것이다.

또한 재정건전화를 위해서는 재정제도의 투명성 및 배분효율성 제고를 위한 과감한 개혁이 필요하며, 이를 위해 현 정부는 정부부문 구조조정을 강도높게 추진하고 있다. 그러나 아직도 이러한 개혁추진 성과가 미흡한 부분이나 재정규율이 충분히 확립되지 못한 분야가 많이 남아 있다. 우리나라 정부재정구조는 매우 복잡하고 다기화되어 있어 지출을 효과적으로 통제하거나 보다 일관성 있고 투명하게 재정을 운영하는 데에 걸림돌이 되고 있다. 또한 공기업의 생산성 제고 및 민영화가 추진되고 있으나 이해집단의 갈등 등으로 인해 어려움을 겪고 있는 실정이다. 아울러 지방재정운용의 자율성 및 책임성 제고를 위한 효율적 재원배분방식이나 통제장치도 아직은 제대로 갖추어져 있지 못한 상태이다. 따라서 재정규율을 강화하고 투명성을 제고하기 위한 지속적인 재정개혁 노력이 요구되고 있다.

本書는 국가예산의 분석 및 재정운용에 대한 평가, 그리고 재정관련 제도나 정책의 개선을 위해 本院이 1981년부터 매년 발간해 오고 있는 「국가예산과 정책목표」의 2000년도 보고서로서, 위와 같은 맥락에서 최근 악화된 재정여건하에서 재정지출의 효율화 및 재정제도의 개혁을 통해 향후 정부생산성을 회복해 나가는 데 도움이 되고자 하는 목적에서 집필되었다.

본 보고서는 1부와 2부로 나누어져 있다. 1부에서는 최근 지출증대

압력이 크게 늘어나고 있는 사회복지, 보건의료 및 교육 등 사회개발 분야의 재정지출에 있어 제기되고 있는 문제점 및 지출효율화를 위한 개선대책을 중점적으로 살펴보았으며, 본원의 문형표, 이혜훈, 우천식, 이영 박사 등이 집필에 참여하였다. 1장에서는 최근 우리나라의 복지지출 수준의 변화를 시계열분석 및 국제비교를 통해 종합적으로 평가하고 향후 변화모습을 전망해 보았으며, 이를 토대로 복지지출의 적정화를 위한 정책과제들을 검토하고 있다. 2장에서는 최근 의료보험통합 및 의약분업실시 등의 과정에서 대두되고 있는 의료보험의 재정악화 문제에 대한 원인을 다각적으로 분석·평가해 보고, 의료비 지출의 과다한 증가를 효과적으로 억제하기 위한 장·단기 정책과제를 제시하고 있다. 3장에서는 정부의 공교육투자에 대한 성과 및 문제점을 분석·평가해 보고, 향후 교육투자의 효율성을 높이기 위한 교육구조개혁과제와 함께 교육재정의 확충을 위한 방안 등을 모색하고 있다.

2부에서는 정부의 생산성 제고를 위한 재정관련제도의 개혁과제들을 중점적으로 살펴보았으며, 본원의 고영선 박사, 기획예산처의 최준욱 팀장, 그리고 한신대학교의 배준호 교수가 집필에 참여하였다. 4장에서는 예산체계 및 예산과정상의 문제점을 다양한 측면에서 조명하여 보고, 추후 재정건전화를 위해 추진되어야 할 제도개혁 과제를 종합적으로 제시하고 있다. 5장에서는 국민의 정부가 추진하고 있는 공기업 민영화의 성과 및 장애요인을 점검해 보고, 향후 민영화의 성공적 추진을 위한 정책방향을 논의하고 있다. 마지막 6장에서는 지방자치의 정착과 지방분권의 추진을 위해 낙후된 재정조정제도를 어떻게 개선해 나갈 것인가의 문제를 다루고 있다.

本書에서 논의된 정책과제들이 추후 정부의 재정건전화 및 생산성 제고를 위한 정책수립에 기여할 수 있기를 기대한다. 本書의 집필에 참여하고 좋은 논평을 해주신 여러분과 편집과정에 수고를 아끼지 않은 재정팀의 오영주 주임연구원, 이희숙 연구원 및 유영미 주임연구조원께 감사드리며, 끝으로 본 보고서의 내용은 필자들의 개인적인 의견이며, 본원의 공식적 견해가 아님을 밝혀둔다.

2000년 12월

韓國開發硏究院

院長 李鎭淳

목 차

제1부 사회개발분야의 지출효율화

제 1장 우리나라 복지지출수준의 평가와 전망
(문형표·오영주·이희숙)

제 2장 의료보험재정 안정화를 위한 정책과제

(이혜훈)

제 3장　교육재정과 교육개혁

(우천식·이영)

제 2부 재정제도의 개혁과제

제 4장 재정개혁의 현황과 과제
(고영선)

제 5장 공기업 민영화 정책

(최준욱)

제 6장 자치구 재정조정제도의 문제점과 개선방안

(배준호)

표 목 차

도 목 차

제 1부 사회개발분야의 지출효율화

차례

제 1장 우리나라 복지지출 수준의 평가와 전망

Ⅰ. 序

　복지지출 규모를 적절하게 조절해 나가는 것은 국가재정운용의 측면뿐 아니라 국민경제적 입장에서도 매우 중요한 과제이다. 예를 들어 복지지출 규모가 지나치게 낮을 경우 사회적 취약계층의 생계유지를 위태롭게 하고 분배구조를 악화시켜 사회적 결속력이 흔들리게 될 위험이 있다. 이로 인해 정치·사회적 불안전성이 높아지게 되면 거시경제적 안정성장 기반을 약화시켜 결국 지속성장을 저해할 가능성이 있다. 반면에, 복지지출 규모가 지나치게 과다해질 경우에는 정부재정운용의 건전성을 해칠 뿐 아니라 경제성장과도 상충(trade-off)될 위험이 있다. 즉, 지나친 복지지출은 정부의 한정된 재원을 소득이전적 지출에 과도하게 배분케 함으로써 생산적 투자를 구축하고 이로 인해 성장의 둔화를 야기하게 될 수도 있다. 더욱이 과도한 복지지출을 충당하기 위해서는 조세 및 사회보험료의 인상이 불가피하며, 이 경우 민간의 소비 및 투자를 구축하고 노동의 수요 및 공급을 왜곡시켜 오히려 실업을 증대시킬 위험도 있게 된다.

그러나 과연 복지지출 규모가 어느 정도가 되어야 바람직한가를 정책적으로 결정하는 것은 매우 힘든 과제이다. 각 국가의 복지지출 규모는 경제적·재정적 여건뿐 아니라 상이한 문화 및 역사적 환경, 사회구조적 특수성 등 다양한 요인에 의해 영향을 받게 되므로, 복지지출 규모의 적정성을 판단하는 객관적인 기준을 설정하기는 매우 곤란하다. 이러한 이론적인 평가기준의 부재로 인해 복지지출의 적정성을 평가하는 데 있어 다른 국가들의 복지지출 규모와의 대비를 통한 상대적 평가를 활용하는 방법이 많이 사용된다. 이러한 국제비교를 통한 상대적 평가는 국가 고유의 특수성을 감안하기 어렵다는 근본적인 한계가 있기는 하나, 한 국가의 복지재정의 규모 및 구조를 다른 나라들과 상호 비교해 봄으로써 대체적인 복지재정의 상대적 위상 및 취약성 등을 가늠해 보는 것이 어느 정도는 가능할 것이다. 특히, 뒤에서 자세히 살펴보겠으나, 각 나라의 복지지출 규모는 1인당 소득수준이나 고령화 정도 등과 밀접한 상관관계를 보이고 있는 바, 이를 통해 우리나라의 소득수준이나 고령화 정도 등 현재의 경제·사회적 여건하에서 기대되는 복지지출의 수준과 실제지출 수준을 대비해 봄으로써 복지지출의 과소 정도를 진단해 보는 것도 정책적으로 의미가 있을 것이다. 또한 이러한 상관성을 토대로 하여 향후 우리나라의 경제발전 및 고령화의 진전 등에 따른 복지지출 규모의 변화방향을 예측해 보고, 이를 통해 향후 복지지출의 증가가 국가재정에 얼마만큼의 부담을 주게 될 것인지, 또는 현재의 복지제도가 과연 앞으로도 지속가능할 것인지 등을 추정해 보는 것도 큰 의미가 있을 것이다.

이처럼 국제적 비교를 통해 우리나라의 복지지출 규모의 적정성 여부를 가늠해 보려는 시도는 기존의 많은 연구에서 찾아볼 수 있으며,[1] OECD(2000)를 비롯한 이들 대부분의 연구에서는 우리나라 복지지출 규모가 선진국이나 우리와 유사한 소득수준의 개발도상국에 비해 매우 열악한 상태인 것으로 진단하고, 향후 정부의 복지부문에 대한 역할을 강화해 나갈 필요성을 제시하고 있다. 그러나 복지지출 규모를 국제적으로 비교하는 데 있어서는 많은 주의가 요구된다. 이러한 국제비교가 각 나라의 고유한 사회·문화·정치적 상황 등을 충분히 감안할 수 없다는 접근방법상의 근본적인 한계 외에도, 복지지출 규모를 계량적으로 비교하기 위해서는 각 나라의 제도상의 차이 및 복지지출 통계의 집계방식의 차이 등이 충분히 감안되어야 하기 때문이다. 특히, 복지제도의 상이성 및 통계상의 누락 등의 문제를 무시한 단순 국제비교는 향후 복지정책을 고안해 나가는 데 있어 잘못된 정보를 제공할 우려가 있으므로 각별한 주의가 요구될 것이다. 따라서 객관적인 국제적 비교평가를 위해서는 이러한 차이를 감안한 보다 일관성 있는 통계기준의 설정이 필수적일 것이다.

이와 함께, 단순한 국제비교는 각 나라의 복지제도의 성숙도 차이를 제대로 감안할 수 없다는 문제점도 지니고 있다. 많은 복지제도의 경우 정부의 법·제도적 변경을 통한 재량적인(discretionary) 지출규모의 변화가 없이도, 인구고령화 및 소득향상 등 시간경과에 따라 자동적으로(automatic) 증가하는 특성을 강하게 가지고 있다. 특히 각종 사회보험의 경우 제도도입 초기에는 지출규모가 작더라도 제도의 성숙화 과정에서 지출규모가 지속적으로 늘어나게 되는 것이 일반적이다. 따라서 이러한 측면을 무시한 횡단면적 국제비교는 복지제도의 성숙도의 차이를 정부역할의 미흡으로 잘못 해석하는 오류를 범할 우려도 있다. 따라서 복지지출 규모의 국제비교에 있어서는 이러한 제도의 시차적(time-lag) 측면도 함께 감안해야 보다 객관적인 평가 및

---

1) 복지재정규모에 대한 기존의 연구사례들에 대해서는 고경환 외(1999)를 참조.

진단을 내릴 수 있을 것이다.

이러한 맥락에서 본고에서는 보다 일관성 있는 통계분류방식을 기준으로 하여 복지지출을 국제적으로 상호 비교해 봄으로써 우리나라 복지지출 규모의 위상을 재진단해 보는 데 목적이 있다. 이를 위해 본 연구에서는 복지지출의 대상범위가 넓고 각 나라의 제도적 차이를 가장 포괄적으로 수용할 수 있는 OECD 분류방식을 기준으로 삼았으며, 이를 토대로 우리나라 복지지출 규모 및 구조를 객관적으로 비교평가해 보고자 노력하였다. 특히 우리나라의 복지지출 통계를 1999년까지 연장추계해 봄으로써, 최근 외환위기 이후의 복지패러다임의 변화가 우리나라 복지재정에 어떻게 영향을 주었는지에 대해 초점을 맞추어 살펴보았다. 또한 단순한 횡단면적 국제비교의 한계를 고려하여, 각종 사회보험제도 등이 성숙화됨에 따라 우리나라 복지지출 규모가 향후 30년간 어떻게 변화할 것인가를 전망해 봄으로써 우리나라 복지지출의 상대적 위상변화 및 지속가능성 여부를 가늠해 보고자 하였다.

본 논문의 순서는 다음과 같다. 다음의 II절에서는 정부가 공식적으로 발표하는 복지재정 통계에 나타난 우리나라 복지재정의 현 위상 및 변화추이를 분석하고 통계상의 제약점들을 살펴보았다. III절에서는 OECD 분류기준에 맞추어 우리나라 복지지출 규모를 재추정해 보았다. 이를 위해 기존의 보건사회연구원의 추계결과를 최근까지 연장해 보았으며, 이를 토대로 다른 OECD 국가들의 복지지출 구조 및 규모와 비교분석을 시도해 보았다. IV절에서는 우리나라 복지지출 규모가 향후 30년간 어떻게 변화할 것인가를 전망해 보고, 그 지속가능성 여부를 진단해 보았다. V절에서는 본고의 연구결과의 요약과 함께 향후 우리나라 복지지출 규모를 적정한 수준으로 유지해 나가기 위한 부문별 정책과제들을 제시해 보았다. 끝으로 VI절에서는 본고의 연구결과를 요약하였다.

Ⅱ. 우리나라의 복지재정통계

우리나라 복지재정의 지출규모에 대한 정부의 공식적인 통계자료
는 기획예산처에서 매년 발간하는『예산개요』와 재정경제부의『한
국통합재정수지』등에 나타나 있다. 이 중 예산개요에 제시되어 있
는 각 연도별 복지재정규모는 국세수입 중심으로 운영되는 중앙정부
의 일반회계예산을 중심으로 복지부문에 대한 각 연도의 세출규모를
집계하고 있는 반면, 통합재정수지 기준의 경우에는 중앙정부 전체
(consolidated central government)를 대상으로 IMF 분류방식에 따라 재
정지출 규모를 집계하고 있다. 이러한 정부공식통계상에 나타난 복
지지출현황 및 통계상의 문제점들을 간략히 살펴보면 다음과 같다.

1. 일반회계기준

<표 1-1>에는 예산개요상에 제시된 1990년부터 2000년까지의 사회
개발부문에 대한 세출규모가 나타나 있다. 일반회계상의 사회개발부
문 세출규모는 2000년 예산의 경우 9조 7,384억 원으로 총 일반회계
세출예산의 11.3%를 차지하고 있으며, GDP 대비로는 약 1.9%의 수
준인 것으로 나타나고 있다. 더욱이 이 중 협의의 사회복지부문—사
회보장, 보건 및 인력개발 등—의 경우에는 GDP 비중이 1.6%에 불
과한 것으로 매우 낮게 나타나고 있다. 그러나 이러한 일반회계의 복

<표 1-1> 일반회계기준 사회개발부문 세출규모의 추이(1990~2000)

(단위: 10억 원, %)

	1990	1991	1992	1993	1994	1995
체육 및 문화	131.3	170.7	206.7	222.7	271.2	336.4
	(5.37)	(5.33)	(6.37)	(6.35)	(6.93)	(8.04)
인력개발 및 인구대책	106.7	96.3	100.8	115.9	126.8	139.3
	(4.36)	(3.01)	(3.11)	(3.31)	(3.24)	(3.33)
직업훈련	81.0	72.5	78.5	85.3	93.9	113.4
	(3.31)	(2.26)	(2.42)	(2.43)	(2.40)	(2.71)
인구대책	17.1	16.8	15.3	14.2	13.3	9.4
	(0.70)	(0.53)	(0.47)	(0.40)	(0.34)	(0.23)
직업안정	8.5	7.0	7.1	16.5	19.7	16.5
	(0.35)	(0.22)	(0.22)	(0.47)	(0.50)	(0.40)
보건 및 생활환경개선	420.9	534.2	375.0	462.3	551.6	601.2
	(17.20)	(16.67)	(11.56)	(13.19)	(14.11)	(14.38)
보 건	141.1	157.7	152.0	158.9	185.3	207.9
	(5.77)	(4.92)	(4.69)	(4.53)	(4.74)	(4.97)
상하수도	179.0	258.4	139.4	191.3	234.5	179.9
	(7.32)	(8.06)	(4.30)	(5.46)	(6.00)	(4.30)
위생 및 공해방지	87.2	101.8	59.6	89.0	105.3	169.0
	(3.56)	(3.18)	(1.84)	(2.54)	(2.69)	(4.04)
보건사회행정	13.7	16.3	24.0	23.2	26.6	44.5
	(0.56)	(0.51)	(0.74)	(0.66)	(0.68)	(1.06)
사회보장	1,498.8	1,995.9	2,148.9	2,414.8	2,613.6	2,924.5
	(61.26)	(62.29)	(66.23)	(68.90)	(68.84)	(69.94)
의료보호 및 보험	604.6	858.6	898.5	965.6	1,056.2	840.8
	(24.71)	(26.79)	(27.69)	(27.55)	(27.01)	(20.11)
보 훈	374.2	529.6	566.6	622.3	719.5	794.7
	(15.29)	(16.53)	(17.46)	(17.76)	(18.40)	(19.01)
근로자복지	39.1	49.6	57.0	58.0	67.1	76.9
	(1.60)	(1.55)	(1.76)	(1.66)	(1.72)	(1.84)
기타사회복지	460.3	536.0	613.6	754.4	755.1	1,196.8
	(18.81)	(16.73)	(18.91)	(21.53)	(19.31)	(28.62)
국민연금	20.7	22.2	13.3	14.4	15.7	15.4
	(0.84)	(0.69)	(0.41)	(0.41)	(0.40)	(0.37)
주택 및 지역사회개발	289.0	407.2	413.2	288.8	347.0	179.9
	(11.81)	(12.71)	(12.73)	(8.24)	(8.87)	(4.30)
사회개발비 전체 계	2,446.7	3,204.3	3,244.6	3,504.6	3,910.2	4,181.4
	(100.0)	(100.0)	(100.0)	(100.0)	(100.0)	(100.0)
총예산 대비	8.91	10.21	9.68	9.21	9.04	8.06
GDP 대비	1.36	1.49	1.35	1.31	1.28	1.19

<표 1-1> 일반회계기준 사회개발부문 세출규모의 추이(계속)

(단위: 10억 원, %)

	1996	1997	1998	1999	2000[1]	연평균 증가율[2] (1990~2000)	연평균 증가율[2] (1996~2000)
체육 및 문화	420.6	645.1	750.6	875.4	1,155.6	24.3	28.7
	(8.43)	(10.76)	(10.87)	(9.47)	(11.87)		
인력개발 및	152.3	153.4	283.0	787.0	574.5	18.3	39.4
인구대책	(3.05)	(2.56)	(4.10)	(8.51)	(5.90)		
직업훈련	123.2	125.8	151.1	286.4	253.4	12.1	19.8
	(2.47)	(2.10)	(2.19)	(3.10)	(2.60)		
인구대책	8.21	8.0	5.73	7.0	7.4	-8.0	-2.4
	(0.16)	(0.13)	(0.08)	(0.08)	(0.08)		
직업안정	21.0	19.7	126.2	493.6	313.7	43.4	96.6
	(0.42)	(0.33)	(1.83)	(5.34)	(3.22)		
보건 및 생활	732.7	905.3	1,204.7	1,078.3	1,239.2	11.8	15.2
환경개선[3]	(14.68)	(15.10)	(17.44)	(11.67)	(13.24)		
보 건	249.1	243.6	245.5	238.6	239.0	5.4	-1.0
	(4.99)	(4.06)	(3.55)	(2.58)	(2.45)		
상하수도	181.0	306.1	524.3	369.9	476.8	10.3	27.4
	(3.63)	(5.10)	(7.59)	(4.00)	(4.90)		
위생 및	247.9	261.8	335.6	344.2	435.7	17.5	15.1
공해방지	(4.97)	(4.36)	(4.86)	(3.72)	(4.47)		
보건사회행정	54.7	94.0	99.3	125.6	137.6	26.0	25.9
	(1.10)	(1.57)	(1.44)	(1.36)	(1.41)		
사회보장	3,527.9	4,207.1	4,576.1	6,105.1	6,320.0	15.5	15.7
	(70.67)	(70.15)	(66.26)	(66.05)	(64.90)		
의료보호	961.7	1,091.5	1,132.9	1,269.7	1,541.1	9.8	12.5
및 보험[4]	(19.27)	(18.20)	(16.41)	(13.74)	(15.83)		
보 훈	884.4	1,003.7	1,055.4	1,080.0	1,246.4	12.8	9.0
	(17.72)	(16.74)	(15.28)	(11.68)	(12.80)		
근로자복지	112.5	150.8	181.2	160.9	162.2	15.3	9.6
	(2.25)	(2.51)	(2.62)	(1.74)	(1.67)		
기타사회복지	1,552.5	1,940.5	2,152.8	3,521.7	3,293.1	21.7	20.7
	(31.10)	(32.36)	(31.17)	(38.10)	(33.82)		
국민연금	16.9	20.6	53.7	72.9	77.1	14.1	46.2
	(0.34)	(0.34)	(0.78)	(0.79)	(0.79)		
주택 및 지역	158.4	86.43	91.4	397.2	399.0	3.3	26.0
사회개발	(3.17)	(1.44)	(1.32)	(4.30)	(4.10)		
사회개발비	4,992.0	5,997.4	6,905.8	9,243.1	9,738.3	14.8	18.2
전체 계	(100.0)	(100.0)	(100.0)	(100.0)	(100.0)		
총예산 대비	8.49	8.87	9.14	11.05	11.26		
GDP 대비	1.28	1.42	1.55	1.91	1.86		

주: 1) 예산기준임.
   2) 기하평균치임.
   3) 1995년부터 위생 및 공해방지는 위생 및 환경보전으로, 보건 사회행정
      은 보건복지행정으로 명칭 변경.
   4) 1997년부터 의료보호 및 보험이 의료보험으로 명칭변경.
자료: 재정경제부, 『예산개요』 각년도.

지부문 세출규모를 기준으로 볼 경우 우리나라의 실제 복지지출 규모가 지나치게 과소추정될 우려가 있다. 이는 일반회계 세출예산이 국세수입을 원천으로 하는 중앙정부 일반회계예산의 직접이전지출만을 통계로 잡고 있기 때문에, 특별회계 및 기금 등 중앙정부의 타 회계부문이 제외되어 있을 뿐만 아니라 지방정부의 복지지출 규모도 전혀 포함되어 있지 않기 때문이다. 특히 공적연금을 비롯한 각종 사회보험제도는 조세수입이 아닌 사회보험료 수입을 중심으로 운영되고 있으며, 이들 사회보험의 세입 및 세출은 대부분 기금 및 특별회계로 관리된다. 따라서 일반회계 기준으로만 지출규모를 추정할 경우 국고지원금 및 관리행정비 지원 등 일반회계로부터 타 계정으로 이전된 금액만이 포함될 뿐, 사회보험의 전체적인 지출규모를 포착할 수 없어, 우리나라의 복지재정 규모를 과소추계하게 되는 문제점을 안고 있다.

이러한 제약에도 불구하고 <표 1-1>에 나타난 1990년 이후의 사회복지부문에 대한 일반회계 세출규모로부터 우리나라 복지예산의 구조 및 변화추이에 대한 몇 가지 특징을 발견할 수 있다. 우선 1990년 이후 2000년까지 사회개발부문의 세출규모의 증가율은 14.8%로 동기간 중의 전체 일반회계 예산증가율 12.1%보다 높았으며, 이에 따라 사회개발예산이 전체 예산에서 차지하는 비중도 1990년의 8.9%에서 2000년에는 11.3%로 상승하였다. 또한 사회개발예산이 GDP에서 차지하는 비중도 1990년 1.36%에서 1999년에는 1.91%로 지속적인 증가추세에 있음을 알 수 있다. 사회복지부문별로 볼 경우 1990년 이후 세출예산 증가율이 사회보장부문 15.5%, 인력개발부문 18.3% 등으로 보건부문을 제외하고는 전체예산 증가율에 비해 높게 나타나고 있음을 알 수 있다. 이처럼 90년대 동안 우리나라 일반회계상의 복지예산 규모는 빠르게 증가한 것으로 나타나며, 이러한 증가추세는 소득수준의 향상 및 고령화 진전에 따른 일반적 현상으로 판단된다.

일반회계 복지부문 세출예산은 90년대 후반기의 외환위기 과정 중에 더욱 빠르게 증가하였음을 알 수 있다. 1996년부터 2000년까지 사회개발예산의 증가율은 연평균 18.2%로 높아져 90년대 전반부에 비해 가속화된 것으로 나타난다. 이는 1997년 말의 외환위기 이후 실업자의 급격한 증가 및 빈곤의 확산에 대응한 실업 및 저소득층 지원대책의 확대에 주로 기인하고 있다. <표 1-1>에서 보듯이, 외환위기 이후 실업자 급증에 대처하기 위한 정부의 적극적 노동시장정책(Active Labour Market Policy)의 확대로 인해 인력개발부문의 세출예산이 연평균 39.4%의 가파른 증가세를 보이고 있다. 특히 노동부의 인력은행 및 지방고용사무소 등 직업안정망 확충을 위한 시설투자의 확대로 인해 직업안정예산은 연평균 96.6%의 급격한 증가를 보였다. 이러한 인력개발예산 외에 1999년 국민연금제도의 도시자영자 확대를 위한 정부지원으로 국민연금관련 예산도 연평균 46.2%의 증가를 보이고 있다.

이러한 최근의 인력개발부문의 세출규모 증대가 외환위기로 인한 실업급증에 대응하는 과정에서 불가피하게 발생한 일시적 현상이라는 측면이 강한 반면, 빈곤층 생계지원 및 장애인·노인 등 취약계층에 대한 사회복지서비스 등을 포함하고 있는 기타 사회복지부문은 90년대 전 기간에 걸쳐 연평균 20% 이상씩 꾸준히 빠른 증가추세를 보이고 있다. 이에 따라 이러한 공적부조 및 복지서비스예산이 전체 사회보장예산에서 차지하는 비중도 1990년의 1/3 이하의 수준에서 2000년에는 절반 이상으로 늘어나고 있다. 특히 1996년 이후 2000년까지 5년 동안 이 부문에 대한 세출규모는 두 배 이상으로 빠르게 늘어났다.

이처럼 공적부조예산이 계속 늘어난 주원인은 정부의 빈곤층에 대한 생활보호의 수혜자수 및 1인당 지원액이 꾸준히 증가한 때문이다. 특히, <표 1-2>에서 보듯이, 생활보호예산이 1997년의 9천억 원 수준에서 2000년에는 2조 3,500억 원으로 급증하여 최근 들어 그 증가속도가 가속화되고 있음을 알 수 있다. 이는 외환위기 이후 급격히 증가한 빈곤층 실업자에 대한 한시적 생계보호의 실시로 인해 수혜자수가 늘어난 데에도 원인이 있으나, 2000년 10월부터 시행한 국민기초생활보장제도로 인해 우리나라의 공적부조제도가 근본적으로 변화된 데에도 기인하고 있다. 기존의 「생활보호법」에서는 장애인이나 15세 미만 및 65세 이상 노인 등 근로능력이 없는 자에 한하여 생계비 보조를 제공하고, 근로능력자에 대해서는 자활보호대상으로 분류하여 의료보호, 자녀학비보조 및 생업자금융자 등을 제외한 직접적인 소득지원은 시행하지 않았다. 그러나 새로이 실시된 국민기초생활보장제도는 근로능력 및 연령 등에 관계없이 최저생계비에 미달하는 모든 가구에 대해 그 차액을 지원하는 소득조사형(means-tested) 보충급여제도로 전환되었다. 이로 인해, <표 1-2>에서 보듯이, 전체 수혜자수는 크게 늘어나지 않았음에도 1인당 지원액이 크게 증가하여 2001년에는 공적부조예산이 1997년에 비해 3배나 늘어난 2조 7,441억 원 규모가 될 예정이다.

<표 1-2> 최근 빈곤층 생활보호예산[1]의 변화추이

	1997	1998	1999	2000		2001
예　산(억원)	9,002	10,640	17,467	17,477	5,065[2]	27,441
보호대상자(만명)	141	147	192	170	151	160
1인당 월평균지원액(만원)	5.3	6.0	7.6	11.4	11.2	14.3

주: 1) 생계, 주거, 교육, 의료급여 예산합계.
　　2) 2000년 10월 이후 국민기초생활보장제도의 실시에 소요되는 예산분.
자료: 삶의 질 향상 기획단, 「생산적 복지 추진실적평가 및 개선방향」, 2000. 11.

2. 통합재정기준

우리나라 복지재정의 지출규모에 대한 보다 포괄적인 통계는 재정경제부에서 발표하는 통합재정수지를 통해 살펴볼 수 있다. 1979년 이후 매년 발표되는 통합재정수지는 앞에서 살펴본 일반회계 예산뿐만 아니라 기업 및 기타 특별회계와 기금 등을 포괄하고 있으므로 사회보험제도에 대한 지출규모를 함께 파악할 수 있게 된다. 더욱이 이러한 통합재정수지는 IMF 정부재정통계편람(A Manual on Government Finance Statistics)의 통계작성 기준에 맞추어 작성되었기 때문에, 이를 토대로 하여 국제적인 비교분석이 가능하다는 이점이 있다.

<표 1-3>에는 이러한 IMF 기준 방식으로 작성한 통합재정상의 사회보장 및 복지지출의 연도별 통계가 나타나 있다. 표에서 보듯이, 통합재정 기준의 사회보장 및 복지지출 규모를 보더라도 지난 90년대 동안 연평균 20% 이상의 빠른 증가를 보이고 있는 것으로 나타나고 있다. 이에 따라 사회보장 및 복지지출이 총통합재정세출 및 GDP에서 차지하는 비중도 1990년의 각각 8.1% 및 1.5% 수준에서 1998년에는 10.9% 및 2.8% 수준으로 늘어나게 되었다. 이처럼 통합재정상의 복지지출 규모의 연평균 증가율이 일반회계 기준의 경우보다 높게 나타나는 것은, 일반회계 기준에서 누락된 각종 사회보험제도의 지출규모가 매우 빠른 속도로 증가하고 있는 것에 기인하는 것으로 판단된다.

통합재정상의 부문별 복지지출의 변화추이는 1995년 이후 정부의 통계기준의 변경으로 인해 살펴보기가 용이하지는 않으며, 더욱이 세부분류항목별 지출규모가 발표되지 않아 보다 구체적인 분석에는 한계가 있다. 그러나 <표 1-3>으로부터 정부의 복지재정지출의 증가추세가 90년대 후반부에 들어 더욱 가속화되고 있음을 알 수 있다.

1995년 이후 복지재정지출규모는 앞서 살펴본 공적부조 예산의 확
대와 아울러 국민연금 및 의료보험 등 기존 제도들의 성숙화 및 고
용보험제도의 급격한 확대 등으로 인해 연평균 증가율이 24.4%로 높
아진 것으로 나타나고 있다. 이처럼 일반회계 기준이나 통합재정 기
준에서 공통적으로 발견되는 특징은 정부의 복지지출 규모가 지난
10년간 빠른 증가추세를 보여왔으며, 이러한 증가추세가 최근 들어
가속화되고 있다는 점일 것이다.

 위에서 지적한 대로, 우리나라의 통합재정수지가 비록 IMF의 기준
방식을 따르고 있다고는 하나, 이러한 통계를 바탕으로 국제비교를
할 경우에도 과소추계의 위험성은 계속 남아 있게 된다. 이는 다음과
같은 지출부문의 통계상 누락으로 인해 우리나라 통합재정의 포괄범
위가 여전히 제한적이기 때문이다. 첫째, IMF의 통합재정 통계 기준은

<표 1-3> 통합재정기준 사회복지 및 복지지출의 추이(1990~98)

(단위: 10억 원, %)

	1990	1991	1992	1993	1994
사회보장행정, 규제, 조사	384.7 (14.3)	524.1 (15.2)	577.1 (13.9)	606.4 (13.2)	742.4 (12.5)
병약자, 일시적 취업불가자	1,184.1 (44.0)	1,596.7 (46.5)	1,875.4 (45.0)	1,901.5 (41.5)	2,188.4 (36.9)
노령, 무능력자, 유가족	638.9 (23.7)	678.9 (19.8)	889.7 (21.4)	1,077.3 (23.5)	1,070.5 (18.0)
기타민간지원	249.8 (9.3)	270.8 (7.9)	297.0 (7.1)	299.9 (6.6)	387.6 (6.5)
복지사업	233.8 (8.7)	366.7 (10.7)	527.5 (12.7)	691.8 (15.1)	1,542.8 (26.0)
계	2,691.3 (100.0)	3,437.2 (100.0)	4,166.7 (100.0)	4,576.9 (100.0)	5,931.7 (100.0)
총세출 대비	8.08	8.53	9.26	9.33	9.87
GDP 대비	1.50	1.59	1.73	1.71	1.94

<표 1-3> 통합재정기준 사회복지 및 복지지출의 추이(1990~98) (계속)

(단위: 10억 원, %)

	1995	1996	1997	1998	연평균증가율[1]	
					1990~98	1995~98
사회보장	5,741.2 (90.3)	6,606.0 (83.8)	8,075.4 (83.8)	10,550.1 (86.1)		22.5
사회복지	620.1 (9.7)	1.228.1 (15.6)	1,556.0 (16.2)	1,702.1 (13.9)		40.0
기 타	- (0.0)	50.0 (0.6)	- (0.0)	- (0.0)		-
계	6,361.3 (100.0)	7,884.1 (100.0)	9,631.4 (100.0)	12,252.2 (100.0)	20.9	24.4
총세출 대비	8.95	9.40	9.71	10.90		
GDP 대비	1.81	2.02	2.29	2.76		

주: 1) 기하평균치임.
자료: 재정경제부,『한국통합재정수지』, 각년도.

중앙정부와 지방정부를 포함한 일반정부부문(consolidated general government)을 대상으로 하고 있으나, 우리나라의 경우에는 예산편성 및 결산작정의 시차, 회계과목간의 상이 등으로 현재 지방정부를 통합재정에 포함시키지 못하고 있다(재정경제부,『한국통합재정수지』, 1999). 복지지출의 경우에도 지방정부의 지출규모가 누락되어 있으며, 따라서 보다 정확한 국제비교를 위해서는 지방정부의 순지출(중앙정부로부터의 이전에 의한 중복계산분을 제외한 지출) 규모를 포함한 일반정부지출 규모를 계산할 필요가 있다.

둘째, 통합재정수지는 중앙정부만을 기준으로 볼 경우에도 회계상의 포괄범위가 한정적이라는 문제가 있다. 즉, 우리나라 통합재정의 포괄범위는 일반회계, 기타특별회계, 기업특별회계 및 공공기금을 포함하고 있으나, 기타기금은 통계상에 누락되어 있다. 이러한 기타기금은 공공기금과 성격상 매우 유사함에도 불구하고 뚜렷한 분류기준이 없이 재정통계에서 제외되고 있으며, 공무원연금기금 및 사립학교교원연금기금 등이 이러한 기타기금으로 분류되고 있다. 이에 따라 통합재정의 복지재정지출에 있어 공적연금에 대한 지출 중 상당 부분이 누락될 수밖에 없다는 한계 때문에 과소추계가 불가피해진다. 이 외에도, IMF 분류기준의 경우 사회보장비 지출에 있어 의료와 관련된 현물급여가 제외되어 있으므로, 우리나라의 경우 의료보험에 대한 지출이 누락되고 있다는 점도 문제로 지적할 수 있다.

3. 국제비교상의 제약점

우리나라의 복지지출 규모를 국제적으로 비교하는 데 있어서는 많은 주의가 요구된다. 이러한 국제비교가 각 나라의 고유한 사회·문화·정치적 상황 등을 충분히 감안할 수 없다는 근본적인 접근방법상의 한계 외에도, 복지지출 규모를 계량적으로 비교하는 데 있어서는 다음과 같은 점들에 대해 세심한 주의를 기울일 필요가 있을 것이다.

첫째, 각 나라의 복지제도의 차이를 충분히 감안해야 할 것이다. 특히, 각 나라의 복지제도는 국가 및 민간간의 역할분담 형태에 있어서 큰 차이를 보일 수 있는바, 이러한 차이를 무시한 단순비교는 중대한 해석상의 오류를 범할 우려가 있다. 예를 들어, 의료보험의 경우 미국의 경우에는 민간보험 위주로 운영되고 있는 반면, 대부분의 유럽국가들은 공적보험의 형태로 운영되고 있다. 따라서 이러한 의료보험지출의 제도적 차이를 고려하지 않고 재정지출 규모만을 기준으로 비교한다면 제대로 된 복지수준의 비교평가가 곤란해질 것이다.

둘째, 각 나라의 복지지출 규모를 상호비교하기 위해서는 일관성 있는 통계자료를 사용해야 할 것이다. 각 나라의 재정통계는 구분방식이나 포괄범위 등에서 많은 차이가 있는바, 이를 상호비교가 가능한 형태로 전환시키기 위해서는 통일된 재정통계방식이 필요하게 된다. 이러한 점을 감안하여 많은 기존의 연구에서는 IMF 분류기준, ILO 분류기준 및 OECD 분류기준 등을 일반적 통계기준으로 사용하고 있다. 이러한 기준들은 각기 복지지출의 범주가 상이하므로, 어떠한 기준을 선택하는가에 따라 비교결과가 다르게 나타날 수 있다.[2] 더욱 중요한 점은, 어느 하나의 기준을 선택하더라도 통계상의 포괄범위를 나라별로 일치시켜야 한다는 점이다. 위에서 간략히 살펴본 바와 같이, 중앙정부 일반회계 기준의 복지지출 통계는 국세수입으로 충당되는 극히 일부분의 재정지출만을 집계하고 있어 국제비교의 기준이 되기 어렵다. 또한 우리나라의 통합재정수지 통계는 IMF 분류기준을 따르고 있으나, 지방정부 복지지출이나 공무원연금 및 사립학교 교원연금 등의 지출이 통계상에서 제외되어 있다. 따라서 이러한 정부통계를 바탕으로 IMF 분류기준의 국제비교를 할 경우 우리나라 복지지출 수준이 과소추계되는 오류가 발생하게 된다.

셋째, 이러한 국가간의 제도적·통계적 차이 외에, 각 나라별 복지제도의 성숙도의 차이도 중요한 고려대상이 되어야 할 것이다. 어느 특정 시점을 기준으로 각 국가별 복지지출 규모를 횡단면적으로 비교하는 경우, 공적연금을 비롯한 사회보험제도의 도입시기가 달라 지출규모에 차이가 발생하는 점을 간과하게 된다. 특히 이러한 사회보험지출은 제도적 변화가 없이도 시간경과에 따라 지출규모가 자동적으로 증가하기 때문에, 이를 무시하고 횡단면적으로 단순비교를

---

2) 예를 들어, OECD의 지출항목 분류가 가장 포괄적인 반면, IMF 기준은 의료보험의 현물급여가 제외되고, ILO 기준은 사회복지서비스 관련지출이 제외되어 있다. 이에 대한 자세한 논의는 고경환 외(1999)를 참조.

할 경우 복지지출 규모의 과소 여부 판단에 오류를 범하기가 쉽다. 예를 들어 우리나라 국민연금제도의 경우 급여산식상의 급여 수준은 대부분 선진국의 연금급여 수준보다 높음에도 불구하고 도입 역사가 12년밖에 되지 않은 관계로 수혜자의 수는 아직 낮은 수준이며, 또한 장기 가입자의 미발생으로 연금급여수준도 매우 낮은 상태이다. 그러나 연금제도가 성숙화됨에 따라 급여지출은 선진국 수준 이상으로 빠르게 증가할 것이 예상된다. 따라서 현재의 낮은 연금지출 수준만을 기준으로 선진국과 비교하여 노후소득보장을 위한 복지지출 규모 또는 정부의 역할이 미흡하다고 판단하는 것은 향후 정책방향의 설정에 대해 잘못된 신호를 보낼 우려가 있다. 그러므로 복지지출 규모의 국제비교에 있어서는 이러한 성숙도의 차이를 감안한 보다 세심한 분석이 요구된다.

Ⅲ. OECD 기준 복지지출 규모의 추계

앞 절에서 살펴본 대로, 정부가 발표하는 일반회계나 통합재정에 나타난 복지분야 재정지출 통계로는 우리나라의 실제 복지지출 규모를 제대로 파악하기가 힘들 뿐 아니라, 통계의 상이성으로 인해 복지지출 규모의 국제간 비교를 위한 기준이 되기 곤란하다. 따라서 국제비교를 위해서는 보다 포괄적이고 일관성 있는 복지지출에 대한 통계자료가 필요하게 된다. 이를 위해 본절에서는 우리나라 복지지출 규모를 국제적 통계기준인 OECD 분류방식에 맞추어 재산출해 봄으로써 전체적인 지출수준을 파악해 보고 세부항목의 변화추이를 분석해 보고자 하였다. 또 이러한 산출결과를 OECD의 복지지출 통계자료(Social Expenditure Data Base : 이하 SOCX)에 제시된 각국의 복지지출 규모와 비교 분석해 봄으로써 우리나라 복지수준의 상대적 위상을 가늠해 보고자 한다. 이러한 OECD 분류방식은 각 나라의 복지제도의 상이성을 충분히 감안하여 가장 포괄적인 분류체계를 제시하고 있을 뿐 아니라, 지방정부의 복지지출을 순계 기준으로 합산하고 있기 때문에, 복지지출의 전체적인 모습을 파악하고 상호비교하기에 매우 용이한 장점을 가지고 있다. 이처럼 우리나라 복지지출 규모를 OECD 기준에 맞추어 재산출한 연구로는 고경환·계훈방(1998) 및 고경환·장영식·도세록(1999) 등이 있으며, 이들은 1990~97년간의 우리나라 복지지출 규모를 OECD 분류방식에 따라 재산출하였다. 본 절에서는 이러한 연구결과를 바탕으로 1998년 및 1999년의 복지지출 규모를 동일한 방식으로 연장추계해 봄으로써, 1997년 외환위기 이후 급격히 변화되고 있는 우리나라 복지지출의 최근 변화추이를 분석해 보았다.

1. OECD 기준의 사회보장비지출 체계[3)]

가. 복지지출의 정의 및 포괄범위

OECD에서 정의한 복지지출(social expenditure)이란 '복지에 역효과를 미치는 특정한 환경에 처해 있는 가구 또는 개인에게 공공기관 또는 민간기관이 현물 또는 현금급여를 제공하고, 재정적 기여를 하는 제도'를 모두 포괄하고 있다. 여기에서 공공기관이란 중앙정부와 지방정부, 그리고 사회보험을 포함하며, 민간의 경우는 우리나라의

---

3) OECD, *Social Expenditure Statistics of OECD Members Countries*(1996)를 요약 정리한 것임.

법정퇴직금처럼 법적 근거에 의해 민간에서 제공되는 복지지출 (mandatory private social expenditure)을 포함하고 있다. 단, 정부가 제공하고 있는 조세제도를 통한 저소득층의 지원이나 고용주 혹은 자선단체의 법에 의해 강제되지 않는 복지지출은 포함되지 않는다. 또한 복지지출은 대가성 지급이 아니기 때문에 월급과 같은 형태의 지불도 복지지출의 범주에 포함되지 않는다. 그러나 적극적 노동시장 프로그램의 경우는 수급자들의 보다 나은 직업능력 향상을 위해 공적자금이 사용되기 때문에 복지지출의 범위 안에 포함된다. OECD의 복지지출에 대한 정의에 있어 특기할 점은 사회복지의 제공에 수반되는 행정비용을 제외한다는 점이다. 그러나 적극적 노동시장 프로그램과 보건지출의 경우에는 행정비용이 수혜자들에게 제공되는 서비스의 일부로 간주될 수 있기 때문에(예를 들어 직업 상담, 병원 운영비 등) 예외적으로 포함시키고 있다.

나. 복지지출의 분류체계

SOCX에서는 OECD 국가들의 사회보장제도의 차이점들을 종합적으로 감안하여 복지지출의 항목을 다음과 같이 13개 분류체계로 구분하고 있다.

1) 노령현금급여: 공적연금 중 노령연금의 현금급여가 이에 해당된다. 노령현금급여는 납부요건을 충족하고 지급개시연령에 도달한 퇴직자에게 지급되는 소득지원을 의미한다. 이 범주 안에는 조기퇴직연금을 포함하고 있으나, 단 실직으로 인한 조기 퇴직의 경우에는 10)의 실업급여로 분류된다. 또한 부양가족이 있는 노령연금 수급자에게 지급되는 보충급여도 함께 포함된다.

2) 장애현금급여: 장애로 인해 노동시장에서 더 이상 활동할 수 없을 때 지급되는 장애자 현금급여를 의미한다. 단, 산업재해나 질병은 3) 산업재해 및 직업병 급여로, 현물급여와 서비스 제공은 5)의 노인과 장애인에 대한 복지서비스로 분류된다.

3) 산업재해 및 직업병 급여: 산업재해 및 직업병 관련 모든 현금급여(질병휴가, 특별수당, 장애와 관련된 연금 등)를 포함한다.

4) 질병급여: 3)을 제외한 모든 현금급여가 해당되는데, 질병으로 인해 일시적으로 일할 능력을 상실했을 경우 이를 보전해 주는 제도를 의미한다. 단, 부양아동의 질병이나 재해에 대한 지원은 7)의 가족현금급여로 분류되고, 의료보호의 경우는 11)의 보건항목에 포함된다.

5) 노인과 장애인에 대한 복지서비스: 주간보호(day-care) 및 재활서비스, 가정봉사서비스 및 기타급여를 포함한다. 복지시설에서 주거보호를 제공하는 프로그램도 이에 해당한다(예를 들어, 노인복지시설 운영비).

6) 유족급여: 사망한 사람의 배우자 혹은 부양가족에게 현금이나 현물형태로 지급되는 사회보장제도를 포함한다. 유족급여 수급자의 부양아동에 대한 수당 및 보충급여도 여기에 해당된다.

7) 가족현금급여 및 8) 가족복지서비스: 1인 가족을 제외한 가족을 지원하는 지출이 이에 해당된다. 아동보육이나 기타 다른 부양가족에 대한 지원과 관련된 비용을 포함한다. 단, 모자보호 및 편모

가정지원은 가족현금급여에 포함된다.

9) 적극적 노동시장 프로그램: 교육을 제외한 직업능력을 향상시키는 모든 사회보장비 지출을 포함한다. 공공고용서비스 및 행정, 노동시장훈련, 신규취업자들을 위한 특별 프로그램, 실업자들에게 고용기회를 제공하는 노동시장프로그램, 장애자들을 위한 특별 프로그램 등이 이에 해당한다.

10) 실업급여: 실업자들에 대한 모든 현금급여를 포함한다. 연금을 받을 수 있는 연령이 되지 않았더라도 노동시장정책에 의해 실업이 발생했을 때 연금을 지급하거나 공적자금으로부터 추가급여를 지급하는 것이 이에 해당된다.

11) 보건: OECD 보건통계자료를 기초로 작성되며, 입원환자치료, 응급의료 및 의약품 서비스 등 모든 보건부문의 공공지출을 포함한다. 개인적인 보건지출은 공공기관에 의해 변제되지 않는 이상 포함되지 않는다.

12) 주거 급여: 주거비용과 관련된 임대비용 보조금 및 여타의 현금급여가 이에 해당된다.

13) 기타 급여: 여러 가지 이유로 불의의 사고에 대한 적정 프로그램의 혜택을 받지 못한 사람들 혹은 필요에 부응하는 충분한 급여를 받지 못한 사람들에 대한 사회보장지출을 포함한다. 앞의 범주 안에 분류되지 않은 기타 제도들이 여기에 포함된다.

2. 추계방법

가. OECD 기준에 따른 우리나라 복지지출의 추계방법

위에서 살펴본 대로, OECD 기준에 의하면 복지지출을 13개 범주로 구분하고 있으나, 이 중 4번째 범주인 질병급여 및 12번째인 주거급여와 관련된 제도는 아직 우리나라에 도입되어 있지 않다. 그 외각 항목에 사용된 복지지출통계는 주로 4대 사회보험(연금보험, 의료보험, 산재보험, 고용보험) 및 보건복지부, 노동부, 행정자치부, 국방부, 교육부, 재정경제부, 국가보훈처, 국세청, 한국은행, 산업인력공단, 한국장애인고용촉진공단, 별정우체국연합회, 의료보험연합회의 세입세출예산서 등 각종 통계자료를 이용하여 산출하였다. 다음은 OECD기준과 그에 해당되는 우리나라 사회보장비 지출항목을 정리한 것이다(표 1-4 참조).

1) 노령현금급여

OECD가 제시한 노령현금급여에는 일반노령연금, 공무원노령연금, 재향군인연금, 기타 노령현금급여, 조기퇴직급여가 포함된다. 이와관련된 우리나라 제도로는 일반노령연금에 국민연금, 별정우체국직원연금, 공무원노령연금에는 공무원연금, 사립학교교원연금, 재향군인노령연금에는 군인연금을 들 수 있다. 기타 노령현금급여와 관련된 제도는 아직 없고, 조기퇴직급여의 경우 우리나라 퇴직금지급의 사유에 대한 조사가 제대로 이루어지지 않아 11번째 범주인 실업급여와 중복계산되는 문제가 발생하게 되므로 노령현금급여에서는 제외하였다.

2) 장애현금급여

OECD기준에 의해 장애현금급여에 포함되는 항목은 장애연금, 공무원장애연금, 아동장애연금, 재향군인장애연금, 기타장애현금급여이다. 이 범주로 분류될 수 있는 우리나라 제도로는 국민연금, 공무원연금, 사립학교교원연금의 장해관련 연금과 군인연금, 국가보훈처의 상이연금 등을 들 수 있다. 아동장애연금 및 기타 장애현금급여는 아직 우리나라에 도입되지 않은 실정이다.

3) 산업재해 및 직업병급여

OECD기준에 의한 산업재해 및 직업병급여는 산업재해 및 직업병과 관련된 모든 현금급여를 포함한다고 명시되어 있으나, 구체적인 항목 소개는 생략되어 있다. 이에 해당하는 우리나라 제도로는 산업재해보상보험의 휴업급여, 장해급여, 유족급여, 상병보상연금, 장례비 등을 들 수 있다.

4) 질병급여

앞서 기술한 바와 같이, OECD정의에 의하면 질병으로 인해 일시적으로 일할 능력이 없을 때 그 소득상실분을 보전해 주는 급여를 가리켜 질병급여라 한다. 그러나 우리나라는 아직까지 이에 해당하는 제도가 도입되지 않은 상태이다.

5) 노인과 장애인 복지서비스

OECD기준에 따른 노인과 장애인 복지서비스 범주에는 크게 시설보호, 가정봉사서비스, 주간보호 및 재활서비스, 기타 현물급여가 포함된다. 각 항목은 세부항목으로 아동, 65세 미만 성인, 65세 이상 성인으로 분류되어 있는데, 우리나라의 경우, 연령에 따른 수혜의 구분이 용이하지 않으므로 연령구분과 관계없이 각 항목에 해당되는 우리나라 관련제도를 찾아 통계를 작성하였다. 노인과 장애인 복지서비스는 경로승차권과 장애인에 대한 특수교육기관 운영지원을 제외하고는 모두 보건복지부의 세입세출예산서의 내역과 자치단체에 대한 국고보조금을 이용하여 산출하였다. 기타 현물급여에 포함되는 경로승차권의 경우 각 지방자치단체에서 지출되기 때문에 산출이 용이하지 않아 본 연구에서는 1997년도의 경로승차권 추계액에 대중교통비 연간 증가율을 적용하여 1998과 1999년의 값을 산출하였다. 교육부에서 관할하는 장애인에 대한 특수교육기관 운영지원은 시설보호에도 포함되고 주간보호 및 재활서비스에도 포함되기 때문에 별도로 분류하여 한 항목을 만들어 노인과 장애인 복지서비스에 포함시켰다.

6) 유족급여

OECD기준에 의하면, 유족급여에 포함되는 항목에는 유족연금, 공무원유족연금, 유족현물급여, 기타 유족현금급여가 있다. 이 중 유족연금은 보다 세부적으로 배우자연금, 고아연금, 기타연금으로 나누어진다. 이와 관련된 우리나라 제도로는, 배우자연금에는 국민연금, 별정우체국직원연금의 유족관련 연금이 속하고, 공무원유족연금에는 공무원연금, 사립학교교원연금, 군인연금의 유족관련 연금이 속한다. 또한 OECD기준에는 비록 제시되어 있지는 않으나, 국가보훈사업의 보훈보상금도 유족급여에 포함시켰다.

7) 가족현금급여

가족현금급여란 1인 가족을 제외한 가족을 지원하는 지출로서, OECD 기준에 의하면, 그 항목으로는 아동에 대한 가족수당, 가족지원급여, 기타 피부양인에 대한 지원, 편부모현금급여, 기타 가족현금급여, 육아휴직을 들 수 있다. 이 범주에 해당되는 우리나라 제도로는 저소득지원의 일환으로 아동양육비 및 아동교육비로 지원되는 편부모가정지원이 있고, 국가보훈사업의 보훈학자금이 가족지원급여로 분류될 수 있으며, 육아휴직으로는 출산유급휴가를 들 수 있다. 출산유급휴가는 각 사업장에서 지출되는 비용이기 때문에 산출이 용이하지 않아 본 연구에서는 출산휴가 지급의 기준이 되는 정액급여 상승률인 3.7%(1998년), 6.1%(1999년)를 1997년 값에 차례로 적용하여 산출하였다.

8) 가족복지서비스

가족복지서비스도 가족현금급여와 지급형태가 다를 뿐 수혜대상은 동일하다. OECD에서는 공식주간보호, 개인서비스, 가족서비스, 기타 현물급여를 그 세부항목으로 정하고 있다. 각 항목에 해당하는 우리나라 제도로는 공식주간보호에 아동보호, 개인서비스에 사회복지관 운영, 가족서비스에 아동건전육성, 아동시설지원, 모자보호/부녀직업보도시설 등을 들 수 있고, 기타 현물급여로는 가정복지, 재가 부녀/모자 가정지원을 들 수 있다.

9) 적극적인 노동시장 프로그램

교육이 아닌 직업능력을 향상시키는 사회보장비 지출을 의미하는 항목으로서, OECD에서는 노동시장훈련, 청소년프로그램, 고용보조프로그램, 장애인고용프로그램, 고용서비스와 행정을 그 세부항목으로 규정하고 있다. 이에 해당하는 우리나라 지출 항목으로는 고용보험의 직업능력개발사업과 고용안정사업에 지출되는 비용, 그리고 노동부, 산업인력공단, 한국장애인고용촉진공단의 고용관련 지출비용 등을 들 수 있다. 또한 본 연구에서는 최근 외환위기 이후 실업대책의 일환으로 사용된 공공근로사업도 이 항목에 포함시켜 산출하였다.

10) 실업급여

실업급여는 노동시장 상황에 의해 실업자가 되었을 때 지급받을 수 있는 것으로서, OECD에서는 실업보상, 노동시장 이유로 인한 조기퇴직, 퇴직수당을 그 세부항목으로 정하고 있다. 이에 해당하는 우리나라 지출항목으로는 고용보험의 실업급여, 법정퇴직금, 공무원연금, 사립학교교원연금, 군인연금, 별정우체국직원연금의 퇴직수당을 들 수 있다. 본 연구에서 사용된 1998년과 1999년의 법정퇴직금은 세금원천징수에서 제외되는 퇴직금액도 모두 반영하기 위하여 국세청에서 매년 발표하는 세금원천징수자의 법정퇴직금에 1997년도의 전체 법정퇴직금 대비 원천징수자 법정퇴직금 비율을 적용하여 산출하였다.[4]

11) 보건

OECD기준에 따르면, 보건항목에는 보건부문의 공공지출 항목만이 정의되어 있다. 본 연구에서는 우리나라 관련제도를 한국보건사회연구원의 보고서에 기초하여 정부와 지방자치단체, 의료보험, 산업재해보상보험에서 사용되는 보건지출 항목을 반영하여 산출하였다.

12) 주거급여

주거비용과 관련된 임대비용 보조금 및 여타의 현금급여로 정의되고 있는데, 우리나라에는 아직까지 이에 해당하는 제도가 없으며,

---

4) 국세청에서 발표하는 법정퇴직금은 정년퇴직자에 대한 금액도 포함되어 있으므로 사회보장비적 시각에서 보면 다소 과대계상되어 있다.

2001년부터 국민기초생활보호제도에 주거급여제도가 포함될 예정이다.

13) 기타급여

기타급여는 앞의 12가지 범주에 포함되지 않은 여러 가지 사회보장비 지출을 포함하고 있다. 기타급여는 크게 저소득층 지원, 원주민, 기타, 이민자 및 망명자로 분류되어 있다. 이와 관련된 우리나라 제도로는 저소득층에 대한 생계지원과 함께 재가노인지원, 생계보호, 교육보호, 아동건전육성, 자활보호, 재가장애인보호 항목이 있고, 기타항목에는 현금급여로 일시구호와 재해구호가 있으며, 서비스급여로는 부랑인 시설보호가 이에 속한다. 이민자 및 망명자에는 분단국가라는 우리나라의 특성상 귀순북한동포 항목이 포함되어 있다.

나. 추계상의 한계점

본 연구에서의 복지지출 규모의 추계는 기존의 한국보건사회연구원의 1997년까지의 추계 결과를 토대로 작성하였다. 보건사회연구원의 연구와 마찬가지로, 정부부문의 복지지출 규모 산출시 결산자료로는 세부항목으로의 분류가 힘들기 때문에 예산자료를 기준으로 추계하였다. 그러나 사회보험 및 민간법정퇴직금 등의 통계는 결산자료를 기준으로 작성하였다. 경로승차권, 출산유급휴가, 법정퇴직금, 국민계정상의 총고정자본처럼 그 값을 구하기가 용이하지 않은 통계자료는, 위의 세부항목 설명시에 언급한 대로, 일정 기준에 근거하여 값을 배정하였으므로 오차가 발생할 수 있다는 한계를 지닌다.

<표 1-4> OECD기준의 사회보장비 분류에 따른 우리나라 사회보장비 지출내역

OECD 기준		우리나라	항 목
1. 노령현금급여			
1.1 일반노령연금			
	1.1.1 개인급여	국민연금 별정우체국직원연금	특례노령연금, 반환일시금 퇴직연금, 퇴직연금일시금, 퇴직연금공제일시금
	1.1.2 배우자보충급여		
	1.1.3 아동보충급여		
1.2 공무원노령연금		공무원연금 사립학교교원연금	퇴직연금, 퇴직일시금, 퇴직연금공제일시금, 퇴직급여가산금 퇴직연금, 퇴직일시금, 퇴직급여가산금, 퇴직연금공제일시금, 퇴직연금일시금
1.3 재향군인노령연금		군인연금	퇴역연금, 퇴역연금공제일시금, 퇴역연금일시금, 퇴직일시금, 기여금반환
1.4 기타노령현금급여			
1.5 조기퇴직급여			
2. 장애현금급여			
2.1 장애연금			
	2.1.1 개인급여	국민연금	장해연금, 장해일시보상금
	2.1.2 배우자보충급여		
	2.1.3 아동보충급여		
2.2 공무원장애연금		공무원연금 사립학교교원연금	장해연금, 장해보상금 장해연금, 장해보상금, 유족보상금
2.3 아동장애연금			
2.4 재향군인장애연금		군인연금 국가보훈사업	상이연금 보훈보상금(상이연금)
2.5 기타장애현금급여			
3. 산업재해 및 직업병급여		산업재해보상보험	휴업급여, 장해급여, 유족급여, 상병보상연금, 장례비
4. 질병급여		없음	

<표 1-4> OECD기준의 사회보장비 분류에 따른 우리나라 사회보장비 지출내역(계속)

OECD 기준	우리나라	항 목
5. 노인과 장애인 복지 서비스		
5.1 시설보호		
5.1.1 아동 5.1.2 65세미만 성인	장애인복지시설보호	자치단체경상이전, 자치단체자본이전
5.1.3 65세이상 성인	노인시설보호	자치단체경상인전, 자치단체자본이전
5.2 가정봉사서비스		
5.2.1 아동 5.2.2 65세미만 성인	재가노인지원 재가장애인보호	가정봉사원파견사업, 양성사업 자치단체자본이전
5.2.3 65세이상 성인		
5.3 주간보호 및 재활 서비스		
5.3.1 아동 5.3.2 65세미만 성인	재가장애인주간보호	장애인복지관운영비, 장애인체육관운영비, 재활병의원운영비, 주간 및 단기보호시설운영, 보상금
	장애인민간단체지원	민간경상이전
	재가노인주간보호	노인단기보호사업, 노인주간보호사업, 경로당운영비지원, 경로당난방비지원, 민간경상이전
5.3.3 65세이상 성인	재활원운영	인건비, 경상경비, 운영지원, 전산경비
	재활훈련	재활훈련
	재활병원 및 치료	재활병의원운영 및 재활치료
5.4 기타현물급여		
5.4.1 아동 5.4.2 65세미만 성인	재가노인지원 재가장애인보호	경로승차권 장애인의료비, 장애인보장구교부, 장애인자녀교육비지원
5.4.3 65세이상 성인		
5.5 장애인에 대한 특수 교육기관 운영지원	장애인교육관련제도	

<표 1-4> OECD기준의 사회보장비 분류에 따른 우리나라 사회보장비 지출내역(계속)

OECD 기준	우리나라	항 목
6. 유족급여		
6.1 유족연금		
6.1.1 배우자연금	국민연금 별정우체국직원연금	유족일시금, 사망일시금 유족일시금, 유족연금
6.1.2 고아연금		
6.1.3 기타연금		
6.1.99 기타	국가보훈사업	보훈보상금
6.2 공무원유족연금	공무원연금	유족연금, 유족일시금, 유족연금부가금, 유족연금특별부가금, 유족보상금
	사립학교교원연금	유족연금, 유족일시금, 유족연금부가금, 유족연금특별부가금, 유족연금일시금
	군인연금	유족연금, 유족일시금
6.3 유족현물급여		
6.4 기타유족현금급여		
7. 가족현금급여		
7.1 아동에 대한 가족 수당		
7.2 가족지원급여	저소득지원 국가보훈	편부모가정지원(아동양육비, 아동교육비) 보훈학자금
7.3 기타피부양인에 대한 지원		
7.4 편부모현금급여		
7.5 기타가족현금급여		
7.6 육아휴직	출산휴가	출산유급휴가
8. 가족복지서비스		
8.1 공식주간보호	아동보호	자치단체경상이전, 자치단체자본이전
8.2 개인서비스	사회복지관운영	여비, 민간경상이전, 사회복지관운영, 사회복지상담소운영, 종합사회복지관운영, 재가복지봉사센터운영, 자치단체자본이전
8.3 가족서비스	아동건전육성	결연기관운영, 입양기관운영, 입양아동양육보조, 입양아동의료비지원, 민간경상이전
	아동시설지원	아동복지시설운영, 아동직업훈련 및 영농훈련, 자치단체자본이전
	모자보호/부녀직업보도시설	모자보호시설운영비, 부녀직업보도시설운영비, 자치단체자본이전
8.4 기타현물급여	가정복지 재가부녀/모자가정지원	민간경상이전 성폭력상담소운영비

<표 1-4> OECD기준의 사회보장비 분류에 따른 우리나라 사회보장비 지출내역(계속)

OECD 기준		우리나라	항 목
9. 적극적인 노동시장 프로그램			
9.1 노동시장훈련			
	9.1.1 현금		
	9.1.2 서비스	고용보험 (직업능력개발사업) 노동부 산업인력공단	사업장내 직업훈련지원, 교육훈련, 고령자 수강장려금, 실직자재취직훈련, 실업급여 고용촉진훈련, 일하는 여성의 집 취업자훈련
9.2 청소년 프로그램			
	9.2.1 현금		
	9.2.2 서비스	산업인력공단	양성훈련
9.3 고용보조프로그램			
	9.3.1 현금		
	9.3.2 서비스	고용보험 (고용안정사업)	고령자고용촉진장려금, 육아휴직장려금, 직장보육시설지원금, 휴업수당지원금
9.4 장애인고용프로그램			
	9.4.1 현금		
	9.4.2 서비스	한국장애인촉진공단 노동부	고용촉진, 교육홍보, 기술지도, 일산학교운영, 직업재활센터건립, 부산직업전문학교신설 지원장려금 및 고용보조금지급, 시설개선 및 건설무상지원, 훈련기관보조
9.5 고용서비스와 행정			
		고용보험 노동부 공공근로사업 한국장애인고용촉진 공단 산업인력공단	고급인력정보센터경상보조, 인력은행경상비 보조 고용보험사업운영비지원, 고령자인재은행경상비보조, 일하는 여성의집 설치운영비, 한국기술교육대학출연금, 중앙고용정보관리소 운영 및 보조, 고용보험전산망 설치운영비, 직업훈련사업운영비, 고용정책실운영비, 지방노동관서고용관련업무비, 노동연수원의 고용관련교육과정업무비, 노동연구원의 고용관련연구 및 업무비, 해외취업관련 업무비 운영비 운영비

<표 1-4> OECD기준의 사회보장비 분류에 따른 우리나라 사회보장비 지출내역(계속)

OECD 기준	우리나라	항 목
10. 실업급여		
10.1 실업보상	고용보험 (실업급여)	구직급여, 상병급여, 구직촉진수당(조기재취직수당, 광역구직활동비)
10.2 노동시장 이유로 인한 조기 퇴직		
10.3 퇴직수당	국세청 공무원연금 사립교직원연금 군인연금 별정우체국직원연금	법정퇴직금 퇴직수당 퇴직수당 퇴직수당 퇴직수당
11. 보건		
11.1 보건부문의 공공지출	정부 지방자치단체 의료보험 의료보호 산업재해보상보험	정부의 보건지출, 지역의보에 대한 정부지출, 국민계정총고정자본 지자체 보건지출 의료보험급여비 의료보호총진료비 요양급여
12. 주거급여	없음	
12.1 임대보조 및 현금급여		
12.1.1 노령		
12.1.2 장애인		
12.1.3 가족		
12.1.4 기타		

<표 1-4> OECD기준의 사회보장비 분류에 따른 우리나라 사회보장비 지출내역(계속)

OECD 기준		우리나라	항 목
13.1 기타급여			
	13.1 저소득층 지원		
	13.1.1 현금	재가노인지원[1]	노령수당→경로연금
		생계보호	거택보호, 시설보호, 자활장제비, 한시생계비지원, 자활보호자생계비지원
		교육보호	중학생수업료 및 입학금, 실업계고교생수업료 및 입학금, 인문계고교생수업료 및 입학금
		아동건전육성	소년소녀가장세대보호
		자활보호	자활보호
		재가장애인보호	장애인생계보조수당
	13.1.2 서비스		
13.2 원주민			
	13.2.1 현금		
	13.2.2 서비스		
13.3 기타			
	13.3.1 현금	일시구호	보상금
		재해구호	주택피해복구비, 이재민
	13.3.2 서비스	부랑인시설보호	부랑인시설운영비, 부랑아동시설운영비, 부랑인자활사업비, 자치단체자본이전
13.4 이민자 및 망명자			
	13.4.1 현금	귀순북한동포	보상금, 민간경상이전
	13.4.2 서비스		

주: 1) 1998년부터 이전의 노령수당이 경로연금과 노령수당으로 나뉘어 지급되었고, 1999년부터는 경로연금으로 합쳐졌음.
자료: 고경환 외(1999)에서 재인용.

3. 추계결과 및 분석

위에서 살펴본 OECD 분류방식에 의거하여 1990년 이후 최근까지의 우리나라 복지지출 규모를 재산출한 결과는 <표 1-5>에 제시되어 있다. 산출결과에 의하면, 정부부문의 전체 복지지출 규모는 1999년 36.5조 원으로 GDP의 7.5% 수준인 것으로 나타난다. 더욱이 민간부분의 법정퇴직금을 복지지출의 범주에 포함시킬 경우에는 1999년 복지지출 규모는 약 57조 원으로 GDP의 11.8%를 차지하고 있는 것으로 계산된다. 이처럼 우리나라의 복지지출 규모를 OECD 기준에 맞추어 산정해 볼 경우 일반회계나 통합재정 기준으로 산정했을 경우에 비해 매우 크게 나타나는 이유는 기존 통계에서 누락되었던 각종 공적연금제도의 급여지출 및 의료보험의 현물급여 등 사회보험지출과 함께 지방정부의 복지지출이 모두 포함되었기 때문이다.

OECD 기준의 복지지출을 보더라도 통합재정의 경우처럼 그 규모가 매우 빠른 속도로 늘어나고 있음을 알 수 있다. 지난 90년대 동안 복지지출은 연평균 21.3%의 빠른 증가를 보이고 있으며, 이에 따라 복지지출의 대GDP 비중도 지난 10년간 2배 이상 높아지게 되었다. 법정퇴직금을 포함시킬 경우에는 연평균 24%의 증가율을 보이고 있어, 민간부문의 복지지출 부담이 정부부문에 비해 더욱 빠르게 늘어나고 있음을 알 수 있다. 이러한 복지지출의 증가속도는 최근 들어 더욱 가속화되고 있다. 정부부문의 복지지출은 1996년 이후 1999년까지 연평균 증가율이 26.4%로 높아졌으며, 외환위기 이후 퇴직자의 급증으로 인해 민간법정퇴직금을 포함한 복지지출 규모는 동 기간 중 34.3%의 가파른 증가세를 보이고 있다.

이러한 복지지출의 부문별 변화추이를 보다 체계적으로 살펴보기 위해 다음의 <표 1-6> 및 [도 1-1]에서는 위의 13가지 분류항목을 제

<표 1-5> OECD 기준 복지지출 규모 추계[1](1990~99)

(단위: 10억 원, %)

	1990	1991	1992	1993	1994	1995	1996	1997	1998	1999	연평균 증가율 90~99	연평균 증가율 96~99
노령현금급여	1,113 (0.6)	1,404 (0.7)	1,592 (0.7)	2,041 (0.8)	2,575 (0.8)	3,404 (1.0)	3,689 (1.0)	4,333 (1.0)	6,982 (1.6)	9,890 (2.0)	27.5	38.9
장애자현금급여	147 (0.1)	213 (0.1)	252 (0.1)	275 (0.1)	322 (0.1)	360 (0.1)	408 (0.1)	460 (0.1)	499 (0.1)	518 (0.1)	15.0	8.4
산업재해 및 질병	366 (0.2)	509 (0.2)	672 (0.3)	629 (0.2)	730 (0.2)	854 (0.2)	1,012 (0.3)	1,159 (0.3)	1,071 (0.2)	916 (0.2)	10.7	-3.3
질병급여	-	-	-	-	-	-	-	-	-	-	-	-
노인및장애자 복지서비스	102 (0.1)	104 (0.1)	121 (0.1)	157 (0.1)	342 (0.1)	427 (0.1)	537 (0.1)	735 (0.2)	811 (0.2)	772 (0.2)	25.2	12.9
유족급여	288 (0.2)	398 (0.2)	438 (0.2)	475 (0.2)	548 (0.2)	602 (0.2)	679 (0.2)	773 (0.2)	830 (0.2)	854 (0.2)	12.9	7.9
가족현금급여	2 (0.00)	5 (0.00)	5 (0.00)	7 (0.00)	8 (0.00)	11 (0.00)	11 (0.00)	99 (0.02)	103 (0.02)	112 (0.02)	55.7	116.0
가족 서비스	58 (0.0)	84 (0.0)	106 (0.0)	147 (0.1)	177 (0.1)	251 (0.1)	326 (0.1)	414 (0.1)	329 (0.1)	364 (0.1)	22.7	3.7
적극적 노동시장	113 (0.1)	111 (0.1)	179 (0.1)	226 (0.1)	196 (0.1)	267 (0.1)	330 (0.1)	552 (0.1)	1,679 (0.4)	3,485 (0.7)	46.4	119.4
실업급여	1,797 (1.0)	2,139 (1.0)	2,985 (1.2)	3,522 (1.3)	4,608 (1.5)	5,714 (1.6)	6,174 (1.6)	10,230 (2.4)	25,245 (5.7)	24,129 (5.0)	33.5	57.5
법정퇴직금	1,797 (1.0)	2,121 (1.0)	2,605 (1.1)	2,987 (1.1)	3,985 (1.3)	4,922 (1.4)	5,453 (1.4)	9,358 (2.2)	22,919 (5.2)	20,504 (4.2)	31.1	55.5
보 건	3,899 (2.2)	4,312 (2.0)	4,983 (2.1)	5,736 (2.2)	6,440 (2.1)	7,717 (2.2)	9,765 (2.5)	11,433 (2.7)	12,706 (2.9)	14,411 (3.0)	15.6	13.8
주거급여	-	-	-	-	-	-	-	-	-	-	-	-
기타 급여	335 (0.2)	336 (0.2)	328 (0.1)	359 (0.1)	363 (0.1)	451 (0.1)	576 (0.2)	729 (0.2)	928 (0.2)	1493 (0.3)	18.1	37.4
복지지출계 (퇴직금 제외)	6,423 (3.6)	7,494 (3.5)	9,055 (3.8)	10,587 (4.0)	12,323 (4.0)	15,136 (4.3)	18,053 (4.6)	21,561 (5.1)	28,264 (6.4)	36,439 (7.5)	21.3	26.4
복지지출계 (퇴직금 포함)	8,221 (4.6)	9,614 (4.5)	11,661 (4.9)	13,573 (5.1)	16,308 (5.3)	20,058 (5.7)	23,506 (6.0)	30,918 (7.3)	51,183 (11.5)	56,943 (11.8)	24.0	34.3

주: 1) 1997년까지는 보건사회연구원의 산출결과이며, 1998년 및 1999년은 본고의 추계임.
  2) ( ) 안은 GDP 대비 비중임.

<표 1-6> 한국의 부문별 복지지출 추이(1990~99)

(단위: 10억 원, %)

	1990	1995	1996	1997	1998	1999	연평균 증가율 90~99	연평균 증가율 96~99
연금·재해보장[1]	1,914 (1.1)	5,221 (1.5)	5,788 (1.5)	6,725 (1.6)	9,382 (2.1)	12,178 (2.5)	22.8	28.1
사회복지[2]	497 (0.3)	1,140 (0.3)	1,449 (0.4)	1,977 (0.5)	2,171 (0.5)	2,741 (0.6)	20.9	23.7
보 건	3,899 (2.2)	7,717 (2.2)	9,765 (2.5)	11,433 (2.7)	12,706 (2.9)	14,411 (3.0)	15.6	13.8
노동시장정책[3]	5,697 (1.1)	13,431 (1.7)	15,939 (1.7)	21,664 (2.6)	37,951 (6.1)	38,539 (5.7)	34.6	61.9
· 법정퇴직금	1,797 (1.0)	4,922 (1.4)	5,453 (1.4)	9,358 (2.2)	22,919 (5.2)	20,504 (4.2)	31.1	55.5
복지지출 계 <퇴직금 제외>	6,423 (3.6)	15,136 (4.3)	18,053 (4.6)	21,561 (5.1)	28,264 (6.4)	36,439 (7.5)	21.3	26.4
복지지출 계 <퇴직금 포함>	8,221 (4.6)	20,058 (5.7)	23,506 (6.0)	30,918 (7.3)	51,183 (11.5)	56,943 (11.8)	24.0	34.3

주: 1) 연금·재해보장은 노령현금급여, 장애자현금급여, 산업재해 및 질병, 유족
　　　급여의 합계.
　　2) 사회복지는 질병급여, 노인 및 장애자 복지서비스, 가족현금급여, 가족서비
　　　스, 주거급여, 기타급여의 합계.
　　3) 노동시장정책은 적극적 노동시장정책과 실업급여의 합계.
　　4) (　) 안은 대GDP 비중임.

[도 1-1] 부문별 복지지출의 대GDP비율

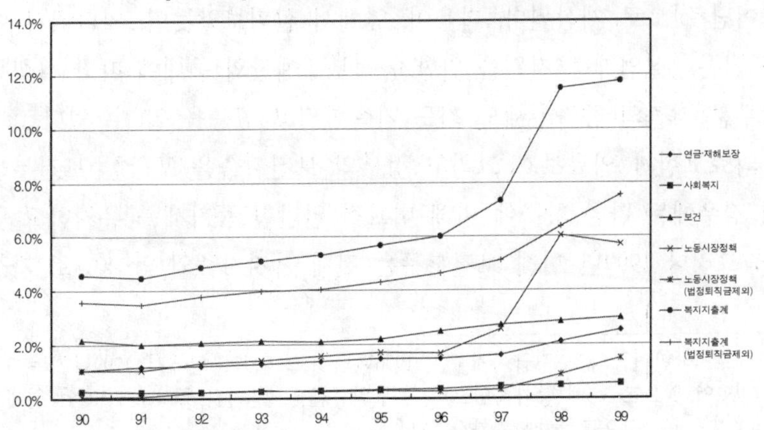

도별로 연금·재해보장, 사회복지, 보건, 노동정책 등 네 항목으로
대별해 보았다. 표에서 연금·재해보장 항목은 각종 공적연금제도
및 산재보험 등 노령·장애·재해 및 유족관련 급여를 포함하며,
1999년 현재 정부부문 전체 복지지출의 1/3을 차지하고 있다. 이러한
사회보험부문은 지난 10년간 연평균 22.8%의 높은 증가세를 유지하
고 있으며, 이는 각종 공적연금제도의 급여지출의 빠른 증가에 의해
주도되고 있다. 특히, 국민연금의 경우 제도 도입 이후 10년이 경과
하면서 급여지출 소요가 급속히 늘어나고 있으며, 공무원연금, 사학
연금 및 군인연금의 경우에도 빠른 급여지출 증가가 지속되고 있
다.[5] 이러한 연금·재해보장 부문의 지출증가 속도는 최근 들어 가
속화되고 있는바, 이는 국민연금의 성숙화와 함께 최근 정부부문의
구조조정 및 인력감축으로 인해 직역연금의 지출소요가 급격히 늘어
난 것에도 기인하고 있다.

　　정부의 공적부조와 각종 사회복지서비스를 포함한 사회복지부문의
경우, 그 규모는 그리 크지 않으나 이 분야 역시 지난 10년간 연평균
20% 이상의 빠른 증가추세를 보이고 있다. 이에 따라 사회복지부문
지출의 대GDP 비중도 1990년의 0.3%에서 1999년에는 0.6%로 2배가
늘어난 것으로 계산된다. 더욱이, 앞에서 살펴보았듯이, 외환위기 이
후 빈곤·실업계층 지원을 위한 공적부조예산의 증대에 따라 사회복
지부문 지출의 증가추세도 최근 가속화되고 있음을 알 수 있다.

　　의료보험과 의료보호 그리고 정부의 보건지출을 포함한 보건부문
의 경우에는 다른 항목에 비해 비교적 완만한 증가세를 유지하고 있
다. 그러나 1999년 현재 보건부문은 전체 복지지출의 약 40%로 가장

---

5) 예로, 국민연금의 노령급여지출은 1996년의 1조 500억 원에서 1999년에는 3조
　　6,952억 원으로 3.5배 증가하였으며, 공무원연금은 동 기간 중 1조 7,103억 원에서
　　4조 8,529억 원으로 2.8배 증가하였다.

높은 비중을 차지하고 있어, 보건부문의 지속적인 지출증가는 공적 연금분야와 함께 향후 우리나라 복지지출 규모의 증가를 주도할 전 망이다. 더욱이 의료보험의 수가현실화, 보험적용범위의 확대 및 의 료의 질 제고 등 지출증가 압력이 계속 커지고 있어, 이 부문의 지출 증가 속도는 앞으로 가속화될 가능성이 매우 높은 실정이다.

끝으로, 고용보험의 실업급여지출 및 직업안정·직업훈련 등 적극 적 노동시장정책 등 정부부문의 지출과 민간법정퇴직금 지출을 포함 한 노동부문은 가장 급격한 증가추세를 보이고 있다. 이 중 절반 이 상을 차지하는 퇴직금지출은 외환위기 이후 민간부문의 대량 실업사 태로 인해 지난 3년간 연평균 55.5%의 급격한 증가세를 보이고 있다. 그러나 이러한 민간부문의 퇴직금 지출을 제외하더라도 최근 고용보 험의 적용범위 확대 및 실업지원예산의 증가 등으로 인해 정부부문 의 노동부문 지출규모는 민간부문보다도 더욱 빠르게 늘어난 것으로 계산된다. 이처럼 복지지출을 각 부문별로 살펴볼 경우에도 지난 10 년간 빠른 증가세를 보이고 있다는 점과, 최근 외환위기 이후 증가세 가 급격히 상승하고 있다는 공통적인 특징을 찾아볼 수 있다.

4. 국제비교

이상에서 추계한 OECD 분류기준에 따른 우리나라 정부부문 복지 지출 규모[6]를 OECD국가들의 복지지출수준(부표 1-1 참조)과 비교해

---

6) 국제비교에 있어 우리나라 복지지출 규모는 민간의 법정퇴직금을 제외한 정부부 문 복지지출을 기준으로 하였다. 이는 대부분의 선진국에서 우리나라의 퇴직금제 도와 유사한 기능을 담당하는 기업연금제도가 통계상에서 제외되어 있기 때문에 비교상의 일관성을 유지하기 위해서이다. 그러나 대부분 선진국의 기업연금제도 가 자발적 가입을 원칙으로 하고 있는 반면, 우리나라의 민간퇴직금 제도는 법적

본 결과는 <표 1-7>에 제시되어 있다. 부표 및 표에서 볼 수 있듯이, 우리나라의 복지지출 규모는 멕시코(3.7%), 터키(6.8%) 등을 제외한 대부분의 OECD 국가들에 비해 매우 낮은 수준인 것으로 나타난다. OECD 국가들의 對GDP 대비 복지지출 수준은 국가별로 비교적 큰 변동폭을 보이고 있다. 그러나 우리나라의 1999년 현재 복지지출 규모의 對GDP 비중은 호주(16.1%), 일본(14.0%), 미국(15.6%) 등 비교적 복지지출 규모가 낮은 나라에 비해서도 약 절반 수준에 머물고 있으며, 스웨덴을 비롯한 북유럽 국가들에 비해서는 1/4의 수준에도 미달하고 있는 것으로 나타난다. 또한 1995년의 OECD 국가들(한국 제외)의 GDP 대비 복지지출의 단순평균치는 22.5% 수준으로, 1999년의 우리나라 복지지출의 對GDP 비중은 이에 비해 1/3 수준인 것으로 계산된다.

 이처럼 상대적으로 낮은 우리나라의 복지지출 수준은 부문별 지출 규모 비교에서도 유사하게 나타나고 있다. 1995년 OECD 단순평균치와 비교해 볼 경우, 우리나라의 보건 및 노동정책부문의 對GDP 지출비중은 각각 50.2% 및 54.4%로 약 절반 수준인 것으로 계산된다. 그러나 연금·재해보장이나 사회복지의 경우에는 각각 25.8% 및 13.8%로 매우 열악한 수준에 머물고 있는 것으로 나타난다. 앞서도 지적했듯이, 이처럼 우리나라의 연금·재해보장부문의 지출수준이 상대적으로 낮은 이유는 국민연금제도를 비롯한 각종 공적연금제도가 아직 충분히 성숙되지 못한 것에 주로 기인하고 있다고 판단된다. 반면에, 사회복지부문의 경우에는 이 분야에 대한 우리나라 정부의 역할이 미흡하기 때문인 것으로 보인다. 특히 우리나라의 경우 아직 질병급여나 가족수당제도 등이 도입되지 않은 상태이며, 빈곤층에

강제성을 지니고 있다는 차이가 있으며, 이러한 점에서 법정퇴직금을 준공공지출로 보아 복지지출의 범주에 포함시켜 비교할 수도 있을 것이다.

<표 1-7> GDP 대비 복지지출 규모의 국제비교(1995년 기준)

(단위: %)

	총계	연금·재해보장[1]	사회복지	보 건	노동정책	1인당GDP (US$)	노인부양률[2]
호 주	16.11 (100.00)	4.73 (29.37)	3.32 (20.62)	5.88 (36.51)	2.81 (13.51)	19,890	0.18
벨기에	27.13 (100.00)	12.49 (46.06)	3.55 (13.07)	6.92 (25.51)	4.17 (15.37)	21,870	0.24
캐나다	18.33 (100.00)	5.88 (32.09)	3.96 (21.61)	6.61 (36.05)	1.88 (10.25)	21,730	0.18
덴마크	30.65 (100.00)	9.58 (31.26)	9.75 (31.82)	5.03 (16.42)	6.28 (20.50)	22,150	0.22
핀란드	31.94 (100.00)	13.09 (40.98)	7.55 (23.62)	5.72 (17.89)	5.59 (17.50)	18,510	0.21
프랑스	30.07 (100.00)	13.67 (45.46)	5.32 (17.70)	7.98 (26.55)	3.09 (10.29)	21,240	0.23
독 일	28.02 (100.00)	12.30 (43.91)	3.85 (13.75)	8.13 (29.02)	3.73 (13.32)	30,106	0.22
아일랜드	19.40 (100.00)	5.46 (28.12)	4.33 (22.32)	5.23 (26.95)	4.39 (22.61)	17,490	0.18
이탈리아	23.70 (100.00)	15.44 (65.15)	0.88 (3.72)	5.38 (22.70)	2.00 (8.43)	19,890	0.23
일 본	13.96 (100.00)	6.85 (49.10)	0.94 (6.76)	5.64 (40.41)	0.52 (3.74)	22,790	0.21
룩셈부르크	25.24 (100.00)	13.31 (52.72)	4.62 (18.31)	6.51 (25.80)	0.80 (3.17)	29,400	0.20
네덜란드	27.78 (100.00)	11.85 (42.67)	5.07 (18.24)	6.74 (24.25)	4.12 (14.84)	19,870	0.19
뉴질랜드	19.16 (100.00)	7.62 (39.77)	4.18 (21.80)	5.47 (28.56)	1.89 (9.87)	17,260	0.18
포르투갈	18.26 (100.00)	9.52 (52.14)	1.97 (10.81)	4.98 (27.25)	1.79 (9.81)	13,220	0.24
스페인	21.63 (100.00)	10.68 (49.35)	1.90 (8.77)	5.77 (26.67)	3.29 (15.21)	15,040	0.23
스웨덴	33.01 (100.00)	11.80 (35.74)	10.62 (32.16)	5.90 (17.86)	4.70 (14.23)	19,270	0.27
스위스	20.97 (100.00)	9.59 (45.75)	3.11 (14.85)	6.63 (31.62)	1.63 (7.77)	24,840	0.21
터 키	6.79 (100.00)	3.86 (56.89)	0.60 (8.88)	2.31 (34.09)	0.01 (0.15)	5,660	0.08
영 국	22.81 (100.00)	10.24 (44.89)	5.41 (23.71)	5.81 (25.46)	1.36 (5.94)	19,500	0.24
미 국	15.61 (100.00)	7.25 (46.45)	1.54 (9.90)	6.27 (40.14)	0.55 (3.50)	27,330	0.19
OECD평균 (한국 제외)	22.53 (100.00)	9.76 (43.89)	4.12 (17.12)	5.94 (27.98)	2.70 (11.00)	20,353	0.21
한 국('99)	7.53 (100.00)	2.52 (33.42)	0.57 (7.52)	2.98 (39.55)	1.47 (19.51)	8,893	0.10

주: 1) 연금·재해보장: OECD 분류기준 중 1,2,3,6 포함, 사회복지: 4,5,7,8,12,13
　　　포함, 노동정책: 9,10 포함
　　2) 노인부양률: 65세 이상 인구/15～64세 인구의 비율
자료: OECD, *Social Expenditure Database 1980～96*, 1999.

대한 공적부조나 노인·장애인 및 가정복지 서비스 등에 대한 지출 수준도 다른 OECD 국가들에 비해 크게 낮은 수준에 머물고 있기 때문이다.

그러나 이와 같이 우리나라의 복지지출 수준을 OECD 국가들의 단순평균치와 비교하는 것은 소득수준이나 인구고령화 수준 등의 차이를 반영할 수 없기 때문에 한계가 있다. 특히 <표 1-7>에서 보듯이, 대부분의 OECD 국가들의 1인당 소득수준이나 노인부양률(65세 이상 인구/15~64세 인구)은 우리나라의 2배를 넘는 수준이다. 따라서 우리나라의 복지지출 규모를 우리나라에 비해 소득수준이나 노인인구비율이 크게 높은 선진국들과 단순 비교하여 지나치게 낮다고 평가하는 것은 문제가 있다. 왜냐하면, 우리나라의 복지지출 규모도 고령화의 진전이나 소득수준의 향상에 따라 자연적으로 증가하게 될 것이 예상되기 때문이다. 따라서 보다 의미있는 국제비교를 위해서는 이러한 경제적·인구학적 요소들을 감안한 비교방법을 사용해야 할 것이다.

일반적으로 복지지출의 규모는 소득수준의 변화나 인구고령화의 정도와 매우 밀접한 상관성을 지니고 있다. 이는 고령화 진전에 따라 연금, 의료 및 각종 노인복지에 대한 지출이 함께 늘어나게 되며, 또한 소득수준의 향상도 전반적인 국민 복지수요를 확대시키고 보다 다양한 복지욕구를 창출하기 때문이다. 이러한 경제적·인구적 변화가 복지지출 규모에 어떻게 영향을 미치는가를 보다 자세히 살펴보기 위해 본고에서는 SOCX의 자료를 이용하여 OECD 국가들의 1985년부터 1995년까지의 부문별 복지지출의 패널 데이터를 토대로 상관성 검증을 시도해 보았다. <표 1-8>에는 OECD 국가의 각 부문별 복지지출 규모에 대하여 1인당 GDP 및 노인부양률을 설명변수로 하여 회귀분석(pooled least squares)한 결과가 나타나 있다.

<표 1-8> 소득수준 및 고령화에 따른 복지지출의 변화

종속변수	ln(1인당 GDP)	ln(노인부양률)	Adj R^2
ln(복지지출전체)	1.5324[***] (18.2733)	1.4581[***] (5.2736)	0.9927
ln(연금·재해보장)	1.4260[***] (16.8748)	1.6599[***] (5.9577)	0.9929
ln(사회복지)	1.7332[***] (14.3025)	0.5715 (1.4304)	0.9842
ln(보　건)	1.5394[***] (16.8159)	1.5250[***] (5.0526)	0.9921
ln(노동정책)	1.6099[***] (6.6763)	0.1289 (0.1622)	0.9587

주: ( ) 안은 t 값임.

　표에서 보듯이, 각 나라의 복지지출 규모는 인구 고령화 및 소득수준 향상과 매우 밀접한 상관성을 보이고 있는 것으로 나타나고 있다. 부문별 지출을 살펴볼 경우 공적연금 등을 포함한 연금·재해보장부문은 그 성격상 노인부양률에 대한 탄성치가 가장 높게 추정되어, 고령화에 따라 가장 민감하게 지출규모가 늘어나는 것으로 나타났다. 반면, 공적부조 및 사회복지서비스를 포함한 사회복지부문은 1인당 GDP에 대한 탄성치가 가장 높게 나타나, 소득수준 향상에 따른 지출증가가 가장 빠른 것으로 나타난다. 또한 사회복지나 노동정책부문에 대한 지출은 소득수준 변화에는 민감하나 인구 고령화에 의해서는 큰 영향을 받지 않는 반면, 의료보험을 포함한 보건부문의 경우에는 소득수준 향상이나 고령화 정도의 두 변수 모두에 대해 비교적 민감한 영향을 받는 것으로 추정된다.

　이와 같이 복지지출 규모의 증가는 고령화 및 소득향상과 밀접한 관계가 있는바, 우리나라의 복지지출 수준의 보다 의미있는 국제비교를 위해서는 이러한 설명변수들의 차이를 감안할 필요가 있을 것이다. 이를 위해 1995년 OECD 국가들의 횡단면 회귀분석결과[7]를 토대로 현재 우리나라의 1인당 GDP[8] 및 노인부양률 수준에서 기대되는 부문별 복지지출 수준과 실제지출 수준을 비교해 본 결과는 <표 1-9>와 같다. 표에 나타난 바와 같이, 소득 및 고령화 수준을 감안한 부문별 지출비중의 기대값은 <표 1-7>의 OECD 단순평균치에 비해 낮아지게 된다. 그럼에도 불구하고 우리나라의 실제 복지지출 수준은 모든 분야에 있어 국제적인 기대치에 못 미치는 것으로 계산된다. 특히 사회복지분야의 실제 지출 수준은 기대치 대비 약 절반 수준으로 가장 취약한 것으로 나타나고 있다.

그러나 이러한 비교 역시 우리나라 복지지출 수준의 상대적 위상을 파악하는 데 한계가 있다. 왜냐하면, 이러한 비교방법은 인구고령화 정도의 차이나 소득수준의 차이 등을 어느 정도 제어(control)할 수는 있으나, 각 나라의 복지제도의 성숙도의 차이는 감안할 수 없기 때문이다. 대부분의 서구 선진국의 경우 공적연금 및 의료보험 등 사

---

7) 1995년 OECD 국가들의 부문별 복지지출의 對GDP 비중을 소득 및 노인부양률과 횡단면 회귀분석한 결과는 다음과 같다.

$$\ln(\text{연금·재해보장/GDP}) = -0.164 - 0.034 \cdot \ln(\text{PGNP}) + 1.183 \cdot \ln(\text{노인부양률})$$
$$(-0.059)\ (-0.141) \qquad\qquad (3.478) \qquad [R^2=0.553]$$

$$\ln(\text{사회복지/GDP}) = -5.806 + 0.419 \cdot \ln(\text{PGNP}) + 1.105 \cdot \ln(\text{노인부양률})$$
$$(-0.807)\ (0.672) \qquad\qquad (1.255) \qquad [R^2=0.255]$$

$$\ln(\text{보 건/GDP}) = -7.327 + 0.499 \cdot \ln(\text{PGNP}) + 0.383 \cdot \ln(\text{노인부양률})$$
$$(-6.305)\ (4.948) \qquad\qquad (2.983) \qquad [R^2=0.818]$$

단, 노동정책부문의 경우에는 회귀분석 결과의 신뢰도가 낮아, 1995년 OECD 국가들의 단순평균치를 기준으로 하였다.

8) 외환위기에 따른 급격한 원화가치 하락으로 인해 1999년의 우리나라 1인당 GDP는 US$8,893으로 낮아졌다. 이러한 단기적 소득변동을 감안하여 기대치 계산에 있어서는 1인당 GDP를 US$10,000로 가정하여 추계하였다.

<표 1-9> 우리나라 복지지출 수준의 기대치 및 실적치 비교

(단위: 대GDP 비율, %)

	연금·재해보장	사회복지	보 건	노동정책	복지지출 계
기대치[1](A)	3.88	1.08	3.37	2.70	11.08
실적치(B)	2.52	0.57	2.98	1.47	7.53
B/A(%)	65.0	52.8	88.4	54.4	68.0

주: 1) 1995년 기준 OECD 국가들의 회귀분석결과에 의한 추세선에 1999년 현재
　　 의 우리나라 노인부양률 및 1인당 소득(US$10,000 가정)을 대입한 값임
　　 (단, 노동정책부문의 경우에는 단순평균치).

회보험제도는 2차대전 이후 1940~50년대부터 본격적으로 도입 실시
되기 시작해 매우 오랜 역사를 가지고 있는 반면, 우리나라 사회보험
제도는 국민연금 1988년, 전국민의료보험 1987년, 고용보험 1995년 등
최근에 와서야 비로소 본격적으로 시행되기 시작하였다. 이러한 공
적연금을 비롯한 사회보험은 시간이 경과함에 따라 급여지출이 지속
적으로 늘어나게 되는 것이 일반적이다.[9] 이에 따라 비록 경제·사
회적 여건 및 사회보험제도의 형태가 동일하더라도, 성숙화 단계의
차이에 따라 복지지출 수준은 국가별로 큰 격차를 보이게 된다. 따라
서 사회보험의 도입 역사가 짧은 우리나라의 지출수준이 낮게 나타
나는 것이 반드시 정부역할의 미흡이나 제도적 미비를 의미하는 것
이 아니라는 점에 주의해야 할 것이다. 또한 보다 정확한 복지 위상
의 비교평가를 위해서는 이러한 성숙도의 차이도 함께 고려되어야
할 것이며, 이를 위해 다음 절에서는 향후 우리나라 복지제도가 성숙

---

9) 특히, 공적연금의 경우 대부분 선진국은 부과방식(pay-as-you-go system)으로 운영되
　 어 도입 초기부터 급여수혜자가 발생하였던 반면, 우리나라는 적립방식(funded
　 system)으로 운영되고 있기 때문에 본격적인 완전노령 수급자는 2010년경부터 발
　 생하게 된다.

화되면서 지출규모가 어떻게 변화할 것인가를 예측해 보고자 하였다.

Ⅳ. 우리나라 복지지출 규모의 향후 전망

1. 향후 여건의 변화

앞 절에서는 우리나라 복지지출 규모를 OECD 기준에 맞추어 산출하여 보고, 이를 OECD 국가들과 상호비교해 보았다. 국제비교 결과 현 복지지출 수준은 우리나라와 유사한 소득 및 고령화 수준에서 기대되는 국제적 평균치에 비해 낮은 것으로 나타나고 있다. 그러나 다음과 같은 이유들로 인해 우리나라 복지지출 규모는 향후 매우 빠른 속도로 늘어나게 될 것이 예상된다.

첫째, 향후 지속적인 소득수준 향상에 의해 생활의 질적 개선에 대한 욕구가 증대함에 따라 생활편의시설, 보건, 위생 및 다양한 사회복지서비스에 대한 수요가 점진적으로 늘어나게 될 것이 예상된다. 또한 소득수준의 향상에 따라 절대빈곤의 문제는 점차로 완화될 것이나 최소한의 인간다운 삶을 보장하는 최저생계비의 범위는 확대될 것이며, 상대적 빈곤 해소를 위한 국민적 수요도 증대될 것이다. 이와 아울러 산업화 진전에 따른 신체적·정신적 산업재해의 증가, 의료 양상의 변화, 사고 및 공해증대 등의 사회적 위험으로부터 보호받기 위한 생활안정 및 근로여건 개선에 대한 욕구도 커지게 되어 지속적인 복지지출의 증대를 야기하게 될 것이다.

둘째, 출산력 저하 및 평균수명의 연장에 따라 우리 사회는 급격히 노령화 사회로 진전되고 있으며, 이에 따라 노인부양에 대한 사회적

<표 1-10> 우리나라 인구고령화에 대한 전망

(단위: %)

	2000	2005	2010	2015	2020	2025	2030
노인부양률[1]	10.0	12.3	14.2	16.1	18.9	24.3	29.8

주: 1) 65세 이상 인구/15~64세 인구(%)
자료: 통계청.

부담이 빠르게 증대될 것이다(표 1-10 참조). 또한 가족간 유대감의 약화로 빈곤노령층의 생활보호 및 자립기반 마련을 위한 정부의 역할이 커지게 될 것이며, 노령계층의 유료·무료 복지서비스에 대한 수요도 크게 증대될 것이 예상된다. 아울러 핵가족화 및 여성의 경제활동 증가에 따라 보육수요 증가 등 새로운 복지수요가 발생하고, 이혼율 증가, 가족기능 저하 등으로 아동복지, 청소년복지 및 가족복지 등의 보다 전문화된 서비스에 대한 수요가 증대할 것이다. 이와 같은 급속한 인구·사회적 변화는 우리나라의 복지지출 증가에 큰 영향을 주게 될 것이다.

셋째, 이러한 경제·사회적 변화 외에도 아직 도입 초기에 있는 각종 사회보험제도들이 성숙화됨에 따라 보험지출 규모가 선진국들보다 매우 빠른 속도로 늘어나게 될 것이다. 특히 선진국에 비해 도입 역사가 상대적으로 짧은 공적연금제도의 급여지출이 급속히 늘어날 전망이다. <표 1-11>에 예시되어 있듯이, 국민연금의 경우 향후 30년간 급여수혜자의 수는 2000년의 487천 명에서 2030년에는 6,094천 명으로 12.5배나 늘어날 것으로 전망되며, 공무원연금의 경우에도 약 4배로 증가할 것이 예상되고 있다. 더욱이, 후한 급여수준의 보장과 장기수급자의 증가로 인해 1인당 평균급여액도 함께 늘어나게 될 것이다. 이러한 공적연금과 함께 의료보험의 경우에도 수가인상 및

<표 1-11> 우리나라 공적연금의 급여수혜자[1] 증가 전망

(단위: 천 명)

		2000	2010	2020	2030
국민연금	명 수	487	1,780	3,545	6,094
	성숙도[2]	0.02	0.10	0.20	0.37
공무원연금	명 수	177	276	488	695
	성숙도	0.21	0.34	0.61	0.86

주: 1) 노령연금, 유족연금, 장해연금 등 각종 연금급여 및 일시금 수급자의
       합계.
    2) 각 시점의 가입자수에 대한 급여수혜자의 비율임.
자료: 문형표 외(1999) 및 국민연금관리공단 자료.

급여범위 확대 등 지출증대 압력이 커지고 이와 같이 각종 사회 보험제도의 성숙화는 향후 우리나라 복지지출 규모의 증가를 더욱 가속화시키게 될 것이다.

이처럼 우리나라 복지지출 규모는 현재로서는 상대적으로 낮은 수준에 머물고 있으나, 앞으로 여건의 변화 및 제도적 요인으로 인해 그 규모가 빠르게 늘어날 것이 예상된다. 본절에서는 이러한 향후 복지지출의 변화방향을 보다 구체적으로 살펴보기 위해, 위에서 지적한 요인들을 감안하여 향후 30년간 복지지출 규모를 예측해 보고자 하였다. 이러한 장기추계는 향후 불확실한 경제전망에 대한 일정한 가정을 토대로 하여 현 복지제도가 그대로 유지된다는 전제하에 추정되기 때문에, 예측의 정확도가 떨어질 수 있다. 그럼에도 불구하고 이러한 예측은 현재의 복지정책 기조를 유지할 경우 앞으로 우리나라 복지지출 규모가 과연 어떠한 방향으로 변화할 것인가를 개략적으로나마 가늠해 봄으로써 향후 복지정책기조를 조율해 나가는 데 참고가 될 수 있을 것이다.

2. 추정방법 및 과정

가. 전제조건 및 가정

향후 30년간 복지지출의 변화를 추정하기 위해서는 먼저 소득수준 및 인구구조의 변화, 그리고 사회보험제도의 시뮬레이션을 위한 각종 외생변수들에 대한 가정이 필요하게 된다. 먼저, 노인부양률에 대해서는 위의 <표 1-10>에 제시되어 있듯이 통계청의 인구전망 통계를 사용하였다. 이러한 노인부양률은 2000년 0.1의 수준에서 2021년에는 두 배 수준으로, 그리고 2030년에는 현재의 약 3배 수준까지 늘어날 전망이다. 이 밖의 추정에 필요한 각 주요 경제변수의 전망치는 공무원연금 및 사립교원연금 등의 추계시 사용한 가정치들을 여기서도 동일하게 적용하였다(표 1-12 참조). 이에 따라 다른 거시경제 가정을 사용한 국민연금의 재정추계 등 기존의 연구결과를 인용할 경우에는 본고의 가정치에 부합하도록 추정치를 재조정하였다.

이러한 가정하에서 본고에서는 향후 우리나라 복지지출 규모를 추정해 보기 위해, 위에서 분석한 대분류 방식에 맞추어 연금·재해보장, 사회복지, 보건 및 노동정책의 네 가지 부문별로 복지지출의 규모변화를 예측해 보고, 이를 합산하여 총복지지출 규모를 추정하여

<표 1-12> 거시경제변수의 가정치

	2001~10	2011~20	2021~30	2031~40
이자율	0.055	0.050	0.045	0.040
임금상승률	0.050	0.045	0.040	0.035
경제성장률	0.045	0.040	0.035	0.030
물가상승률	0.035	0.030	0.025	0.020

보았다. 또한 모든 항목의 추정값들은 2000년 현재의 불변가격을 기준으로 계산하였다.

나. 연금·재해보장부문

연금·재해보장부문의 지출규모를 전망하기 위해서는 국민연금을 비롯한 각종 공적연금의 지출규모 추계와 함께 산재보험의 지출추계가 필요하다. 이러한 사회보험의 지출규모 전망에 대해서는 주로 기존의 사회보험 재정에 대한 시뮬레이션 분석의 연구결과를 참고하였다. 우선, 국민연금의 경우에는 2000년 국민연금관리공단의 추계결과를 토대로 하여 본고의 거시경제변수 가정치에 맞추어 재조정해 보았다.[10) 이러한 재추계 결과는 [도 1-2]에서 나타나 있다. 圖에서 보듯이, 국민연금의 지출규모는 1998년 국민연금법 개정에 따른 반환일시금 제도의 폐지에 따라 2001년도에는 전년도에 비해 지출이 크게 감소하게 되나, 그 이후부터는 수급자수의 확대 및 장기가입에 따른 급여수준의 증가 등으로 인해 점차 가속적으로 늘어나게 될 것으로 예상된다. 이에 따라 2030년경에는 국민연금지출 규모가 2000년 불변가격 기준으로 87.9조 원으로 늘어날 것으로 예상된다.

직역연금의 경우에도 기존의 추계 결과를 사용하였다. 공무원연금의 경우에는 문형표 외(1999)의 추계 결과를, 그리고 사학연금의 경우에는 김용하·문형표 외(1999)의 추계 결과를 이용하였다. 위의 연구들은 동일한 거시변수 가정치를 사용하고 있으므로, 단지 이들의 지출 추정치를 2000년 불변가격으로 재산정하였다. 이 밖의 규모가 작

---

10) 국민연금관리공단은 연금재정의 추계에 있어 연평균 실질임금상승률을 2000~
   10년 3.5%, 2011~20년 3.2% 및 2021~30년 2.9%로 본고의 가정치보다 지나치게
   낮게 가정하고 있는바, 이러한 공단의 추계결과를 본고의 가정치에 맞추어 재조
   정하여 산출하였다.

[도 1-2] 국민연금급여 지출 규모의 전망(2000~2030)

(단위: 조 원(2000년 불변가격))

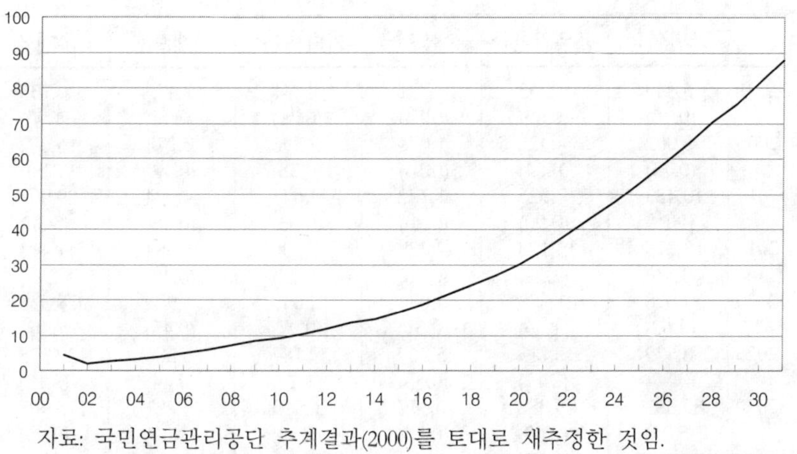

자료: 국민연금관리공단 추계결과(2000)를 토대로 재추정한 것임.

은 별정우체국직원연금 및 국가보훈연금 등은 독자적 추계가 곤란하
여, 공무원연금의 지출변화 추이에 맞추어 비례 조정하였다. 군인연
금의 경우에도 국방부의 추계자료가 있으나, 향후 지출소요를 지나
치게 과소추계한 것으로 판단되어 기타 연금과 동일한 방식으로 추
정하여 포함시켰다. 끝으로, 산재보험의 경우에는 김용하 외(1997)의
추계 결과를 토대로 불변가격 기준으로 재조정하였다.

이러한 과정을 통해 추정된 연금·재해보장부문 지출규모의 향후
30년간의 예측결과는 <표 1-13>에 나타나 있다. 이 부문의 GDP 대비
지출규모는 2001년에는 1.90%로 1999년의 2.52%보다 낮아졌다가, 그
이후 2010년에는 3.30%, 2020년에는 6.03%, 2030년에는 9.96%의 수준
으로 가파르게 증가할 것이 예상된다. 지출액(2000년 불변가격)을 볼
때에도 2030년에는 174조 원으로 2001년에 비해 약 17배가 증가할 것
으로 보인다. 세부항목별로 볼 경우 산재보험의 GDP 대비 비중은 다
소 증가하다가 재해발생률의 감소 등으로 다시 하락하는 형태를 보

<표 1-13> 연금·재해보장 부문의 지출규모 전망(2001~2030)

(단위: 10억 원(2000년 불변가격), %)

	국민연금	공무원연금	사학연금	기타연금[1]	산재보험	계
2001	3,039	3,763	721	1,741	2,473	10,736
	(0.36)	(0.67)	(0.13)	(0.31)	(0.44)	(1.90)
2005	5,002	4,425	1,074	2,596	3,274	16,372
	(0.73)	(0.64)	(0.16)	(0.38)	(0.48)	(2.38)
2010	10,483	7,925	1,722	4,648	4,224	29,002
	(1.19)	(0.90)	(0.20)	(0.53)	(0.48)	(3.30)
2015	18,773	13,128	2,729	7,700	5,084	47,413
	(1.76)	(1.23)	(0.26)	(0.72)	(0.48)	(4.44)
2020	34,098	21,583	4,086	12,659	5,909	78,335
	(2.62)	(1.66)	(0.31)	(0.97)	(0.45)	(6.03)
2025	58,522	32,713	5,269	19,187	6,586	122,278
	(3.88)	(2.17)	(0.35)	(1.27)	(0.44)	(8.12)
2030	87,887	45,888	6,077	26,915	7,221	173,967
	(5.03)	(2.63)	(0.35)	(1.54)	(2.63)	(9.96)

주: 1) 군인연금, 별정우체국연금 및 국가보훈연금 등의 합계.
　　2) ( ) 안은 대GDP 비중임.
자료: 국민연금관리공단 자료, 문형표 외(1999), 김용하·문형표 외(1999), 김용하
　　　외(1997) 등을 토대로 재산출하였음.

이는 반면, 공적연금은 앞에서 예상한 대로 계속해서 빠르게 늘어나는 것으로 추계된다. 특히 국민연금의 지출규모는 2001년 3조 원 수준에서 2030년에는 약 88조 원으로 가장 가파른 상승세를 보이고 있으며, 이러한 국민연금의 빠른 증가세는 2030년 이후에도 연금·재해보장 부문의 지출증가를 계속 주도하게 될 전망이다.

다. 사회복지부문

사회복지부문은 저소득층 생계지원을 위한 공적부조와 함께 각종 노인·장애인 및 가정복지서비스를 포함하고 있으며, 앞 장에서 살펴본 대로 이 부문에 대한 지출수준은 소득수준의 변화와 밀접한 상

관성을 보이고 있다. 90년대 동안의 우리나라 사회복지부문 지출과 GDP의 이러한 상관관계는 다음의 단순회귀식을 통해 살펴볼 수 있다.

$$\ln(\text{사회복지})= -22.19 + 1.8429 \cdot \ln(\text{GDP}), \quad \text{Adj } R^2 : 0.938$$
$$\phantom{\ln(\text{사회복지})=} (-7.18)\ (11.67) \qquad\qquad (\ \ )\text{는 t값임}$$

즉, 우리나라 사회복지 지출의 소득탄성치는 1.84로 추정되어 OECD 국가들의 1.73(표 1-8 참조)보다 약간 높게 나타나, 소득증가에 따라 비교적 빠르게 늘어나는 것으로 나타나고 있다. 이처럼 지난 10년간 우리나라의 사회복지지출 및 OECD 국가들의 경험에 비추어 볼 때, 이러한 최근의 증가추세가 앞으로도 계속될 것으로 짐작할 수 있다.

그러나 이 부문의 향후 지출규모를 추정하는 데 있어서는 최근의 공적부조 제도의 항구적인 변화 효과를 감안할 필요가 있을 것이다. 즉, 2000년 10월부터 시행된 국민기초생활보호제도로 인해 생계지원 범위가 빈곤층 근로능력자가구에게까지 확대됨에 따라 내년부터는 공적부조예산이 크게 늘어나게 될 것이다. <표 1-14>에서 보듯이, 2001년도 최저생계보장을 위한 예산규모는 2조 7,377억 원으로 외환위기 이후 급격히 상승한 2000년도 예산에 비해서도 22% 늘어날 예정이다. 또한 이로 인해 전체 저소득층지원 예산은 19.3% 증가할 예정이다. 이러한 국민기초생활보장제도의 시행에 따른 지출증가는 외환위기와 같은 일시적 요인이 아닌 항구적인 지출수준의 증가를 초래하게 될 것이다. 따라서 이러한 점을 감안하여 사회복지지출의 전망에 있어서는 2001년에는 전년 대비 20% 정도 늘어나는 것으로 가정하고, 그 이후에는 기존의 소득탄성치를 대입하여 연장 추계하였다.

<표 1-14> 저소득층 지원예산 (2001년)

(단위: 억 원)

구 분	2000예산	2001예산(안)	비 고
합 계	34,428	41,083	·19.3% 증가
<최저생계보장 및 자립자활유도>	23,739	29,999	
○ 최저생계보장 (생계·주거비)	22,452 (11,144)	27,377 (14,928)	·최저생계비 이하 저소득층 160만 명
(교육비)	(986)	(1,052)	·기초생활보장 수급자 중·고생 176천 명 학비지원
(의료비)	(10,323)	(11,397)	
○ 저소득층 자활지원 (자활직업훈련)	1,287 (-)	2,622 (558)	·훈련비(월 21만 원) 및 훈련수당 (월 10만 원 지원)
(자활인턴제)	(-)	(300)	·자활대상자 채용사업주에게 보조금지급(월 50만 원)
<자녀학비>	3,748	3,248	
○ 대학생 학자금 융자	451	423[1]	·20만 명에게 6,000억 원 저리융자 이차보전(10.5→5.75%)
○ 중·고생학비	2,676	2,105[2]	·저소득층자녀 40만 명(중 15, 고 24)
○ 유치원학비·보육료	621	720	·생보자, 농촌저소득층 아동 182천 명
<노인·장애인 등 지원>	6,941	7,836	
○ 노인·장애인·아동 등 복지시설 지원	3,157	3,596	·노인시설 560, 장애인시설 1,106, 아동보호 1,516, 여성보호 94, 부랑인시설 135, 사회복지관 185
○ 결식아동노인식사제공	755	783	·결식학생 일 164천 명, 결식아동 일 23천 명, 결식노인 일 45천 명
○ 경로연금	1,999	1,999	·720천 명, 월 3~5만 원
○ 장애수당	277	331	·92천 명, 월 45천 원
○ 저소득층치료비지원	-	226	·만성신부전증, 혈우병, 고셔병, 근육무력증

주: 1) 2000년 실적전망 반영.
　　2) 2001년부터 육성회비지원(578억 원)은 지방교육재정교부금 증가에 따라 지방교육재정에서 부담.
자료: 기획예산처 자료.

[도 1-3] 사회복지부문의 지출전망(2000~2030)

(단위: 10억 원, %)

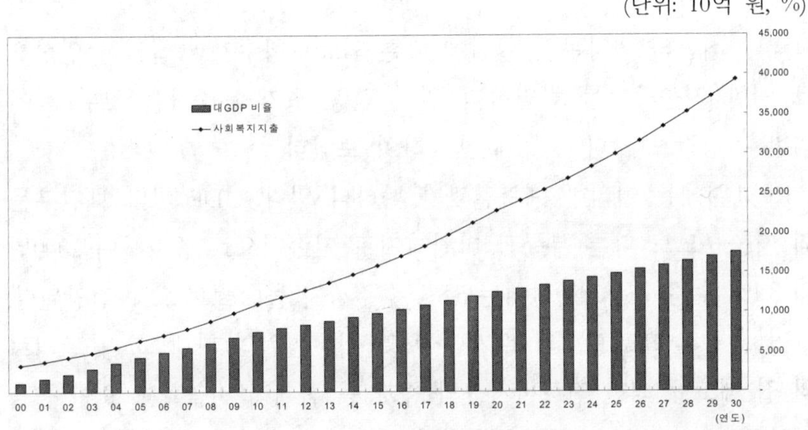

이러한 사회복지부문의 전망치 추계 결과는 [도 1-3]에 나타나 있
다. 이에 의하면, 사회복지부문의 대GDP 지출 비중은 2000년의
0.61% 수준에서 점진적으로 증가하여 2030년에는 2.25%의 수준까지
높아지는 것으로 추계된다. 그러나 이러한 예측결과는 추세변동분만
을 감안하여 추정한 것으로, 향후 아직 도입되지 않은 질병급여제도
나 가족수당제도 등이 추가로 도입될 경우에는 지출규모가 이보다
더 높아질 가능성도 배제할 수 없다.

라. 보건부문

의료보험, 의료보호 및 기타 보건분야를 포함한 보건부문에 대한
지출규모는 일반적으로 소득수준의 변화 및 인구고령화 등에 민감한
영향을 받는 것으로 나타난다(표 1-8 참조). 이러한 특성을 반영하여
향후 우리나라의 보건부문에 대한 지출규모를 추정하는 데 있어서는
다음의 지난 10년간 GDP 및 노인부양률에 대한 선형회귀분석 결과
를 바탕으로 연장추계하는 방식을 택하였다.

$$(\text{보건부문지출}) = -16.460 + 0.0190 \cdot (\text{GDP}) + 226.30 \cdot (\text{노인부양률}),\ \text{Adj } R^2 : 0.985$$
$$\qquad\quad (-4.86)\quad (4.30)\qquad\qquad (3.88)\qquad\qquad\qquad (\ \ )\text{는 t값임}$$

그러나 최근의 의약분업 실시에 따른 의료보험수가의 급격한 인상으로 인한 지출증가를 감안하기 위해 전망 초기의 증가율을 위 식에 의한 추정값보다 다소 높게 책정하여 보았다.

[도 1-4]에는 이러한 예측결과가 나타나 있다. GDP 대비 보건부문의 지출규모도 다른 부문과 마찬가지로 지속적으로 증가하여 2000년의 3.1% 수준에서 2030년에는 5.8% 수준까지 늘어날 것으로 전망된다. 그러나 향후 의료보험의 수가인상 및 적용범위의 확대, 그리고 의료의 질 제고에 의한 진료비지출의 증가 등 잠재적 지출확대 요인 등을 감안할 때, [도 1-4]의 예측결과는 과소추계되었을 가능성이 높다고 판단된다. 圖에서 2020년 이후 보건지출의 증가속도가 빨라지는 이유는 베이비-붐 세대의 고령화로 인해 노인부양률이 빠르게 상승하고 이에 따라 노인관련 의료지출이 증가하는 것에 기인하는 것이다.

[도 1-4] 보건부문의 지출전망(2000~2030)

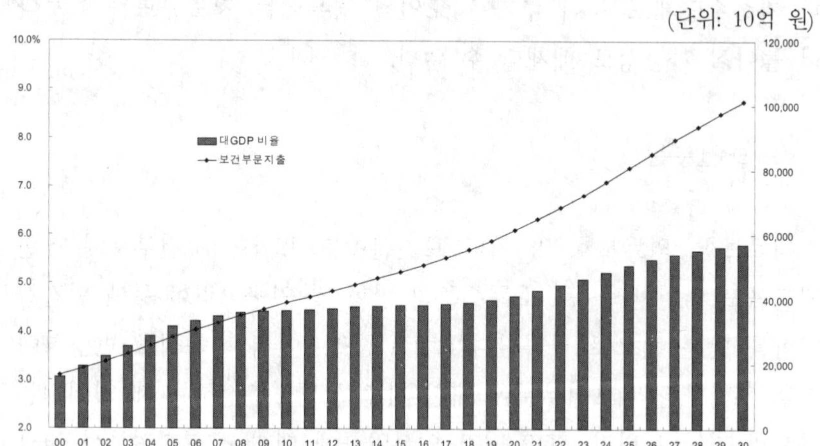

마. 노동정책부문

노동부문 지출11)은 고용보험의 실업급여 지출과 적극적 노동시장 프로그램(ALMP)에 대한 지출로 구분하여 전망추계를 하였다. 적극적 노동시장정책의 경우에는 최근 외환위기 사태에서 보듯이 실업률 수준과 밀접한 상관관계를 보이고 있으므로, 다음과 같은 회귀함수를 설정하여 과거추세를 추정해 보았다.

$$\ln(ALMP) = -26.076 + 1.908 \cdot \ln(GDP) + 1.424 \cdot \ln(\text{실업률}), \quad \text{Adj } R^2 : 0.958$$

$$\quad\quad\quad\quad (-4.93) \quad (6.90) \quad\quad\quad\quad (6.85) \quad\quad\quad\quad\quad (\ )\text{는 } t \text{ 값임}$$

식에 나타나 있듯이, 적극적 노동시장정책의 소득 및 실업률에 대한 탄성치는 유의적으로 매우 높게 추정된다. 또한 추정함수의 설명력이 높으므로, 향후 전망도 위 식의 추정계수를 토대로 연장추계하여 보았다. 이 경우 실업률에 대한 가정은 향후 30년간 4%로 고정하였다. [도 1-5]의 추정결과에서 볼 수 있듯이, GDP 대비 적극적 노동시장정책의 지출비중은 1999년의 0.72%에서 실업률 하락으로 인해 2000년에는 0.48%로 크게 떨어지게 되나, 이후에는 점진적으로 증가하여 2030년 경에는 1.4%의 수준이 될 것으로 전망된다.

실업급여의 경우에는 고용보험이 1995년에 실시되어 도입 역사가 짧은 관계로 회귀식을 이용한 추정이 용이치 못하며, 또한 그 적용범위도 빠르게 확대되고 있는 실정이므로 예측의 정확도가 떨어지게 된다. 이러한 제약에 따라 향후 실업급여 지출에 대한 전망은 기존의 허재준(2000)의 연구결과를 활용하였다. 허재준은 향후 실업률이 4.5% 수준을 유지하고 가입대상 범위가 740만 명으로 늘어난다는

---

11) 민간 법정퇴직금은 제외하였으며, 직역연금과 관련된 퇴직수당은 사회보험 지출에 포함시켰기 때문에 노동부문 지출에서는 고려하지 않았다.

[도 1-5] GDP 대비 노동부문지출의 전망(2000~2030)

가정하에 2010년까지의 지출규모를 전망하였다. 여기서는 이러한 추정결과를 실업률 가정치의 차이를 감안하여 조정한 후 불변가격 기준으로 2030년까지 추세를 연장해 보았다. 이러한 추계에 의하면, 실업급여지출은 실업률 하락으로 2000년에는 0.18%로 전년도의 0.2%보다 낮아지게 되나, 이후 지속적으로 증가세를 보여 2030년 경에는 0.6% 수준이 될 전망이다(도 1-5).

3. 추계결과 분석

이상의 각 부문별 복지지출 규모의 향후 30년간 변화모습을 예측해 본 결과는 <표 1-15>에 정리되어 있다. 우선, 전체 복지지출 규모의 변화를 살펴볼 경우, GDP 대비 비중은 1999년의 7.5% 수준에서 2000년에는 6.6%, 그리고 2001년에는 6.5%로 하락할 것으로 전망된다. 이는 경기회복으로 인한 소득수준의 증가와 함께 외환위기 이후의 경

<표 1-15> 향후 복지지출 규모의 변화 전망(2000~2030)

(단위: 10억 원, %)

	연금·재해 보장부문		사회복지 부문		보건부문		노동부문		복지지출계	
	금액	구성비	금액	구성비	금액	구성비	금액	구성비	금액	구성비
1999	12,178 (2.52)	33.4	2,741 (0.57)	7.5	14,411 (2.98)	39.5	7,110 (1.47)	19.5	36,439 (7.53)	100.0
2000	12,354 (2.29)	34.6	3.289 (0.61)	9.2	16,484 (3.06)	46.2	3,564 (0.66)	10.0	35,691 (6.62)	100.0
2001	10,736 (1.90)	29.1	3,763 (0.66)	10.2	18,527 (3.27)	20.1	3,931 (0.69)	10.6	36,958 (6.53)	100.0
2005	16,372 (2.38)	28.7	6,447 (0.94)	11.3	28,211 (4.10)	49.5	6,010 (0.87)	10.5	57,039 (8.29)	100.0
2010	29,002 (3.30)	32.2	11,064 (1.26)	12.3	40,751 (4.64)	45.2	9,268 (1.06)	10.3	90,085 (10.26)	100.0
2015	47,413 (4.44)	36.4	15,881 (1.49)	12.2	53,281 (4.99)	40.9	13,649 (1.28)	10.5	130,225 (12.19)	100.0
2020	78,334 (6.03)	41.5	22,795 (1.75)	12.1	67,567 (5.20)	35.8	19,867 (1.53)	10.5	188,562 (14.51)	100.0
2025	122,278 (8.12)	45.7	29,931 (1.99)	11.2	88,798 (5.89)	33.2	26,495 (1.76)	9.9	267,503 (17.76)	100.0
2030	173,967 (9.96)	48.4	38,301 (2.25)	10.9	111,278 (6.37)	30.9	35,119 (2.01)	9.8	359,666 (20.60)	100.0

주: ( ) 안은 GDP 대비 비중임.

기침체 및 민간·공공부문의 구조조정 등에 의한 실업자·퇴직자 급증추세가 수그러들면서 공적연금 및 노동부문의 지출규모가 축소되는 것에 기인한다. 이러한 현상은 경제적 위기로 인해 복지지출이 일시적으로 급증하였던 것이 다시 정상화되는 과정으로 해석될 수 있을 것이다.

그러나 2001년 이후에는 전체 복지지출 규모가 비교적 빠른 속도로 지속적으로 증가하게 될 것으로 예측된다. 이에 따라 현재의 복지지출 기조가 계속 유지된다는 전제하에 추계해 본 GDP 대비 복지지출 규모는 2010년에는 10.3%, 2020년에는 14.5%, 그리고 2030년에는 20.6%의 수준까지 높아지게 될 것으로 전망된다. 특히 이러한 추정결과에 의하면, 우리나라의 노인부양률 수준이 1995년 기준의 OECD 국가들의 평균치에 근접하고, 1인당 소득수준[12]도 1995년의 OECD 선진국들과 유사해지는 2020년 초경에는 GDP 대비 복지지출수준이 1995년의 일본(14.0%)·미국(15.6%)·호주(16.1%) 등 선진국들의 지출수준과 비슷해질 것으로 예측된다. 이처럼 소득수준 및 인구고령화 정도, 그리고 복지제도의 성숙화 정도 등 국가간의 시차적 차이를 고려하여 국제비교를 해볼 경우, 우리나라의 현재 복지지출 수준이 결코 지나치게 낮다고만 평가하기는 곤란하다. 다시 말해, 만일 우리나라의 현 단계에서의 경제·사회·제도적 여건을 OECD 선진국들과 일치시킨다면, 우리나라의 복지지출 규모는 OECD 국가들 중 복지지출 규모가 상대적으로 낮은 선진국들과 유사한 수준으로 나타났을 것으로 유추해석할 수 있다.

이러한 우리나라 GDP 대비 복지지출 수준은 2030년경에는 스웨덴·핀란드 등 고복지국가들을 포함한 OECD 국가들의 1995년 단순평균치와 유사해질 것으로 전망된다. 특히 2020년 이후 복지지출의 증가속도가 높아지는 것은 베이비-붐 세대의 은퇴와 함께 고령화 추세가 가속화되어 노령연금 및 보건부문의 지출이 증가하게 되기 때문이다. 그러나 이러한 전망은 향후 복지제도의 변화를 제대로 반영할 수 없었기 때문에 정확도가 떨어질 수밖에 없으며, 이와 동시에 신제도 도입 및 각 제도의 수혜범위의 확대 등을 충분히 고려하지 못해 과소추계되었을 가능성이 있음을 지적할 수 있다.

---

12) 2000년 현재의 1인당 GDP(약 US$9,900)를 기준으로 환율변동 없이 본고에서 가정한 실질성장률로 계산할 경우 1인당 GDP는 2020년에는 US$22,750, 그리고 2025년에는 US$27,030의 수준이 될 것으로 추정된다.

복지부문별로 볼 경우, 향후 공적연금 등 연금·재해보장부문의 지출증가가 가장 빨라질 것으로 보인다. 이 부문의 GDP 대비 지출비중은 2030년에는 약 10% 수준으로 현재보다 4배 이상으로 증가하고, 전체 복지지출에서 차지하는 비중도 2030년에는 약 절반 수준으로 커지게 될 것으로 예측된다. 이와 같이 공적연금제도의 성숙화 및 인구고령화로 인해 연금·재해보장부문의 대GDP 지출비중은 2030년에는 1995년의 OECD 평균치를 상회하게 되며, 그 이후에도 이 부문이 우리나라 복지지출 규모의 증가를 주도해 나갈 것으로 예상된다.

사회복지부문의 경우에도 대GDP 지출 비중은 2010년에는 1.3%, 2020년에는 1.8%, 그리고 2030년에는 2.3% 수준으로 지속적으로 늘어나게 될 것으로 보인다. 그러나 이러한 수준은 1995년의 OECD 평균치 4.1%에 비해 여전히 낮은 수준으로 평가된다. 이러한 전망치는 과거추세치를 반영하여 추계한 것으로, 국민기초생활보장제도의 확대효과 및 가족수당·질병급여 등 신제도 도입의 가능성 등을 충분히 반영하지 못하여 과소추계된 측면도 있으나, 그럼에도 불구하고 이 부문의 상대적 취약성을 감안한 정책적 배려가 요구된다고 판단된다. 그러나 공적부조의 정부역할 강화에 있어서 예산지원 확대도 중요하지만, 이러한 제도를 어떻게 보다 생산적으로 설계해 나갈 것인가도 매우 중요한 정책과제일 것이다. 만일 공적부조의 확대가 민간의 저축 및 근로동기를 저해하고 '빈곤의 함정(poverty trap)'을 야기하게 된다면, 오히려 경제활력을 약화시키고 실업을 증대시킴으로써 재정 및 경제 전반에 악영향을 미칠 수도 있기 때문이다.

의료보험을 포함한 보건부문도 앞에서 지적한 과소추계의 가능성에도 불구하고 지속적인 증가세를 보여 2030년경에는 대GDP 비중이 6.4%로 높아지게 될 전망이다. 특히 이 부문의 지출증가는 인구고령화와 밀접한 관계가 있으며, 우리나라 노인부양률이 1995년의 OECD 평균치와 유사해지는 2020년 초경에는 그 지출 비중도 동년도의 OECD 평균수준과 유사해질 것으로 예상된다. 또한 이러한 보건부문과 사회보험부문이 전체 복지지출에서 차지하는 비중은 8할 이상을 유지하게 될 것이다. 끝으로, 노동부문의 경우에는 지출증가 속도가 타 부문에 비해 느리게 나타나고 있다. 이는 전망치 추계에 있어 우리나라의 향후 실업률이 4% 수준을 계속 유지할 것으로 가정했기 때문이다. 이에 따라 2030년의 노동부문 지출의 GDP 비중은 2.0% 수준으로, 실업률이 높은 OECD 국가들의 1995년의 평균치 2.7%보다 낮게 추정된다.

V. 정책적 시사점

복지지출 수준을 적정하게 유지하는 것이 반드시 정부의 복지부문에 대한 역할을 축소시키거나 지출규모를 억제해 나가는 것을 의미하지는 않는다. 물론 지나치게 과다한 급여를 제공하는 부문에 대해서는 이를 적절히 조절해야 하겠지만, 이와 동시에 취약한 부문에 대해서는 정부의 역할을 강화해 나가는 것이 올바른 방향일 것이다. 또한 경제·사회적 여건에 맞추어 모든 복지부문이 균형되게 발전할 수 있도록 한정된 공공재원의 배분에 있어 정책우선순위를 조정해 나가고, 투입된 재원이 소기의 목적을 최대한 달성할 수 있도록 제도의 효율성을 제고해 나가는 것도 중요한 과제일 것이다. 이와 아울러, 각종 복지제도가 저축 및 근로동기의 약화 등 도덕적 해이(moral hazard) 현상을 발생시켜 복지재정에 불필요하게 과다한 부담을 주거나 재정경직화를 야기하고, 또한 국가 전체의 경제활력을 오히려 저해하지 않도록 복지제도의 고안에 각별한 주의를 기울여야 할 것이다. 이러한 측면에서, 다음에서는 우리나라 복지제도의 개선 과제들을 간략하게 제시해 보았다.

1. 공적연금제도의 개선[13]

　앞서 지적한 대로, 공적연금부문은 향후 복지지출의 증가를 주도할 것이며, 이는 제도의 성숙화나 인구고령화에도 원인이 있으나 우리나라 공적연금제도의 급여수준이 지나치게 높은 데에도 기인하고 있다. 국민연금의 경우 1998년의 법 개정에도 불구하고 연금급여율은 40년 가입 기준으로 평균소득의 60%에 달하고 있다. 이는 미국의 41%, 영국의 40%, 프랑스의 50% 및 캐나다의 40%의 수준 등과 비교해 볼 때 월등히 높은 수준이다. 더욱이 소득재분배 기능으로 인해 저소득층 가입자의 경우에는 생애평균소득 대비 소득대체율이 90%를 상회하게 된다. 이에 더하여 기업의 퇴직일시금 제도까지 감안할 경우, 실질적인 총급여율은 추후 평균 80% 수준 이상까지 올라가게 될 것이다. 일반적으로 은퇴 후 퇴직 전과 유사한 생활수준 유지를 위해 필요한 소득수준이 퇴직 전 소득의 55~70% 수준으로 추계됨을 감안할 때, 우리나라의 국민연금과 퇴직금을 합한 총급여보장 수준은 추후 지나치게 높아지게 될 것으로 판단된다.

　공무원연금을 비롯한 직역연금의 급여수준은 국민연금보다 더욱 후한 실정이다. 즉, 30년 가입을 기준으로 최종보수의 70%를 보장해

---

13) 우리나라 공적연금의 문제점 및 개선방향에 관한 보다 자세한 논의는 문형표(2000a)를 참조.

주고 있는바, 이는 국민연금의 2배 정도의 수준일 뿐만 아니라 미국 CSRS 제도의 56%, 프랑스 60%, 독일 56% 등 선진국 공무원연금에 비해서도 매우 높게 책정되어 있다. 더욱이 현재로서는 지급개시 연령에 대한 제한이나 소득심사제도(earnings test)가 없으므로[14] 급여수급자의 절반이 60세 미만인 실정이다. 이처럼 공적연금의 높은 급여보장 수준은 연금재정 불안정의 주요 원인이 되고 있으며, 더욱이 군인·공무원연금의 재정위기는 이미 현실화되어 국가재정에 큰 부담을 주고 있다. 군인연금의 경우에는 70년대 중반에 기금이 고갈되어 최근에는 7,000억~8,000억 원을 매년 정부예산에서 지원받고 있으며, 공무원연금의 경우에도 2000년 1조 원의 융자지원에 더하여 2001년에는 1조 5천억 원 수준의 적자보전을 위한 예산지원이 불가피한 실정이다.

이와 아울러 공적연금의 보험료 부담이 경제적으로 적정한지의 여부에 대한 신중한 검토도 필요하다. 과다한 사회보장보험료 및 퇴직금 부담 등으로 인한 '비임금 노동비용(non-wage labor costs)'의 발생은 기업으로 하여금 노동자를 고용하는 데 있어 비유인 효과를 주게 되어 결국 실업의 증대로 이어지게 된다. 현재 우리나라의 사회보험부담 수준은 이미 15% 수준에 근접하고 있으며, 고용주의 부담분도 7%를 상회하여 다른 OECD 국가들과 유사한 수준에 달하고 있다. 만일 기업의 퇴직금제도에 대한 부담(법정퇴직금 기준 월 약 8.3%)까지 감안할 경우, 고용주의 광의의 사회보장 부담분은 15% 수준을 초과하게 된다. 더욱이 이러한 사회보장 부담의 보다 큰 심각성은 향후 그 규모가 빠른 속도로 증가하게 될 것이라는 점이다. 특히 국민연금의

---

14) 공무원연금의 적자발생 및 기금고갈 위기에 따라 지급개시 연령을 50세 이후로 제한하고 급여연동방식을 소비자물가지수 기준으로 전환하며, 보험료율을 인상하는 것을 골자로 한 공무원연금법 개정안이 2000년 12월 현재 국회에 상정되어 있다. 그러나 이 개정안에는 급여수준의 조정방안이 포함되어 있지 않다.

경우, 그 재정적 취약성으로 인해 현 제도를 계속 유지하기 위해서는 보험료율을 앞으로 25년 동안 현재 수준의 2배 이상까지 단계적으로 인상하는 것이 불가피하다.

이처럼 공적연금제도가 추후 국가재정을 과도하게 압박하고 후기 세대에게 막대한 부담을 전가시키게 되는 것을 방지하기 위해서는 공적연금 및 퇴직금 등 우리나라 노후소득보장체계의 급여 수준의 적정성 여부를 재검토하고 보험료율의 장기적 조정에 대해서도 보다 구체적인 계획을 조속히 수립해 나가야 할 것이다. 아울러 적정한 국가-기업—개인의 다층 소득보장체계의 구축을 위해서는 기업연금시장의 활성화도 필요할 것이다. 이를 위해서는 현행 퇴직일시금 제도를 기업연금제도로 전환시키기 위한 유인체계를 마련함과 동시에, 국민연금제도와의 효율적 연계를 통해 급여수준 및 보험료 수준이 중복·과다해지는 것을 방지해야 할 것이다. 이에 대한 대안으로는 영국·일본 등의 경우와 같이 적격기업연금제도와 국민연금의 소득비례연금 간에 적용제외 방식(opt-out)을 도입하는 방안이 바람직할 것으로 판단된다. 이를 통해 노후소득체계에 대한 급여·보험료 수준을 적정화하고, 기업으로 하여금 퇴직금을 기업연금으로 전환하도록 추가적 유인을 제공함으로써 기업연금시장의 활성화를 도모할 수 있을 것으로 판단된다.

또한 현재 재정적 위기가 가시화되고 있는 직역연금제도에 대한 과감한 수술을 단행해야 할 것이다. 공무원·군인·사립교원연금 등 직역연금을 현행 체계대로 유지할 경우 적자 규모가 빠르게 증가하여, 추후 정부재정이 감당할 수 없을 정도의 큰 부담을 줄 것이 예상된다. 이러한 직역연금의 구조적 불균형을 조정하는 데 있어 보험료율의 인상만으로는 한계가 있으며, 지급개시 연령의 제한, 급여산정 방식의 조정 등 과다한 급여지출 부담을 낮추고 제도를 합리화하는 개혁조치를 시급히 추진해야 할 것이다. 이와 아울러 향후 민·관 간의 직장이동이 활성화됨에 따라 국민연금과 직역연금간 연계제도를 도입함으로써 연금수급권의 이동성(portability)을 확보하기 위한 장치도 시급히 마련해야 할 것이다.

2. 공적부조제도의 재정비

앞서 살펴본 대로 우리나라의 공적부조나 각종 사회복지서비스부문에 대한 정부지출 수준은 OECD 국가들과의 시차적 비교에 있어서도 상대적으로 낮은 수준으로 나타나고 있는바, 추후 소득수준의 향상 및 고령화 진전 등에 따라 이 부문에 대한 정부의 역할이 점진적으로 확대되어야 할 것이다. 그러나 이러한 사회복지분야에 대한 지출은 자칫하면 수혜계층의 근로동기의 약화 등 도덕적 해이를 야기할 수 있기 때문에, 이러한 부작용을 방지하기 위해서는 제도의 설계과정에서 각별히 신경을 써야 할 것이다. 이러한 입장에서 추후 우리나라 사회복지부문의 핵심을 담당할 국민기초생활보장제도의 개선점을 살펴보면 다음과 같다.

우리나라의 경우 기존의 「생활보호법」에 의거한 공적부조제도하에서는 근로비유인 효과는 그다지 큰 관심 대상이 되지 않았다. 그 이유는 기존의 공적부조에서는 장애인이나 15세 미만 아동 및 65세 이상 노인 등 근로능력이 없는 자에 한하여 생계비를 보조해 주었기 때문이다. 빈곤계층 중 근로능력이 있다고 판단되는 경우에는 자활보호 대상으로 분류하여 의료보호혜택, 자녀학비보조 및 생업자금융자 등을 제외한 직접적인 소득지원은 실시하지 않았다. 따라서 빈곤층의 근로소득 증대에 상응한 공적부조액의 감소는 미미한 수준일

수밖에 없었다. 그러나 2000년 10월부터「국민기초생활보장법」이 본
격적으로 시행되면서 그 상황이 크게 달라지게 되었다. 이 법에 의하
면, 근로능력 여부 및 연령 등에 관계없이 최저생계비에 미달하는 모
든 가구에 대하여 생계비를 지급하는 것을 그 주요 골자로 하고 있
다.15) 이에 따라 앞으로는 근로능력이 있는 가구의 경우에도 소득이
최저생계비 수준에 미달할 경우, 그 차액만큼의 생계비를 지원해 주
게 된다. 즉, 우리나라의 공적부조제도도 앞에서 검토한 소득조사
(means-test)에 입각한 보충급여의 형태로 전환된 것이다.

이에 따라 향후에는 공적부조대상의 근로소득이 증가할 경우 이에
상응하여 보충급여액이 줄어들게 되어 추가적 근로유인을 없앰으로
써 빈곤계층의 장기 실직화 및 배우자의 노동시장 참여를 저해하게
되는 '빈곤의 함정'의 문제가 심각하게 제기될 가능성이 대두되고 있
다. 이러한 문제를 인식하고 정부는 제도전환에 따른 근로비유인 효
과의 발생을 완화시키기 위해 공적부조의 지급액 산정시 근로소득을
비롯한 각종 소득의 일정 부분을 소득인정액에서 공제해 주는 정률
공제방식을 도입하는 방안을 검토하였다. 당초 복지부의 시행령 안
에서는 근로소득 등에 대해 15%의 소득공제를 인정해 주도록 되어
있었으나, 부처간 협의과정에서 그나마 이러한 취지가 2002년부터
'100분의 10 범위 내에서' 공제할 예정으로 후퇴되었다.

이러한 정률소득공제방식은 근로소득에 대한 추가적 보상을 제공
함으로써 근로비유인효과를 낮추는 역할을 하게 되며, 이러한 취지
에서 실제로 많은 OECD 국가들은 공적부조제도에 이와 유사한 공
제제도를 포함시키고 있다(문형표[2000b]). 따라서 국민기초생활보장
제도가 진정한 '생산적' 복지의 이념을 구현하는 제도가 되기 위해서
는 이러한 소득공제제도를 보다 강화해야 할 것이다. 이를 위해서는

---

15) 이 외에도 주거급여의 신설 및 긴급급여제도의 신설 등이 포함되어 있다.

2002년 이후로 연기된 근로소득 공제제도를 최대한 앞당겨 실시하고, 소득공제율도 10% 이내로 제한한 것을 당초 계획대로 15%나 그 이상으로 인상하여 근로유인을 강화해야 할 것이다. 왜냐하면, 10% 이내의 소득공제 수준으로는 근로참여시 발생하는 교통비·식비·아동보육비 등 부대비용을 감당하기에 충분치 못하여 근로유인을 촉발하기가 곤란할 것이기 때문이다. 이러한 소득공제제도는 단기적으로는 생계급여예산을 증가시킬 수 있으나, 중·장기적으로는 근로유인 제고를 통한 수혜자수의 감소 및 보충급여 수준의 하락으로 예산절감을 도모할 수 있을 것이다. 단, 이러한 소득공제제도의 시행에 있어서는 수혜자의 허위·과다 신청을 방지하기 위한 철저한 근로소득 검증절차를 함께 마련해야 할 것이다.

둘째, 이와 같은 근로소득 등에 대한 공제혜택을 통해 추가적 근로유인을 제공하는 것과 함께, 근로능력자 가구의 경우 이러한 기초생계보장을 위한 공적부조의 수급기간이나 급여수준 등에 제한을 둠으로써 부조대상자 및 배우자의 구직동기를 강화할 수 있는 방안의 도입에 대한 검토가 필요할 것이다. 현행 제도에 의하면, 근로능력자 가구의 경우에도 소득 및 재산상의 자격요건만 갖추어지면 생계급여를 무한정으로 지급하도록 되어 있다. 물론 근로능력자에 대해서는 구직활동, 직업훈련 참여 등 자활노력을 전제(근로조건부 생계급여)하고 있으나, 생계급여의 수준이나 지급기간에 대한 제약은 없다. 이러한 제도적 고안은 기초생계 보장에 주안점을 두었기 때문이지만, 반면에 이러한 제도는 수혜자들로 하여금 지나치게 정부 의존적이 되게 하고 근로유인을 약화시키는 소위 도덕적 해이의 문제를 발생시킬 소지가 큰 것도 사실이다. 더욱이 이로 인해 실업기간이 길어질 경우 노동능력 자체가 훼손되는 악순환이 발생하여 복지함정(welfare trap)에 빠지게 될 수 있다는 점도 지적된다(OECD[1997]).

따라서 이러한 부작용을 막기 위해서는 근로능력자 가구의 경우 생계급여 수급기간이 일정 기간을 초과할 수 없도록 사전적인 제한을 두거나, 일정기간 후에는 생계급여 수준을 감액조치해 나감으로써 이러한 지나친 복지의존(welfare dependency)을 미연에 방지하는 제도적 장치를 도입하는 것이 필요하다고 판단된다. 물론 이 경우 기초생계 보장이라는 기본취지가 어느 정도 훼손될 수는 있겠으나, 근로능력자에 대한 생계지원의 궁극적 목표가 근로를 통한 사회참여가 가능하도록 자활지원을 해주는 데 있다는 점을 고려할 때, 근로연계복지(workfare) 차원에서 보다 합당하고 효과적인 장치로 판단된다. 한 예로, 미국의 편부모 가정에 대한 소득지원정책인 AFDC(Aid to Families with Dependent Children)의 경우, 수혜자의 지나친 복지의존성 빛 그로 인한 예산의 지속적 증가가 문제로 지적되었다. 미국정부는 이를 해결하기 위해 수혜자의 근로의무 조건을 대폭 강화하고 수급기간도 5년을 초과하지 못하도록 규정하는 TANF(Temporary Aid to Needy Families) 제도로 전환시켰으며, 이 결과 수혜자들의 근로동기를 높이고 수혜자수를 크게 감축시키는 데 성공한 것으로 지적되고 있다(Cain[2000]).

셋째, 생계비 지원 수준과 최저임금(minimum wage)간의 심한 격차 발생에 따른 근로유인에 대한 영향도 함께 감안되어야 할 필요가 있을 것이다. 2000년 최저생계비 수준은 4인 가구의 경우 93만원 수준으로 책정되어 있다. 반면에, 올해 최저임금 수준은 시간당 1,865원으로, 이를 상시고용시 월 정액급여 기준으로 환산할 경우 약 42만원 수준이 된다. 따라서 4인 가구 지원액은 최저임금의 2.2배 수준으로, 가구원 중 2명의 최저임금 합계액을 초과하게 된다. 더욱이 이러한 빈곤층의 경우 상시고용기회가 적으며 임시직·일용직 및 파트타임 근로형태가 흔한 형태임을 감안할 때, 이러한 생계지원제도가 빈곤

층의 근로유인을 저해할 가능성이 매우 크다고 보아야 할 것이다. 이
처럼 복지정책과 노동정책간의 정책적 일관성 및 상호연계성의 결여
는 근로를 통한 자활이라는 생산적 복지의 기본취지를 추후 크게 손
상시키고 수혜자들을 복지함정에 빠뜨리게 될 소지가 큰 것이다. 따
라서 생계비 지원 수준을 결정함에 있어 최저생계비뿐 아니라 여타
관련제도와의 상호연계성을 충분히 감안하여 적정수준을 지켜나가야
할 것이다. 이를 위해서는 정책결정 과정에서 관계부처간 충분한 논
의과정과 긴밀한 협조체계가 구축될 필요가 있을 것이다.

마지막으로, 이러한 제도 도입을 성공적으로 정착시키기 위해서는
이러한 업무를 일선에서 담당하고 있는 사회복지 전문요원에 대한
관리강화가 매우 중요한 과제일 것이다. 새로운 기초생계 보장제도
의 도입으로 인한 사회복지 전문요원의 업무는 양적으로 크게 늘어
나게 될 뿐 아니라, 보다 면밀한 소득·자산조사 및 고용알선을 중심
으로 하여 업무성격도 질적으로 크게 변화될 것이 예상된다. 따라서
이러한 여건변화에 대응하기 위해서는 전문요원의 양적 보강뿐 아니
라 이들의 전문성을 제고하기 위한 재교육·훈련과정도 함께 강화되
어야 할 것이다. 이보다 더욱 중요한 것은, 수혜대상자의 선정 및 소
득·자산조사의 정확성을 높이기 위해 전문요원에 대한 사전감시 및
사후평가체계를 구축하는 일일 것이다. 예를 들어, 미국 EITC 제도의
경우 소득조사상의 오류로 20% 이상의 예산이 과다신청된 것으로
조사되고 있으며(OECD, 1997), 또한 영국 및 캐나다의 경우에도 대상
자 선정의 오류(tagging error : 지원이 필요한 가구를 대상에서 누락시키
거나 불필요한 가구를 대상에 포함시키는 오류)가 약 20%에 달하고 있
는 것으로 조사되고 있다(Boadway[1999]).

이처럼 복지전달체계가 잘 갖추어져 있는 선진국의 경험에 비추어
볼 때, 우리나라의 대상자 선정 및 조사상의 오류 정도는 이보다 더

욱 심각하리라는 것을 쉽게 짐작할 수 있다. 그럼에도 불구하고 우리 나라의 경우 이러한 전문요원 업무의 정확도를 점검하기 위한 통계 조사가 제대로 시행된 적이 없으며, 제도적 통제장치도 거의 전무한 실정이다. 이처럼 막대한 예산이 소요되는 사업을 전문요원의 이타 적 객관성에만 의존할 수는 없으며, 보다 과학적인 제도적 통제장치 가 반드시 마련되어야 할 것이다. 이를 위해서는 무엇보다도 먼저 담 당부처가 선정·조사 과정의 정확도를 진단하기 위한 정기적인 통계 조사를 시행해야 할 것이며, 아울러 이러한 검사 결과가 다시 피드백 (feed-back)되어 선정과정의 정확도를 제고하는 데 기여할 수 있도록 유인체계를 확립해야 할 것이다.

3. 노동부문 지출의 내실화

실업급여는 실업의 위험에 대비한 공적보험을 제공해줄 뿐 아니라, 실업자로 하여금 각자의 능력에 알맞은 직업을 다시 찾을 수 있도록 도와줌으로써 이들이 추후 다시 실업자로 전락할 위험을 낮추는 역 할을 하게 된다. 이처럼 실업급여는 노동시장의 효율성을 높이는 순 기능을 하는 반면, 노동시장 및 사회복지의 측면에서 부정적인 효과 도 동시에 지니고 있다. 즉, 실업급여의 제공은 실업자로 하여금 구 직유인을 감소시키고 구직시 눈높이를 낮추는 것을 저해함으로써 실 업기간을 연장시키게 될 뿐 아니라, 임금협상에 있어서도 높은 임금 을 요구하려는 유인을 주게 되어 실업확률을 증가시킬 위험도 있다. 이러한 실업급여제도의 부작용은 일반적으로 실업급여 수준의 근로 소득에 대비한 비율, 즉 임금대체율(replacement rate)이 높을수록 실업 률이 높아지는 경향이 있다는 데에 있다. 실제로 OECD는 북유럽국가들을 비롯한 실업급여 수준이 높은 나라들에게 근로비유인 효과를 완화하기 위해 그 수준을 낮출 것을 권고하고 있으며, 이에 따라 독일, 캐나다, 오스트리아 등 많은 나라들이 최근 들어 실업급여 수준을 하향조정하였다(OECD[1997]).

현재 우리나라 실업급여 중 기초가 되는 구직급여의 총임금대체율 수준은 피보험기간이나 가족상황 등에 관계없이 이직 전 평균임금의 50%로서[16] 미국, 일본 등과 유사한 수준이다. 이는 영국, 독일, 호주, 뉴질랜드 등에 비해서는 높은 수준이나 대부분의 북유럽 국가들에 비해서는 낮은 수준으로, 대체적으로 OECD 국가들 중 평균수준으로 볼 수 있다(문형표[2000b]). 따라서 우리나라 실업급여 수준 자체는 비교적 과다한 수준은 아닌 것으로 보인다. 그러나 OECD의 권고처럼 향후 과다한 근로비유인 효과가 발생하는 것을 방지하기 위해서는 실업급여 수준 자체를 추가적으로 인상하는 것은 지양하는 것이 바람직할 것이다. 반면에, 최근 외환위기 이후 늘어난 실업률에 대응한 종합실업대책의 일환으로 정부는 수차례에 걸쳐 실업급여의 수급 요건을 완화하는 조치를 취해 왔다. 이러한 조치는 사회안전망이 부실한 우리의 여건에서 늘어난 실업자를 보호하기 위해 불가피한 측면이 있기는 하나, 근로유인의 제고라는 측면에서는 반드시 바람직하다고 말하기 곤란한 것이다. 실업급여 수급 요건의 과다한 완화는 실업자들의 구직동기를 낮추고 눈높이 조정을 저해함으로써 실업장기화의 원인이 될 수 있음에 유념하여 추가적인 확대를 자제하고, 현제도의 오·남용 가능성을 재검토할 필요가 있을 것이다.

최근 외환위기 이후 급격히 확대되고 있는 적극적 노동시장정책에 있어서는 직업알선 및 직업훈련 등 각종 고용지원제도의 효과성을

---

16) 단, 실업급여의 지급에 있어 현재 최저액(최저임금의 90%) 및 상한액(일당 30,000 원)의 제한을 두고 있다.

제고하기 위한 질적 개선 및 생산성 제고 노력이 필요할 것이다. 취약계층의 고용 및 생계불안을 해소하기 위해서는 건전한 경제활동의 기회제공을 통한 자활·자립의 촉진과 저소득근로자를 위한 복지기반 구축을 통한 고용의 질 향상이 필수적이다. 이를 위해서는 저기능·저학력 장기실업자, 영세자영업자 등 취약계층의 자활 및 자립을 지원하고, 비정규근로자의 고용 및 생활불안 해소책을 강구하며, 저소득근로계층을 위한 근로복지기반을 지속적으로 구축해 나가야 할 것이다. 특히 정부는 고용창출 지원을 위해 산업별 취업구조의 전망 및 노동력 수급전망 등을 지속적으로 수행함으로써 학과별 교육정원의 변경, 직업훈련계획의 수립 등 민간에서 담당할 수 없는 공공재를 제공하는 데 역점을 두어야 할 것이다.

이와 함께 향후 고실업 및 노동시장의 유연화에 대응할 수 있는 보다 효율적인 노동인프라의 구축도 매우 중요할 것이다. 저학력 실업자 등 장기실업화될 가능성이 높은 실업자에 대하여 취업알선 기능을 강화하고 실업자의 시장성(marketability)을 제고하는 것이 당면과제로 부상하고 있다. 이러한 실직자의 자립·자활 지원을 위한 효율적 고용안전망체계를 구축하기 위해서는 고용알선 및 직업훈련 등의 서비스 질을 향상시키기 위한 노력을 강화할 필요가 있을 것이다. 그 예로, 전화 및 PC통신 또는 구청방문 등으로 구인·구직 정보를 손쉽게 접할 수 있도록 효과적인 취업알선정보 인프라체계를 구축하고, 민간취업알선업에 대한 규제완화로 민간참여를 확대해 나갈 필요가 있다. 또한 직업훈련에 대한 철저한 사후평가제도를 바탕으로 한 차등지원체계를 마련하고, 전문대학, 대학, 학원 등 각 기관에 다양한 평생교육과정이 개설될 수 있도록 규제완화 및 지원체계를 확립하여 경쟁을 통한 서비스의 질 개선을 도모해야 할 것이다(문형표·김대일[1998]).

이와 아울러, 추후 여성 경제활동 참여의 증가추세에 따라 실직여성·저소득계층 여성의 안정적 경제활동 지원을 위한 종합적인 대책 수립의 중요성도 커지게 될 것이다. 그동안 여성의 사회활동 참여도는 급속히 증가해 왔으나 아직까지 사회 전반에 많은 장애요인이 온존하고 있는 상황이다. 따라서 가사노동, 육아, 노약자, 장애인 부담 등의 의무경감 방안과 아울러 여성가장 채용장려금제도, 여성대상의 취업알선창구 및 직업훈련 등 여성의 자립·자활 및 안정적인 경제활동기회 확대를 위한 적극적인 고용정책을 지속적으로 추진해 나가야 할 것이다.

Ⅵ. 요약 및 결어

이상에서 우리나라 복지지출 규모를 OECD 분류기준에 맞추어 재산출하여 보았으며, 또한 국제비교를 통하여 우리나라 복지지출 수준의 상대적인 위상을 평가해 보고 향후 30년간 복지지출 수준이 어떻게 변화해 나갈 것인지를 전망해 보았다. 이러한 연구결과를 간략히 요약하면 다음과 같다.

우리나라 정부부문 복지지출 규모를 OECD 분류 기준으로 재추정해 본 결과에 의하면, 1999년의 경우 GDP 대비 7.53%의 수준으로, 정부가 발표하는 통합재정수지상의 복지재정 규모(1998년의 2.76%)보다 매우 높게 나타났다. 이는 정부의 통합수지계산에서 누락된 각종 공적 직역연금지출과 의료보험지출, 그리고 지방정부 복지지출 등이 포함되었기 때문이다. 더욱이 법적 강제성을 지닌 민간퇴직금제도를 준공공지출로 보아 포함시킬 경우에는 1999년 복지지출 규모는 약

57조 원으로 GDP의 11.8%를 차지하고 있는 것으로 계산된다. 이러한 우리나라의 복지지출 규모는 지난 90년대 동안 연평균 21.3%의 빠른 증가를 보이고 있으며, 이에 따라 복지지출의 대GDP 비중도 지난 10년간 2배 이상 높아진 것으로 나타났다. 더욱이 1996년 이후 최근까지의 정부부문 복지지출의 증가율은 26.4%로, 외환위기 이후 실업급증에 따른 빈곤실업예산의 확대와 퇴직연금의 증가로 인해 지출증가 속도가 더욱 가속화되고 있는 것을 알 수 있었다.

그럼에도 불구하고 우리나라 복지지출 수준을 횡단면적으로 OECD 국가들과 국제비교를 해 볼 경우, 우리나라 복지지출 규모는 사회보험 및 공적부조, 사회복지서비스 등 모든 분야에서 OECD 국가들의 평균치에 비해 매우 낮게 나타나고 있다. 우리나라의 현 복지지출 수준은 1995년의 OECD 국가들의 GDP 대비 평균복지지출 비중(22.5%)에 비해 약 1/3 수준에 머물고 있으며, 경제·사회적 여건의 차이를 감안하더라도 약 2/3 수준인 것으로 평가된다. 그러나 이러한 국제비교 방법은 우리나라의 복지지출 수준의 상대적 위상을 제대로 파악하는 데 한계가 있다. 즉, 현재 OECD 국가들의 평균적인 인구고령화 수준이나 소득수준은 우리에 비해 2배 이상 높은 상태로, 이러한 차이를 무시한 단순비교는 필연적으로 우리나라의 복지위상을 과소평가하게 된다. 보다 더 중요한 점은, 선진국들과 우리나라의 사회보험 제도의 도입 역사의 차이를 고려하지 않은 단순비교는 이러한 제도적 성숙도의 차이로 인한 지출수준의 격차를 정부역할의 미흡으로 잘못 해석하는 오류를 범할 수 있는 것이다.

따라서 본고에서는 이러한 인구고령화의 진전, 소득수준의 향상 및 복지제도의 성숙화 등을 고려하여 향후 우리나라 복지지출 수준이 어떻게 변화할 것인지를 전망해 보았으며, 또한 OECD 국가들과의 시차적인 비교를 통해 우리의 복지위상을 보다 객관적으로 평가해 보고자 하였다. 예측결과에 의하면, 현 복지정책기조를 유지할 경우 우리나라의 GDP 대비 복지지출 규모는 2010년 10.3%, 2020년 14.5%, 그리고 2030년에는 20.6% 수준으로 빠르게 증가할 것이 예상되며, 이는 공적연금 및 의료보험 등 사회보험 부문의 빠른 지출증가에 의해 주도될 것으로 나타났다. 특히 우리나라의 인구고령화 정도 및 소득수준이 현 단계의 OECD 국가들의 평균수준에 근접하게 되는 2020년 초경에는 우리의 복지지출 수준이 일본·미국·호주 등의 현재 복지지출 수준과 유사해질 것으로 보인다. 다시 말해, 만일 현재 우리나라의 경제·사회·제도적 여건을 OECD 선진국들과 어느 정도 일치시킨다면, 우리나라의 복지지출 규모는 OECD 국가들 중 복지지출 규모가 비교적 낮은 선진국들과 유사한 수준으로 나타났을 것이라는 유추해석이 가능해진다. 또한 2020년 이후에도 인구고령화의 가속화 및 공적연금수혜자의 지속적인 증가 등으로 복지지출은 더욱 빠르게 늘어나게 될 것이 예상된다.

결론적으로, 단순 국제비교시 우리나라의 복지지출 수준은 OECD 국가들에 비해 상대적으로 낮은 것으로 나타나지만, 이는 인구고령화 및 소득수준, 그리고 복지관련제도의 성숙도 등의 차이를 충분히 고려하지 못한 결과이며, 이를 감안한 시차적 비교에 의하면 결코 지나치게 낮은 수준이 아닌 것으로 판단된다. 특히, 대부분의 선진국들에 비해 후한 공적연금의 급여 수준, 전국민 의료보험의 실시, 고용보험의 도입 및 국민기초생활보장제도의 시행 등을 감안할 때, 우리나라 정부의 복지부문에 대한 역할 및 배려가 미흡하다고 평가하기는 곤란할 것이다. 따라서 향후 복지정책기조의 설정에 있어서는 복지지출의 양적 확대를 지향하기보다는 각 복지부문의 균형발전을 위한 우선순위의 조정과 함께 정책효율성 및 효과성을 제고함으로써 내실있는 생산적 복지를 구현할 수 있도록 질적 개선에 보다 초점을 맞추어 나가야 할 것이다. 이를 위해서는 과도한 노후소득보장 수준의 재조정, 공적부조제도의 근로연계기능의 강화 및 사회보험의 도덕적 해이 방지와 아울러 각종 복지제도의 생산성 제고를 위한 질적 개선 노력이 필요할 것이다.

참고문헌

〈국문자료〉

고경환·계훈방, 『OECD기준에 따른 우리나라의 사회보장비 산출에 관한 연구』, 한국보건사회연구원, 1998.

고경환·장영식·도세록, 『한국의 사회보장비추계: 1990-1997』, 한국보건사회연구원, 1999.

공무원연금관리공단, 『공무원연금통계』, 각년도.

국가보훈처, 『보훈통계연감』, 각년도.

국민복지기획단, 『「삶의 질」 세계화를 위한 국민복지의 기본구상』, 1995. 12.

국민연금관리공단, 『국민연금통계연보』, 각년도.

국방부, 보험급여과 내부자료, 각년도.

국세청, 법인과 내부자료, 각년도.

─────, 『국세통계연보』, 각년도.

김용하 외, 『산재보험운영의 효율화 방안』, 한국보건사회연구원, 1997.

김용하·문형표 외, 『사학연금 책임준비금 산정 및 재정안정화 방안 연구』, 한국보험학회, 1999.

내무부, 『재해연보』, 각년도.

노동부, 『세입세출각목명세서』, 각년도.

─────, 『노동통계연감』, 각년도.

─────, 『산재보험사업연보』, 각년도.

문형표, 「복지수요전망과 복지지출의 적정규모 모색」, 『한국적 복지모형의 정립과 정책방향』, 한국보건사회연구원, 1995.

─────, 「공적연금의 재정적 고찰 및 개선과제」, 『1999년 국가예산과 정책목표』, 한국개발연구원, 2000a(발간예정).

─────, 「세제 및 사회보장제도의 개선」, 유경준(편), 『고용창출에 관한 연구』, 한국개발연구원, 2000b.

문형표·김대일, 「실업·빈곤대책에 대한 검토」, 연구자료 98-19, 한국개발연구원, 1998. 12.

문형표·유경준·김용하·배준호, 『공무원연금제도의 구조개선방안』, 한국개발연구원 용역보고서, 1999. 8.
별정우체국연합회, 내부자료, 각년도.
보건복지부,『세입세출예산』, 각년도.
───,『자치단체에 대한 국고보조금예산』, 각년도.
보건복지부・의료보험관리공단,『의료보호통계』, 각년도.
복지개혁백서 편찬위원회,『국민복지 새지평을 열다』, 1997. 11.
사립학교교원연금관리공단,『사학연금통계연보』, 각년도.
의료보험연합회,『의료보험통계연보』, 각년도.
재정경제부,『예산개요』, 각년도.
───,『한국통합재정수지』, 각년도.
전영준,「사회보장예산의 국제비교」, 한국조세연구원, 1999.
한국은행,『경제통계연보』, 각년도.
───,『국민계정』, 각년도.
행정자치부,『재해연보』, 1998.
허재준,『고용보험 실업급여의 재정추계』, 한국노동연구원, 2000.

〈영문자료〉

Boadway, R., et al., "Agency and the Design of Welfare System", *Journal of Public Economics*, Vol.73, No.1, July 1999, pp.1-30.

Cain, Glen, "The New Welfare Reform Law in the United States : Its Background and a Preliminary Appraisal", presented at the APEC Forum on Shared Prosperity and Harmony, Seoul, Korea, 2000. 4.

IMF, *Government Finance Statistics Yearbook*, 1997.

OECD, *Social Expenditure Database 1980－1996*, 1999.

───, *Social Expenditure Statistics of OECD Member Countries, Provisional Version*, 1996.

───, *Making Work Pay : Taxation, Benefits, Employment and Unemployment*, 1997.

───, *Economic Surveys : Korea*, 2000. 12.

<부표 1-1> OECD국가들의 복지지출의 대GDP 비율(1995년 기준)

(단위: %)

	호주	오스트리아	벨기에	캐나다	체코	덴마크	핀란드	프랑스
복지지출 전체	16.1 (100.0)	26.0 (100.0)	27.1 (100.0)	18.3 (100.0)	19.2 (100.0)	30.7 (100.0)	31.0 (100.0)	30.1 (100.0)
1. 노령현금급여	3.2 (19.6)	10.3 (39.7)	7.6 (28.1)	4.4 (23.8)	5.5 (28.8)	7.4 (24.1)	8.0 (24.9)	10.4 (34.5)
2. 장애현금급여	1.3 (7.9)	1.5 (5.9)	1.7 (6.3)	0.6 (3.0)	1.5 (7.8)	1.9 (6.3)	3.7 (11.6)	1.1 (3.6)
3. 산업재해 및 질병	-	0.2 (0.9)	0.5 (1.7)	0.5 (2.6)	-	0.2 (0.7)	0.3 (0.8)	0.4 (1.2)
4. 질병급여	0.1 (0.5)	0.2 (0.9)	0.5 (1.7)	0.1 (0.3)	1.2 (6.3)	0.7 (2.1)	0.5 (1.6)	0.5 (1.8)
5. 노인 및 장애인 복지서비스	0.4 (2.2)	0.4 (1.4)	0.2 (0.6)	-	0.6 (2.9)	2.9 (9.5)	1.7 (5.3)	0.8 (2.6)
6. 유족급여	0.3 (1.9)	3.0 (11.4)	2.7 (10.0)	0.5 (2.7)	0.9 (4.5)	0.0 (0.1)	1.2 (3.7)	1.9 (6.2)
7. 가족현금급여	2.4 (14.7)	1.9 (7.3)	2.2 (8.1)	0.8 (4.4)	2.0 (10.3)	1.9 (6.0)	2.8 (8.7)	2.2 (7.4)
8. 가족 서비스	0.2 (1.3)	0.5 (1.9)	0.1 (0.5)	-	-	2.0 (6.6)	1.4 (4.4)	0.4 (1.2)
9. 적극적 노동시장	0.9 (5.3)	0.4 (1.4)	1.4 (5.2)	0.6 (3.1)	0.1 (0.8)	1.9 (6.1)	1.6 (5.0)	1.3 (4.4)
10. 실업급여	1.3 (8.2)	1.4 (5.5)	2.8 (10.2)	1.3 (7.1)	0.1 (0.7)	4.4 (14.4)	4.0 (12.6)	1.8 (6.0)
11. 보 건	5.9 (36.5)	5.8 (22.3)	6.9 (25.5)	6.6 (36.1)	6.9 (35.9)	5.0 (16.4)	5.7 (17.9)	8.0 (26.6)
12. 주거급여	0.2 (1.4)	0.1 (0.3)	-	-	0.0 (0.0)	0.8 (2.5)	0.5 (1.5)	0.9 (3.0)
13. 기타 급여	0.1 (0.6)	0.3 (1.3)	0.6 (2.3)	3.1 (16.9)	0.4 (2.1)	1.6 (5.2)	0.7 (2.1)	0.5 (1.6)

<부표 1-1> OECD국가들의 복지지출의 대GDP 비율(1995년 기준) (계속)

(단위: %)

	독일	그리스	아일랜드	이탈리아	일본	룩셈부르크	멕시코	뉴질랜드
복지지출 전체	28.0 (100.0)	16.8 (100.0)	19.4 (100.0)	23.7 (100.0)	14.0 (100.0)	25.2 (100.0)	3.7 (100.0)	19.2 (100.0)
1. 노령현금급여	10.3 (36.7)	8.5 (50.6)	3.4 (17.6)	11.0 (46.4)	5.6 (39.8)	7.0 (27.9)	0.2 (6.5)	5.8 (30.3)
2. 장애현금급여	1.1 (3.9)	1.9 (11.1)	0.8 (4.1)	1.4 (5.8)	0.3 (2.2)	2.2 (8.7)	-	0.7 (3.8)
3. 산업재해 및 질병	0.4 (1.2)	0.0 (0.1)	0.1 (0.5)	0.5 (2.1)	0.2 (1.5)	0.8 (3.0)	0.0 (1.0)	1.0 (5.1)
4. 질병급여	0.5 (1.7)	0.1 (0.8)	0.9 (4.4)	0.1 (0.6)	0.1 (0.5)	0.8 (3.1)	-	1.1 (6.0)
5. 노인 및 장애인 복지서비스	0.6 (2.1)	-	0.5 (2.5)	0.2 (0.9)	0.3 (1.9)	0.5 (1.9)	0.1 (2.0)	0.1 (0.3)
6. 유족급여	0.6 (2.1)	1.6 (9.4)	1.1 (5.9)	2.6 (10.9)	0.8 (5.6)	3.3 (13.1)	0.2 (4.1)	0.1 (0.6)
7. 가족현금급여	1.2 (4.4)	0.1 (0.7)	1.6 (8.1)	0.4 (1.8)	0.2 (1.5)	2.5 (10.0)	-	2.1 (10.9)
8. 가족 서비스	0.8 (2.8)	0.0 (0.1)	0.1 (0.7)	0.1 (0.4)	0.2 (1.6)	0.4 (1.7)	0.1 (3.0)	0.1 (0.5)
9. 적극적 노동시장	1.4 (4.9)	0.3 (1.8)	1.7 (8.7)	1.1 (4.8)	0.1 (0.9)	0.2 (0.8)	0.0 (1.0)	0.7 (3.8)
10. 실업급여	2.4 (8.5)	0.4 (2.4)	2.7 (14.0)	0.9 (3.7)	0.4 (2.8)	0.6 (2.4)	-	1.2 (6.1)
11. 보 건	8.1 (29.0)	3.8 (22.6)	5.2 (27.0)	5.4 (22.7)	5.6 (40.4)	6.5 (25.8)	2.8 (76.3)	5.5 (28.6)
12. 주거급여	0.2 (0.6)	0.1 (0.5)	0.6 (3.2)	0.0 (0.0)	-	0.1 (0.2)	0.0 (0.0)	0.6 (3.2)
13. 기타 급여	0.6 (2.2)	-	0.7 (3.5)	-	0.2 (1.3)	0.4 (1.5)	0.2 (6.1)	0.2 (0.9)

<부표 1-1> OECD국가들의 복지지출의 대GDP 비율(1995년 기준) (계속)

(단위: %)

	노르웨이	포르투갈	스페인	스웨덴	스위스	터키	영국	미국
복지지출 전체	27.6 (100.0)	18.3 (100.0)	21.6 (100.0)	33.0 (100.0)	21.0 (100.0)	6.8 (100.0)	22.8 (100.0)	15.6 (100.0)
1. 노령현금급여	5.8 (21.1)	6.3 (34.5)	8.4 (38.7)	8.2 (24.8)	6.7 (32.0)	2.9 (42.6)	6.6 (28.7)	5.3 (34.0)
2. 장애현금급여	2.7 (9.7)	1.8 (10.0)	1.4 (6.4)	2.4 (7.3)	1.3 (6.1)	0.1 (1.8)	2.7 (11.7)	0.9 (5.7)
3. 산업재해 및 질병	0.0 (0.1)	-	-	0.4 (1.3)	1.3 (6.0)	0.0 (0.4)	0.2 (0.8)	0.1 (0.7)
4. 질병급여	1.2 (4.4)	0.6 (3.4)	1.1 (5.1)	1.2 (3.5)	0.3 (1.3)	0.0 (0.2)	0.2 (0.8)	0.2 (1.5)
5. 노인 및 장애인 복지서비스	3.6 (13.0)	0.2 (1.3)	0.3 (1.2)	3.4 (10.2)	0.5 (2.3)	0.1 (1.3)	0.7 (3.0)	0.1 (0.3)
6. 유족급여	0.4 (1.5)	1.4 (7.6)	0.9 (4.3)	0.8 (2.4)	0.3 (1.6)	0.8 (12.2)	0.8 (3.7)	1.0 (6.1)
7. 가족현금급여	2.3 (8.2)	0.7 (4.0)	0.3 (1.2)	2.1 (6.5)	1.1 (5.0)	0.3 (4.9)	1.9 (8.3)	0.3 (2.1)
8. 가족 서비스	1.5 (5.4)	0.3 (1.6)	0.1 (0.4)	1.7 (5.2)	-	-	0.5 (2.1)	0.3 (2.0)
9. 적극적 노동시장	1.3 (4.8)	0.8 (4.5)	0.8 (3.8)	2.4 (7.3)	0.5 (2.3)	0.0 (0.1)	0.5 (2.0)	0.2 (1.3)
10. 실업급여	1.1 (4.0)	1.0 (5.3)	2.5 (11.4)	2.3 (7.0)	1.2 (5.5)	0.0 (0.0)	0.9 (4.0)	0.4 (2.2)
11. 보 건	6.6 (23.9)	5.0 (27.3)	5.8 (26.7)	5.9 (17.9)	6.6 (31.6)	2.3 (34.1)	5.8 (25.5)	6.3 (40.1)
12. 주거급여	0.2 (0.7)	0.0 (0.0)	0.1 (0.4)	1.2 (3.6)	0.1 (0.4)	-	1.9 (8.2)	-
13. 기타 급여	0.9 (3.3)	0.1 (0.5)	0.1 (0.4)	1.0 (3.1)	1.2 (5.8)	0.2 (2.4)	0.3 (1.2)	0.6 (4.0)

주: ( ) 안은 구성비임.
자료: OECD, *Social Expenditure Database 1980~96*, 1999.

<부표 1-2> 우리나라 사회보장비 추계[1][2]

(단위: 백만 원)

	1996	1997	1998	1999
합 계	23,832,414	30,663,570	51,183,048	56,942,782
1. 노령현금급여	3,688,638	4,332,509	6,981,797	9,890,170
1.1 일반노령연금	1,050,070	1,390,813	2,311,549	3,695,225
1.2 공무원노령연금	1,950,277	2,241,936	3,944,853	5,432,052
1.3 재향군인노령연금	688,291	699,860	725,396	762,892
1.4 기타노령현금급여	-	-	-	-
1.5 조기퇴직급여	-	-	-	-
2. 장애현금급여	407,547	459,981	499,201	518,439
2.1 장애연금	20,931	26,848	38,095	57,627
2.2 공무원장애연금	6,971	8,995	11,808	11,846
2.3 아동장애연금	-	-	-	-
2.4 재향군인장애연금	379,644	424,138	449,298	448,966
2.5 기타장애현금급여	-	-	-	-
3. 산업재해 및 직업병급여	1,012,363	1,159,306	1,071,398	915,530
4. 질병급여	-	-	-	-
5. 노인과 장애인복지서비스	536,590	734,753	811,083	771,826
5.1 시설보호	108,514	145,163	147,011	127,388
5.2 가정봉사서비스	11,610	25,498	19,995	10,681
5.3 주간보호 및 재활서비스	41,309	55,216	56,679	60,215
5.4 기타현물급여	164,995	210,280	250,328	257,760
5.5 장애인 특수교육기관 운영지원	210,162	298,596	337,070	315,783
6. 유족급여	679,012	773,120	829,878	854,053
6.1 유족연금	437,486	505,382	563,930	606,299
6.2 공무원유족연금	241,527	267,738	265,949	247,753
6.3 유족현물급여	-	-	-	-
6.4 기타유족현금급여	-	-	-	-

<부표 1-2> 우리나라 사회보장비 추계[1][2](계속)

(단위: 백만 원)

	1996	1997	1998	1999
7. 가족현금급여	11,077	99,429	102,758	111,617
7.1 아동에 대한 가족수당	-	-	-	-
7.2 가족지원급여	11,078	14,618	14,809	18,303
7.3 기타 피부양인에 대한 급여	-	-	-	-
7.4 편부모현금급여	-	-	-	-
7.5 기타가족현금급여	-	-	-	-
7.6 육아휴직		84,811	87,949	93,314
8. 가족복지서비스	326,274	414,095	328,746	364,057
8.1 공식주간보호	237,460	292,204	227,250	249,005
8.2 개인서비스	31,665	47,669	30,033	43,111
8.3 가족서비스	56,721	73,129	70,260	71,139
8.4 기타현물급여	428	1,093	1,203	802
9. 적극적인 노동시장 프로그램	329,459	501,942	1,679,284	3,484,620
9.1 노동시장훈련	102,703	126,285	347,240	477,675
9.2 청소년 프로그램	61,881	192,311	10,617	85,011
9.3 고용보조 프로그램	9,270	12,230	69,874	76,134
9.4 장애인고용 프로그램	14,472	22,861	34,001	38,239
9.5 고용서비스와 행정	141,133	148,255	1,217,554	2,807,560
10. 실업급여	6,173,599	10,230,301	25,244,581	24,128,649
10.1 실업보상	10,456	78,732	799,397	936,147
10.2 노동시장이유로 인한 조기퇴직	-	-	-	-
10.3 퇴직수당	6,163,143	10,151,569	24,445,184	23,192,502
11. 보건	9,642,307	11,228,921	12,706,123	14,410,528
11.1 보건부문의 공공지출	9,642,307	11,228,921	12,706,123	14,410,528
12. 주거급여	-	-	-	-
13. 기타급여	575,548	729,211	928,198	1,493,293
13.1 저소득층 지원	530,601	697,458	847,438	1,413,866
13.2 원주민	-	-	-	-
13.3 기타	44,150	30,548	80,760	79,427
13.4 이민자 및 망명자	797,065	1,205,427	-	-

주: 1) 1996~97년 자료는 고경환 외(1999)에서 재인용
   2) 보다 자세한 추계절차에 대하여는 필자에게 문의.

제 2장   의료보험재정 안정화를 위한 정책과제

I. 서 론

최근에는 우리 경제 전체가 유례를 찾기 힘들 만큼 급격한 변화를 경험하고 있는 가운데, 의료보험제도 역시 근본적인 변화를 겪고 있다. 전반적인 경제구조의 변화를 촉발한 직접적인 계기가 1997년의 경제위기 이후 부각된 금융 및 기업부문의 부실이라면, 의료체계의 대변혁에 대한 직접적인 계기는 의료부문의 효율성과 형평성을 제고하려는 정부의 강력한 의지라고 볼 수 있다.

최근의 의료체계의 대변혁은 1998년 10월 1일부터 시작된 의료보험통합과 2000년 7월 1일부로 시행된 의약분업에 의해 촉발되었다. 의료보험통합은 의료보험체계 내에서의 형평성 제고를, 의약분업은 의료부문의 효율성 제고를 개혁의 목적으로 하고 있다.

기존의 의료보험체계는 사업장 가입자를 대상으로 하는 직장보험, 주로 자영업자들을 대상으로 하는 지역보험, 공무원·교원을 대상으로 하는 공·교보험으로 삼분되어 있었다. 이러한 세 가지 보험의 도입시기 및 직접적인 도입목적이 각각 다르고 관리주체가 다른 상황

에서 보험료 산정방식, 기준소득, 징수방식 등이 상이하여 근로자·
자영자·공무원·교원간 불형평성 문제가 끊임없이 제기되어 왔다.
   뿐만 아니라 적자조합과 흑자조합의 공존으로 인한 조합간 재정격
차 문제는 의료보험체계의 형평성 문제를 야기하는 근본원인으로 작
용하였다. 조합간 재정격차의 경우 보험급여는 동일한 반면에 보험
료 부과는 상이한 과거의 방식에 기인하는 측면도 물론 있었지만, 조
합의 위험풀(risk pool)을 구성하는 인구학적 특성의 차이에 기인하는
측면도 강하였다. 의료보험통합은 이러한 형평성 맥락에서 조합간
격차를 근본적으로 해소시킬 수 있는 대안으로 추진되었다.
   의약분업은 공급자가 주도하는 의료시장에서 발생하는 각종 왜곡
을 제거함으로써 의료시장의 효율성을 제고하려는 목적으로 추진되
었다. 본질적으로 의료시장은 환자의 증상, 필요한 의료서비스의 종
류 및 양, 가격, 효과 등에 대한 정보가 공급자에 의해 독점되는 시장
이므로 과잉공급의 가능성이 상존할 뿐 아니라 수요 자체가 공급자
에 의해 유도되는 경향이 있다. 즉, 시장에서 결정되는 의료서비스의
이용량과 가격이 사회적 최적 수준과 일치할 가능성은 희박하다. 이
러한 공급자 유도수요(physician induced demand)로 인한 서비스의 과
잉공급은 공급량 결정자와 경제적 이윤의 수혜자가 분리될 경우 어
느 정도 완화될 수 있다.[17] 의약분업은 전문의약품의 공급량 결정은

---

17) 의료시장의 구조적 특성인 정보의 비대칭성에 기인하는 과잉공급의 문제는 공
    급자에 대한 지불보상체계와도 밀접한 관련이 있다. 비록 공급자가 비대칭정보
    를 독점하고 있더라도 이러한 정보를 활용하여 취할 수 있는 경제적 이윤이 제
    한되어 있다면 비대칭정보의 폐해는 완화될 수 있다. 즉, 공급자에 대한 지불보
    상체계가 의료서비스의 공급 회수 및 투입물에 비례하도록 되어 있는 현행 행
    위별 수가체계하에서는 공급자의 과잉공급유인이 증가하는 반면, 공급량과는
    무관하게 질병의 유형과 정도에 따라 보상이 표준화되어 있는 체계하에서는 과
    잉공급의 유인이 감소하게 된다. 따라서, 공급자에 의한 정보독점이 엄존하는
    현실에서 지불보상체계의 개혁이 동반되지 않는 공급결정자와 이윤수혜자의 분

의사, 판매를 통한 직접적인 이윤취득은 약사로 분리함으로써 의료시장의 왜곡을 최소화하려는 취지에서 추진되었다.

이와 같이 의료체계의 효율성과 형평성 제고를 목적으로 추진된 의료보험통합과 의약분업은 의료보험의 제도적 틀을 전면적으로 재편함과 동시에 의료보험재정에 중대한 영향을 미칠 것으로 전망된다. 우선 의료보험 통합의 경우, 재정통합(2001년 1월 1일 예정)은 아직 이루어지지 않고 조직의 통합이 우선되는 과정에서 기존의 조합간 재정격차 해소의 주요 수단이었던 재정공동사업이 폐지됨에 따라 지역보험의 재정이 급속하게 취약해지고 있다. 이러한 과도기적 단기 재정악화 이외에도 직장조합의 급속한 기금 소진, 통합 이후 관리운영비 절감효과의 미진 등으로 인해 당초 통합을 통해 기대했던 재정안정효과는 가시화되지 않은 반면, 통합과정에서의 불만으로 인한 보험료 납부저항은 상당기간 지속될 것으로 예상되므로, 의료보험통합은 보험재정에 부정적인 영향을 미칠 것으로 전망된다.

의약분업 역시 장기적 효과에 대해서는 논란의 여지가 많은 상태에서 단기적으로는 의료보험재정을 악화시킬 것으로 전망된다. 2000년 4월 보건복지부가 추계한 의약분업으로 인한 단기적 재정부담이 이미 1조 5,347억 원으로 연간 의료보험재정 규모의 28.7%(2000년 지출 기준)에 달하고 있다(의약분업재정추계위원회, 2000. 4). 이러한 추계치는 의약분업을 둘러싼 의료계의 극단적인 반발을 무마하기 위한 2차례의 대폭적인 수가인상(2000. 7. 1과 2000. 9. 1)과 추가적인 2차례의 수가인상 약속(2001. 1. 1과 2002. 2. 1)을 반영하지 않은 것으로, 의약분업과 관련한 수가인상을 반영할 경우 의료보험재정은 급속도로 취약해질 전망이다.

의료보험통합 및 의약분업이 개별적으로 의료보험재정에 미치는

리만으로는 의료서비스의 과잉공급을 효과적으로 차단할 수 없다.

영향도 중요하지만, 보다 중요한 것은 양대 개혁이 추진되는 과정에서 빚어진 마찰과 그 결과 형성된 의료체계 및 의료보험체계에 대한 국민적 불만이 양대 개혁이 의료보험재정에 미치는 악영향을 가중시킬 수 있다는 점이다.

의료보험체계에 대한 불만은 이미 보험료 징수에 중대한 장애요인으로 작용하고 있으며, 향후 의약분업과 관련한 수가인상을 시행하는 과정에서 불가피하게 수반될 보험료 인상에 대한 강력한 저항으로 나타날 가능성이 크다. 이러한 국민적 불만의 단적인 예는 의료보험 통합과정에서 발생한 근로자·자영자간의 보험료부과 형평성에 대한 불신에 기인한 '근로자 의료보험료 납부거부 운동'에서 찾아 볼 수 있다.

의약분업 역시 의료계의 충분한 동의와 협조를 얻지 못한 채 강행되는 과정에서 표출된 국민적 불만으로 인해 향후 의약분업관련 수가인상이 얼마나 설득력 있게 수용될지는 의문이다.

의료보험재정의 불안정성의 중요성은, 보험재정의 취약성이 의료체계의 효율성과 형평성 제고를 위해 추진된 의료보험통합과 의약분업의 효과 자체를 희석시킬 가능성이 높다는 데 있다.

본 연구에서는 이러한 양대 개혁의 성패에 대한 논의는 일단 접어 둔 채, 양대 개혁의 성공적인 정착에 중대한 영향을 미치는 의료보험재정의 안정성 여부를 점검해 보고, 의료보험재정의 안정화를 위해 필요한 조치들을 살펴보고자 한다. 제Ⅱ절에서는 최근 의료보험재정의 추이 및 현황을 살펴보고자 한다. 제Ⅲ절에서는 의료보험재정에 영향을 미치는 각종 요인들을 분석하고 이들의 변동 방향을 예측해 보고자 한다. 제Ⅳ절에서는 의료보험통합과 의약분업이 의료보험재정에 미칠 영향을 보다 구체적으로 살펴보고, 제Ⅴ절에서는 의료보험재정의 단기 전망을 제시하고자 한다. 제Ⅵ절에서는 의료보험의

재정악화 요인들을 완화 또는 제거하기 위한 장·단기 정책방안들을
제시하고자 한다.

Ⅱ. 의료보험재정의 현황

　의료보험은 연금 등 다른 사회보험과 달리 양출제입(量出制入)에
의한 단기적인 수지균형이 보험재정운영의 기본원칙이다. 즉, 보험급
여비 등 당기지출을 보험료 수입 등의 당기수입으로 충당할 수 있는
재정상태를 원칙으로 하되, 예측하지 못한 돌발적인 사태나 보험료
인상조치의 효과가 발생하기까지의 급여지출을 충당하기 위한 준비
금 적립을 필요로 한다.[18)
　이러한 맥락에 비추어 보면, 현재의 의료보험재정은 당기적자가
지속적으로 발생하고 적자폭 역시 확대되고 있어서 적립금이 소진되
어 가고 있는 실정이므로 매우 불안정하다고 볼 수 있다.
　1995년까지는 직장, 지역, 공·교 등 모든 의료보험재정이 안정적
으로 운영되고 있었다. 그러나 1996년 이후 지역과 공·교보험의 조
합재정이 적자로 반전된 것을 시발로 1997년에는 직장조합마저 적자
로 반전되었다. 1997년 이후에는 예외적인 경우를 제외하면 모든 조
합이 재정적자를 시현하였다고 볼 수 있다[19)(표 2-1 참조).

---

18) 현행법에서는 급여지출 6개월분에 해당하는 준비적립금의 적립을 요구하고 있다.
19) 의료보험통합의 논리적 근거가 조합간 재정격차 해소에 있었으므로, 모든 조합
　　이 적자를 시현한다면 의료보험통합의 근거가 소멸될 가능성이 있다. 그러나 본
　　문에서 '모든 조합이 적자를 시현하였다'는 것은 2000년 7월 1일 의료보험조합이
　　완전통합되기 이전 400여 개에 달하던 모든 개별 조합이 적자를 발생시켰다는
　　의미는 아니다. 예를 들면, 1996년 지역조합의 경우 총적자는 1,422억 원이지만,

<표 2-1> 의료보험재정 현황

(단위: 억 원)

구 분		1994	1995	1996	1997	1998	1999
계	지 출	38,694	50,537	64,132	76,787	87,157	95,614
	수 입	46,084	54,354	63,255	72,967	78,508	86,923
	당기수지	7,390	3,817	△877	△3,820	△8,649	△8,691
	적 립 금	39,257	41,200	40,020	37,851	30,359	22,425
지역	지 출	18,392	24,331	30,485	36,135	41,193	46,802
	수 입	21,064	24,376	29,063	36,258	39,621	43,519
	당기수지	2,132	45	△1,422	123	△1,572	△3,283
	적 립 금	9,928	9,688	8,141	8,850	7,278	3,995
직장	지 출	14,927	19,923	25,547	31,082	34,252	36,993
	수 입	19,374	23,372	27,038	28,806	30,378	31,229
	당기수지	4,447	3,449	1,491	△2,276	△3,874	△5,764
	적 립 금	22,589	24,497	26,075	25,029	22,312	17,305
공교	지 출	4,835	6,283	8,100	9,570	11,712	11,819
	수 입	5,646	6,606	7,154	7,903	8,509	12,175
	당기수지	811	323	△946	△1,667	△3,203	356
	적 립 금	6,740	7,015	5,804	3,972	769	1,125

자료: 국민건강보험공단.

　　1996년의 경우는 지역조합이 1,422억 원, 공·교조합이 946억 원의
당기적자를 발생시킨 반면, 직장조합은 1,491억 원의 당기흑자를 시
현함으로써 총 877억 원의 당기적자가 발생하였다. 1997년에는 전년
도 적자를 만회하기 위한 보험료수입 증가 노력의 결과 지역조합은
123억 원의 당기흑자를 시현한 반면, 직장조합은 2,276억 원, 공·교
조합은 1,667억 원의 당기적자를 발생시킴으로써 의료보험재정 전체
로 총 3,820억 원의 적자가 발생하였다. 1998년의 경우는 경제위기의
영향으로 보험료 수입은 감소한 반면, 보험급여비 지출은 증가하여

　　총 145개 조합 중 적자발생 조합은 54개, 흑자발생 조합은 91개로서 조합 전체
차원에서 개별 조합의 적자 및 흑자를 가감한 총합이 1,422억 원임을 의미한다.

보험재정이 전반적으로 악화되었다.[20] 지역, 직장, 공·교 모든 조합이 각각 1,572억 원, 3,874억 원, 3,203억 원의 적자를 시현하여 총적자폭이 8,649억 원으로 대폭 확대되었다. 1999년에는 지역조합과 공·교조합이 통합되는 과정에서 단일 보험료 부과체계의 개발이 이루어졌고, 그 결과 공무원·교원의 보험료 부과 소득의 확대를 통해 동 조합의 보험료 수입이 대폭 증가하였다. 즉, 지역조합이 3,283억 원, 직장조합이 5,764억 원의 적자를 발생시킨 반면 공·교조합은 356억 원의 당기 흑자를 시현함으로써 총 8,691억 원의 의료보험 재정적자가 발생하였다.

전반적인 적자 추세에서 예외적인 경우는 1997년의 지역조합과 1999년의 공·교조합이다. 두 경우 모두 전년 대비로 각각 26.6%, 70.3%에 달하는 보험료 수입증가가 이루어져 가까스로 적자를 모면한 경우이다. 지역조합의 경우 1997년에 15.2%의 보험료율 증가가 있었는데, 이는 최근의 지역조합 보험료 인상률 추이를 감안할 때 상당히 높은 것으로 판단된다.

공·교조합의 경우 1998년 7월과 1999년 3월 두 차례에 걸친 대대적인 보험료율 인상과 보험료 부과범위 확대가 이루어졌다. 80년대 후반기 이후 지속적인 임금상승으로 인하여 수지상등(收支相等)원칙

---

20) 경제위기의 영향은 조합에 따라 다소간 차이를 보이고 있다. 1998년의 경우 경제위기로 인한 가계부담 경감 차원에서 추가적인 보험료율 인상은 이루어지지 않았다. 그러나 보험료의 부과기준이 되는 소득의 감소로 인하여 전년 대비 보험료 수입증가율이 지역조합의 경우 11.2%(1997년 26.6%, 1999년 17.3%), 직장조합의 경우 -3.5%(1997년 10.3%, 1999년 12.7%)로 급감하였다. 반면, 공·교조합의 경우는 13.7%의 증가세를 기록하였는데, 이는 1997년의 8.2%에 비하면 오히려 증가한 것이다. 급여지출 역시 조합에 따라 상이한 반응을 보이고 있는데, 1998년에 직장조합과 공·교조합은 각각 19.2%, 26.5%의 증가세를 보이고 있다. 이는 1997년의 14.1%와 12.6%, 1999년의 14.4%, 6.7%를 감안하면 대폭적인 급여지출의 증가로 볼 수 있다. 반면, 지역조합의 경우 급여지출은 15.9%로서 1997년의 15.4%, 1999년의 15.5%에 비하면 전년 수준을 유지한 것으로 분석된다.

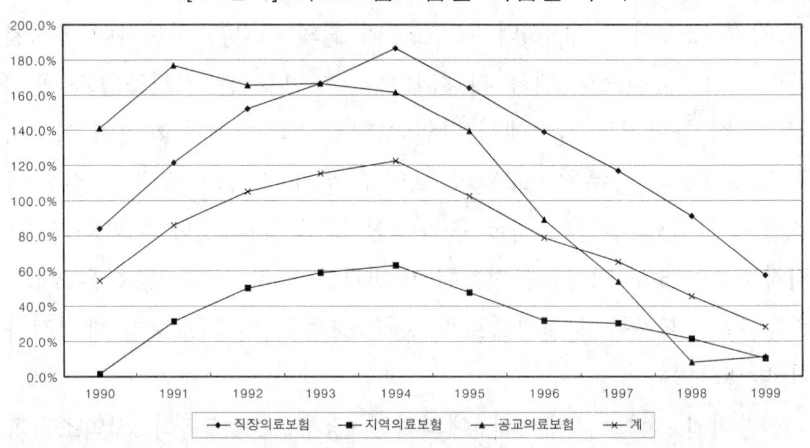

[도 2-1] 의료보험조합별 적립률 추이

에 입각하여 운영되는 공·교 공단의 적립금이 1992년 5,350억 원에 달하자 1993년 2월 공·교 보험료율을 4.6%에서 3.8%로 인하하였다. 그 후 3년 동안 안정적인 재정상태를 유지하였으나, 1993년 이후 공무원 보수인상 억제의 영향으로 보험료수입이 거의 동결되자 보험재정은 다시 반전되기 시작하였다. 이러한 상황에서 지역조합과의 통합을 앞두고 단일부과체계로의 전환을 위해 1998년 7월 공무원·교원의 보험료율을 3.8%에서 4.2%로 상향조정하고, 종전에는 1기분 기말 수당만을 포함하던 부과범위를 4기분 기말수당 모두를 포함하도록 확대하였다. 곧이어 1999년 3월에는 보험료율을 5.6%로 인상하고, 정근수당 및 근속수당마저 보험료 부과 소득에 포함시킴으로써 부과범위를 대폭 확대하였다.

최근 의료보험재정의 추이를 살펴보면, 이례적인 보험료 인상이 없이는 지역, 직장, 공·교 등 모든 조합의 적자가 불가피한 상황이 1997년 이래 지속되고 있다고 볼 수 있다.

보험재정의 적자추세를 해석함에 있어서 한 가지 유의할 점은, 직

<표 2-2> 지역의료보험조합의 보험료율 변동

(단위: %)

	1990	1991	1992	1993	1994	1995	1996	1997	1998	1999
보험료 인상률	28.4	30.6	10.3	7.0	7.3	12.1	13.3	15.2	13.6	18.4

장조합의 경우 1999년에 5,764억 원에 달하는 당기적자를 시현하였다는 점이다. 이미 통합된 지역 및 공·교조합과의 조직 통합을 목전에 둔 직장조합이 급여비 증가를 보험료 인상 대신 기금소진으로 대응하였을 가능성도 배제하기 어렵다. 만약 1999년의 대폭적인 당기적자가 이러한 조합이기주의에 기인한 일시적인 현상이라면, 향후 지속적인 보험재정의 악화로 연결될 우려는 없겠으나, 만약 그것이 보험료수입 증가를 능가하는 급여비의 급속한 증가 때문이라면, 지속적인 보험재정 악화로 연결될 수도 있다.

그러나 최근 직장조합재정의 세부 내역별 추이를 살펴보면, 1999년의 대폭적인 당기적자를 통합을 앞둔 조합이기주의로만 해석하기는 어려운 측면을 발견할 수 있다. 직장조합의 경우 1999년의 연간 보험료수입의 증가분이 2,821억 원으로 경제위기 이전인 1997년의 2,142억 원, 1996년의 2,825억 원, 1995년의 2,360억 원과 대동소이한 반면, 1999년의 보험급여비 증가는 4,474억 원으로 1997년의 2,642억 원, 1996년의 3,853억 원, 1995년의 2,829억 원에 비해 대폭 증가하였기 때문이다. 즉, 보험료수입이 비교적 납득할 수 있는 수준으로 증가하고 있었음에도 불구하고, 이를 상쇄하는 대폭적인 보험급여비 증가가 당기적자폭 확대의 주원인인 것으로 분석된다.

보다 중요한 것은, 적자 추세가 지속되고 있을 뿐만 아니라 적자폭이 점점 확대되고 있다는 점이다. 1996년에는 877억 원에 불과하던 적자폭이 1997년에는 3,820억 원, 1998년에는 8,649억 원, 1999년에는

8,691억 원으로 증가하였다. 전체 보험재정수입 대비 적자 비율도 1996년에는 1.38%에 불과하였으나, 1997년에는 5.23%, 1998년에는 11.01%로 급증하였고, 1999년에는 10.0%로 증가세가 다소 둔화되었다. 이 중 1998년의 급증은 경제위기로 인한 예외적인 현상으로 해석할 수 있으나, 회복된 시점인 1999년에도 비록 다소 둔화되었지만 여전히 높은 적자비율을 보이고 있다는 점은 적자폭의 확대를 경제위기로 인한 일시적인 현상으로 치부할 수는 없음을 보여주고 있다.

요약하면, 최근 의료보험재정의 추이가 시사하는 바는, 보험료 수입을 능가하는 급여비 증가세가 지역, 직장, 공·교조합 등 모든 조합에서 나타나고 있으며, 이러한 구조적인 요인에 의한 지속적인 의료보험재정의 악화가 예상된다는 점이다.

Ⅲ. 의료보험재정의 악화요인 분석 및 향후 전망

1996년 이후 의료보험의 재정적자가 심화되고 있는 것은 의료보험 적용인구의 증가, 수진율 증가, 건당 진료비 증가, 급여범위 확대 등으로 인해 지출요인은 증가하고 있는 반면, 이에 상응하는 보험료 인상은 동반되지 못한 동시에 국고지원율 역시 하락하였기 때문으로 분석된다.21)

<표 2-3>에 의하면, 지난 1994년부터 1998년까지 5년 동안 보험급여비는 연평균 20.5%씩 증가한 반면, 보험료 수입은 12.2% 증가에 그쳐 상당한 재정악화 요인으로 작용하였음을 알 수 있다. 국고지원이

---

21) 국고지원의 경우 국고지원금의 절대액은 증가하였으나, 총의료보험재정 국고지원금 비중은 1994년의 37%에서 1999년에는 24.5%로 하락하였다.

<표 2-3> 의료보험종별 재정 악화 요인(1994~98년 평균)

(단위: 증가율 %)

	전체 의료보험	지역조합	직장조합	공·교조합
급여비	20.5	21.3	19.0	22.1
보험료	12.2	16.8	9.1	9.6
국고지원율	11.6	11.6	-	-

없는 직장조합과 공·교조합의 경우 급여비와 보험료간의 괴리는 더욱 심각한 것으로 분석된다. 특히, 공·교조합의 경우 연간 급여비 증가율이 보험료 증가율의 230%에 달하여 급속한 기금소진이 이루어진 것으로 분석된다.

1. 수입측 요인

일반적으로 의료보험재정에 영향을 미치는 수입측 요인으로는 보험료, 국고지원, 징수율 등을 고려해 볼 수 있다. 본항에서는 이러한 일반적인 수입측 요인들을 분석해 보고, 최근 보험재정 악화의 보다 근본적인 요인은 무엇인지 파악해 보고자 한다.

가. 보험료인상의 부진

우선, 보험료인상 부진의 근본적인 원인은 의료보험 도입 당시로 거슬러 올라간다. 1977년 의료보험이 처음 도입되던 당시 정통성이 취약했던 군사정권은 보험저항을 우려한 나머지 저보험료 노선을 채택하였다. 저보험료 정책은 저급여 및 저수가 기조의 채택을 불가피하게 만들었고, 그후 우리나라의 의료보험제도가 저보험료·저급여·저수가로 특징지어지는 기형적 구조를 견지하게 되는 단초를 제공하였다.

그 이후 민주화 시기를 거치면서 의료보험을 포함한 사회복지제도에 대한 국민적 요구가 폭발적으로 분출되자 정부는 급여범위의 확대를 서두르게 되었다. 급여범위의 확대는 이를 충당할 수 있는 보험료인상과 동시에 추진되어야 보험재정의 안정성을 위협하지 않게 되지만, 시기적으로 국민연금의 도입(1988), 고용보험의 도입(1995), 국민연금의 농어촌지역 자영자 확대(1995), 국민연금의 도시지역 자영자 확대(1998), 산재보험의 확대(1995) 시기 등과 일치하여 급여범위의 확대를 충당할 수 있는 의료보험료 인상은 지연되었다.

특히 지역의료보험과 공·교보험의 경우 급여비를 충당할 수 있는 보험료 인상이 이루어지지 못한 것이 재정악화를 가중시킨 주요인으로 분석된다. <표 2-4>에서 명확히 드러나듯이, 지역보험의 경우 1994년 이전에는 적용인구 1인당 보험료가 급여비를 상회하여 보험재정이 상당히 안정적이었다. 그러나 1995년부터는 적용인구 1인당 급여비가 보험료를 상회하고 있고, 이러한 추세는 더욱 가속화되고 있다. 다만, 1998년의 경우는 1997년에 단행된 지역의료보험료 인상의 영향과 경제위기로 인한 급여지출의 감소로 인해 이러한 추세가 반전되는 것으로 나타나고 있다.

공·교보험의 경우 역시 1994년까지는 적용인구 1인당 보험료가 급여비를 상회하고 있어 보험재정은 비교적 안정적이었다. 그러나 1995년 이후 1인당 급여비는 보험료를 상회하기 시작했고, 그 괴리는 점점 확대되어 왔다. 다만, 1999년에 이르러 공·교보험재정이 흑자를 시현한 것은 1999년 3월에 이루어진 57%에 달하는 대폭적인 보험료인상에 힘입은 것이었다.

<표 2-4> 의료보험종별 일인당 급여비 및 보험료

(단위: 천 원)

	1993	1994	1995	1996	1997	1998
공·교보험						
적용인구 1인당 보험료	85,027	93,841	98,764	105,931	112,934	127,002
적용인구 1인당 급여비	78,992	88,834	104,649	134,358	149,089	186,180
피보험자 1인당 보험료	307,595	332,026	344,134	366,302	388,915	440,606
피보험자 1인당 급여비	285,506	315,516	364,640	464,601	513,421	645,915
지역보험						
적용인구 1인당 보험료	72,721	77,704	84,535	98,758	122,174	147,854
적용인구 1인당 급여비	64,894	72,347	90,762	112,620	128,864	144,514
피보험자 1인당 보험료	238,439	249,087	265,077	304,385	370,589	445,058
피보험자 1인당 급여비	212,778	231,916	284,603	347,112	390,880	435,002
직장보험						
적용인구 1인당 보험료	87,016	96,122	108,642	123,179	134,188	137,412
적용인구 1인당 급여비	66,318	74,291	90,023	111,002	125,070	153,372
피보험자 1인당 보험료	261,217	284,154	315,966	355,943	390,068	416,968
피보험자 1인당 급여비	199,083	219,619	261,816	320,755	363,563	465,401

자료: 국민건강보험공단, 『국민의료보험통계연보』, 각년도.

직장보험의 경우는 1998년 이전까지는 1인당 보험료가 급여비를 충분히 상회하여 보험재정이 상대적으로 안정되었으나, 1998년에는 적용인구 1인당 보험료는 안정적인 반면 급여비가 급증(전년 대비 22.6% 증가)함으로써 이러한 추세가 반전되는 것으로 나타나고 있다. 이러한 사실로 유추해 볼 때, 직장보험의 주된 재정불안 요인은 보험료인상의 부진이라고 보기는 어렵다고 판단된다. 사실상 직장보험의 경우는 그동안 임금의 급속한 상승에 힘입은 적립금 누적으로 보험료 인상요인이 적었다.

요약하면, 급여비 상승에 상응하는 보험료인상이 적시에 이루어지지 못한 것이 지역조합과 공·교조합 재정악화의 중요한 요인으로 작용하였다.

그러면, 향후 보험료인상 가능성은 어떠한가? 후술하는 바와 같이, 의료보험 통합과정에서 노정된 보험료 부과 체계상의 형평성에 대한 불신, 의약분업 추진과정에서 강행된 9월 수가인상의 위법성에 대한 시비, 의약분업을 위한 의보수가 급등에 대한 국민적 불만 등이 보험료 납부저항으로 이미 나타나고 있다. 97% 내외에 달하던 지역의료보험의 징수율이 현재 89%수준에 불과하다는 사실이 시사하는 바는 크다.

종전에는 보험료를 정부가 지정한 범위 내에서 조합이 자율적으로 결정하던 체제에서 의료보험의 통합을 계기로 가입자와 공익대표로 구성되는 국민건강보험재정운영위원회의 심의·의결을 거쳐 결정되는 체제로 전환되었다. 본질상 가입자 대표들은 보험료인상에 반대하는 성향이 강하므로 향후에는 보험료 인상과정이 상당한 난항을 겪을 가능성이 크다.[22]

나. 국고지원비율의 하락

직장조합 및 공·교조합과는 달리 지역조합의 경우는 지역보험의 도입 당시부터 50%의 국고지원이 약속되어 있었고, 급여비와 보험료 간의 괴리를 보전하는 중요한 장치로 작동해 왔다. 그러나 최근에는 국고지원의 절대액은 증가하였으나 총보험재정에서 차지하는 국고지원의 비중이 점진적으로 하락하는 추세에 있다.

<표 2-5>에서 알 수 있듯이, 지역의료보험의 도입 초기인 1988년

---

22) 최근 의약분업과 관련하여 이미 약속한 수가인상을 충당하기 위한 보험료 인상 안건이 상정된 지 한 달 남짓 동안 합의에 도달하지 못하였고, 인상폭도 지역보험의 경우 당초 공단이 당기적자를 해소하기 위해 반드시 필요하다고 제시한 2001년 1월과 7월에 각각 36%씩 인상하는 방안 대신 2001년 1월에만 15% 인상하는 안이 통과되었다.

경에는 50%를 상회하던 국고지원 비율이 1997년부터는 30%를 하회하고 있다. 올해 국고지원이 3,873억 원 증액되어 총재정 대비 30%를 가까스로 상회하고 있으며, 내년도 예산 편성안에 의하면 이러한 추세를 유지할 것으로 예상된다.

그러면, 과연 지역보험에 대한 국고지원 비율의 하락을 지역의료보험 재정악화의 주요 요인으로 간주해야 하는가? 이 문제에 대한 해답을 구하기 위해서는 직장보험이나 공·교보험과는 달리 지역보험에만 국고지원이 이루어지게 된 배경을 살펴볼 필요가 있다. 1988년 농어촌 지역의료보험을 전면적으로 확대실시한 직후 농어촌 주민들의 불만이 거세게 표출되었다. 일부 지역에서는 의료보험증 반납, 보험료 납부거부 등의 집단행동에 돌입하였는데, 이러한 불만이 확산될 경우 의료보험의 조기 정착을 저해할 뿐 아니라 사회불안 요인으로 작용할 것으로 우려되었다. 따라서, 1988년 1월부터 지역의료보험재정의 35%로 시작한 국고지원 비중을 4월부터 대폭 상향조정하여 50%로 확대하였다.

이러한 국고지원의 확대로 인해 농어민의 의료보험료는 10~30% 인하되었고, 특히 전업 농민에게는 농지소득 및 재산에 대한 보험료 경감조치가 동반되었다. 그러나 당초 50%로 시작되었던 국고지원 비중이 1990년에는 36.1%로 하락함으로써 농어촌 지역조합의 적자가 확대되고 진료비가 4~8개월 가량 체불되는 사태가 발생하였다. 이

<표 2-5> 국고지원 현황

구분	1988	1989	1990	1991	1992	1993	1994	1995	1996	1997	1998	1999	2000	2001
총지출	1,733	4,339	10,079	11,219	13,306	15,748	18,164	23,122	28,966	33,534	38,163	44,065	51,782	62,915
국고지원	946	2,202	3,639	5,868	5,924	6,381	6,924	7,553	8,723	9,954	10,760	11,656	15,529	19,009
지원율	54.5	50.7	36.1	52.3	44.5	40.5	38.1	32.7	30.1	29.7	28.2	26.4	30.0	30.2

에 따른 의료계의 반발과 보험료인상에 대한 농어촌 주민의 반발에 직면하자, 정부는 또 다시 추경편성을 통해 1991년에는 국고지원을 52% 수준으로 확대하였다.

지역보험에 대한 국고지원의 역사는 보험저항을 무마하기 위한 회유책의 역사에 불과하였다. 보험의 도입 초기에는 제도 자체의 조기정착을 위하여 가입자 불만을 완화시키는 조치가 불가피한 측면이 있었다. 그러나 지역의료보험이 시행된 지 13년이 경과하였고, 직장보험과 공·교보험에는 국고지원이 이루어지지 않는 현시점에서는, 이러한 맥락에서의 필요성을 발견하기 어렵다.

의료보험통합의 목적이 직역간·조합간 형평성 회복에 초점을 두고 있다면, 직역간·조합간 형평성 제고에 역행하는 지역조합에 대한 국고지원의 강화는 의보통합의 정신과도 배치된다고 볼 수 있다. 지역조합은 농·어민, 실업자, 학생, 영세업체 근로자 등 저소득층만으로 구성되는 것이 아니라 의사, 변호사, 전문직 자영업자 등 상당수의 고소득 자영업자들도 포함하고 있다. 자영업자의 소득 과소보고 경향이 해소되지 않은 상태에서는 지역조합 전체에 대한 국고지원이 형평성 문제를 야기할 수 있다. 특히, 의료보험 통합과정에서 노정된 자영업자 근로자간의 소득포착 격차에 대한 근로자들의 불신이 지역조합에 대한 국고지원 증액 반대운동으로 표출되고 있으며, 한 걸음 더 나아가 직장조합에 대한 국고지원을 요구하고 있는 실정이다.

2001년 7월부터는 5인 미만 사업장 근로자들을 지역보험에서 직장보험으로 전환시킬 계획이므로 지역보험에만 국고지원을 지속하는 명분이 상당부분 훼손되고 있다.

뿐만 아니라, 사회보험의 기본원리가 보험지출을 보험료부담에 의해 충당하는 것임을 감안하면, 국고지원의 필요성은 제도 도입기에서부터 정착기에 이르는 과도기에 국한된다고 볼 수 있다. 특히, 의료보험의 통합을 통하여 위험풀(risk pool)이 지역, 직장, 공·교 모두를 포괄하는 이상, 인구학적 특성상 고위험군이 집중되어 있기 때문에 지역보험에는 국고지원이 이루어져야 한다는 논의도 더 이상은 적절하지 않다고 판단된다.

요약하면, 국고지원 비율의 하락을 보험재정 악화의 근본원인으로 보기는 어렵다. 그럼에도 불구하고 향후 국고지원이 대폭 확충될 수 있다면 보험재정 악화를 둔화시킬 수 있다. 그러나 경제위기 이후의 금융 및 기업구조조정에 투입된 공적자금이 150조 원을 상회하고 있을 뿐 아니라, 향후 추가적인 공적자금의 투입이 발생하지 않는다는 보장도 없는 상황이다. 지금까지 투입된 공적자금에 대한 이자부담만 해도 총예산의 10%를 상회하는 실정에서, 의료보험에 대한 국고지원의 대폭적 확충은 그 실현가능성이 희박하다.

다. 징수율 저하

원천징수방식을 적용하는 직장보험과 공·교보험의 경우는 징수율 저하문제를 우려할 필요가 없으므로 징수율 문제는 지역보험의 경우에만 해당된다. 최근 지역조합의 징수율이 하락하는 추세를 보이고 있다는 이유로 징수율 저하를 보험재정 악화의 주된 요인으로 거론하는 경우가 허다하다.

그러나 지역조합의 징수율은 1996년까지는 상당히 안정적인 수준을 유지해 왔다. <표 2-6>에서 알 수 있듯이, 제도도입 초기인 1990년경에는 90%를 약간 상회하던 징수율이 1994년 이후는 97~98%를 유지하였다. 1998년의 급격한 하락은 경제위기로 인한 일시적인 현상으로 해석할 수 있으므로, 1996년 이후 거의 모든 조합에서 나타나고

<표 2-6> 지역조합의 보험료 징수율

(단위: %)

	1990	1992	1994	1996	1998	1999	2000
징수율	90.7	96.4	98.1	97.1	89.6	92.7	88.6

자료: 보건복지부 제공.

있는 보험재정 악화 추세를 징수율의 하락으로 설명하기는 어렵다.

그러나 앞으로는 징수율 하락이 보험재정 안정화에 상당한 장애요인으로 작용할 가능성이 크다. 1998년의 경우 경제위기로 인한 소득감소가 징수율 하락의 주된 원인으로 분석되지만, 1998년 10월의 지역조합과 공·교조합의 통합을 앞두고 이루어진 보험료부과체계 구조개편에 대한 불만이 징수율 하락을 가속화시킨 것으로 분석된다. 예를 들면, 당시 새로운 보험료부과체계에 대한 불만으로 인한 농어촌주민들의 집단항의 사태 및 납부거부 운동은 보험저항에 의한 징수율 하락을 보여주는 단적인 사례이다.

이후 2단계 의료보험 통합(조직 완전통합)이 추진되면서 보험료부과 체계를 둘러싼 근로자와 자영업자간의 마찰이 표출되었다. 보험저항 사태는 일단락되었으나 소득포착 격차에 대한 불신에 근거한 근로자들의 불만은 아직도 해소되지 않은 상태이다. 물론 근로자들의 경우는 원천징수방식이 적용되므로 가입자들의 불만이 보험재정에 즉각적인 악영향을 미치기는 어렵다. 그러나 374개의 소규모 조합들이 국민건강보험공단으로 통합된 이후부터는 모든 보험료 조정이 가입자 및 공익대표로 구성된 재정운영위원회의 심의·의결을 거치도록 되어 있으므로 가입자들의 보험저항이 간접적으로 보험재정에 영향을 미치게 된다. 뿐만 아니라, 지역보험과 직장보험의 재정통합을 반대하는 근로자단체가 주도하여 전개된 보험료납부 거부운동이 상당한 지지를 받았다는 사실은, 직장가입자들의 불만도 보험재정에 직접적인 영향을 미칠 수 있음을 시사하고 있다.

요약하면, 징수율 저하를 지난 5년간의 보험재정 악화의 주된 요인이라고 보기는 어려우나, 향후 의료보험재정 악화 요인으로 작용할 가능성도 배제하기는 어렵다.

2. 지출측 요인

지출(E)은 의료서비스수량(Q)×단위가격(P)으로 구성되므로, 의료비 증가를 초래할 수 있는 지출측 요인은 수량에 영향을 미치는 적용인구의 증가, 수진율의 증가, 급여범위의 확대 등과 가격에 영향을 미치는 건당 진료비의 증가로 범주화할 수 있다. 최근 진료비 상승의 주요 원인 중 하나인 노인인구 비율의 증가는 수진율의 증가에 포함시킬 수 있다. 본항에서는 이러한 지출측 요인들을 분석함으로써 최근 보험재정 악화의 근본요인을 규명해보고자 한다.

가. 적용인구의 변화

일반적으로 적용인구의 변화를 초래하는 주된 요인은 인구구조의 변화이다. 첫번째 가능성은 인구의 자연증가로 인한 적용인구수 자체의 변화이다. 그러나 1994년과 1998년 사이의 급격한 의료비 상승을 인구의 자연증가로만 설명하기는 어렵다. 1994년에 비해 1998년에는 의료보험 적용인구가 4.1% 증가하였는데, 동 기간 동안 인구의 자연증가율이 매년 0.90% 수준으로 고르게 증가해 왔음을 감안하면, 적용인구수의 변화는 추세적 변화에 불과하다고 볼 수 있다. 따라서,

인구의 자연증가를 최근 의료비급증 현상의 주요인으로 보기는 어렵다.

적용인구의 변화를 초래하는 또 다른 인구구조의 변화로는 노인인구 비율의 증가를 들 수 있다. 전통적인 의료 생애주기(life cycle) 이론에 의하면, 의료서비스에 대한 수요는 0~1세 시기에는 상당히 높으며, 각종 예방접종 수요가 높고 면역체계가 미확립되어 질병에 노출될 가능성이 큰 영유아기 역시 높은 수준을 유지하다가, 청소년기를 거치면서 의료수요는 감소하고, 청년기에는 가임 여성을 중심으로 의료서비스 수요가 증가하고, 장년기에는 다시 감소한 후, 40대 후반부터 서서히 증가하기 시작하여, 70대에는 가파르게 증가한다는 것이다.

노인인구 비율은 1994년 이래 급격하게 증가하고 있으며, 그 결과 전체 의료비 중 노인진료비가 차지하는 비중이 지속적으로 증가하고 있다. <표 2-7>에 의하면, 전체 적용인구 중 65세 이상 인구의 비율은 1995년의 5.6%에서 1999년의 6.3%로 소폭 증가하였으나, 진료비 중 65세 이상 인구 진료비가 차지하는 비중은 12.2%에서 17.0%로 크게 증가하였다.

<표 2-7> 노인인구비율 및 노인진료비 추이

(단위: 천 명, 천 건, 억 원, %)

	1995	1999	증감(%)
노인인구(65세 이상) 점유율	2,483 (5.6)	2,859 (6.3)	376(15.1) 0.7(12.2)
노인진료건수 점유율	14,600 (7.7)	32,298 (11.9)	17,698(121.2) 4.2(54.5)
노인진료비 점유율	7,281 (12.2)	19,332 (17.0)	12,051(165.5) 4.8(39.3)

주: 마지막 열의 괄호 안은 1995년 대비 4년간 증가율.

<표 2-8> 65세 미만 인구 대비 65세 이상 인구의 건당 진료비 추이

연도	1985	1986	1987	1988	1989	1990	1991	1992	1993	1994	1995	1996	1997	1998
진료비 비율	1.55	1.58	1.61	1.59	1.54	1.53	1.58	1.58	1.58	1.59	1.62	1.62	1.63	1.58

<표 2-8>은 노인인구의 비중이 전체 의료비에 미치는 영향을 보다 분명하게 나타내 주고 있다. 65세 미만 인구의 건당 진료비 대비 65세 이상 인구의 건당 진료비 비율이 연도별로 다소간의 편차를 보이지만 평균적으로 1.6 내외임을 알 수 있다. 즉, 노인인구의 진료비가 비노인인구의 진료비보다 1.6배 가량 높다. 수진율이 노인인구와 비노인인구간에 동일하다고 가정하더라도, 노인인구의 비중이 증가함에 따라 전체 의료비는 증가함을 시사한다. 그러나 수진율 역시 노인인구가 비노인인구에 비해 1.54배 가량 높은 것으로 분석되고 있다. 『의료보험통계연보』의 연령별 진료실적 데이터를 분석할 결과, 1998년 공·교 가입자의 경우 65세 미만인구의 평균 수진율은 7.18인 반면, 65세 이상 인구의 평균 수진율은 11.05로 나타났다. 즉, 노인인구의 경우 비노인인구에 비해 1인당 진료건수가 1.54배 가량 높고, 진료건당 진료비도 1.6배 가량 높아서 노인인구 비율의 증가는 진료비 상승에 결정적인 영향을 미치는 것으로 분석된다.

이와 같이 의료비 지출에 중대한 영향을 미치는 노인인구의 비율은 향후 급속하게 증가할 전망이다. 현재 우리나라의 경우 총인구대비 65세 이상 인구비율이 7% 내외로 고령화사회에 진입하는 단계이나, 동 비율이 14%로 증가하여 고령화사회로 진입하는 데 소요되는 기간은 불과 20년 남짓할 전망이다(표 2-9 참조).

요약하면, 노인인구 비율의 증가는 최근 급여비 증가의 주된 요인으로 분석되며, 결과적으로 보험재정 악화를 초래한 것으로 분석된

<표 2-9> 인구구조의 고령화 추세

(단위: %)

		인구수	연간증가율	0~19	20~54	55~64	65세 이상
남자	2000	23,834,942	0.92	31.02	55.79	7.76	5.43
	2005	24,794,705	0.71	28.98	55.87	8.23	6.92
	2010	25,565,866	0.55	28.16	54.12	9.49	8.23
	2015	26,106,701	0.34	26.33	51.90	12.15	9.61
	2020	26,420,770	0.17	24.44	49.96	14.16	11.44
	2025	26,523,126	0.02	22.94	48.13	14.47	14.46
	2030	26,423,514	-0.14	21.89	46.20	14.69	17.22
	2035	26,234,497	-0.13	21.15	44.90	14.05	19.90
	2040	25,661,003	-0.58	20.77	44.04	13.40	21.79
	2045	24,668,528	-0.80	20.62	44.87	12.66	21.86
	2050	23,807,999	-0.72	20.15	44.53	12.84	22.48
여자	2000	23,446,442	0.88	28.35	54.34	8.46	8.85
	2005	24,359,612	0.69	26.25	54.55	8.79	10.41
	2010	25,107,836	0.55	25.59	52.70	10.05	11.66
	2015	25,657,367	0.37	24.28	49.95	12.76	13.01
	2020	26,007,708	0.21	22.84	47.47	14.78	14.91
	2025	26,179,708	0.09	21.62	45.18	14.95	18.25
	2030	26,186,708	-0.06	20.70	42.86	15.01	21.44
	2035	26,221,048	0.11	19.88	41.15	14.16	24.81
	2040	25,766,869	-0.55	19.43	40.13	13.32	27.12
	2045	24,716,417	-0.84	19.33	41.20	12.36	27.11
	2050	23,883,229	-0.68	18.85	41.32	12.02	27.81
전체	2000	47,281,384	0.90	29.70	55.07	8.11	7.13
	2005	49,154,317	0.70	27.63	55.21	8.51	8.65
	2010	50,673,703	0.55	26.88	53.42	9.77	9.93
	2015	51,764,068	0.36	25.32	50.93	12.45	11.29
	2020	52,428,477	0.19	23.65	48.73	14.47	13.16
	2025	52,702,834	0.05	22.28	46.67	14.71	16.34
	2030	52,610,222	-0.10	21.29	44.54	14.85	19.32
	2035	52,455,545	-0.01	20.51	43.03	14.10	22.36
	2040	51,427,873	-0.57	20.10	42.08	13.36	24.46
	2045	49,384,945	-0.82	19.97	43.03	12.51	24.49
	2050	47,691,228	-0.70	19.50	42.92	12.43	25.15

다. 동시에 이러한 노인인구의 증가는 향후 급격하게 이루어져 보험
재정의 중대한 취약요인으로 작용할 전망이다.

　나. 수진율의 증가

　최근에는 수진율의 연평균 증가율이 약 7.5% 수준으로 가파르게
증가하고 있다(표 2-10 참조). 직장가입자의 경우 1993년에는 1인당 급
여지출 청구 건수가 3.99회였으나, 1999년에는 6.34회로 증가하여 총
58.9%의 증가세를 보이고 있다. 지역가입자와 공·교가입자의 경우
도 유사한 수진율의 증가세를 보이고 있다.
　수진율의 증가를 야기하는 요인은 수요측 요인과 공급측 요인으로
구분할 수 있다. 수요측 요인으로는 노인인구의 증가, 소득수준의 향

<표 2-10> 수진율 변화 추이

	1993	1994	1995	1996	1997	1998	1999[1]
직장조합							
평균	3.987	4.139	4.549	4.963	5.227	5.630	6.343
외래	0.070	0.072	0.074	0.078	0.080	0.086	
입원	3.917	4.066	4.475	4.884	5.147	5.545	
지역조합							
평균	3.656	3.781	4.275	4.686	5.021	4.908	5.529
입원	0.072	0.073	0.078	0.083	0.087	0.085	
외래	3.584	3.708	4.197	4.603	4.934	4.823	
공·교조합							
평균	4.463	4.582	5.013	5.510	5.915	6.254	6.900
입원	0.075	0.077	0.081	0.084	0.090	0.095	
외래	4.388	4.505	4.932	5.426	5.825	6.159	

주: 1) 1999년에 대해서는 의료서비스 종별 수진율 자료를 구할 수 없어 평균만
　　　인용.
자료: 국민의료보험관리공단, 『국민의료보험통계연보』, 1999.
　　　국민건강보험공단 내부자료.

상, 상병(傷病)구조의 변화, 급여범위의 확대 등이 의료서비스 수요를 증가시키고 결과적으로 수진율을 증가시킬 가능성이 있다.

전술한 바와 같이, 노인인구의 증가는 수진율의 상승을 초래하는 바, 1994년에는 5.5%에 불과하던 노인인구 비율이 2000년에는 7.0%에 달하기까지 급속하게 증가하고 있다는 사실이 수진율의 증가를 상당부분 설명하고 있다(표 2-7 참조).

일반적으로 소득수준이 향상됨에 따라 의료재에 대한 수요는 증가하는 것으로 알려져 있다.[23] 1994년 이후 경제위기 직전까지는 연평균 8% 이상의 고도성장을 구가하던 시기로, 소득수준의 지속적인 증가가 이루어졌다. 경제위기의 발발로 인해 소득수준은 1998년에 6.7%의 마이너스 성장을 기록하기도 하였으나 1999년에는 10.7%의 성장률을 기록하는 등 경기가 회복됨으로써 전 기간을 통해 볼 경우 소득수준은 향상되었다고 볼 수 있다. 따라서, 그간의 소득수준의 향상이 수진율의 증가에 부분적으로나마 기여하였다고 볼 수 있다.

산업구조의 변화 및 소득수준의 향상으로 인해 환경오염의 심화, 생활습관의 변화 등이 진행되고, 이러한 변화가 상병구조의 변화를 초래하고 있다. 급성질환 위주의 상병구조에서 당뇨병, 고혈압, 순환기계통 질환 등 정기적인 검진과 관리를 요하는 만성질환 위주의 상병구조로 이행해 가는 과정에서 수진율은 지속적으로 증가하게 된다.

일반적으로 의료서비스의 수요를 증가시키는 또 다른 요인으로는 의료보험 급여범위의 확대를 들 수 있다. 의료보험의 존재는 소비자가 인식하는 의료서비스의 가격(본인 부담)을 낮추게 되고, 의료서비스 수요를 증가시키게 된다(Enthoven[1990], Lee[1994]). 급여범위의 확대는 종전의 비급여 항목에 대해서는 의료보험 도입과 유사한 효과

---

23) 우리나라 자료를 이용한 통계분석 결과 GDP와 수진율간의 상관계수값이 0.85 정도로 소득수준과 수진율은 정(正)의 관계에 있음을 알수 있다.

를 발휘하고, 종전의 급여항목에 대해서도 소비자 지불가격을 인하시킴으로써 유사한 효과를 발생시키게 된다.

반면, 공급측면에서는 의사수의 증가를 들 수 있다. 의료시장은 필요한 의료서비스의 유형, 정도, 가격, 효과 등에 대한 정보에 있어서 공급자가 우위를 점하는 불완전 비대칭 정보시장이다. 비대칭적인 정보를 보유하고 있는 공급자의 입장에서는 자신의 이윤극대화를 위해 정보우위를 이용할 유인이 존재하게 된다. 우리나라와 같은 행위별 수가제하에서는 이러한 공급자의 비대칭적 정보에 의해 유발되는 공급자 유도수요(physician induced demand)의 경제적 유인이 더욱 증가하게 된다. 따라서, 행위별 수가제와 공급자의 비대칭적 정보가 존재하는 한 의사수의 증가는 의료서비스의 이용량을 증가시킬 가능성이 높다.

수진율에 영향을 미치는 각종 요인의 향후 변동을 전망해 보면, 첫째, 인구의 고령화는 급속하게 진행될 전망이며, 둘째, 소득수준의 향

[도 2-2] 수진율 변화 추이

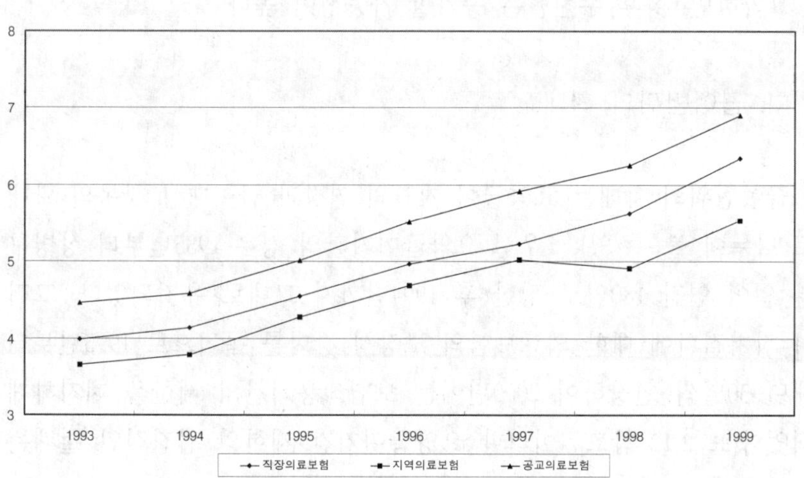

<표 2-11> 의료공급자 추이

(단위: 명, 개, %)

	1994	1998	증감
의사수[1]	58,096	73,044	14,948(25.7)
의료기관수	30,484	37,135	6,651(21.8)
병상수	194,531	253,705	59,174(30.4)

주: 1) 면허등록 기준임.
자료: 『보건복지통계연보』, 각년도.

상은 장기적인 관점에서는 상당기간 지속될 전망이며, 셋째, 상병구
조의 변화 역시 생활습관 및 소득수준의 변화를 감안하면 향후 지속
될 전망이며, 넷째, 급여범위의 확대는 현재 과도한 본인부담의 경감
을 통한 의료보험의 보장성 강화 차원에서 지속적으로 이루어질 전
망이며, 마지막으로, 의사수는 현재 의대 증설에 대한 규제 강화, 의
대 정원 동결 등의 움직임이 가시화되고 있다는 점을 감안하면 현
수준에서 유지될 것으로 예상된다.

요약하면, 향후 수진율은 증가할 가능성이 높다.

다. 급여범위의 확대

급여범위의 확대는 요양급여 기간의 연장과 급여대상 항목의 확대
로 나누어 볼 수 있다. 우선 요양급여기간의 경우 1985년부터 상병구
분 없이 연간 180일로 정한 후 1994년까지 그대로 유지되었다. 그러
나 장기질환에 대한 의료보험의 보장성 강화를 목적으로 1995년부터
매년 30일씩 연장하여 2000년에는 보험적용기간의 제한을 폐지하게
되었다(표 2-12 참조). 이러한 요양급여기간 제한의 점진적인 철폐는
보험급여비 지출을 대폭적으로 상승시켰다.

<표 2-12> 의료보험의 적용기간

	1993	1994	1995	1996	1997	1998	1999	2000
급여일수	180일	180일[1]	210일	240일[2]	270일	300일	330일	365일
급여기간에 제한이 없는 급여비	55만원	65만원[3]	120만원	120만원	150만원	150만원	150만원	제한 폐지

주: 1) 65세 이상 노인 인구에 대해서는 210일로 연장.
　　2) 65세 이상인 장애인, 상이자 등은 급여기간을 365일로 확대하여 제한을 철
　　　　폐.
　　3) 65세 이상은 80만 원, 장애인은 150만 원으로 확대.

동시에 급여기간의 제한을 받지 않는 연간 보험급여비가 1994년 65만 원 수준에서 1997년에는 150만 원 수준까지 인상되었다. 이 기간 동안 65세 이상 인구와 장애인에 대한 급여기간 제한 역시 상당 부분 완화되었다.

급여대상 항목 역시 <표 2-13>에 나타난 바와 같이 1994년 이후 꾸준히 확대되어 왔다. 복강내 내시경하 수술, 레이저 이용 수술, 내시경하 미세추 간판 절제술, CT 등 고가장비 및 신기술의 급여화는 보험급여지출의 획기적인 증가를 초래한 것으로 분석된다. 1997년에 시작된 장애인 보장구(補障具)의 급여화 역시 보험급여비 지출 증가에 상당한 영향을 미친 것으로 평가된다.

향후 급여범위의 확대에 대한 전망은 어떠한가? 급여범위의 확대 역시 지속적으로 이루어져 급여지출을 증가시킬 전망이다. 1999년 현재 수진내역 신고자료에 의한 평균 본인부담률은 46.6%(외래 본인부담 50.5%, 입원 본인부담 38.6%)로서 의료보험의 보장성에 대한 비판이 끊임없이 제기되고 있는 실정이다. 이러한 수치는 보험급여 청구를 위해 제출된 자료만을 분석한 관계로 광범위하게 이루어지고 있는 임의 비급여 및 법정 비급여는 제외한 추정치이다. 즉, 비급여에 대

<표 2-13> 급여범위의 확대

	급여항목 확대
1993	- 복강내 내시경하 수술 포함 - 외용약 투약기준을 1일 4회에서 6회로 연장 - 분만비지급기준 인상: 59,800원(초산), 55,600원(경산) - 의료보험료 체납자에 대하여 입원 3일 이내 보험료 완납시 역급하여 보험급여를 적용하도록 허용
1994	- 피부양자 분만급여실시 - 장기하사 이상 현역군인 의료보험급여 실시 - 분만지급기준 인상: 62,000원(초산), 58,000원(경산) - 레이저 이용수술 급여항목에 포함
1995	- 자격상실 후 요양기간 연장: 3개월→6개월 - 분만비지급기준 인상: 66,000원(초산), 61,000원(경산) - 내시경하 미세추간판 수술 급여화
1996	- 분만비지급기준 인상: 70,000원(초산), 65,000원(경산) - 3자녀 이상 분만급여제한 철폐 - CT 급여화 - 진단비용의 본인부담은 외래본인부담율 적용 - 70세 이상 인구에 대한 의원급 정액 본인부담금 경감: 3,200원→2,100원
1997	- 장애인 보장구 급여화: 지체장애인용 지팡이, 시각장애인용 안경, 청각장애인용 보청기, 인공후두 등
1998	- 장애인 보장구 급여 확대: 휠체어, 목발, 시각장애인용 지팡이 등
1999	- 장애인용 상·하 의지, 보조기, 의안 등 - 콘택트 렌즈
2000	- 65세 이상 본인부담금 경감

한 전액 본인부담을 감안하면 실제적인 본인부담은 이러한 추정치를 크게 상회할 것으로 예상되는바, 중증 고액질환에 대한 의료보험의 보장성이 극히 취약한 상태이다.

저급여에 대한 비판이 소비자의 권리의식 함양, 시민단체의 활동성 강화 등 제반 여건들과 더불어 점점 급여범위 확대에 대한 사회적인 압력으로 작용하는 추세에 있다. 예를 들면, 의료보험의 통합과 더불어 발족한 국민건강보험 재정운영위원회의 경우 보험료 조정, 수가 조정 등 의료보험재정에 영향을 미치는 중요한 결정을 담당하고 있다. 최근 의약분업과 관련한 수가인상을 충당하기 위한 대폭적인 보험료 인상이 불가피하다는 판단하에 정부에서 보험료 인상을 안건으로 상정하자, 가입자 대표들은 이에 상응하는 급여범위의 확대를 전제조건으로 강력히 요구하고 있다. 실제로 12월 14일 결정된 보험료 인상은 급여범위의 확대를 보장하는 정부의 약속을 문건화한 후에야 합의되었다. 이러한 추세를 감안하면, 향후 급여범위의 지속적인 확대는 불가피할 전망이다.

라. 건당 진료비의 증가

건당 진료비는 의료보험급여비 지출($E = P \times Q$)에 영향을 미치는 가격요인(P)에 해당한다. 최근 건당 진료비는 급여지출에 영향을 미치는 어떤 요인보다도 급속하게 증가하였다. <표 2-14>에 의하면, 1994

<표 2-14> 건당 진료비 추이

(단위: 원)

	1994	1995	1996	1997	1998	1999	증감
직장							
평균	27,556	29,861	33,314	35,207	39,599	42,624	15,068
입원	543,076	623,993	714,353	767,351	855,097	-	(54.7)
외래	18,405	20,033	22,381	23,800	27,012	-	
지역							
평균	29,209	31,523	35,254	37,458	41,884	40,859	11,650
입원	586,534	658,149	756,603	802,716	890,454	-	(39.9)
외래	18,244	19,828	22,295	23,925	26,958	-	
공·교							
평균	28,410	30,702	34,015	36,466	40,930	42,013	13,603
입원	600,767	666,119	773,263	823,449	911,712	-	(47.9)
외래	18,686	20,292	22,604	24,352	27,548	-	

자료: 국민의료보험관리공단, 『국민의료보험통계연보』, 1999.

년에 비해 1999년에는 조합에 따라 차이는 있으나 건당 진료비가 40~55% 가량 증가하였다.

건당 진료비가 상승하는 주된 요인으로는 약가, 재료대, 수가의 인상 및 의료기관 이용형태의 변화 등을 들 수 있다. 분석의 편의상 이러한 요인들을 일반소비자 물가상승에 기인하는 진료비 상승과 의료의 고급화로 인한 진료비 상승으로 구분해 볼 수 있다. 과연 건당 진료비의 증가가 일반 소비자물가 상승이라는 의료외적 요인에 의한 자연적인 현상인지, 아니면 일반 소비자 물가상승을 초과하는 의료내적 요인에 위해 주도된 것인지를 분별해 볼 필요가 있다.

<표 2-14>, [도 2-3], [도 2-4]에 의하면, 건당 진료비가 연평균 8% 가량의 증가세를 보이고 있는 반면, 동 기간 동안 일반 소비자물가 상승률은 연평균 4.5% 내외에 머물러 있음을 알 수 있다. 건당 진료비의 상승은 일반 소비자물가 상승률을 초과하여 급격히 증가해 왔음을 알 수 있다.

[도 2-3] 건당 진료비 증가율 및 소비자 물가 상승률

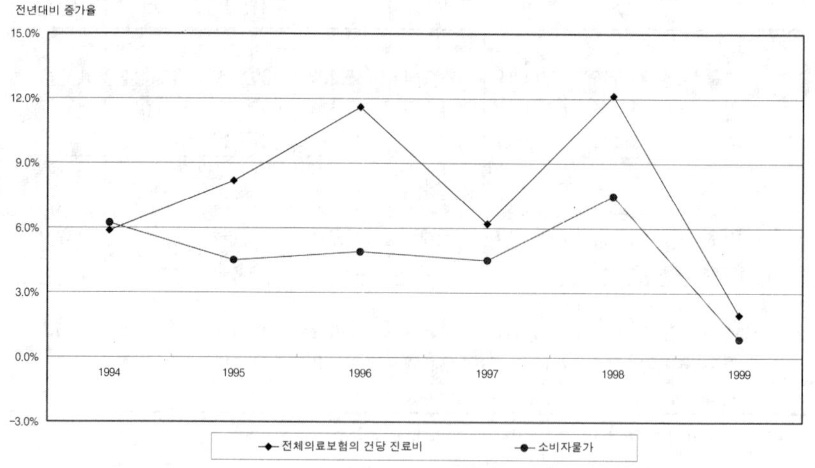

[도 2-4] 물가지수 대비 의보수가 및 약제비 증가율

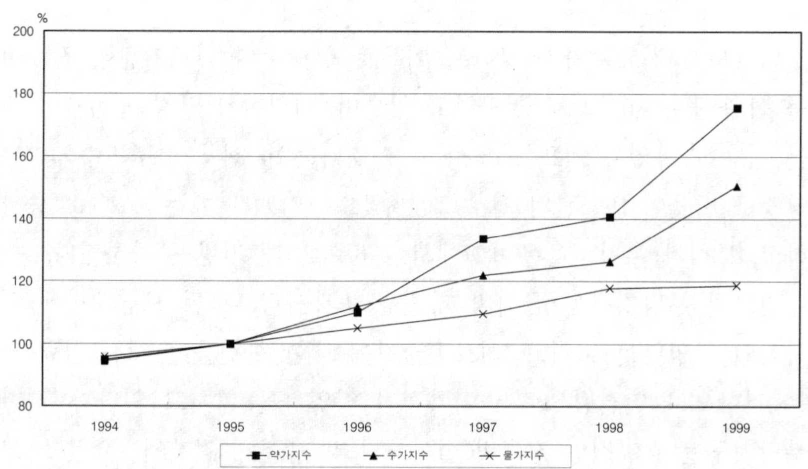

즉, 건당 진료비의 상승은 일반 소비자물가 상승뿐 아니라 의료의 고급화에 의해 주도되고 있음을 알 수 있다. 의료의 고급화는 의료기술의 발전에 따른 고가 장비 및 신기술의 보급과 종합병원 선호 등 의료기관 이용 형태의 변화에 의해 야기되었다고 볼 수 있다.

그러면, 향후 건당 진료비의 증가 가능성은 어떠한가? 최근 건당 진료비의 상승은 의료기술의 발달과 첨단 고가장비의 보급 등에 의해 주도되었는데, 우리나라의 고가장비 보급률은 의료선진국과 비교해도 유례가 없을 만큼 높은 수준을 유지하고 있다. 이러한 높은 고가장비 보급률은 상당부분 소비자의 고가장비에 대한 선호에 기인한 것이다. 소비자의 선호는 단시간 내에 변화하기 어려운 보다 구조적인 요인으로 당분간 지속될 것으로 전망된다. 뿐만 아니라 게놈 프로젝트의 성공, 유전공학의 혁혁한 성과 등을 감안하면 의료기술의 발달에 의한 건당 진료비의 증가 가능성도 상당히 높은 실정이다.

마. 진료비 부당청구

의료보험 진료수가가 낮다는 이유로 상당수의 의료기관이 진료비를 허위 또는 이중으로 청구하고 있으며, 이러한 부당청구 비율이 최근 상승하고 있다. <표 2-15>에서 드러나듯이, 전체 청구건수 중 부당청구 비율이 1996년의 경우 2.93%였으나, 1997년에는 3.62%로 증가하고, 보험자 부담비율은 0.27에서 0.78로 2.9배 가량 증가하였다.

진료비 부당청구는 급여비 지출을 증가시킴으로써 보험재정에 일차적인 악영향을 미치고, 의료공급자에 대한 불신을 통해 보험료 납부 저항으로 연결됨으로써 이차적인 악영향을 미치고 있다. 이러한 부당청구는 효과적인 진료비 심사를 통해 충분히 견제될 수 있다. 그러나 현재의 심사제도는 부당청구 적발건에 대해 지급금 회수 또는 지급중단 등 시정조치 이상의 처벌을 가하지 않고 있으므로 부당청구로 인한 공급자 부담이 크지 않은 실정이다. 따라서, 효과적인 진료비 심사 강화를 통해 보험재정의 손실을 완화하는 일이 급선무이다.

<표 2-15>에서 제시된 진료비의 부당청구는 실제 이루어진 진료행위와 다르게 허위 청구된 부분을 의미하는 것으로, 적정진료를 초과

<표 2-15> 진료비 심사 실적

연도	실사기관		총진료비 (A)	부당금액				부당비율	
	대상기관	처분기관		계 (B)	보험급여		본인부담 과다청구	전체 (B/A)	보험자부담 (C/A)
					보험자부담 (C)	본인부담 (D)			
'96	247	215	66,700	1,955	180	101	1,674	2.93	0.27
'97	217	193	29,825	1,061	227	123	711	3.62	0.78

하는 과잉진료 행위에 대한 적발을 의미하는 것이 아니다. 보험재정에 보다 중요한 영향을 미치는 것은 <표 2-15>에 나타난 것과 같은 부당청구가 아니라 과잉진료에 의한 과잉청구를 견제하는 것이다. 효과적이고 강력한 의료비 심사는 부당청구뿐 아니라 과잉진료를 견제하는 중요한 수단이 될 수 있다.

바. 소 결

인구구조의 변화에 따른 적용인구의 증가 및 노인인구 비중의 증가, 소득수준의 향상, 상병구조의 변화, 의사수의 증가 등에 따른 수진율의 급증, 지속적인 급여범위의 확대, 건당 진료비의 급증 등이 최근 급여비 지출의 주된 증가요인으로 분석되었다.

동시에 급여비 지출을 초래한 전술한 요인들은 대부분 단기간 내에 변화되기 어려운 구조적인 요인들로서, 향후에도 지속적으로 작용하여 급여비 지출을 증가시킬 것으로 예상된다.

Ⅳ. 의료보험통합과 의약분업이 의료보험재정에 미친 영향

최근에 의료보험재정에 심각한 영향을 미칠 것으로 사료되는 중요한 제도적 변화가 있었다. 1998년 10월 1일부터 시작된 의료보험통합과 2000년 8월 1일부터 본격적으로 시행된 의약분업이 바로 그것이다. 의료보험통합과 의약분업은 제도개혁 그 자체만으로도 많은 논의가 이루어질 수 있는 중요하고 광범위한 개혁이지만, 본 연구에서는 제도 자체에 대한 논의는 접어두고 이 두 개혁이 의료보험재정에 미치는 영향을 중점적으로 검토하고자 한다.

1. 의료보험통합

가. 통합의 추진배경 및 목적

의료보험통합은 227개의 지역조합, 공·교공단, 145개의 직장조합을 하나의 조직과 재정으로 통합하는 것을 의미한다. 궁극적으로는 하나의 조직과 재정으로 통합하되 특성이 유사한 조직끼리 먼저 소규모로 통합한 뒤 다른 조직과 통합하는 점진적 접근법을 택하였다. 따라서, 1998년 10월 1일 227개의 지역조합과 공무원·교직원 의료보험 관리공단을 '국민의료보험관리공단'으로 통합하고(1차 통합), 2000년 7월 1일 145개의 직장조합과 '국민의료보험관리공단'을 통합하여 '국민건강보험공단'을 발족시켰다(2차 통합). 1·2차 통합에서는 조직통합에 초점을 둔 것으로, 직장보험내·지역보험내의 재정통합은 이루어졌으나 직장·지역간 재정통합은 유보한 상태였다. 2001년 1월 1일부터 보험료 부과방식 및 징수방식이 유사한 직장과 공·교 의료보험의 재정을 통합하고(3차 통합), 2002년 1월 1일 직장, 공·교, 지역의 의료보험재정을 완전통합하는 것으로 계획되어 있다(4차 통합).

통합을 추진한 논리적 근거는, 첫째, 심각한 조합간 재정격차를 해소시키고, 둘째, 일관성 있는 보험료 부과기준을 개발·적용함으로써 직역간 형평성을 제고하고, 셋째, 373개의 단위조합을 단일조직과 단일재정으로 통합함으로써 관리운영비 절감 및 위험분산 강화를 도모한다는 것이다.

첫째, 조합간 재정격차 해소의 논리는 다음과 같다. 통합논의가 수면 위로 부상하기 직전인 1996년 말 기준으로 직장조합은 145개 조합 중 54개 조합만이 적자를 발생시키고 있었던 반면, 군지역 의보조합은 92개 중 41개, 도시지역 의보조합은 135개 중 106개가 적자를 발생시키고 있었다. 이와 같이 극심한 조합간 재정격차 해소를 위해 재정공동사업제도를 실시함으로써 노인진료비와 고액진료비 발생분에 대해서는 어느 정도 조합간 재정조정이 이루어지고 있었다. 그럼에도 불구하고 조합간 재정격차는 오히려 증가추세에 있었다는 사실이 통합을 추진한 논리적 배경으로 작용하였다.[24]

둘째, 조합간 보험료부과의 일관성 논의는 다음과 같다. 통합 이전에는 직장조합은 소득에 비례하여 보험료를 부과하는 반면에 지역조합은 소득과 자산을 종합적으로 고려하여 보험료를 부과하고 있었다. 심지어 직장조합 내에서도 사업장별로 보험료 부과 표준, 소득범위가 다양하고 보험료율 역시 2~8% 범위 내에서 조합 자율적으로 부과할 수 있도록 규정되어 있었기 때문에, 동일한 보수임에도 불구하고 소속 조합별로 보험료 부담이 상이한 실정이었다. 그 결과 부담능력에 따라 납부한다는 의료보험제도의 원칙이 지켜지지 않았을 뿐만 아니라, 오히려 상여금 등이 많아 실제소득에 비해 보험료 부과소득이 낮은 대기업 종사자들이 영세사업장 종사자에 비해 보험료부담이 적었기 때문에 다른 한편으로 소득 역분배적인 현상이 나타나고 있

---

24) 그러나 일각의 이러한 통합논의와는 달리 많은 경제학자들은 재정공동사업의 실시에도 불구하고 조합간 재정격차가 완화되지 않는 근본원인이 재정공동사업 운영방식의 결함에 있다고 지적하였다. 즉, 노인진료비와 고액진료비에 대한 공동갹출금 배분방식이 적용 인구의 인구학적, 의약학적 특성과 무관하게 기지출된 진료비에 비례하여 배분되고 있으므로 조합 차원의 효율성 제고를 유도하지 못할 뿐 아니라 오히려 조합의 도덕적 해이를 부추기고 있다는 지적이 많았다.

었다. 따라서, 모든 근로자에 대해 단일 총보수 기준 부과체계로 전환해야 한다는 필요성이 제기되었고, 이에 따라 통합이 추진되었다.[25]

  셋째, 관리운영비의 절감 및 위험분산 기능의 강화 논의는 다음과 같다. 통합 이전에는 373개의 소규모 조합에서 분산관리함에 따라 조합별 평균관리인구가 106,408인에 불과하므로 규모의 경제성을 확보할 수 있는 수준으로 조직이 광역화되어야 한다는 논의가 있어 왔다. 통합을 계획하던 시점에서의 조합사무소 운영계획은 <표 2-16>과 같다. 요약하면, 373개의 소규모 조합을 161개의 조합사무소를 가진 단일 조직으로 전환시킴으로써 관리운영비에 있어서 규모의 경제를 달성한다는 것이 통합의 목적 중 하나였다.

<표 2-16> 통합 전후 조합당 관리인구 현황 및 계획

구 분		적용인구수	조합사무소수	사무소당 적용인구수
통합 이전	계	39,690,431	373	106,408
	지역조합	23,548,656	227	103,738
	직장조합	16,141,775	145	111,322
국민의료보험관리공단 (통합 1단계: '98. 10. 1)		28,580,005	161	177,515
국민건강보험공단 (조직완전통합: 2000. 7. 1)		44,721,780	161	277,775

자료: 의료보험통합추진기획단 내부자료.

---

25) 형평성·일관성 있는 보험료 부과체계의 개발 및 적용 자체는 통합의 필요조건도 충분조건도 아니라는 논의도 많았다. 보험료 부과 과정상의 형평성 제고는 조직이나 재정의 통합 없이도 부과기준의 통일만으로도 충분히 가능하기 때문이다. 조합주의자들마저 보험료부담에 있어서의 조합간·직역간 불형평성 문제에 대한 인식은 공유하면서도 통합을 반대한 이유가 여기에 있었다.

나. 통합의 효과

지역조합과 공·교 조합이 통합되어 국민의료보험관리공단이 발족된 1단계 통합이 이루어진 지 2년 반, 직장조합과 국민의료보험관리공단이 통합되어 국민건강보험공단이 발족됨으로써 조직통합이 완성된 지 반 년이 경과한 시점에서, 그동안 의료보험통합이 재정안정화에 어떠한 영향을 미쳤는지, 또 향후 어떠한 영향을 미칠 것인지를 검토해 볼 필요가 있다.

물론, 모든 개혁이 그러하듯이 의료보험통합의 성과는 단기간에 나타나기보다는 오랜 시일을 두고 서서히 나타날 것으로 예상되므로, 조직의 완전통합이 이루어진 지 1년도 되지 못한 시점에서 의료보험통합으로 인한 재정안정효과를 논하는 일 자체가 무리일 가능성도 배제하기 어렵다. 그러나 통합논의 과정에서 이미 제기되었던 통합의 부정적 측면이 많이 노정된 상황에서는 그간의 성과를 점검하고 통합의 당초 목적을 달성하기 위해서는 어떠한 노력이 더 필요한지를 점검하는 작업도 필요하리라는 맥락에서 본 연구는 통합 이후 재정상태를 분석하고자 한다.

1) 보험료부과의 일관성 시비와 보험저항

통합 당시에는 전술한 통합의 세 가지 목적 중 첫째와 셋째는 의료보험 재정과 밀접한 관련이 있지만, 둘째는 다소 무관할 것으로 예상되었다. 그러나 통합과정의 경험은 통합의 두번째 목적인 보험료 부과체계 개편이 의료보험 재정에 중대한 영향을 미친 것으로 나타났다.

보험료 부과기준에 대한 반발로 민원이 폭주하고 통합 전 97%대를 기록하던 지역조합의 징수율이 70% 수준으로 급락하는 사태가 발생하였다. 그 결과 보험료 체납액이 8,684억 원에 달하였다. 지역조합의 1998년도 보험료수입 총액이 3조 3,400억 원임을 감안하면, 이러한 체납액 규모는 지역보험재정에 상당한 타격을 주었음을 시사한다. 이후 보험료 부과에 대한 반발이 다소 완화되어 징수율이 증가하였으나, 2000년 말 현재 지역조합의 징수율은 88.6% 수준이며, 체납보험료는 1조 300억 원에 달하고 있다.

통합 이전의 징수율 수준을 회복하는 데는 상당한 시일이 소요될 전망이다. 왜냐하면, 이러한 징수율의 하락을 통합과도기에서 발생한 일시적인 현상으로만 간주하기에는 어려운 측면이 있다. 이전에는 사회보험료 부과를 상당부분 무비판적으로 수용한 측면이 있었는데, 이는 소득계층간 보험료 부과 현황이나 형평성 문제에 대한 현실파악 및 문제의식이 부족하였기 때문이다. 그러나 1998년의 지역조합 통합과정에서는 보험료 부과 현황이 일반에 널리 알려졌고, 사회보험료 내의 형평성 문제가 사회문제로 부각되었고, 집단행동의 경험을 통해 불만을 효과적으로 표출하는 방법을 터득하게 되었다.

지역조합의 통합과정에서 노정된 보험저항사태는 사회보험료의 형평성 문제에 대한 일반의 인식을 제고시키게 되었다. 동 시기에 진행된 국민연금의 도시지역자영자 확대 과정에서 노정된 근로자·자영자간의 소득포착률 격차에 대한 불만마저 가세되어 사회보험료 부과체계 내의 직역간 형평성에 대한 불신을 증폭시키고, 직장조합과 지역조합의 통합 거부 움직임으로 발전해 나갔다. 즉, 보험료부과의 형평성 확보를 요구하고 보험료인상을 거부하는 보험저항이 상당히 광범위한 조직적 연대하에서 이루어지는 전환의 계기를 제공하였다. 최근 의약분업을 둘러싼 의료계의 반발을 무마하는 과정에서 정부가 약속한 수가인상을 보전하려는 보험료 인상안을 한국노총, 민주노총, 농업인 단체 등에서 강력하게 반대하고 있다는 사실은 이러한 추론을 뒷받침하고 있다.

현재 지역조합과 직장조합이 비록 조직면에서는 통합되었으나 재정면에서는 통합이 완료되지 않고, 2002. 1. 1을 기해 완전 재정통합을 이루는 것으로 예정되어 있다. 상기한 바와 같은 맥락에서 재정통합을 거부하는 움직임이 아직도 잔존하고 있는 현실에서는 조속한 징수율 회복 및 보험재정의 안정을 기대하기 어려운 현실이다.

2) 관리운영비 변화

통합의 세번째 목적인 관리운영비 변화를 살펴보면, 아직은 통합의 효과가 가시화되지 않고 있다. <표 2-16>에서 제시된 바와 같이, 당초 완전통합시 161개 사무소로 축소 통합하려던 계획과는 달리 현재의 국민건강보험공단은 223개 사무소를 유지하고 있다. 인력 역시 통합을 통해 1만 7천 명 가량의 인력을 1만 명 이하로 축소한다는 당초의 계획과는 달리 통합과정에서는 1,941명의 인원감축만이 이루어진 상태이다.[26)]

사실상 통합논의가 진행되던 시점에서조차 대민 일선조직이란 성격이 강한 의료보험조직의 특성을 감안하면, 통합을 통해 기대할 수 있는 관리운영비 절감에는 한계가 있다는 지적이 많았다. 현재의 의료보험급여비 지급 및 보험료 징수과정을 유지할 경우, 관리운영비용은 자격관리 비용에 영향을 미치는 인구이동률, 급여비 지급비용에 영향을 미치는 수진율 등에 의해 결정될 가능성이 크기 때문이다.

전술한 바와 같이, 보험료 납부저항이 우려되는 상황에서는 체납자 방문 등으로 인한 보험료 징수비용이 증가할 가능성이 크다. 개별

---

26) 통합과정에서 의료보험연합회로부터 분리된 심사평가원의 인력은 인원감축 규모에서 제외되어야 한다. 통합을 통한 조직축소 계획에 대해서는 의료보험통합기획단 자료(1999. 6. 23)를 참조하였다.

진료행위별로 이루어지는 급여지급 청구 및 심사 관행이 변화되지 않는 한, 향후 소득수준의 증가, 급여범위의 확대, 노인인구 비율의 증가, 의학기술의 발전, 상병구조의 변화 등에 기인하는 수진율 증가가 급여비 지급비용 역시 증가시킬 가능성이 크다. 즉, 통합은 이루어졌지만, 향후 관리운영비용의 절감 가능성은 크지 않은 실정이다.

3) 조합간 재정격차

통합의 첫번째 목적인 조합간 재정격차의 해소 역시 그 효과가 불투명한 실정이다. 지역조합의 통합이 이루어진 1998년 이후 지역조합의 적자폭은 더욱 확대되었다. 1998년의 경우 1,572억 원의 당기 적자를 발생시켰으나, 1999년에는 3,283억 원으로 적자폭이 두 배 이상 증가하였고, 2000년에는 5,437억 원의 당기 적자가 발생할 전망이다. 1998년에는 3,874억 원의 당기적자를 발생시켰던 직장조합도 1999년에는 5,764억 원으로 적자규모가 48.8% 증가하였고, 2001년에는 보험료인상이 이루어지지 않을 경우 7,788억 원의 당기적자가 발생할 전망이다.[27]

조합간 재정격차를 초래하는 근본적인 원인은 해결하지 못한 채, 단순히 적자조합과 흑자조합을 통합하여 흑자조합의 적립금을 공동 활용하려는 목적으로 통합을 추진한 것이라면, 통합 이후 이와 같은 극심한 재정악화는 당연한 귀결이라고 볼 수 있다.

만약, 재정격차의 원인이 적용 인구의 인구학적, 의약학적 특성이 조합별로 편차를 보이고 있기 때문이라면, 조합의 통합을 통해 위험풀(risk pool)의 광역화가 가능하고, 그 결과 위험분산 기능이 강화되고, 재정안정화에 기여할 수 있다. 그러나 재정격차의 원인이 조합간 운영효율성의 격차에 기인하는 것이라면, 단일 거대조직으로의 통합

---

27) 국민건강보험공단, 「직장재정보험료조정 심의자료」, 2000. 11. 28.

은 오히려 운영효율성을 저하시키거나, 적어도 개선시키지는 못할 가능성이 높다.

통합 이후의 경험이 시사하는 바는, 조합간 재정격차의 원인이 인구학적·의약학적 특성에만 기인한 것은 아니라는 점이다. 동시에 적용인구 특성의 격차는 재정공동사업의 효율적 운영을 통해 해결할 수 있는 가능성이 크다는 점을 감안하면, 조합단위의 효율적 운영 유인을 저해하는 통합은 오히려 보험재정을 악화시킬 가능성이 있다는 것이다.

다. 소 결

의료보험의 통합은 조합간 재정격차 해소, 형평성·일관성 있는 보험료 부과, 관리운영비 절감을 주목적으로 추진되었으나, 1차 통합 이후 2년여 기간, 2차 통합 이후 반 년 간의 경험에 비추어 보면, 오히려 보험재정을 악화시킬 가능성을 배제하기 어렵다는 것이다.

우선, 통합 이후 지역조합과 직장조합의 재정이 악화되고 있다는 사실은 통합 이전의 조합간 재정격차가 적용인구의 특성차이보다는 조합운영 효율성의 격차에 기인하였을 가능성을 강하게 시사하고 있다. 만약 이러한 추론이 정확하다면, 통합은 위험풀의 광역화를 통해 보험재정 안정화에 기여하기보다는 효율성 유인이 저해되는 관료적·경직적 거대 단일조직의 탄생을 통해 보험재정 악화를 초래할 가능성이 있다. 특히, 직종내 단일보험료 부과가 이루어져 조합별 보험료 인하가능성이 소멸되고, 종전의 조합방식에서 기대해 볼 수 있었던 비교경쟁(yard stick competition)의 가능성마저 상실하게 되었다.

통합과정에서 노정된 보험료 납부저항 사태를 계기로 보험료부과

의 타당성에 대한 납부자의 문제의식이 제고되었고, 단일조직으로의
통합으로 인해 향후 보험료는 조세결정과정과 유사하게 국민적 합의
과정을 거쳐 결정되는 체제로 전환됨에 따라 향후 보험료 인상 및
징수는 난항을 겪을 가능성이 높다. 따라서, 일관성·형평성 있는 보
험료 부과라는 통합의 기능마저 보험재정을 악화시키는 방향으로 작
용할 수 있다.

관리운영비 역시 통합 이후 조직 및 인력의 축소가 당초 계획대로
이루어지지 않고, 저조한 보험료 징수율 및 급증하는 급여비지급으
로 인해 오히려 증가할 가능성이 큰 현실이다.

2. 의약분업

가. 의약분업의 목적 및 추진경위

의약분업은 의료시장의 불완전·비대칭 정보에 의해 야기되는, 공
급자에 의해 유도되는 과잉진료를 견제하기 위한 목적으로 추진되었
다. 의약품의 공급량을 결정하는 처방자와 의약품의 공급으로 인해
이윤을 획득하는 판매자를 분리시킴으로써 경제적 이윤획득을 위한
의약품의 과잉처방을 방지한다는 것이다. 뿐만 아니라, 우리나라의
경우에는 소비자에 의해 주도되는 의약품의 오·남용 역시 광범위하
게 발생하고 있으므로, 이를 제도적으로 방지할 목적으로 의약분업
이 추진되었다. 이러한 의약분업의 목적이 원활하게 달성될 경우 이
론적으로는 과잉진료 문제가 해소되어 보험재정 안정화에 기여하게
될 것이다.

그러나 현실적으로 어떤 제도가 당초의 목적을 달성할 수 있느냐

하는 문제는 제도의 설계, 추진 방식, 사후 관리 등과 밀접한 관계가 있다. 의약분업이 시작되는 시점에서 장기적인 재정안정화 가능성을 논하기에는 다소 시기상조인 감이 있으나, 제도의 설계, 추진 과정 등에서 적어도 중·단기적인 보험재정 악화를 초래할 수 있는 요인들이 이미 나타나고 있다. 이러한 맥락에서 본항에서는 의약분업의 추진경위 및 제도적인 제약점들을 살펴보고자 한다.

의약분업은 전술한 바와 같이 의약품의 처방자와 판매자를 분리시킴으로써 경제적 이윤동기에 의한 의약품 과잉처방을 방지하려는 제도이다. 의약분업 이전에는 의료공급자가 처방과 판매(조제)를 겸하는, 기능적으로 미분화된 상태였다. 그러나 공식적으로는 의료공급자는 처방에 대해서만 보상을 받고 판매에 대해서는 보상을 받지 못하도록 되어 있었다.

이러한 관행의 역사는 의료보험의 도입 초기로 거슬러 올라간다. 1977년 의료보험 도입 당시 의료보험 수가를 결정하는 과정에서 '의료공급자는 의약품의 처방 및 조제로부터 이윤을 취하지 않도록 한다'는 개념이 강력하게 반영되었다. 즉, 의사가 약의 용량과 종류를 결정할 때 경제적 이윤동기에 의해 좌우되지 않고 의학적 판단에만 의존하도록 하기 위한 것이었다. 따라서, 의보수가에서는 의약품의 구입가격만을 보상하는 구도를 채택하였다.

한편으로는 단기간에 의료보험을 확대하기 위한 전략의 하나로 저보험료 노선을 택한 결과 보험료수입 범위 내에서 급여지출을 통제할 수밖에 없었고, 그 결과 저수가 기조가 정착되었다. 저수가 구조 하에서 의료공급자의 기술료는 낮게 책정될 수밖에 없었고, 공급자는 낮은 기술료를 보전할 수 있는 우회로를 모색하게 되었다.

경제적 이윤동기 배제라는 당초의 목적을 달성하기 위해서는 의료보험 약가가 실거래가 수준으로 지속적으로 조정되어야 한다. 그러나 실제로는 의료보험에서 보상하는 고시가와 실거래가간의 격차(이하 약가 마진)가 갈수록 커지면서, 의료공급자들이 낮은 기술료를 보전하는 우회적·불법적 수단으로 활용되었다. 특히 기술료가 낮고, 비급여항목 비중이 낮은 내과, 소아과, 가정의학과 등 소위 내과계의 경우 약가 마진은 의료기관 경영을 유지하는 중요한 장치로 인식되었다.

음성적인 약가 마진은 마치 저보험료·저급여·저수가 구조하에서 의료기관 경영을 지탱해 주는 필요악처럼 인식되어 정부의 암묵적인 묵인하에 만연해 있었다. 약가 마진의 실제 규모에 대해서는 추정자에 따라 편차가 큰 편이나, 가장 보수적인 복지부의 추정치를 인용하더라도 평균 30.7%(약 9,000억 원에 해당)에 달하는 것으로 분석된다.[28] 즉, 의료보험 약가 설정 당시의 취지와는 달리 의료공급자는 의약품의 판매로부터 엄청난 이윤을 획득하고 있었다.

엄청난 규모의 음성적 약가 마진이 만연한 상태에서는 의료공급자의 조제권(일종의 판매권)을 박탈하는 의약분업을 성공적으로 시행할 수 없기 때문에, 정부는 1999년 11월 15일 '실거래가 보상제도'의 도입을 통해 약가 마진을 제거하는 제도적 장치를 강구하였다. 실거래가 보상제도는 의료보험 도입 당시 의료보험 약가의 설정 취지를 되살리기 위해 의료기관이 신고한 고시가를 보상해 주던 종전의 관행을 실거래가를 보상해 주는 방식으로 전환한 것이다. 즉, 실거래가

---

28) 약가 마진의 규모에 대해서는 추정자에 따라 상당한 편차를 보이고 있는데, 복지부의 30.7%는 과소평가된 추정치라는 것이 일반적인 인식이다. 1998년 12월 중 복지부가 실거래가 조사를 실시할 당시, 제약회사들이 조사대상 의료기관에 실거래가 신고를 조정해 달라는 로비를 벌였다는 것은 잘 알려져 있다. 실제 약가 마진의 60~70%만 신고된 것으로 추정되고, 그 결과 실제 약가 마진은 30.7%가 아닌 50~55%선으로 추정된다(김용익[1999]). 이러한 추정은 음성적인 약가 마진이 평균 43.7%, 금액으로는 1조 2,800억 원에 달한다는 참여연대의 추정(1998. 11)과도 맥을 같이하고 있다.

조사 당시 밝혀진 약가 마진 30.7%를 그대로 받아들여 의료보험에서 보상하는 약가 수준을 30.7% 인하하였다. 동시에 약가 인하로 절감된 보험재정은 그동안 지나치게 낮게 설정되어 의료기관의 변칙적·불법적 경영의 단초를 제공한 진료수가 인상에 전액 활용하였다. 실거래가 보상제도의 도입을 계기로 인상된 의보수가는 12.8% 수준이었다.

그러나 의약분업을 준비하는 과정에서 의료계의 강력한 반발에 직면하자 정부는 2000년 4월 1일 평균 6.0%의 추가적인 의보수가 인상을 단행하였다. 공식적인 명분은 1999년 11월의 약가인하-수가인상 이후 약가 인하로 인한 보험재정 절감효과가 예상보다 커져서 절감된 재원을 의료기관에 환원하는 차원에서 추가적인 수가인상을 단행한다는 것이었다. 그러나 추가적인 6.0%의 수가인상에 필요한 재원은 3,743억 원으로 1999년 11월의 약가인하-수가인상 조치로 인한 재정절감액 3,120억 원을 상회하고 있었다.

두 차례에 걸친 대폭적인 수가인상에도 불구하고 의료계는 여전히 의약분업에 반발, 7월 1일의 의약분업 시행을 앞두고 전국적인 집단행동으로 맞서게 되었다. 그리하여 정부는 이를 무마하기 위해 또 한 차례 평균 9.2%(총소요재정 1조 5,347억 원 추정)의 수가인상을 단행하였다. 2000년 7월 1일 단행된 수가인상은 의약분업에 따라 발생할 수 있는 의료계와 약계의 손실을 최대한 보전한다는 취지에서 단행된 것이었다.

7월 1일 수가인상안의 논리적 근거를 제공하고 있는 「의약분업 실시에 따른 영향분석」(의약분업재정추계위원회[2000. 4.])에 의하면, 의약분업으로 인해 의원은 3,850억 원, 약국은 3,819억 원의 순손실이 발생할 것으로 추정하고 있다. 총 7,669억 원의 손실을 보전해 주기 위해서는 의원의 원외처방료, 약국의 조제료 등을 포함하여 추가로

9.2%의 수가인상이 필요하다는 것이었다.[29]

그러나 지속적인 수가인상에도 불구하고 의료계의 의약분업 동참을 이끌어내지 못하자, 정부는 9월 1일 또 한 차례 수가인상을 단행하고, 향후 두 차례(2001. 1. 1, 2002. 1. 1)에 걸친 수가인상을 약속하였다. 9월 1일 수가인상은 평균 6.5%의 인상효과가 있으며, 총소요재정은 6,081억 원으로 추정되고 있다. 9월 수가인상의 골자는 의원의 원외처방료 인상, 진찰료 인상, 약국 조제료 인상 등이다. 2001년과 2002년에 걸친 두 차례의 수가인상 약속은 현재의 의보수가가 원가의 80% 수준에 불과하다는 의료계의 의견을 수용하여 2002년 1월 1일까지 의보수가를 원가의 100%까지 상향조정하기 위한 것으로 발표되었다.[30]

---

29) 7월 1일의 수가인상 자료에 대해서는 추정에 사용된 가정치 하나하나마다 많은 이견이 제시되고 있지만, 그 중에서 특히 중요한 차이를 발생시킬 것으로 판단되는 항목을 일부 예시하면 다음과 같다. 7월 1일 수가인상 당시 의료계와 약계의 경영손실 추정에서 가장 큰 비중을 점하는 항목은 처방전의 발행 및 처리 등 의약분업 이후 업무량 증가에 따른 인력증원 및 관리비 증가였다. 예를 들면, 의원의 경우 의약분업 이후 환자 선회현상(34%로 추정)으로 인한 환자 증가 및 업무량 증가, 원내처방 대신 원외처방을 발행하는 과정에서 증가하는 업무량 증가를 35.4%로 추정하고, 총 5,837억 원(총의사인건비=1인당 의사인건비 월 600만원 × 업무량 증가 35.4%× 12개월×의료기관 18,850개소, 간호사 및 직원 인건비= 월 129만원×35.4%×12개월×18,850개소)의 추가 인건비가 소요될 것으로 추정하고 있다. 여기에서 평균 의사인건비로 계상된 월 600만원은 의협의 요구안을 전면적으로 수용한 것으로 의사의 국세청 평균 신고소득이나 의료보험료 산정을 위해 신고된 의사 평균소득과 비교할 수 없을 정도로 높은 소득수준이다. 다음으로, 원내 처방전 발행 대신 원외처방전 발행으로 전환시키는 과정에서 업무량이 35.4%나 증가한다는 것은 과다계상되었다는 비판이 제기되고 있다.

30) 현재 의보수가가 원가의 80%에 불과하다는 의료계의 주장은 연세대(1997) 연구결과를 그대로 수용한 것이다. 연세대 연구결과는 현재까지 의료기관의 경영수지를 분석한 유일한 자료인 관계로 많이 인용되는 연구결과이지만, 표본의 대표성, 연구방법론, 분석결과의 해석 등 여러 가지 측면에서 논란의 여지가 많은 상태이다. 예를 들면, 18,850개의 의료기관 중 8개의 3차 병원을 추출하여 경영상태를 분석한 자료이므로, 1차, 2차, 3차 의료기관간에 전혀 상이한 경영수지구조를

나. 의약분업이 보험재정에 미치는 영향

원론적으로 의약분업은 불필요한 의약품의 오남용을 억제함으로써 의료보험 재정안정화에 기여할 것으로 기대된다. 그러나 전술한 바와 같이 의약분업의 추진배경 및 경위를 살펴보면, 의약분업의 성공적 시행을 위해 전제되어야 할 여건이 마련되지 못한 상태에서 무리하게 추진된 결과, 적어도 중·단기적으로는 보험재정을 악화시킬 가능성이 크다.

의약분업이 보험재정에 미치는 영향은 주로 급여지출 측면에서 발생한다. 우선 급여지출의 변화를 초래하는 요인을 가격변화와 수량변화로 구분해 보면, 의약분업으로 인한 대표적인 가격변화 요인으로는 수가인상, 공급자에 의한 비공식적 비용전가 등을 들 수 있고, 수량변화 요인으로는 공급자의 행태 변화, 소비자의 행태 변화 및 약국의료보험의 활성화로 인한 수진율 변화 등을 들 수 있다.

1) 수가인상

이미 전술한 바와 같이, 의약분업을 계기로 의보수가는 엄청난 폭으로 증가하였는데, 이러한 수가인상의 배경에는 의료기관의 파행적인 운영이 누적된 상태에서 무리하게 강행된 의약분업의 딜레마가 있었다.

보이고 있는 의료기관의 특성을 감안하면 표본의 대표성 문제가 심각한 수준이다. 뿐만 아니라, 연세대 연구결과가 제시하고 있는 80%는 상대가치 적용시 의료보험재정에 영향을 미치지 않는 재정중립환산지수를 의료행위별 원가보상을 감안한 원가보전환산지수로 나눈 값으로서, 두 가지 지수의 비율로 계산되었다. 그러나 두 가지 지수가 급여와 비급여를 각각 다른 범위로 포함하고 있기 때문에 하나의 지수로 환산하기에는 무리가 따른다는 지적이 있다. 따라서, 이러한 수치를 현행 의보수가가 원가의 80% 수준이라는 의미로 해석하는 것은 타당치 않다는 것이 전문가들의 공통된 견해이다.

의약품 유통구조 및 의료기관의 경영행태를 감안하면, 음성적인 약가 마진 제거가 선행되지 않고는 의약분업의 성공적인 시행을 기대하기 어려운 현실이었다. 그러나 아이러니컬한 것은, 음성적인 약가 마진이 제거된다면(즉, 실거래가만을 상환하는 기존의 의보약가제도 하에서는 의료공급자가 의약품의 판매를 통해 경제적 이윤을 획득할 수 없다면), 의료공급자가 이윤추구 목적으로 과잉투약을 할 유인이 소멸되고, 결과적으로 의약분업의 필요성이 사라지게 된다. 음성적인 약가마진이 제거될 경우에는 불필요해지는 의약분업을 강행한 이유는 곧 음성적 약가 마진을 제거하기 어려운 현실적 제약 때문이었는데, 약가 마진이 존재하는 한 의약분업의 성공적 시행은 기대하기 어렵다는 것이 의약분업의 딜레마였다.[31]

1999년 말의 의약품 실거래가 보상제도 실시 이후에도 약가 마진은 상당부분 존속하고 있었고, 이러한 상태에서 강행된 의약분업은 의료계의 강력한 반발을 초래하였으며, 이를 무마하는 과정에서 의보수가는 유례가 없을 만큼 증가하였다.[32] <표 2-17>에 의하면, 이미 단행된 수가인상만 감안하더라도 1999년 11월 대비로 39% 증가하였고, 총재정소요는 3조 1,855억 원 가량에 달하고 있다. 1999년 말 기준으로 총의료보험지출 규모가 9조 5,614억 원임을 감안하면, 의약분업이 본격적으로 시행되기도 전에 이미 연간 지출규모의 1/3이 증가한 것이다.[33]

---

31) 물론 의약분업의 목적은 공급자 유도수요에 의한 의약품 오남용을 방지하려는 목적 이외에 소비자 측면의 의약품 오남용 완화, 처방과 투약의 이중 점검, 환자의 알 권리 신장 등 다수의 목적을 동시에 달성하기 위해 제안되었다. 그러나 이 중에서 가장 중요한 목적은 공급자 유도에 의한 과잉투약이며, 의약분업제도의 세부 내용 자체도 이러한 목적을 중심으로 설계되었다.

32) 복지부가 최근 발표한 약가 마진 실사(12월 초순~1월 중순) 및 의보약가 추가 인하 계획(2001. 3 예정)은 1999년 의약품 실거래가 보상제도 실시 이후에도 약가 마진이 잔존하고 있다는 사실을 시사하고 있다.

<표 2-17> 의약분업 관련 의보수가 인상 내역

일시	인상률	조 정 내 용	총소요재정	재정조달방안
1999. 11. 15	12.8%	의료보험 의약품 실거래가 상환 제도 도입을 위해 약가 평균 30.7% 인하	6,594억원 (1,966억원)	30.7%의 약가마진 절감액 활용
2000. 4. 1	6.0%	실거래가 상환제도 도입에 따른 약가 마진 손실을 보전하기 위함 - 동네 의원 : 9.6% - 동네 약국 : 8.1% - 병원급 이상 : 2.4%	3,743억원 (1,116억원)	이 중 3,120억 원은 실거래가 상환제도 실시로 인한 약가 절감으로 충당 가능
2000. 7. 1	9.2%	- 의료기관 처방료 : 1,172원 인상 (3일분 기준) - 약국 조제료 : 1,053원 인상 (3.4일분 기준)	15,437억원 (4,604억원)	지역재정은 1년간 국고지원
2000. 9. 1	6.5%	- 의료기관 재진진찰료 : 1,000원 인상(4,300→5,300) - 의료기관 원외처방료 　·의원기준 종전 대비 1,092원 인상 　·주사제 처방료는 종전 기준 대비 920원 인상 - 약국 조제료 조정 　·소아 가산 및 야간 또는 공휴일 가산제 도입 - 치과 소아가산율 및 대상 항목 조정 　· 가산율 : 20% → 30% 　· 가산 대상 항목 : 8개 항목 → 11개 항목	6,081억원 (2,116억원) 보험자: 4,162억원 본인부담: 1,784억원	지역: 1년간 국고 지원 직장, 공·교: 적립금 활용
2001. 1 (예정)	9.25%	의료보험수가 수준을 원가 대비 90% 수준으로 상향조정 (연세대 연구결과를 원용한 결과)	7,959억원 (2,767억원)	계획 없음
2002. 1 (예정)	9.25%	의료보험수가 수준을 원가 대비 100% 수준으로 상향조정(연세대 연구결과를 원용한 결과)	7,959억원 (2,767억원)	계획 없음
누계	66.7%		47,773억원	

주: 총소요재정 중 괄호 안은 지역재정 부담액.

33) 의약분업은 2000. 7. 1일자로 시행되었으나, 의료계의 반발로 인해 7월 한 달은 계도기간으로 운영하고 8월 역시 의료계 파업으로 인해 의료기관의 정상영업이 이루어지지 않은 점을 감안하면 9월 1일까지의 수가인상은 의약분업이 본격적으로 시행되기 전에 이루어진 것으로 해석하는 것이 타당하다.

이 중 1999년 인상분과 2000년 4월 인상분은 약가 마진만큼 의보약가를 인하함으로써 절감된 재정을 수가인상으로 활용한 것이므로 보험료 인상 압력으로 작용하지는 않는다는 것이 정부의 공식적인 입장이다. 뿐만 아니라 7월과 9월 인상분에 대해서도 보험료 인상 없이 전액 국고지원으로 충당한다는 것이 당초 정부의 방침이었다. 이러한 방침이 그대로 지켜진다면, 총 4차에 걸친 의약분업 관련 수가인상은 보험재정을 악화시키지 않을 것으로 전망된다.

그러나 이미 전술한 대로, 4월 수가인상에 따른 추가 재정소요가 3,743억 원으로 약가인하로 인한 이후 절감액 중 잔여분인 3,120억 원을 상회하고 있으므로, 차액인 623억 원이 보험재정의 추가부담으로 남게 된다. 7월과 9월 수가인상 역시 총 2조 1,518억 원의 추가재정이 소요될 전망이나, 2001년 예산안에 반영된 국고지원분은 1조 9,000억 원에 불과하여 2,518억 원이 보험재정의 추가부담으로 남게 될 전망이다. 즉, 보험재정에서 추가로 부담하여야 할 부분은 연간 총 3,141억 원에 달할 것으로 전망된다. 뿐만 아니라, 정부의 국고지원 약속은 첫 1년에 국한된 사항이므로, 2002년부터는 7월과 9월 수가인상이 보험료 인상 압력으로 작용할 가능성이 크다.

2) 공급자 비용전가

의약분업은 의료계와 약계의 공급형태를 근본적으로 변화시키는 개혁이므로 상당한 정도의 구조조정을 수반하게 되고 공급자의 비용발생이 불가피한 측면이 있다. 예를 들면, 의료기관의 경우 조제실의 폐쇄, 고용 약사인력의 정리, 처방전 발행시스템의 신설, 처방전 관리인력 증원 등이 비용을 발생시키고, 약국의 경우 신형 조제수납장 비치, 처방전 접수 및 관리시스템 구축 등이 새로운 비용발생 요인으로 등장하였다.

<표 2-18> 의보수가 인상 세부내역

(단위: 원, %)

	인상 전	1차 수가인상 (1999.11.15)	2차 수가인상 (2000. 4. 1)	3차 수가인상 (2000. 7. 1)	4차 수가인상 (2000. 9. 1)	증 감
진찰료						
초진	6,600	7,400(12.1)	8,400(13.5)			1,800(27.3)
재진	3,300	3,700(12.1)	4,300(16.2)	5,300(23.3)		2,000(60.6)
			(병원급 이상과 치과의원, 한의원은 동결)	4,700(27.0) (병원급 이상)		1,400(42.4)
입원료						
종합전문요양기관	19,100	21,400(12.0)	22,400(4.7)			3,300(17,2)
종합병원	17,600	19,700(11.9)	20,600(4.6)			3,000(17.1)
병원	14,800	16,600(12.1)	18,200(9.6)			3,400(23.0)
의원	12,800	14,400(12.5)	15,800(9.7)			3,000(23.4)
정상분만수가						
초산	51,690	57,000				5,310(10.3)
경산	39,670	43,750				4,080(10.3)
제왕절개전력자	39,670	186,650				146,980(371)
제왕절개술	186,380	186,380				-
머리 CT촬영 및 판독료	104,930	66,400				-38,530 (-36.7)
원외처방료			1,691	2,863	3,955(38.1) 주사제처방료는920원 인상	3,955(신설)
약국방문당 기본수가			2,650	3,703		
약국관리료 (기본조제기술료, 복약지도료 포함)		1,520	1,680(10.5)			3,703(신설)
조제료(1일당)		300	300(0.0)			
약국조제 가산제						
소아조제					200	200(신설)
야간·공휴가산제					20%(기본조제기술료, 복약지도료, 조제료)	20%(신설)
평균수가인상분		12.8% (약가 30.7% 인하)	6.0% (의원: 9.6% 내과계열 동네의원은 그 이상, 약국: 8.1%)	9.2% (5,946억원 추가소요)	6.5%	66.7%

이러한 공급자 비용의 대부분이 수가인상에 반영되었으나, 약국의 수납장 구입비용, 의원의 조제실 폐공간 비용, 처방전 전달시스템 구축비용 등 일회성 비용 또는 투자적 성격에 해당하는 비용들은 수가인상에 반영되지 않았다. 원칙적으로, 의약분업용 수가인상에서는 그동안 기형적으로 통제됨으로써 의료시장의 왜곡 및 음성적인 약가마진을 배태해 온 기술료의 인상 등을 중점적으로 반영하고, 의약분업 과정에서 발생하는 공급자 비용은 일회적인 항목과 항구적인 항목으로 나누어, 항구적인 항목들은 항구적인 방법으로, 비항구적인 항목들은 비항구적인 방법으로 처리하는 것이 타당하다. 예를 들면, 처방전 관리인력 비용 등 항구적인 비용만 수가인상에 반영하고 처방전 전달 시스템 구축비용 등은 보조금 등 비항구적인 방법으로 처리하는 것이 타당하다. 이러한 맥락에서 4차에 걸친 수가인상에는 수가구조의 왜곡 해소를 위한 조정분, 항구적 비용 등만 반영되고, 일회적이거나 투자적 성격의 비용발생 항목들은 전혀 반영되지 않았다.

따라서, 공급자들은 수가인상에서 제외된 비용발생분을 소비자에게 전가할 가능성이 많다. 일반적으로 공급자에 의한 비용전가는 수요곡선이 비탄력적일수록, 공급곡선이 탄력적일수록 크게 발생한다. 의료서비스에 대한 수요곡선은 상당히 비탄력적인 것으로 알려져 있으므로, 의약분업으로 인한 공급자 비용은 상당부분 수요자에게 전가될 가능성이 크다(Manning et al[1987]).

일각에서는 우리나라와 같이 정부에 의해 의료서비스의 가격이 엄격하게 통제되는 의료시장에서는 공급자에 의한 비용전가 가능성이 희박하다는 의견도 제시될 수 있다. 그러나 우리나라의 경우 의보수가 통제라는 경로를 통하여 정부가 의료서비스 가격을 강력하게 통제하는 것은 사실이나, 절반 이상의 의료서비스가 비급여 및 임의 비급여라는 형태로 사실상 정부의 통제 밖에 있다.

임의비급여란 법정 비급여 항목은 아니지만, 의료공급자와 소비자 간의 합의에 의해 또는 소비자의 무지로 인해 비급여 항목으로 처리되고, 법정급여 수준과는 비교할 수 없을 정도로 고액진료비가 부과되는 경우를 의미한다. 의료서비스 시장에서의 비대칭적 정보독점 특성을 감안하면, 대부분의 임의비급여는 공급자에 의해서 소비자에게 강요되는 경향이 강하다. 이러한 임의비급여 관행 및 광범위한 법정 비급여가 존재하는 상태에서는 공급자비용이 진료비의 증가를 통해 소비자에게 전가될 가능성이 매우 크다고 볼 수 있다.

이러한 임의비급여 또는 법정비급여 형태의 전가는 의료보험재정 외부에서 발생하는 공급자의 비용전가이다. 공급자비용이 소비자에게 전가되는 경로는 의료서비스의 가격인상을 통한 전가뿐 아니라 의료서비스의 공급량을 통한 전가 두 가지로 구분해 볼 수 있다. 가격전가의 경우, 전술한 바와 같이, 보험재정에 미치는 영향은 미미할 것으로 판단된다. 그러나 공급량을 통한 비용전가는 보험재정에 상당한 영향을 미칠 것으로 판단된다.

비용전가의 폭은 수요곡선과 공급곡선의 탄력성에 의해 결정되지만, 우리나라 의료시장에서의 수요 및 공급 탄력성에 대한 실증연구가 일천한 상태에서는 비용전가의 폭을 정확하게 추정하기는 어렵다. 다만 의료계와 약계가 제시하고 있는 추정치를 참고하면, 수가인상에 반영되지 못한 의약분업 관련 공급자 비용이 총 4,827억 원에 달할 전망이므로, 이에 상응하는 비용전가가 이루어질 가능성이 있다.[34]

---

34) 조제 폐공간 지급임차료 423억 원, 감가상각비 838억 원, 외주 용역비 314억 원, 의원의 처방전 전달시스템 구축비용 855억 원, 의약품 재고처리 비용 190억 원, 저빈도 의약품 긴급배송 비용 352억 원, 약국공간 추가확보 비용 390억 원, 약국의 처방전 전달 시스템 구축비용 356억 원, 처방약장 설치비용 111억 원, 약화사

3) 공급자의 행태 변화

의약분업의 주된 목적이 의약품의 오남용을 부추기는 공급자측·수요자측 요인을 제거하려는 데 있는바, 공급자측 요인에 대해서는 의약품의 처방자가 의약품의 판매를 통해 이윤을 획득할 수 없도록 처방자와 판매자를 분리시킴으로써 과다투약의 유인을 제거한다는 것이다. 이러한 목적이 원활히 달성되면 의약분업은 보험재정 안정화에 기여할 것으로 예상된다. 입원환자에 대해서는 의사의 조제 및 의약품판매가 허용되고 있으므로, 이러한 공급자 행태 변화는 외래환자를 중심으로 발생할 전망이다.

그러나 이러한 공급자 측면의 유인은 공급자가 행위별 수가제에 의해 보상받는 한 소멸될 수 없다. 행위별 수가제란 진료횟수, 투입 의약품 및 기자재 사용량 등에 의해 공급자의 의료행위를 보상하는 제도이므로, 진료횟수 및 기자재 사용을 증가시킴으로써 지불보상액을 증가시킬 수 있기 때문이다. 예를 들면, 소비자의 증상과 치료법에 대한 비대칭적 정보를 보유하고 있는 공급자로서는 의약품의 투약을 줄이는 대신 방문횟수를 증가시키거나, X-선, MRI, SONO 촬영 등 기자재 사용을 증가시키거나, 마지막 단계에 강제적 의약분업 대상에서 제외된 주사제 사용을 증가시키거나, 불필요한 입원을 권유함으로써 손실보전을 도모할 수 있다.

우회적인 공급자 유도수요를 제재할 수 있는 유일한 방안은 보험급여청구 심사 강화이다. 그러나 최근에 이루어진 의료보험 통합과정에서 진료비 심사권을 행사하는 심사평가원이 보험재정을 통제하는 국민건강보험공단으로부터 독립하여 별도의 기관으로 분리되고,

---

고 보험가입 비용 23억 원, 병원의 외래 약제비 단기 운용금리 비용 861억 원 등이 의약분업 실시로 인해 추가로 발생하는 비용이라는 것이 의료계와 약계의 추정이다.

공급자 위주의 운영위원회 구성이 이루어짐에 따라 공급자들의 우회적인 유도수요를 과연 얼마나 효과적으로 통제할 수 있을지 의문이 제기되고 있는 실정이다.

공급자의 행태변화가 보험재정 안정화에 역행하는 방향으로 작용할 또다른 가능성은 의약간의 담합이 이루어지는 경우이다. 처방자와 판매자의 통합을 의미하는 의약간 담합은 처방자와 판매자의 분리를 통해 과다투약의 유인을 제거하려는 의약분업의 목적에 정면으로 배치되는 것이다. 의약분업의 시행 연혁이 극히 짧은 현시점에서마저 의약간의 담합은 급속하게 진행되고 있다.[35] 그럼에도 불구하고 의약간의 담합을 적발·징계할 수 있는 법령과 규제의 미비 등으로 인해 의약간 담합에 대한 강력한 제재는 이루어지지 않고 있다.

이와 같은 공급자의 우회적인 유도수요, 의약간의 담합 가능성 등은 보험재정 안정화에 역행할 가능성이 크다.

4) 소비자 행태 변화

의약품의 오남용을 부추기는 공급자측·수요자측 요인을 제거하려는 의약분업의 목적 중, 수요자측 요인에 대해서는 의약품의 구입비용(transaction cost)을 증가시킴으로써 오남용 가능성을 줄이자는 것이다. 예를 들면, 의약분업 이전에는 약국에서 손쉽게 구입할 수 있었던 전문의약품 구입에 대해서 의약분업 이후에는 처방전 획득을 의무화함으로써 의원방문 비용이 발생하게 만드는 것 등이다.

소비자 행태 변화의 가능성은 다음과 같다. 첫째, 일반의약품 구입 환자는 의약분업의 실시 이후에도 동일한 행태를 보일 것으로 전망

---

35) 일부 병원과 주거래 약국간에 셔틀버스를 운행하는 등 의약간의 담합은 현재 급속하게 심각한 수준에서 이루어지고 있다

된다. 둘째, 전문의약품 구입희망자 중 의료기관 방문으로 인한 거래 비용 때문에 진료를 포기하는 방문포기형이 발생할 수 있다. 셋째, 전문의약품 구입 희망자 중 의료기관을 방문하여 처방전을 획득하는 환자선회 유형이 발생할 수 있다.

이 중 두번째 유형의 소비자 행태 변화는 급여지출의 감소요인으로 작용하는 반면, 세번째 요인은 급여지출의 증가요인으로 작용하므로 어느 효과가 지배적으로 발생할지 사전적으로 예단하기는 어렵다. 이러한 문제는 의약분업 실시 이후 보험급여청구 데이터 변화를 분석하는 실증적 접근을 필요로 하나, 지금은 의약분업이 본격적으로 시행되기 시작하는 시점이므로, 두 가지 요인의 추세변화를 분석할 수 있는 자료가 축적되지 못한 상황이다.[36]

5) 약국의료보험의 활성화

의약분업의 본질과는 무관하나 의약분업 실시 이후 보험재정에 심각한 영향을 초래할 수 있는 요인은 약국의료보험의 활성화이다. 의약분업 실시 이전에도 약국의료보험제도는 존재하였으나, 대부분의 약국이 약품구입에 대한 의료보험 혜택을 제공하지 않았고, 소비자 역시 소액 약제비에 대해 적극적으로 의료보험급여를 청구하지 않았다. 그러나 의약분업 이후 전문의약품의 구입을 위해서는 의료기관 방문이 전제됨에 따라 의료기관 방문시 보험급여청구가 이루어지고,

---

36) 의약분업은 공식적으로는 2000년 7월 1일부터 시행되었으나, 7월달은 계도기간으로 운영되었고, 그 이후에도 의료기관의 장기파업에 이은 전공의들의 전국적인 파업 등으로 인해 의료기관의 정상운영이 불가능하였다. 따라서, 전공의들이 파업을 철회하고 의료기관으로 복귀한 11월 말 이전의 데이터를 이용하여 의약분업의 효과를 분석하는 일은 극히 위험하다. 7월 이후 의료기관의 경영수지, 환자 수진율, 급여청구 등이 감소하는 현상을 의약분업의 효과로 해석하는 것은 무리이기 때문이다.

자동적으로 소액 약제비마저 의료보험청구가 이루어지게 되었다. 약제비의 보험급여청구는 의료보험재정을 급속하게 소진시킬 것으로 전망되고 있다. 이러한 유형의 급여비 증가 역시 그 규모를 예측하기는 쉽지 않으나, 대략 보험재정의 40% 수준에 달할 것이라는 것이 전문가들의 예측이었다.37) 보다 정확한 추정은 의약분업의 효과가 본격적으로 가시화된 이후의 급여비 청구자료 분석을 통해서나 가능할 것으로 예상된다.

다. 소 결

이상에서는 의약분업 자체가 의료보험재정에 미치는 영향과 의약분업의 성공적 시행을 위한 여건 마련 과정에서 발생한 보험재정 변동요인들을 살펴보았다.

의약분업이 처방전 전달시스템의 구축 비용, 조제용 수납장 설치비용 등 초기비용을 발생시키는 상황에서, 수요곡선이 비탄력적이고, 임의 비급여관행 및 광범위한 법정 비급여가 만연한 의료시장에서는 공급자가 이러한 비용을 진료비 인상 또는 공급량 증가를 통해 소비자에게 전가할 가능성이 크다. 의약분업은 소비자 행태 변화를 통해 보험재정에 영향을 미칠 가능성이 있는바, 방문포기는 보험재정지출 감소요인으로, 환자 선회는 보험재정지출 증가 요인으로 작용할 전망이다. 아직 의약분업의 시행 연혁이 짧은 관계로 신뢰할 만한 데이터가 축적되지 못하여 현재로서는 어느 요인이 지배적일지 예측하기 어려운 상황이다. 반면, 공급자의 우회적인 유도수요, 의약간의 담합 등은 보험재정 안정화에 역행할 가능성이 크다.

의약분업을 시행하는 과정에서 단행된 네 차례에 걸친 수가인상은

---

37) 의약분업재정추계작업반 제5차 회의.

이미 보험재정에 상당한 압박요인으로 작용하고 있다. 뿐만 아니라 이미 약속한 두 차례의 수가인상(2001년과 2002년) 역시 보험재정에 상당한 부담으로 작용할 전망이다.

보다 중요한 것은 의약분업과 의료보험통합이라는 양대 의료개혁의 추진경위 및 성과가 의료보험재정에 영향을 미치는 다른 수입측·지출측 요인들에 상당한 영향을 미치고 있다는 것이다.

V. 의료보험 재정전망

본절에서는 앞서 살펴본 각종 요인들을 고려하여 의료보험의 단기 재정전망을 시도하고자 한다. 보다 정확한 재정전망을 위해서는 의약분업의 실시로 인한 소비자 및 공급자의 행태 변화를 예측할 수 있는 신뢰할 만한 데이터가 필요하다. 그러나 전술한 바와 같이, 의약분업을 둘러싼 의료계의 장기 파업으로 인해 바야흐로 명실상부한 의약분업이 시작되고 있는 시점이므로, 현재로서는 의약분업으로 인한 보험재정의 변동을 감안한 정확한 재정전망을 수행하기는 어려운 실정이다. 따라서, 본 연구에서는 의약분업으로 인한 수가인상 등의 직접적인 영향은 반영하되, 공급자 및 소비자의 행태 변화 등 간접적인 효과는 반영하지 못한 개략적인 재정전망을 제시한 후, 의약분업이 의료보험재정에 미치는 영향을 정성적으로 분석하는 선에서 머무르고자 한다.

1. 지역보험재정 전망

재정전망의 세부적인 근거는 다음과 같으며, 재정추계에 사용된 각종 변수들과 변수값은 <표 2-19>에 정리하였다. <표 2-20>은 재정

<표 2-19> 기본 시나리오 재정추계에 사용된 변수 및 변수값

변 수 명	변 수 값		
	지역재정 추계	직장재정 추계	공·교 재정 추계
지역보험월평균보험료부과액(백만원)	251,707	280,200	101,558
가입자수(명)		5,994,573	1,361,259
표준보수월액(원)		1,669,934	2,247,262
보험료징수율	0.896	-	-
기타 징수금			
부과대상액(백만원)	269,921	304,041	21,792
징수율	30.6	30.6	0.846
의료기관 급여			
수진율	5.93	6.492	7.425
건당진료비(원)	41,749	40,550	41,534
건당진료비 자연증가율	0.033	0.603	0.771
보험급여율	0.672	0.6645	0.6695
약국급여			
수진율	1.53	1.669	1.420
건당약제비(원)	4,805	4,686	4,683
건당약제비 자연증가율(%)	0.1329	0.1308	0.1286
보험급여율(%)	0.6225	0.6252	0.6247
급여대상자(명)	23,600,988	17,074,158	4,825,732

주: 각 변수값들은 최근 추세를 연장하는 방법으로 산출.

지출 측면으로는 자연증가 추이에 7월과 9월의 수가인상분만을 반영하고, 재정수입 측면으로는 국고추가지원계획(2000년 2,302억 원, 2001년 5,450억 원)과 2001년 보험료 인상(15%, 2000년 12월 14일 결정)을 반영할 경우의 지역보험 재정전망을 제시하고 있다.

가. 재정수입 전망

2000년의 보험료 수입은 월평균 보험료 부과액에 징수율을 적용하고 연간 금액으로 환산하여 산출하였다. 2001년의 경우는 소득상승률을 감안한 보험료부과 과표에다 국민건강보험공단의 징수율 제고 노력으로 증가할 것으로 예상되는 징수율을 적용하여 연간 금액으로 환산하여 산출하였다.

국고 지원액은 2000년의 경우 기집행된 예산 배정 실적치를 사용하였으며, 추가경정예산 편성을 통해 인상된 2,032억 원을 포함하였다. 2001년의 경우는 2001년 정부 예산편성안을 반영하여 산출하였다. 재정공동사업의 경우 2000년 7월 1일 의료보험조직이 완전통합됨에 따라 폐지되었다. 따라서 7월 이전의 실적치만을 재정추계에 반영하였다. 이자수입의 경우는 2000년은 실적치를 사용하고, 2001년은 재정고갈로 인해 이자수입이 발생하지 않는 것으로 처리하였다.[38]

---

38) 2001년의 경우 1월 1일의 수가인상 계획을 감안하지 않더라도 현행 보험료에서 더 이상의 인상이 없는 한 기금고갈이 예상된다. 당초 발표대로 2001년 1월 1일 12.5% 수준의 수가인상이 이루어지지 않을 가능성은 크지만, 상당한 정도의 수가인상이 추가적으로 단행되지 않으면 의정협상 파기에 대한 의료계의 집단반발이 예상되므로, 2001년 중에 비록 중폭이나마 수가인상이 단행될 가능성이 높다. 따라서, 2000년의 적자분과 2001년의 자연증가분을 보전하는 폭 이상의 보험료 인상이 추가되지 않을 경우 2001년에는 적립금이 고갈될 전망이다. <표 2-20>의 재정추계는 2001년 1월 1일의 보험료 수준에서 더 이상의 보험료 인상은 없다는 가정하에 산출된 추계치이므로, 2001년의 이자수입은 발생하지 않는

나. 재정지출 전망

재정지출항목으로는 의료기관과 약국의 급여비지출, 건강진단비, 현금급여비, 65~69세 노인 외래급여비 경감비, 본인부담 상한제도 경비, 관리운영비 등을 포함시켰다.

의료기관 급여비에 대해서는 급여대상자에 1인당 수진율, 건당 진료비, 보험급여율을 적용하여 산출하였다. 약국 급여비 역시 의료기관 급여비와 동일한 방법으로 산출하였는데, 변수값만 달리하여 산출하였다. 2001년의 의료기관 및 약국급여비 지출은 2000년 급여비를 추세연장하는 방법으로 산출하였다.

건강진단비는 2000년의 경우는 기배정된 예산액과 1999년의 미청구분을 합산하여 산출하였고, 2001년의 경우는 2001년 예산편성분을 반영하였다. 현금급여비는 2000년 상반기 실적을 기준으로 1996~99년간의 연평균 증가율을 적용하여 산출하였고, 2001년은 추세치를 연장하는 방법으로 산출하였다. 65~69세 노인 외래급여비 경감분, 본인부담금 상한액 조정분, 관리운영비, 기타지출 등은 국민건강보험공단의 추계치를 사용하였다.

2000. 7. 1과 2000. 9. 1의 수가인상으로 인한 급여비지출 증가분은 복지부의 추계치를 2000년에 적용한 후 연간 개념으로 환산하여 2001년 급여비 증가분을 산출하였다.

다. 재정전망 결과

상기와 같은 방법으로 지역보험의 재정을 개략적으로 전망해 본 결과, 2000년의 경우는 4,496억 원 가량의 당기적자가 발생하여 기존

것으로 가정하는 것이 타당하다.

적립금을 소진하고 501억 원 가량의 차입이 필요할 것으로 전망된다. 이러한 재정여건은 2001년에 더욱 가속화되어 2조 5,479억 원 가량의 당기적자가 발생하고 추가적인 보험료인상 압력이 상당할 것으로 전망된다(표 2-20 참조).

 <표 2-20>은 최근 인상된 2001년도 보험료 인상계획을 반영한 전망이다. 12월 14일의 보험료 인상은 2001년의 재정적자를 완화하기 위한 보험료 인상이라기보다는 2000년의 수가인상 및 자연증가로 인한 보험재정지출을 보전하기 위한 목적이었다. 2001년 1월 1일부터 보험료인상이 단행됨에도 불구하고 2001년에 대규모 적자가 예상되는 이유가 바로 여기에 있다.

 통상적으로 연 2회 가량 보험료 인상이 가능한 현행방식하에서는 2000년 12월 14일에 지역보험료를 15% 인상한 관계로 빨라도 2001년

<표 2-20> 지역 의료보험재정 전망

(단위: 억 원)

구 분		계	2000년	2001년
수입	계	98,873	46,958	51,915
	보 험 료	58,736	26,762	31,974
	국고지원	34,538	15,529	19,009
	재정공동사업	2,720	2,720	-
	기 타	2,879	1,947	932
지출	계	128,848	51,454	77,394
	보험급여비	127,800	45,020	72,780
	관리운영비	8,396	4,289	4,107
	재정공동사업	1,638	1,638	-
	기 타	1,014	507	507
당 기 수 지		△29,975	△4,496	△25,479
적 립 금		△26,481	△501	△25,980

7월 경이나 추가적인 보험료 인상이 가능하다. 이러한 전제하에서 2001년 당기적자를 방지하기 위해 필요한 보험료 인상분은 18%로 추계된다. 그러나 18% 인상분은 2001년에 추가적인 수가인상이 발생하지 않는다는 전제하에서 산출된 보험료 인상분이다. 만약 의약분업 파동 과정에서 약속된 수가인상계획(2001년에 12.5%의 수가인상)을 실행할 경우에는 필요한 보험료 인상분이 59%에 달할 것으로 전망된다.

결론적으로, 수가인상 약속을 지키지 못하든지 아니면 지역보험재정이 고갈됨에 따라 차입금에 의존하든지 양자 중 하나를 선택할 수밖에 없는 상황이 발생할 전망이다. 그러나 후자는 결코 지속가능한 방안이 될 수 없으므로, 재정안정화를 위한 각종 방안 모색과 함께 수가인상계획을 현실적으로 조정하는 작업이 불가피할 전망이다.

라. 재정전망 민감도 분석 결과

일반적으로 재정전망은 추계에 사용되는 각종 변수들의 미래 값에 의존하게 되므로, 이러한 미래 값을 어떠한 가정하에서 산출하느냐에 따라 재정추계 역시 상당한 편차를 보일 수 있다. 본 연구에서 제시한 전망 역시 각종 변수 값들을 설정하는 과정에서 가용자료의 부족으로 많은 제약을 내포하고 있다.

따라서 본절에서는 민감도 분석을 통해 주요 변수 값의 변동에 따라 추계결과가 얼마나 변동하는지를 살펴봄으로써 추계결과의 안정성을 점검하고, 가능한 변동폭을 알아보고자 한다. 본 연구에서는 민감도 분석을 위한 변수로 보험료 징수율, 수진율, 수가인상으로 인한 추가재정소요액 등을 선정하였는바, 재정추계에 영향을 미치는 주요 변수로 이들을 설정한 이유는 다음과 같다.

징수율의 경우, 본 연구에서는 국민건강보험관리공단(이하 공단)의 예상치와 상당한 괴리를 보이는 값을 적용하였다. 공단 자료에 의하면, 2001년에는 상당한 징수율 제고노력의 결과 0.97을 달성할 수 있을 것으로 전망하고 있다. 그러나 1998년의 의료보험통합과정에서 노정된 보험료 납부저항 이후 징수율은 급락하여 3년 내내 90%를 하회하고 있으며, 2000년 말 현재 88.6%로서 서서히 하락하고 있다는 점을 감안하면, 공단의 징수율 제고 노력에도 불구하고 징수율이 단기간 내에 현격하게 향상되기는 어려울 것으로 전망된다. 뿐만 아니라, 후술하는 바와 같이, 의약분업을 강행하는 과정에서 대폭적으로 인상된 의보수가를 보전하기 위해서는 대폭적인 보험료 인상이 불가피하고, 이러한 보험료 인상은 징수율 신장에 장애요인으로 작용할 가능성이 크다. 따라서 본 연구에서는 기본시나리오로 2000년에 대해서는 2000년 평균인 88.6%를, 2001년에 대해서는 완만한 증가세에 해당하는 92%를 상정하였다. 그리고 민감도 분석에서는 징수율이 기본시나리오보다 10% 하락하는 경우와 공단의 예상대로 97% 수준에 이르는 경우에 대해 재정전망을 수행하였다.

수진율의 경우, 본 연구에서는 공단 전망치 6.228과는 상당한 괴리를 보이는 5.923을 가정하였다. 공단의 전망치는 전년 대비 26.9% 증가한 수치로서, <표 2-21>에서 알 수 있듯이, 최근 10년간 연평균 증가율인 7.3%의 3배를 초과하는 수치이다. 경제위기로 인한 1998년의 수진율 하락에 대한 기술적 반등이라고 볼 수 있는 1999년의 경우마저 12.7%의 수진율 증가를 보인 점을 감안하면, 공단의 수진율 추정치를 그대로 적용하는 것은 무리가 있는 것으로 판단된다. 따라서, 본 연구에서는 과거 10년간의 연평균 증가율을 감안한 추세연장 값을 기본시나리오로 상정하고 수진율의 10% 감소, 10% 증가, 공단 추계치 적용 등의 경우에 대해 민감도 분석을 시행하였다.

<표 2-21> 수진율 추이

연 도	실적치	증가율
1990	2.964	
1991	3.129	55.7%
1992	3.340	67.4%
1993	3.656	94.6%
1994	3.781	34.2%
1995	4.275	13.1%
1996	4.686	9.6%
1997	5.021	7.2%
1998	4.908	-2.3%
1999	5.529	12.7%
2000	5.930	7.3%

　수가인상으로 인한 추가재정소요액에 대해서는 복지부의 추계자료를 기본시나리오로 설정하고, 10% 감소 및 증가의 경우에 대해 민감도 분석을 시행하였다. 수가인상으로 인한 재정소요액을 추산하기 위해서는 수가인상 항목별 가중치가 필요하다. 일부 수가항목의 인상이 전체 급여비 지출에 미치는 영향을 예측하기 위해서는 수가가 인상된 항목의 빈도수 및 전체 의료행위 빈도수 중 수가인상 항목의 빈도수에 대한 자료가 필요하다. 2,411개의 항목으로 구성된 의료비 수가와 약 35,000여 개에 달하는 의보약가, 처방료, 조제료, 진찰료 등에 대한 빈도수 변화가 필요하나, 이러한 자료는 현 시점에서는 취득이 불가능하다.

　뿐만 아니라, 의약분업 추진과정에서 단행된 수가인상은 단순한 수가인상 이외에 상당 부분의 급여확대를 포함하고 있는바, 급여확대로 인한 재정소요액의 추정은 사실상 불가능에 가깝다. 예를 들면, 뇌병질환자에 대한 치료 등 비급여 행위에 대한 빈도수, 건당 진료비 등 재정추계에 필요한 자료를 구하기 어렵기 때문이다. 급여행위에 대한 자료는 의료보험통계연보 또는 심사평가원의 협조하에 취득이 가능하나, 비급여 항목에 대한 자료는 청구가 이루어지지 않기 때문에 자료집계 자체가 거의 불가능하다.

따라서, 본 연구에서는 수가인상으로 인한 재정소요액에 대한 복지부 추계치의 정확성 여부를 확신할 수 없음에도 불구하고 기본 시나리오로 상정할 수밖에 없었기 때문에 민감도 분석을 실시하였다.

민감도 분석결과를 <표 2-22>에 정리하였다. 민감도 분석 결과 지역재정은 징수율과 수가인상으로 인한 재정소요액의 변동에 가장 민감한 것으로 나타났다. 수가인상으로 인한 재정소요액이 10% 감소할 경우 2001년의 적립금은 △2조 3,600억 원 수준에 달할 전망이나, 10% 증가할 경우 약 △2조 8,400억 원에 달할 전망이다. 징수율이 공단의 전망과 같이 상당수준 제고될 경우 2001년의 적립금은 △2조 4,200억 원에 이를 전망이나, 보험료 인상에 대한 반발로 징수율이 다소 하락할 경우 적립금은 △2조 9,200억 원에 달할 전망이다.

지역보험 재정이 수진율에 대해서는 다소 덜 민감한 것으로 나타났다. 그럼에도 불구하고 공단의 수진율 추정치를 그대로 적용할 경우 적립금 추정치가 △3조 100억 원에 달함으로써 가장 심각한 재정악화를 보이는 것으로 나타났다. 이는 전술한 바와 같이 공단의 수진율 추정치가 지나치게 높게 설정되어 있기 때문으로 분석된다.

민감도 분석에 사용된 모든 변수들의 가장 비관적인 값을 가정한 비관적 시나리오하에서는 2001년 적립금이 △3조 500억 원 가량으로 전망된 반면, 낙관적인 시나리오하에서는 약 △2조 1,300억 원 가량으로 전망되어 상당한 편차를 보이고 있다. 그러나 분명한 것은 심지어 가장 낙관적인 시나리오하에서도 지역재정은 적립금 고갈이 심화되는 심각한 재정불안정 상태를 보이고 있다는 점이다.

추가적인 보험료 인상이 없이는 2001년에 지역의료보험 재정이 고

<표 2-22> 지역재정추계 민감도 분석결과

(단위: 억 원)

	2000년				2001년			
	보험수입	보험지출	당기적자	적립금	보험수입	보험지출	당기적자	적립금
기본 시나리오	46,958	51,454	△4,496	△501	51,915	77,394	△25,479	△25,980
수진율 (10% 감소)	46,958	51,188	△4,230	△235	51,914	77,102	△25,187	△25,422
수진율 (10% 증가)	46,958	51,720	△4,762	△767	51,914	77,686	△25,771	△26,539
수진율 (공단추정치)	46,958	53,421	△6,463	△2,468	51,914	79,553	△27,639	△30,107
징수율 (high)	46,958	51,454	△4,496	△501	53,652	77,394	△23,742	△24,243
징수율 (low)	46,958	51,454	△4,496	△501	48,717	77,394	△28,677	△29,178
수가인상 (10% 감소)	46,958	51,113	△4156	△161	51,914	75,322	△23,408	△23,568
수가인상 (10% 증가)	46,958	51,794	△4,837	△842	51,914	79,466	△27,551	△28,393
비관적 시나리오	46,958	52,060	△5,103	△1,108	50,316	79,466	△29,442	△30,550
낙관적 시나리오	46,958	50,847	△3,890	106	53,652	75,030	△21,378	△21,272

갈될 확률은 거의 1에 가깝다고 볼 수 있다. 전술한 바와 같이, 이러한 추계는 이미 약속한 2001년 12.5%의 수가인상을 고려하지 않은 추계이다. 현재 88.6%의 저조한 징수율이 시사하는 지역 피보험자의 정서와 악화일로에 있는 경제여건을 감안하면 추가적인 보험료 인상 가능성은 극히 희박하므로, 지역재정의 고갈을 방지하기 위해서는 수가인상계획에 대한 재검토가 필요하다.

제IV절에서 상술한 바와 같이, 2001년과 2002년의 수가인상 계획은 현행 수가가 원가의 80% 수준에 불과하다는 연세대의 연구결과에 근거한 인상계획이다. 그러나 연세대 연구결과는 표본의 대표성 문제, 원가보전율 산식의 논리적 결함 등 많은 문제점으로 인하여 수가의 원가보전율을 계산하는 데 활용될 수 없다고 결론지어졌으므로, 이러한 연구결과에 근거한 수가인상 계획은 재검토되어야 한다.

2. 직장보험재정 전망

가. 직장보험재정

보험재정의 취약성은 직장 및 공·교조합에서도 나타나고 있다. <표 2-23>은 직장보험의 재정전망을 보여주고 있는데, 지역조합과 마찬가지로 7월과 9월의 수가인상만을 반영하고, 2001년과 2002년의 수가인상 약속은 반영하지 않은 전망치이다.[39] 보험료 인상에 대해서는 12월 14일 국민건강보험재정운영위원회에서 합의된 대로 舊직장가입자의 보험료를 舊공·교 가입자의 보험료율 수준인 3.32%로 인상한다는 계획을 반영하여 추계하였다. 그 외의 추계에 사용된 변수와 변수값 설정은 <표 2-19>에 정리한 방식을 적용하였다.

　2000년에는 6,803억 원의 당기적자가 발생하나 기존의 적립금이 1조

---

39) 2000년 7월 1일부로 직장과 공·교의 통합이 이루어졌으므로 재정전망 역시 통합된 형태로 제시하는 것이 타당하다. 본 연구에서는 통합의 과도기에서 잔존하고 있는 직장과 공·교의 차이점(예: 보험료율)을 감안하여, 일단 직장과 공·교로 분리하여 재정을 추계한 후 양자를 결합하는 방식을 택하였다. 뿐만 아니라 재정통합과 관련하여 아직도 해결되지 않은 많은 이슈들에 대한 해답을 모색하기 위해서도 각 보험의 재정상태에 대한 정확한 이해가 필요한 측면이 있으므로 이러한 접근법의 유용성이 크다고 볼 수 있다.

<표 2-23> 직장 의료보험 재정 전망

(단위: 억 원)

구 분		계	2000년	2001년
수입	계	73,753	33,023	40,730
	보 험 료	69565	29,696	39,869
	재정공동사업	1,908	1,908	-
	기 타	2,280	1,419	861
지출	계	91,832	39,826	52,006
	보험급여비	84,490	34,772	49,718
	관리운영비	4,510	2,366	2,144
	재정공동사업	2,544	2,544	-
	기 타	288	144	144
당 기 수 지		△18,079	△6,803	△11,276
적 립 금		9,728	10,502	△774

7천억 원 가량 누적되어 있는 상태이므로 적립금 활용이 가능하다. 그러나 2001년에는 당기적자폭이 1조 1,300억 원 가량으로 증폭됨으로써 적립금이 고갈될 것으로 전망된다.

보험료 수입은 34% 가량 증가하는 반면, 급여비지출은 43% 가량 증가할 것으로 추산된다. 최근 5년간 적용인구의 확대, 노인인구 비율의 증가, 소득수준의 향상, 의료의 고급화 등 수가인상 요인을 제외한 급여비의 자연증가율이 직장보험의 경우 6.03%인 점을 감안하면, 이와 같은 급여비 급증의 주된 원인은 의약분업 추진과정에서 단행된 대폭적인 수가인상에 있다고 볼 수 있다. <표 2-23>에 제시된 재정전망은 의약분업 추진과정에서 약속된 제5차와 6차 수가인상 계획이 반영되지 않은 전망치이므로, 향후 수가인상 계획까지 포함할 경우 재정악화는 가중될 것으로 예상된다.

나. 공·교보험 재정

<표 2-24>에는 공·교보험의 재정전망을 정리하였다. 공·교보험의 경우 2000년에는 655억 원 가량의 적자가 발생하나, 활용할 수 있는 적립금이 누적되어 있는 상태이다. 그러나 2001년에는 4,515억 원의 당기적자가 발생하고 그 결과 적립금은 소진되고 보험료 인상압력이 상당할 전망이다. 2000년 역시 전염병의 발생, 자연재해 등 예기치 못한 사태의 발발에 대비하기 위하여 필요한 법정 준비적립금을 확보하지 못하는 재정불안정 상태이다.

<표 2-24> 공·교 의료보험 재정 전망

(단위: 억 원)

구 분		계	2000년	2001년
수입	계	24,990	12,594	12,396
	보 험 료	23,791	11,603	12,188
	재정공동사업	732	732	-
	기 타	467	259	208
지출	계	30,160	13,249	16,911
	보험급여비	28,005	11,558	16,447
	관리운영비	908	481	427
	재정공동사업	1,173	1,173	-
	기 타	74	37	37
당 기 수 지		△5,170	△655	△4,515
적 립 금		△3,575	470	△4,045

다. 직장 및 공·교 통합 재정

　직장보험재정과 공·교 보험재정을 결합하여 제시하면 <표 2-25>
와 같다. 2000년의 당기적자는 舊직장보험재정의 적립금을 활용함으
로써 보전할 수 있으나, 2001년의 당기적자는 적립금을 소진시킬 전
망이므로 직장 및 공·교 보험에서도 보험료 인상 압력이 상당할 전
망이다.

　당기적자분인 4,819억 원을 보전하기 위해서는 9.3%의 추가적인 수
가인상이 필요하고, 법정적립금 기준을 충족하는 6개월분의 급여비
를 적립하기 위해서는 72.8%의 추가적인 수가인상이 필요하다. 통합
과정에서 단일 보험료 부과라는 명분으로 직장 가입자의 보험료율이

<표 2-25> 직장 및 공·교 재정 전망

(단위: 억 원)

구 분		계	2000년	2001년
수입	계	98,743	45,617	53,126
	보 험 료	93,355	41,299	52,056
	재정공동사업	2,640	2,640	-
	기 타	2,747	1,678	1,069
지출	계	121,992	53,075	68,917
	보험급여비	112,486	46,330	66,165
	관리운영비	5,418	2,847	2,571
	재정공동사업	3,717	3,717	-
	기 타	362	181	181
당 기 수 지		△23,249	△7,458	△15,791
적 립 금		6,153	10,972	△4,819

2001년 1월 1일부로 18.6% 인상된 상태에서, 과연 추가적인 보험료인상의 현실적인 상한은 어디까지인가에 대해서는 비관적인 전망이 제시될 수 있다. 극히 낙관적인 가정하에서는 당기적자 보전을 위한 수준의 수가인상은 가능할 전망이나, 적립준비금을 확보하기 위한 보험료 인상은 불가능할 전망이다. 특히, <표 2-25>에 제시된 전망이 의약분업 추진과정에서 약속된 5차 수가인상은 반영하지 않은 추계라는 점을 감안하면, 직장 및 공·교 재정의 불안요인은 더욱 가중된다.

라. 직장 및 공·교 재정추계 민감도 분석 결과

민감도 분석결과를 <표 2-26>에 정리하였다. 지역보험과는 달리 원천징수에 의존하는 직장 및 공·교 재정의 민감도 분석을 위해서는 징수율을 제외한 다른 변수들의 변동에 대한 재정수지의 변화를 분석하였다. 수진율, 3차 및 4차 수가인상으로 인한 추가 재정소요액, 임금상승률 등에 대해 민감도 분석을 수행한 결과 재정추계가 수진율의 변동에 극히 민감한 것으로 나타났다.

수진율의 경우, 기본 시나리오에서는 과거 연평균 증가율을 반영한 추세연장 방식을 사용하였기 때문에, 이러한 추세연장을 벗어나는 경우에 대해 민감도 분석을 실시하였다. 수진율이 추세선보다 10% 감소할 경우는 기존의 적립금으로 2001년의 당기적자까지는 보전할 수 있을 것으로 예상된다. 그러나 향후 의약분업으로 인해 수진율이 증가할 경우, 즉 추세선보다 10% 증가할 경우에는 당기적자가 27.5% 가량 증가하여 1조 3,300억 원 가량의 적립금 결손이 발생할 전망이다.

임금상승률의 변동이 재정에 미치는 영향은 그다지 크지 않은 것

<표 2-26> 직장 및 공·교 재정추계 민감도 분석

(단위: 억 원)

	2000년				2001년			
	보험 수입	보험 지출	당기 적자	적립금	보험 수입	보험 지출	당기 적자	적립금
기본 시나리오	45,617	53,075	△7,458	10,972	53,126	98,917	△15,791	△4,819
수진율 (10% 감소)	45,617	48,988	△3,371	15,059	53,126	64,566	△11,441	3,618
수진율 (10% 증가)	45,617	57,161	△11,544	6,886	53,126	73,267	△20,141	△13,256
임금인상률 (1% 감소)	45,617	53,075	△7,458	10,972	52,634	68,917	△16,282	△5.310
임금인상률 (1% 증가)	45,617	53,075	△7,458	10,972	53,617	68,917	△15,300	△4,328
수가인상 (10% 감소)	45,617	52,730	△7,113	11,317	53,126	66,821	△13,695	△2,378
수가인상 (10% 증가)	45,617	53,419	△7,802	10,628	53,126	71,013	△17,887	△7,259
비관적 시나리오	45,617	57,506	△11,889	6,541	52,634	75,363	△22,729	△16,187
낙관적 시나리오	45,617	48,644	△3,027	15,404	53,617	62,470	△8,854	6,550

으로 분석되었다. 수가인상으로 인한 추가적인 재정소요액의 변동은 재정추계에 상당한 영향을 미치므로, 복지부의 추계치보다 10%만 증가하여도 적립금 결손은 50% 가량 증가할 것으로 예상된다. 복지부의 추계치가 수가인상분만 반영하고, 급여확대 조치에 의한 급여비 지출 증가분은 반영하지 않은 점을 감안하면, 복지부의 추계치는 과소계상의 가능성이 농후하고, 재정적자는 증폭될 가능성이 높다.

극히 낙관적인 시나리오하에서는 2001년에 6,550억 원의 적립금을 보유할 수 있을 것으로 전망되나, 이러한 전망이 5차 수가인상 계획을 반영하지 않은 추계임을 감안하면, 적립금을 소진하지 않을 가능성은 극히 희박한 것으로 분석된다.

마. 소 결

이상에서는 지역, 직장, 공·교 재정의 전망과, 그 전망에 사용된 주요 변수들의 변동에 대한 재정추계의 변화를 살펴보았다. 지역보험이 가장 심각한 재정불안정 요인을 내포하고 있고, 직장보험은 2000년에는 적립금 소진이 발생하지 않는다는 점에서는 다른 보험보다 안정적이고, 공·교는 최근 통합과정에서 단행된 보험료 인하로 인하여 2000년에도 적자가 발생할 전망이다. 그러나 직장보험의 경우에도 적립금이 돌발사태에 대비하기 위한 법정준비금 수준을 크게 하회한다는 점에서는 재정이 안정적이라고 보기 어렵다.

2001년에는 예외 없이 모든 보험에 있어서 적립금의 고갈이 예상되고 있다. 민감도 분석 결과 극히 낙관적인 시나리오하에서는 직장 및 공·교 보험의 경우 적립금 고갈이 발생하지 않는 것으로 나타났으나, 이러한 전망이 의약분업 추진과정에서 약속된 5차 수가인상계획을 반영하지 않았다는 사실을 감안하면, 낙관적인 시나리오의 실현가능성은 희박하다.

보다 중요한 것은, 2001년의 적자 발생 요인이 일시적인 것이 아니라 구조적인 것으로, 향후 지속적으로 의료보험 재정의 불안요인으로 작용할 전망이라는 점이다. 양출제입이라는 의료보험의 속성상 지출요인에 상응하는 보험료인상이 이루어져야 하나, 본절에서 살펴본 바와 같이, 급여비를 충당하기 위해 필요한 보험료 인상폭이 현실적으로 가능한 범위를 넘어서고 있다는 점에 유념할 필요가 있다. 보험료 인상이 지연될 경우 의료기관에 대한 보험급여 체불이 발생하고, 이는 공적 의료보험의 근간을 뒤흔드는 중대한 사회문제로 비화될 가능성이 있다.

따라서, 급여비지출을 통제하기 위한 의료개혁에 조속히 착수함과 동시에, 의약분업 강행 과정에서 의료계의 요구를 수용하여 약속된 수가현실화 계획을 전면적으로 재검토할 필요가 있다.[40]

Ⅵ. 의료보험재정 안정화를 위한 정책과제

의료보험재정은 1995년 이후부터 지속적으로 악화되어 왔으며, 최근에는 2대 의료개혁의 추진과정에서 재정악화 요인이 가중되고 있는 실정이다. 2000년에는 이미 지역조합의 적립금이 소진되었고, 2001년에는 극히 보수적으로 추정할 경우마저 직장과 공·교 재정까지 적립금의 상당 부분이 소진되는 사태가 발생할 전망이다.[41]

정부가 약속한 원가보전용 수가인상(2001년 1월 1일 계획)이 예정대로 이루어지지 않을 경우 의료계의 집단 반발이 예상되고, 이를 무마하는 과정에서 보험재정에 어떠한 변동을 초래할 사태가 발생할지 예측하기 어렵다. 2001년 1월 1일부터는 종전과 같이 정부가 일방적

---

40) 전술한 바와 같이, 5차 수가인상 계획의 근거가 된 「의료보험 수가구조 개편을 위한 자원기준 상대가치 연구」(연세대 보건정책 및 관리연구소)는 원가보전 지수 공식의 논리적 결함 및 표본의 대표성 문제로 인해 의료서비스의 원가보전율 계산에 활용할 수 있는 적절한 연구결과로 보기가 어렵다는 학계의 합의가 도출된 상태이기 때문이다.

41) 정부가 이미 약속한 2001년의 원가보전용 수가인상을 감안하지 않고, 의약분업의 영향을 전혀 고려하지 않은 재정추계 결과이다.

으로 수가를 고시하는 형태가 아닌 공급자와 보험자간의 자발적인
계약에 의해 수가가 결정되는 수가계약제로 전환된다. 계약에 임하
는 보험자는 보험자의 입장을 결정함에 있어서 국민건강보험재정운
영위원회의 심의·의결을 거치도록 국민건강보험법이 정하고 있다.
따라서, 정부가 약속한 제5차 수가인상(평균 9.25%)이 2001년 1월 1일
부터 이루어지기 위해서는 수가계약을 위한 사전 협의가 이미 시작
되었어야 한다. 수가계약을 위한 사전협의는 아직도 시작되지 않은
상태이며, 2001년 정부의 수가인상 계획이 근거하고 있는 자원 기준
상대가치 연구결과(연세대 보건정책 및 관리연구소)는 수가인상의 근
거로서는 부적절하다고 재정운영위원회가 이미 결론을 내린 상태이
므로, 수가인상은 상당한 난항을 겪을 전망이다.

　당초의 약속대로 적시에 수가인상이 이루어지지 않을 경우 의료계
의 반발이 예상되고, 이를 무마하는 과정에서 우회적 수가인상이 단
행될 가능성이 크다. 수가계약제하에서는 정해진 기한 내에 공급자
와 보험자간의 수가계약이 이루어지지 않으면 정부가 수가심의조정
위원회의 심의·의결을 거쳐 임시수가를 결정할 수 있도록 허용하고
있다. 그런데 수가심의조정위원회는 공급자 위주의 인적 구성을 갖
추고 있으므로, 동 위원회의 결정으로 수가가 인상될 경우 가입자들
의 반발 및 징수율 하락이 심각할 전망이다.

　본절에서는 이처럼 악화 위기에 처한 보험재정의 안정화를 위해
필요한 조치들을 살펴보고자 한다. 보험재정의 악화를 초래하는 요
인별로 대안을 제시하는 방식으로 논의를 전개하되, 정책대안의 실
행에 앞서 전제되어야 할 선행조건들을 해결하는 데 소요되는 기간
과 정책대안 자체가 효과를 나타내기까지 필요한 기간을 감안하여,
단기조치와 장기조치로 구분하여 제시하고자 한다.

1. 보험재정 안정화를 위한 단기 정책

제Ⅲ절에서 살펴본 바와 같이, 1995년 이후 보험재정의 악화는 완만한 보험료 인상으로는 충당할 수 없을 정도의 급속한 급여비 증가에 기인한 것으로 판단된다. 급여비는 급여 범위의 확대 등 의료보험의 보장성을 강화하기 위해서는 불가피한 요인들에 의해 이루어진 부분도 물론 있지만, 공급자와 소비자의 도덕적 해이를 줄임으로써 절감할 수 있었던 부분도 있다.

[도 2-4]에 나타나 있듯이 1995년 이후 일반 소비자물가 상승률의 4배에 해당하는 약가 상승과 2.5배에 해당하는 의보수가 상승과, <표 2-10>에서 알 수 있듯이 6년 사이에 60% 가량 증가한 수진율 추이 등이 이러한 추론을 뒷받침한다고 볼 수 있다.

이러한 의보수가의 급증에 대해서는 의료보험 도입 당시부터 왜곡

[도 2-5] 수진율 실적치 및 예측치

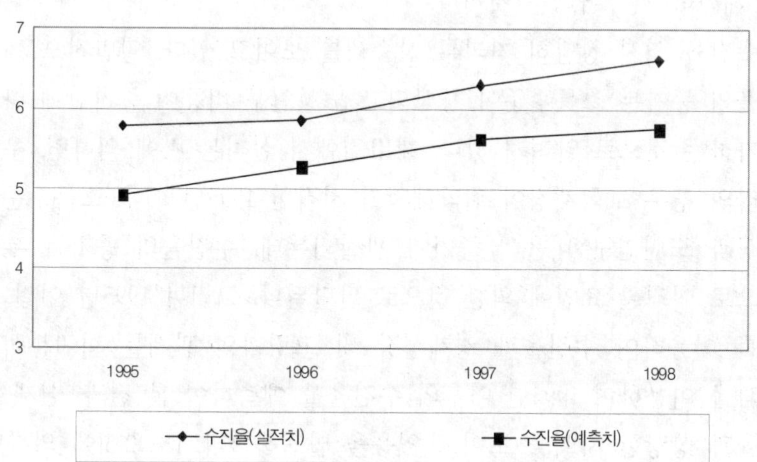

되어온 저수가 정책의 문제점을 해소하는 차원의 수가인상이기 때문
에 당연한 것이라는 주장이 있을 수 있다. 그러나 이러한 해석은 다
음과 같은 이유로 타당하지 않다. [도 2-4]는 1999년까지의 수가인상
과 약가상승을 보여주고 있는데, 만약 1999년까지의 수가인상이 저수
가의 왜곡을 해소시켰다면, 2000년에 이루어진 3차에 걸친 총 23.3%
의 수가인상과 향후 약속된 20%의 수가인상은 불필요하다는 결론에
도달하게 된다. 물론 이러한 논의에 대해 명쾌한 답변을 내리기 위해
서는 수가수준의 적정성에 대한 분석이 필요하다. 원가 대비 수가수
준을 검토하여 원가인상을 초과하는 수가인상이 이루어졌는지를 판
단함으로써 과도한 인상이었는지 원가보전 수준의 적정한 인상이었
는지를 결론지을 수 있다. 그러나 현시점에서는 신뢰할 만한 원가분
석이나 원가분석을 위한 자료조차 존재하지 않는 실정이므로, 원가
분석에 입각한 수가수준의 적정성에 대한 논의는 불가능하다.[42] 그
럼에도 불구하고 5년 동안 일반소비자 물가는 18% 가량 증가한 반면
의보수가가 85% 가량 증가하였다면, 이를 저수가구조의 왜곡 해소라
고 해석하기는 어려울 것이다.

　　수진율 역시 상당히 가파른 상승세를 보이고 있다. 일반적으로 수
진율의 증가는 소득수준이 향상되고 노인인구 비중이 증가함에 따라
증가하는 것으로 알려져 있다. 제Ⅲ절에서 살펴본 바에 의하면, 우리
나라의 경우 보험재정이 취약해지기 시작한 1995년 이후 소득수준의
향상과 노인인구 비율의 증가가 관찰되는데, 수진율의 증가는 부분
적으로 이러한 요인에 의한 것으로 판단된다. 그러나 1995년 이전 자
료를 이용하여 수진율과 경제성장 및 고령화의 관계를 회귀분석한
결과를 이용하여 1995년 이후의 수진율을 예측하여 본 결과, 실제 수
진율과 상당한 차이를 보이고 있음을 발견하였다. [도 2-5]에 의하면,

---

42) 제4절 2항의 논의 참조

국민소득수준 향상, 고령화 등에 의해 설명되는 수진율에 비해 실적치가 15~18% 이상 높은 실정이다. 즉, 1995년 이후의 수진율 급증은 소득수준의 향상이나 인구의 고령화 등 일반적인 요인에 의한 증가분 이외에 제3의 요인에 의한 증가분이 상당함을 알 수 있다.

본절에서는 일반 물가의 상승, 소득수준의 향상, 인구의 고령화 등 일반적인 요인들에 의해 설명하기 어려운 수가, 건당 진료비, 수진율 등의 증가를 공급자와 소비자의 도덕적 해이에 의한 증가로 전제한 후, 급여비 증가를 억제하기 위한 정책대안을 공급자의 도덕적 해이를 완화시키는 방안과 소비자의 도덕적 해이를 완화시키는 방안으로 구분하여 제시하고자 한다.[43] 공급자측 요인을 시정하는 방안으로는 지불보상체계의 개혁, 보험자의 심사권 강화 등을 들 수 있고, 소비자측 요인을 시정하는 방안으로는 본인 부담액구조의 조정 등을 들 수 있다. 공급자측 요인을 시정하려는 지불보상체계의 개혁은 주로 입원진료를 대상으로 하는 반면, 보험자의 심사권 강화는 입원 및 외래 진료 모두에 해당되는 개혁방안이다.

가. 지불보상체계의 개혁

비대칭정보를 보유한 공급자로서는 소비자가 의료서비스의 이용을

---

43) 보다 엄밀한 논의의 전개를 위해서는 일반 물가상승, 소득수준의 향상, 인구의 고령화 등에 의해 설명되지 않는 수진율, 건당 진료비, 수가인상 등이 공급자 및 소비자의 도덕적 해이와 일정한 관련이 있음을 실증적으로 보이는 것이 바람직하다. 그러나 이러한 실증분석을 위한 기존의 연구가 일천하고 가용 데이터의 제약으로 인하여 본 연구에서는 보다 엄밀한 실증적 거증은 시도하지 못하고, 논리적 추론만을 제시하는 선에 머물렀다. 다만, 다른 나라에 대한 실증연구 결과 소비자 및 공급자 측면의 도덕적 해이로 인한 급여비 증가가 뚜렷이 관찰되고 있다는 점을 이러한 추론의 논리적 뒷받침으로서 제시하고자 한다(Cameron et al[1988], Manning et al[1987], Lee[1994]).

증가시키도록 유도할 유인이 있는데, 진료행위의 횟수, 의약품 및 기
자재의 사용량에 따라 보상하는 현행 행위별 수가제하에서는 공급자
의 이러한 도덕적 해이가 증가할 가능성이 크다. 그러나 공급자에 대
한 지불보상이 진료행위의 횟수나 투입물에 비례하지 않고 질병의
유형, 정도, 치료의 효과에 의해 결정된다면, 이러한 공급자 측면의
도덕적 해이는 상당부분 해소될 수 있다.

이와 같이 불완전정보하에서의 의료시장에서 발생하는 주인-대리
인 문제를 해결하는 포괄수가제는 이미 선진국에서는 폭넓게 시행되
고 있는 제도이다. 1960년대 말 예일대학에서 처음 개발된 이후 상당
기간 동안의 실험 및 시범사업과정을 거쳐 1983년부터 미국의 고령
자를 위한 공적 의료보험제도인 메디케어(Medicare)에 도입된 이후 현
재 전 세계적으로 널리 보급되어 있다.

포괄수가제의 시행을 위해서는 진단 기준에 따라 환자를 분류하는
진단기준명 환자군 체계(DRG: Diagnosis Related Group)의 도입이 필
요하다. 즉, 환자를 주진단명, 기타 진단명, 수술처치명, 연령, 성별,
진료결과 등에 따라 진료내용이 유사한 질병군으로 분류하고, 어느
질병군에 속한 환자를 진료하였느냐에 따라 공급자를 보상하는 제도
가 포괄수가제이기 때문이다.

포괄수가제는 동일 DRG에 대해서는 일정한 금액을 지불하기 때문
에 행위별수가제와는 반대의 유인구조를 가지고 있다. 행위별수가제
하에서는 투입물의 양과 진료횟수를 증가시킬수록 공급자가 받는 보
상액이 증가하므로 과잉진료의 유인이 존재하는 반면, 포괄수가제하
에서는 일정한 진료효과를 얻기 위한 투입량을 최소화할 유인이 존
재한다.44) 그동안 행위별수가제하에서는 경영수지 악화를 진료행위

---

44) 초기 포괄수가제 하에서는 진료효과를 고려하지 않고 특정 질병군에 대해서는
일정한 보상액이 지급된 관계로 오히려 과소치료의 가능성이 제기되었다. 그러

증가로 보전해 왔다. 우리나라 의료기관들의 고가장비 비율은 다른 선진국에 비해 매우 높은 반면, 의보수가는 낮은 상태에서 의료기관의 부도율이 낮게 유지되어 온 이면에는 진료행위의 증가를 통한 손실보전의 관행이 있었다. 사실상 그동안 의료기관에서 경영효율성의 개념을 찾아보기 어려웠던 이유도 여기에 있다.

포괄수가제의 또 다른 이점은 관리운영비를 대폭 절감할 수 있다는 것이다. 행위별수가제하에서는 진료비 청구 및 심사가 진료행위 단위로 이루어지고 있기 때문에 진료비 청구 및 심사에 필요한 인력이 엄청난 실정이다. 의료기관에서는 약 3,000여 세부항목의 진료행위, 약 12,000 항목의 약품사용, 약 30,000여 종의 재료사용에 대해 일일이 처방전을 분류해서 확인청구해야 하고, 보험지불자는 지불자대로 진료비 청구명세서상의 행위, 투약, 재료사용 등을 진료내역과 고시내용에 따라 일일이 대조 심사한 후 진료비를 지급하고 있다. 결과적으로, 진료비 청구자인 의료기관과 지불자인 국민건강보험공단 모두 청구·심사·지불 과정에 엄청난 인력과 비용을 투입하고 있으며, 심사지불기간도 평균 1개월 이상 소요되고 있는 실정이다.

뿐만 아니라, 개별 진료행위를 지불단위로 하고 있으므로, 약 45,000여 개에 달하는 품목별로 수가기준 및 항목별 수가인상률을 매번 협의하여야 한다. 전술한 바와 같이, 의료보험 통합 이후 수가계약제로 전환됨에 따라 공급자와 보험자간의 계약이 체결되기 위해서는 45,000여 개 항목의 수가인상률에 대한 합의에 도달해야 한다.

반면, 포괄수가제하에서는 진료비 청구 방법이 환자의 질병군을

나 이러한 과소치료의 가능성에 대한 실증적 분석들은, 상당한 편차를 보이고 있으나, 대부분의 경우 과소치료에 대한 가설을 기각하지 못하는 것으로 나타나고 있다. 과소치료 가능성에 대한 많은 논쟁 이후 최근에는 보상액을 진료결과와 연계하여 결정하는 방식이 개발됨으로써 이러한 과소치료에 대한 우려는 불식되고 있다.

보고하는 방식이므로 매우 간편하고, 진료비 심사 역시 거의 불필요
해지므로 관리비용이 대폭 절감될 수 있다. 3차례에 걸친 시범사업
결과 진료비 청구·심사·지불에 소요되는 기간이 평균 6일로 현행
행위별수가제 하에서의 30일보다 대폭 축소되는 것으로 나타났다. 수
가체계 역시 수백 개의 질병별로 유형화된 수가체계만으로 충분하므
로, 수가협상 및 계약에 따르는 마찰 및 소요기간을 대폭 줄일 수
있다.

　이 밖에도 부수적인 문제점으로, 현행 행위별수가제하에서는 수가
항목간의 상대가치를 적정하게 설정하는 일이 상당히 어렵기 때문에,
수가 항목간의 불균형으로 인한 진료의 왜곡이 심각하다. 이러한 진
료왜곡의 문제는 물론 행위별수가제 자체의 문제라기보다는 잘못된
운영상의 문제점이지만, 이미 불균형 구조로 고착된 수가구조를 개
선하는 일이 현실적으로 용이하지 않은 현실에서는, 이러한 진료왜
곡이 상대적으로 적은 포괄수가제로 전환하는 것이 오히려 바람직할
것으로 판단된다.

　진료효과를 유지한 상태에서의 진료비 절감, 관리운영비 절감, 행
정적 절차 및 소요기간 단축, 수가계약을 둘러싼 갈등 및 마찰의 축
소, 의료보험재정 안정화에의 기여 등 여러 가지 측면에서 장점을 지
닌 포괄수가제의 도입이 난항을 겪고 있는 이유는 무엇인가?

　포괄수가제가 의료비, 의료의 질, 의료공급자의 진료행태, 의료보
험진료비 청구·심사·관리업무 등에 미치는 영향을 평가하고 그
결과에 따라 추후 사업전개 방향을 설정하기 위하여 1997년 2월부터
현재까지 총 3차에 걸친 포괄수가제 시범사업이 실시되었다. 당초
계획에 의하면, 제3차 시범사업(1999년2월～2000년 6월)을 종료한 후
일부 질병군을 대상으로 포괄수가제를 도입할 계획이었다(표 2-27
참조).

<표 2-27> 포괄수가제도 시범사업 추진 현황

	1차 (97. 2~98. 1)	2차 (98. 2~99. 1)	3차 (99. 2~2000. 6)	3차 연장 (2000. 7~2000. 12)
참여기관수	54개	132개	979개	1,203개
진료과	4개	6개	6개	4개
질병군	5개	9개	17개	8개
DRG	29개	47개	71개	41개
안과	수정체수술	수정체수술	수정체수술	수정체수술
이비인후과	편도·아데노이드수술	편도·아데노이드수술	편도·아데노이드수술	편도·아데노이드수술
일반외과	충수절제술	충수절제술 항문과(또는) 항문주위수술 서혜 및 대퇴부 탈장수술	충수절제술 항문과(또는) 항문주위수술 서혜 및 대퇴부 탈장수술	충수절제술 항문과(또는) 항문주위수술 서혜 및 대퇴부 탈장 수술
산부인과	질식분만 제왕절개술	질식분만 제왕절개술 자궁과(또는) 자궁부속기 수술	질식분만 제왕절개술 자궁과(또는) 자궁부속기 수술	질식분만 제왕절개술 자궁과(또는) 자궁부속기 수술
내과·소아과		단순폐렴과(또는) 늑막염	단순폐렴과(또는) 늑막염 소화기 악성종양 등 8개 소화기내과 질병군	

　그러나 2000년 7월 의약분업 실시로 인한 의료계의 반발에 직면하자 의료기관을 자극할 우려가 있는 포괄수가제의 도입을 연기하기 위해 제3차 시범사업을 2000년 12월까지 연장하기로 변경하였다.[45]

---

45) 포괄수가제의 도입에 대해서 의료공급자들은 거세게 반발하고 있다. 비록 3차에 걸친 시범사업 과정에서 시범사업에 참여하는 의료기관의 수가 증가하였지만, 아직도 전체 의료기관수에 비하면 극히 소수일 뿐 아니라 의협, 병협 등 공급자 단체를 중심으로 포괄수가제 도입 반대운동이 전개되고 있다. 포괄수가제의 도입을 극력 반대하고 행위별수가제를 고수하는 점으로 미루어 보아 공급자들이 기존체제하에서 진료행위 증가를 통하여 충분한 이윤을 획득하고 있으며, 병원의 경영효율성 노력이 부진한 이유가 바로 여기에 있다고 해석할 수 있다.

　연장사업이 종료되어 가는 현시점에서 볼 때, 부분적인 형태로나마 포괄수가제를 도입하는 일은 요원해졌다. 의약분업 파동으로 인해 의정간의 대화가 결렬되고, 의료계의 요구를 외면하기 어려운 국면으로 운신의 폭이 좁아진 정부로서는 의약분업 여파를 수습하기에도 급급한 상태에서 포괄수가제의 도입을 강행할 여력이 없어진 것으로 해석된다.

　전술한 바와 같이, 의약품 오·남용의 방지라는 의약분업의 당초 목적을 달성하기 위해서는 공급자에 의한 과잉투약을 부추기는 행위별수가제도를 포괄수가제로 대체하는 지불보상제도의 개혁이 병행되어야 한다. 그러나 무리한 의약분업의 강행으로 말미암아 그동안 준비해온 포괄수가제의 도입이 그 시행을 목전에 두고 불발에 그치고 말았다. 지불보상제도의 개혁이 수반되지 않는 의약분업의 결과는 의약간 담합에 의한 과잉투약 관행의 만연, 소비자 불편의 가중으로 귀결될 가능성이 높다. 의약분업이 향후 보험재정에 미칠 영향은, 제 Ⅳ절에서 논의한 바와 같이, 직접적인 악화요인 이외에도 이와 같이 보험재정 안정화에 결정적인 기여를 할 수 있는 포괄수가제의 도입을 연기시키는 간접적인 악영향도 무시할 수 없다. 그러나 오히려 역설적으로 보험재정이 악화일로에 있는 현시점일수록 보험재정의 안정화를 위해서는 포괄수가제의 도입이 필수적이다.

　나. 보험자의 심사권 강화

　급여비의 과도한 증가를 억제하기 위하여 필요한 조치로는 보험자의 심사권 강화를 들 수 있다. 공급자에 의한 과잉진료의 관행이 존재하는 한 진료의 적정성에 대한 심사는 급여비 억제 및 국민건강 증진을 위해 필수적이다.

그러나 현재 우리나라의 경우 진료비 심사는 건강보험심사평가원(이하 심사평가원)이라는, 보험자로부터 독립된 별도의 조직에 의해 이루어지고 있다. 동시에 진료비 심사에 대한 주요 사항을 관장하는 진료비심사평가위원회는 공급자 위주의 인적 구성으로 이루어져 있다.46) 종전에는 심사평가원이 의료보험연합회 산하로 보험자의 통제를 강하게 받는 상태였으나, 1998년의 의료보험통합을 계기로 보험자로부터 독립하였다.

당시 독립의 논리적 근거는 진료비 심사가 과잉·부당청구 억제기능 위주에서 탈피하여 의료서비스의 질 향상과 의료발전 추세에 부응할 필요가 있기 때문이라는 것이었다. 물론 진료비 심사의 목적이 과도한 급여비지출 억제뿐 아니라 국민건강 증진도 포함하고 있으므로, 이러한 목표 재설정이 타당하지 않은 것은 아니다.

그러나 지불보상제도가 공급자의 과잉진료를 유도할 수 있는 행위별수가제도하에서는 과잉·부당청구의 가능성이 크기 때문에, 보험자로부터 독립된 기관에서 공급자 위주의 인적구성을 가진 진료비심사평가위원회를 통해 진료비를 심사하는 것은 부적절하다고 판단된다. 뿐만 아니라, 행위별수가제도하에서는 과잉진료에 의한 국민건강 위해요인이 존재하지 과소치료에 의한 위해요인이 존재하는 것은 아니므로, 보험자로부터 독립된 별도의 심사기구가 필요한 명분을 발견하기 어렵다. 심지어 외국의 경우는 사보험자도 급여비 통제를 위한 진료비 심사권 및 사전허가권을 강하게 행사하고 있다. 단일 공보험인 국민건강보험공단이 심사권을 상실한 상태에서 과연 얼마나 효과적인 과잉·부당진료 및 청구를 억제할 수 있을지 의문이 제기되고 있다.

최근 의약분업 이후 의약간의 담합에 의한 과잉투약 관행을 불식

---

46) 건강보험법 시행규칙 제23조 심사위원회 위원의 자격을 참조.

시키기 위한 목적으로 요청된 처방전의 코드화가 공급자 위주로 구성된 평가위원회에서 기각된 사실은, 향후 보험재정의 안정화를 위해서는 보험자의 심사권 강화가 얼마나 절실하게 필요한지를 단적으로 보여주는 실례이다.

다. 본인부담액 구조조정

과도한 급여비를 억제하기 위해서는 소비자측면의 도덕적 해이를 차단할 필요가 있다. 의료보험이 소비자가 인식하는 의료서비스의 가격을 인하시키고 그 결과 의료보험이 없었다면 이용하지 않았을 의료서비스 이용을 발생시킨다는 것이 이론적으로도 실증적으로도 밝혀져 있다(Enthoven[1990], Cameron et al.[1988], Manning et al.[1987], Lee[1994]). 물론 이 경우 의료보험으로 인해 추가적으로 이용하는 의료서비스가 국민건강 증진 차원에서 필수적인 경우도 있으나, 의료서비스의 효율적 이용 측면에서는 과도한 이용(overutilization)도 상당부분 발생하는 것으로 인식되고 있다.

의료보험이 도덕적 해이를 발생시키는 경로는 본인부담액의 인하를 통해서이다. 따라서, 이러한 의료보험으로 인한 도덕적 해이를 감소시키기 위해서는 본인부담액의 인상이 필요한 것으로 알려져 있다. 물론 본인부담액의 인상은 질병이라는 위험으로부터 가계를 보호한다는 의료보험의 보장성을 저해하게 된다. 저부담·저급여 구조로 대변되는 것이 우리나라의 의료보험임에도 불구하고 본인부담액이 너무 높아 보장성이 취약하다는 비판을 자주 받고 있다. 그러면, 의료보험의 보장성마저 확보되지 않을 만큼 높은 본인부담액을 도덕적 해이를 감소시킴으로써 급여비를 억제하기 위해 인상해야 할 것인가?

<표 2-28> 본인부담비율 현황

(단위: %)

구 분	총진료비	보험급여	환자본인부담				
			계	법정 본인부담	비급여본인부담		
					소계	법정 비급여[1]	임의 비급여
총 계	100.0	53.4	46.6	26.5	20.1	15.7	4.4
입 원	100.0	61.4	38.6	15.7	22.9	18.6	4.3
외 래	100.0	49.5	50.5	32.1	18.4	14.0	4.4

주: 1) 법정비급여의 백분율은 식대 15%, 병실차액 26.4%, 지정진료 21.3%, MRI
　　 3.1%, 초음파 8.5% 등임.
자료: 국민건강보험관리공단.

　이러한 질문에 대한 답변은, 우리나라의 경우는 본인부담액의 전반적인 인상보다는 본인부담 구조의 개편이 필요하다는 것이다. <표 2-28>에 총진료비 중 본인부담 비율을 정리하였다. 총진료비 중 본인부담 비율은 46.6%로 공식집계되고 있으나, 이는 국민건강보험공단 진료비로 청구된 수진내역 신고자료만을 이용하여 산출한 값이므로, 청구에서 제외되는 비급여 치료, 임의 비급여 등은 포함되지 않은 수치이다. 광범위한 비급여치료, 임의비급여 관행 등을 감안하면, 실제적인 본인부담률은 공식적인 집계를 훨씬 초과할 전망이지만, 정확한 추정은 불가능한 상태이다.

　공적 의료보험의 시행에도 불구하고 50%를 상회할 것으로 추정되는 본인부담률 수준은 보험의 보장성 비판을 야기하기에 충분할 정도로 높은 실정이다. 그러나 본인부담 구조를 살펴보면, 소액 경증질환에 대한 본인부담은 경미한 반면, 고액 중증질환에 대한 본인부담은 높은 상태이다.

　<표 2-29>에서 알 수 있듯이, 100만 원 이상 고액진료의 경우 진료

<표 2-29> 고액진료비에 있어서 본인부담액 현황

(단위: 건, %, 만 원)

진료비(만 원)	진료건수	구성비	평균진료비	평균본인부담
100~200	1,326,834	65.7	134	47(35.1)
200~300	322,191	16.0	238	79(33.2)
300~500	191,272	9.5	377	111(29.4)
500~700	66,852	3.3	586	157(26.8)
700~1,000	60,353	3.0	816	208(25.5)
1,000~1,500	32,498	1.6	1,193	273(22.9)
1,500~2,000	12,999	0.6	1,767	380(21.5)
2,000 이상	6,500	0.3	3,425	731(21.3)
	2,019,499	100.0	247	74

주: 1) 청구기준 진료건에 대해, 동일인에 대하여 주 상병명이 같은 경우는 하나
　　　의 건으로 간주하여 합산하여 계산하였고, 이를 전체 진료건수로 확장하
　　　여 추정하였음.
　　2) 1998. 10. 1~1999. 9. 30까지의 기간임.
자료: 최병호(2000)에서 재인용.

비가 증가할수록 총진료비 중 본인부담 비율은 감소하나, 본인부담
액의 절대규모는 가계파탄이 우려되는 수준이다. 반면, 소액 경증질
환에 대해서는 본인부담액이 경미한 실정이다.

　1986년 1월부터 외래진료비 본인부담 정액제가 시행된 이후, 총진
료비가 일정 수준 이하이면 정액을 부담하도록 하고 있다. 그러나 최
초 도입 당시 진료비 1만 원 이하에 대해 1,500~2,000원을 본인 부담
으로 정한 이래 물가상승 또는 진료비 상승에 연동하여 인상되지 않
았기 때문에 그 실효성이 의문시되고 있다. 최근에는 소액진료비가
대부분 10,000~11,000원 사이에 집중되고 있으므로 동 제도는 보험
재정 안정화에 기여하지 못하고 있는 실정이다.

　<표 2-30>은 동 제도가 도입 초기에는 보험재정안정화에 상당한
효과가 있었음을 보여주고 있다. 도입 직전인 1985년의 경우, 외래 본

<표 2-30> 외래 본인부담 정액제 실시 전후의 보험재정 변화

구 분	1985	1987	증 감
• 외래 본인부담률			
- 병원(종합병원)	50%(50%)	62%(60%)	12%(10%)
- 의원	30%	41%	11%
• 직장의보 수진율			
- 입 원	0.062	0.063	0.001
- 외 래	2.798	2.668	△0.130
• 수 지 율			
- 직장의보	99.2%	76.0%	△23.2%
- 공교의보	107.7%	78.5%	△29.2%

인부담 비율이 병원의 경우 50%에서 61%로 상승하고 외래수진율이 2.80에서 2.67로 하락하는 효과가 있었는바, 결과적으로 보험재정수지율이 99.2%에서 76.0%로 하락하는 성과가 있었다. 이 결과는 수진율이 본인부담률에 상당히 민감하고 보험재정 역시 매우 민감하게 변동한다는 사실을 시사하고 있다.

평균적으로 외래진료비는 입원 진료비의 절반 가량 (1999년의 경우 51.2%)이며, 진료 건수면에서는 7.5배(1999년 기준 7.54배) 내외임을 감안하고, 외래 진료의 경우 100만 원 이상의 고액진료가 발생하기 어려운 현실을 감안하면, <표 2-30>으로부터 보험급여의 대부분은 소액 외래진료에서 발생함을 알 수 있다. 1987년의 경험이 시사하는 바와 같이, 본인부담 강화가 수진율 감소에 상당한 영향을 미친다면, 본인부담 정액제를 현실화하는 방안이 보험재정 안정화에 상당히 기여할 것임을 알 수 있다.

반면, 의료보험의 보장성 강화를 위해서는 고액 중증질환에 대한 본인부담금을 인하할 필요가 있다. 현재 법정 본인부담금이 30일에 걸쳐 100만 원을 초과하는 경우 초과금액의 50%를 보상하여 주는 본인부담 보상금제도를 시행하고 있다. 대체로 본인부담이 100만 원을 초과하는 경우 총진료비는 상병 건당 500만 원 가량으로 추산되는바, <표 2-29>에서 알 수 있듯이, 500만 원 이상 진료건은 빈도수 면에서 지극히 경미(전체 진료건 중 0.09% 가량)하므로, 상병 건당 500만 원 기준으로 본인부담을 전액 보상하는 방안도 고려해 볼 필요가 있다.

2. 보험재정 안정화를 위한 장기 정책

이상에서 제시한 단기적인 방안들만으로 의료보험재정의 안정화를 기대하기는 미흡한 측면이 있다. 본인부담의 강화는 의료보험의 보장성과 균형을 이루는 적절한 선에서 모색될 수밖에 없는 한계가 있다. 동시에 향후 의료기술의 발달 및 의료의 고급화로 인한 급여비 증가를 포괄수가제의 도입이나 보험자의 심사권 강화만으로는 해결하기 어려울 가능성이 크다. 의료서비스에 대한 소비자들의 다양한 선호를 공적보험만으로 충당하기에는 역부족일 가능성이 크다. 예를 들면, 고급의료서비스에 대한 수요가 점점 확대될 전망이나, 이러한 고급 의료서비스를 공적보험으로 급여화하기에는 대폭적인 보험료 인상이 불가피할 것이므로, 고급의료서비스를 공보험에서 부보하는 것이 효율적이지도, 가능하지도 않을 것이다.

가. 공보험 및 사보험의 이원체계 구축

향후 급증할 의료서비스 수요를 감안하면, 장기적인 보험재정의 안정화 방안은 공보험과 사보험의 이원체계를 구축하여 기초보장은 공보험에서, 부가보장은 사보험에서 담당하게 하는 것이 바람직하다고 판단된다. 즉, 공보험체계를 주축으로 하되, 공보험에서 부보하지 않는 부분에 대한 보조축으로 사보험을 허용하는 방식이다. 예를 들면, 사보험은 특실료, MRI, SONO 촬영료 등 공보험의 비급여항목이나 본인부담을 부보하는 방식을 의미한다.

일각에서는 고소득자들을 공보험에서 적용제외하는 대체방식의 사보험 허용을 주장하고 있으나, 이 경우 공보험재정의 안정화 측면에서 심각한 문제가 발생할 수 있다.[47] 원칙적으로 의료보험은 질병이 발생하지 않은 자로부터 질병이 발생한 자에게로 이전(transfer)이 이루어지는 보험이다. 즉, 소득의 유무와는 무관하게 질병 발생의 여부에 따라 이전이 이루어지게 된다. 그러나 공보험의 경우 소득재분배적인 요소가 가미되는 것이 일반적이고, 우리나라의 경우도 예외가 아니다. 오히려 우리나라의 경우는 공적 의료보험에서 소득재분배적인 요소를 상당히 강조하고 있다. 고소득자들을 공보험에서 적용제외할 경우 이러한 소득재분배적 측면에서 공보험의 의의가 손상될 가능성이 크고, 소득에 비례하여 보험료를 납부하고, 소득과 무관하게 일정한 급여혜택을 받는 상태에서는 보험재정 측면에서도 상당한 타격이 예상된다.

나. 의료저축구좌 방식의 도입

기초보장의 공보험과 부가보장의 사보험으로 구성되는 이원체계를 구축하되, 공보험의 경질환에 대해서는 의료저축구좌 방식(Medical

---

47) 사보험을 부가보장의 형태로 허용하는 것이 바람직하다는 논의에 대해서는 이혜훈(1999) 참조.

Savings Account)을 도입하는 방안을 고려해 볼 필요가 있다. 의료저축구좌 방식이란 개인별 구좌에 일정 금액을 납입하고, 그 구좌로부터 개인별 급여지출이 이루어지는 방식을 의미한다. 급여지출 후의 잔고는 용도 전용이나 상속이 가능하도록 허용함으로써 소비자의 도덕적 해이를 방지할 수 있는 유인기제를 포함하고 있다.

통상적인 의료보험 방식이 질병이 발생하지 않은 자와 발생한 자 간에 위험을 분산하는 횡단면적 위험분산(cross-sectional risk pooling) 기능을 수행한다면, 의료저축구좌 방식은 개인의 생애주기에 있어서 질병발생 시기와 건강한 시기 간에 위험을 분산시키는 기간간 위험분산(intertemporal risk pooling) 기능을 수행한다. 따라서, 소액 경질환에서 발생하는 소비자의 도덕적 해이를 방지할 수 있는 상당히 효과적인 방안으로 널리 인식되고 있다(American Academy of Actuaries [1995]). 1984년 싱가포르에서 처음으로 시작된 이후 현재 많은 나라에서 도입을 적극적으로 검토하고 있으며, 미국의 경우는 시범사업을 이미 시행하고 있다.

반면, 공보험의 고액 중증질환에 대해서는 저소득층에 대한 의료보험의 보장성을 강화하기 위해 기존의 횡단면적 위험분산 방식을 유지하는 방안이 바람직하다고 판단된다. 고액 중증질환의 경우, <표 2-29>에서 나타난 바와 같이 발생빈도가 극히 낮은 반면에 의료저축구좌의 잔고만으로는 해결하기 어려울 만큼 고액일 가능성이 크다. 의료저축구좌를 고액 중증질환도 부보할 수 있는 수준으로 증액할 경우, 저소득층의 부담능력 문제가 발생할 가능성이 높고, 이러한 문제를 해결하기 위해 저소득층의 의료저축구좌 납입금을 국고로 지원하는 방안 역시 재원조달 가능성 측면에서도, 효율성 측면에서도, 바람직하지 않다.

Ⅶ. 요약 및 결론

본 연구에서는 최근 급속하게 악화되고 있는 의료보험 재정의 불안정 요인을 분석하고, 이러한 요인들의 향후 변화 방향과 2대 의료개혁으로 불리는 의료보험통합과 의약분업 실시가 보험재정에 미치는 영향을 분석한 후, 의료보험재정 전망을 제시하고, 보험재정의 안정화를 위해 필요한 장·단기 정책과제들을 모색해 보았다.

보험재정의 급속한 악화는 완만하게 증가하는 보험료 수입만으로는 급증하는 급여비지출을 감당할 수 없었기 때문으로 분석된다. 급여비지출을 증가시킨 요인으로는 소득수준의 향상, 노인인구 비율의 증가, 급여범위의 확대 등을 지적할 수 있으나, 이러한 요인들로는 설명이 되지 않는 부분이 명백하게 존재한다. 소득수준의 향상, 노인인구의 증가 등에 의해 설명될 수 있는 수진율 증가에 비해 실제 수진율 증가가 15~17% 정도 높게 나타나는 현상은 공급자와 소비자의 도덕적 해이에 의해 상당부분 설명될 수 있다. 1986년 외래진료비에 대해 본인부담금 정액제를 도입한 이후 수진율이 감소하고, 외래급여비지출이 대폭 감소하고, 그 결과 보험재정이 상당히 안정되는 효과가 발생하였다는 사실이 이러한 추론을 뒷받침한다고 볼 수 있다. 그 이후 진료비는 일반소비자물가보다 4배 가량 빠르게 상승한 반면, 본인부담금 정액제가 적용되는 진료비수준은 1986년 수준에서 머물러 있음으로 인해, 소비자의 비용의식이 약화된 상태에서 공급자의 비대칭적 정보 우위에 의한 유도수요가 가세하여 급여비지출의 급증을 초래하였다고 판단된다.

급여비 지출의 급증에 의한 구조적 보험재정 악화 요인이 상존하는 가운데, 최근 단행된 의료보험통합과 의약분업은 직접적·간접적으로 보험재정 악화를 가중시키고 있다. 당초 조합의 통합을 통해 조합간 재정격차를 해소하고, 직역간·조합간 일관성 있는 보험료 부과체계의 개발 및 적용을 통해 형평성을 제고하고, 400여 개의 소규모 조합을 단일조직으로 통합함으로써 관리운영비를 절감한다는 목적으로 의료보험통합이 추진되었다. 그러나 당초의 목적과는 달리 보험료부과체계 및 소득포착률 격차에 대한 불만으로 엄청난 보험저항을 불러일으켰고, 직접적으로는 징수율 급감을 통해, 간접적으로는 의약분업 사태 이후 시현된 보험료 인상에 대한 저항을 통해, 보험재정에 악영향을 미치고 있다. 반면, 관리운영비는 전체 보험재정에서 점하는 비중이 6~8% 내외로 극히 낮을 뿐 아니라, 관리운영비 절감이 당초 계획을 크게 하회하는 경미한 수준에 그쳐 보험재정 안정화에 거의 기여하지 못하였다.

　의료보험 통합 과정에서 부수적으로 이루어진 몇 가지 조치들도 향후 보험재정의 악화를 가중시키는 측면이 있다. 예를 들면, 심사평가원의 독립과 함께 진료비 심사평가위원회의 인적 구성이 공급자 위주로 변경된 점은 향후 급여비 지출 통제를 위한 보험자의 권한을 제한하는 결과를 초래하고, 행위별수가제하에서 과잉진료가 만연하는 상태에서는 보험재정의 안정화에 역행할 것으로 예상된다. 뿐만 아니라, 통합된 국민건강보험공단의 발족과 함께 모든 보험재정에 관련된 중요한 결정사항은 가입자 및 공익대표로 구성된 재정운영위원회의 심의·의결을 거치도록 의사결정구조를 전환하였다. 이는 가입자의 의견을 반영한 수가 및 보험료 결정구조로 전환했다는 점에서는 환영할 만한 조치이나, 보험재정 측면에서는 상당한 압박요인으로 작용할 전망이다. 의약분업사태를 해결하는 과정에서 정부가 약속한 수가인상을 보전하기 위한 보험료 인상안이 2000년 7월 1일부로 발족한 재정운영위원회의 심의·의결을 거치는 과정에서 상당한 난항을 겪으면서 당초 정부가 제시한 인상안의 절반에도 못 미치는 수준으로 최종 결정되었다는 점은, 향후 대폭적인 보험료 인상이 결코 용이하지 않을 것임을 시사한다.

의약분업의 주된 목적은 의료시장의 불완전·비대칭 정보에 의해 야기되는 공급자 유도 과잉진료를 견제하기 위해 의약품의 공급량을 결정하는 처방자와 의약품의 판매를 통해 이윤을 획득하는 조제자를 분리시킨다는 것이었다. 그러나 엄청난 음성적인 약가 마진이 저수가로 인한 경영악화를 보전하는 우회적인 통로로 활용되고 있는 실정에서 강행된 의약분업은 특정 공급자의 이윤을 박탈하는 조치로 인식됨으로써 극단적인 반발을 초래하였다.

이러한 반발을 무마하는 과정에서 총 6차례에 걸친 66.7%의 수가인상이 단행 또는 약속되었다. 전술한 바와 같이, 의료보험 통합 과정에서 보험저항이 조직적으로 표출되는 계기가 마련된 상태에서, 불과 1년 안에 이루어진 대폭적인 수가인상은 광범위한 저항을 야기시키고 있다. 직접적으로는 수가인상으로 급여비지출이 증가한 반면, 이를 보전하기 위해 필요한 보험료 인상은 난항을 겪게 되어 보험재정이 악화될 전망이다.

간접적으로는 급증하는 의료비지출을 효과적으로 통제할 수 있는 지불보상제도의 개혁이 그 시행을 목전에 두고 의약분업 사태 때문에 무산됨으로써 향후 보험재정의 안정화는 요원해진 측면이 있다. 보다 중요한 것은, 지불보상체계의 개혁이 수반되지 않는 한 의료공급자에 의한 과잉진료를 차단하기 위한 의약분업이 효과를 거둘 수는 없다는 것이다. 즉, 의약분업을 통해 기대했던 과잉투약의 감소효과를 통한 보험재정 안정화는 요원한 채 환자 선회현상 및 약국 의료보험의 활성화를 통한 급여비 증가 효과만 나타나게 되었다는 것이다.

이러한 보험재정의 악화에 제동을 걸 수 있는 방안은 무엇인가? 단기적으로는 공급자에 의한 과잉진료를 방지하기 위해 지불보상체계를 개혁하고, 보험자의 심사권을 강화하는 장치가 필요하다. 동시에 소비자의 둔감한 비용의식을 제고시키기 위해서는 소액 외래진료에 대한 본인부담을 강화하는 조치가 필요하다. 지불보상체계의 경우 현행 행위별 수가제도하에서는 공급자의 과잉진료를 해결하기 어려우므로 질병의 유형과 정도, 진료의 결과에 따라 유사한 질병군으로 환자를 분류하고 질병군에 따라 정액을 보상하는 포괄수가제로 전환함으로써 정해진 진료효과를 얻기 위한 의료기관의 비용절감형 경영을 유도하는 것이 필요하다.

향후에는 의료의 고급화, 소비자의 선호 다양화 등이 예상되는 관계로 급증하는 의료비지출을 공보험만으로 담당하는 것이 지속가능하지도 바람직하지도 않을 것으로 판단된다. 따라서, 보다 장기적으로는 공보험과 사보험으로 구성되는 이원체계를 구축하여 공보험은 기초보장, 사보험은 부가보장을 담당하도록 역할을 분담하는 구조로 전환시키는 것이 바람직하다. 다만, 공보험의 소액 경질환에 대해서는 의료저축구좌 방식을 도입하여 소비자의 의료서비스에 대한 비용의식을 고취함으로써 의료보험 재정의 절감을 도모하는 것이 바람직하다.

제 V 절에서 살펴본 바와 같이, 의료보험재정은 이미 돌이키기 어려운 길로 접어들었다. 지역보험은 이미 적립금을 소진한 상태이고, 직장 및 공·교 보험 역시 내년에는 적립금을 소진할 것으로 예상된다. 이러한 위기상황에서마저 이익집단의 요구에 밀려 의료보험 재정의 안정화에 필요한 개혁을 추진하지 못한다면, 의료보험제도 자체에 대한 사회적 신뢰가 붕괴될 위험이 있다. 의약분업 사태를 거치면서 많은 비용을 치른 만큼 그 과정에서 체득한 귀중한 교훈을 헛

되이 잊어서는 안 될 것이다. 즉, 아무리 목적이 훌륭한 개혁이라도 준비가 철저해야 개혁으로 인해 손실을 경험하는 반개혁 세력의 저항을 국민적 지지를 통해 헤쳐갈 수 있다는 것이다.

참고문헌

〈국문자료〉

국민건강관리공단, 「직장재정보험료조정심의 자료」, 2000. 11.

김용익, 「의약분업하에서 1차 의료기관의 활로」, 1999. 12.

연세대학교 보건정책 및 관리 연구소, 「의료보험 수가구조개편을 위한 자원
　　　기준 상대가치 연구」, 1997.

이혜훈, 「민간의료보험의 확충을 위한 전제조건 및 보완조치」, KDI 연구자
　　　료 99-04, 1999.

의약분업재정추계위원회, 「의약분업실시에 따른 영향분석」, 2000. 4.

최병호, 「건강보험제도의 발전 방향」, 공공경제학회 2000년 추계 학술대회
　　　발표논문, 2000.

〈영문자료〉

American Academy of Actuaries, *Medical Savings Account*, 1995.

Cameron, A. C., P. K. Trivedi, F. Milne, and J. Piggott, "A Microeconometric
　　　Model of the Demand for Health Care and Health Insurance in Australia",
　　　Review of Economic Studies, 1988, pp. 85-106.

Enthoven, A. C., "Multiple Choice Health Insurance: The Lessons and Challenges
　　　to Employers", *Inquiry* 27, 1990, pp. 368-375.

Lee Hyehoon, "The Effect of Health Insurance on the Demand for Health Care
　　　Utilization", Leicester University WP 94-05, 1994.

Manning, W. G., J. P. Newhouse, N. Duan, E. B. Keeler, A. Leibiwitz, and M. S.
　　　Marquis, "Health Insurance and the Demand for Medical Care: Evidence
　　　from a Randomized Experiment", *American Economic Review* 77(3), 1987, pp.
　　　251-277.

Prescott, N., and L. Nichols, "International Comparison of Medical Savings
　　　Accounts", mimeo, 1998.

제 3장 교육재정과 교육개혁

Ⅰ. 서 론

　본 논문은 우리나라 교육재정의 현황과 문제점을 살펴보고, 교육투자 확충 및 효율화 성과를 높일 수 있는 향후 국내 초·중등 교육체제의 개혁방향과 주요 정책과제, 전망을 논의한다. 지식경제시대를 맞아 교육의 중요성이 부각되고 국가경쟁력 강화를 모토로 한 교육개혁 및 혁신실험이 선진국들을 중심으로 확산되는 반면(부표 3-1 참조), 우리의 교육은 입시 위주의 교육 등 고질적 문제를 극복하지 못한 채 심각한 답보상태에 있다. 교육발전을 위한 그간의 다각적인 정책적 노력(문민정부하의 교육개혁, 교육발전 5개년 계획 등)에도 불구하고 '입시 위주의 교육', '과외' 등 현안문제에 대한 뚜렷한 개선의 조짐이 없는 가운데, 문제해결의 가능성에 대한 비관론과 일체의 문제해결 노력에 대한 냉소적 시각이 자리잡는 추세이다. 실로 우리의 교육은 '새로운 도약(leapfrogging)'과 '침체의 구조화' 간의 이분화(bifurcation) 국면에 처해 있는 것으로 볼 수 있다. 우리의 교육문제에 대한 혁신적이고 체계적인 문제해결 노력이 더 지연될 경우, 현재의 교육침체 내지 위기국면이 고착화될 수 있으며, 향후 세계 선도그룹과의 격차가 더욱 커진 상태에서 이를 극복하기가 더욱 어려워질 위험성이 매우 크다.

문제 해결을 위해서는 교육 현실에 대한 객관적인 문제인식이 필수적이다. 교육 내·외적 구조적 문제가 심각하고 과외, 정규교육 공동화 등의 교육현실에 대한 좌절감과 위기의식은 공감할 만하나, 그렇다고 그간의 정책적 노력과 현재 한국교육의 위상을 전면 부정하고 문제해결의 가능성을 비관할 필요는 없다. 한국교육이 실제 지식경제/사회 시대가 요구하는 선진적 교육체제로 변환할 수 있는 잠재력이 매우 높으며, 급박한 외부 상황에도 불구하고 아직은 이러한 변환을 성공적으로 이끌어 낼 수 있는 여력을 보유하고 있다고 볼 수 있다.

교육공급체제의 유연성 제고를 위한 교육의 '분권화·자율화' 노력을 볼 때, 아직 그 성과는 만족스럽지 않지만, '분권화·자율화'의 기본방향과 당위성에 대한 사회적 공감대 형성, 일부 핵심요소의 제도화(학교운영위원회 도입), 개혁 경험 및 기초연구 축적 등, 향후 개혁 성공을 위한 선결 여건의 조성면에서는 나름대로 커다란 성과가 있었다.[48] '고등교육의 보편화' 및 이에 따른 고등교육의 질 저하 문제도 심각하지만, 이 또한 고등교육의 팽창이라는 최근 전 세계적인 추세를 감안한다면, 우리의 일종의 선행적 투자과정으로 이해할 수 있는 측면이 있다. 그리고 향후 이런 문제들을 관리해 나가는 성과에 따라서는 우리의 커다란 자산으로서 작용할 가능성도 있다. 특히 주목할 필요가 있는 것은 노동시장 환경의 변화이다. 외환위기를 계기로 외국계 다국적기업의 국내진출이 늘어나고 벤처기업 창업이 활성

---

48) 일반 地方自治制 역시 그간의 시행착오를 통해 도입기에서 정착기로 이행하는 추세 선상에 있으며, 이는 본 논문에서 강조하는 지역연계형 교육분권화가 성공할 수 있는 중요한 인프라로서 작용할 것이다.

화되는 등 경제 전체적인 구조조정이 진행되는 과정에서, 노동시장
의 유연성이 제고되고 능력 위주의 임용·인사관행이 사회 전반에
점진적으로 파급되고 있는 추세이다. 이는 과거 오랜 기간 동안 입시
위주 교육, 단선적 학벌·학력경쟁 등 고질적 문제를 야기하면서 국
내 교육의 정상적 발전을 근원적으로 저해해 왔던 외부환경 요인이
변하고 있음을 의미한다.

　요컨대, 교육개혁에 관한 현재의 '초기 여건'(initial conditions)은 과
거에 비해 그 어느 때보다 양호하며, 개혁의 성공 가능성도 그만큼
높다. 더욱이 최근 교육교부세 인상, 교육세 개편 등 교육재정 구조
에 관한 일련의 조치가 있었는데, 이는 우리나라 교육의 국면 전환
에 필요한 재정적 환경을 정비하고자 하는 시도로서 그 의의가 크
다.49) 교육투자의 효율성을 높이기 위한 교육구조개혁 노력과 이를
지원/촉발하고자 하는 적극적인 재정정책적 노력이 결합될 경우,
초·중등 교육부문에 관한 현재의 '저투자—저효율—저성과'의 악순환
고리를 탈피하여, 사교육비로 소모되고 있는 막대한 규모의 투자재
원을 중등, 대학을 포함한 정규교육부문으로 흡수해 나갈 수 있을
것이다.

　본 논문은 다음과 같이 구성되어 있다. 다음 절에서는 국제비교적
시각에서 우리나라 교육투자·재정구조의 현황과 특징, 문제점을 논
의한다. 제Ⅲ절에서는 앞서 언급한 우리나라 초·중등교육의 '저투
자—저성과' 구조를 체계화하고 교육자치구조, 학교제도 등을 중심으
로 향후 교육개혁 방향과 과제를 살펴본다. 마지막으로 제Ⅳ절에서
는 우리 사회 전체의 발전적 진화란 시각에서 교육개혁의 의의와 추
진전략상의 과제를 간략히 논의한다.

---

49) 2000년 교육재정은 전년 대비 약 1.2조원 증액(17.9조→19.1조)될 전망이며, 2001
　　년에도 상당 폭의 교육재정 증가가 예상된다.

<표 3-1> 최근의 교육재정관련 법 개정안

구 분		개정 내용
교육 교부금	국가부담	
	- 경상교부금	내국세 11.8% → 13%
	- 봉급교부금	봉급, 기말·정근수당에 교원지급 6개 수당 추가
	지자체 부담	
	- 시·도세 중 법정전입률	2000말까지 2.6% → 3.6%
	- 봉급전입금 대상지역	서울(100%), 부산(50%)에 5개 광역시·경 기도 추가(10%)
	- 기초단체의 교육경비 - 지출에 대한 규제	광역지자체의 사전승인 의무화
교육세	- 국세분교육세 기한 연장	2005년까지 (등유특소세, 교통세 등 4개 세목)
	- 에너지세 신설	수송용 LPG, 중유증세분 일부 (2005년 한시)
	- 지방교육세 확대 설치	지방세분교육세 지방교육세 전환, 탄력세 50% 적용
	- 담배소비세, 경주마권세 인상	담배소비세 40 → 50%, 경주마권세 50 → 60%

자료: 지방교육교부금법 개정(1999. 12 통과, 2001년부터 시행 예정), 교육세 개정안
(2000. 12. 통과예정)

Ⅱ. 한국의 교육투자와 성과

1. 총공교육 투자의 구조와 추이

총교육비는 학교교육에 소요되는 공교육비와 학교외 교육에 소요
되는 사교육비로 나누어지며, 공교육비는 다시 정부가 부담하는 공

부담 공교육비와 학부모와 재단이 부담하는 사부담 공교육비로 나누
어진다. 우리나라의 교육비 지출 구조와 추이를 취학전 교육, 초·중
등교육, 고등교육별로 나누어 살펴보면 <표 3-2>와 같다. GDP 대비
공교육비는 1990년 후반에 이르러 크게 증대하여 1998년에는 6.9%에
이르고 있다. 이러한 공교육비의 증가(1.7%p)는, 주로 공부담 공교육
비의 증가(1.0%p)와 고등교육에 있어서 사부담 공교육비의 증가(0.6%p)
에 기인한 공부담 공교육비만을 살펴보면, 1996년 4.3%에 이른 이후
1990년대 후반에는 지속적으로 4%를 넘어(한국개발연구원, 2000),[50]
1992년 대통령 선거 당시 모든 당이 내세웠던 "교육재정 GNP 5% 확

<표 3-2> 공교육비의 구조와 추이: 1977~1998

(단위: GDP 대비 %)

공교육비 (공부담 공교육비)	취학전 교육		초·중등교육			고등교육	
	공부담 공교육비	사부담 공교육비	공부담 공교육비	사부담 공교육비	사교육비 (과외)	공부담 공교육비	사부담 공교육비
1977 4.7 (2.44)	0.00	0.00	2.22	1.60	0.7	0.22	0.56
1982 6.4 (3.49)	0.02	0.03	2.71	1.67	0.4	0.76	1.25
1985 5.7 (3.13)	0.02	0.05	2.59	1.39	0.9	0.52	1.16
1990 4.9 (2.97)	0.02	0.07	2.47	0.97	1.2	0.48	0.85
1994 5.2 (3.29)	0.03	0.09	2.73	0.74	1.8	0.53	1.02
1998 6.9 (4.32)	0.05	0.10	3.37	0.84	2.9	0.90	1.58

자료: 초·중등교육 관련 수치는 이주호(2000)에서 재인용. 기타 수치는 이주호
(2000)에서 인용된 아래의 원전들을 이용 계산: 윤정일, 「교육재정의 현황과
문제」, 한국교육개발원, 1977; 김영철, 「교육투자 규모와 적정 단위 교육비」,
한국교육개발원, 1982; 공은배, 「교육투자 규모와 수익률」, 한국교육개발원,
1985; 공은배, 「한국의 교육비 수준」, 한국교육개발원, 1990; 공은배, 「한국교
육투자의 실재와 수익률 분석에 관한 연구」, 한국교육개발원, 1994; 김홍주,
「한국의 교육비 조사연구」, 한국교육개발원, 1998.

---

50) 구체적으로 GDP 대비 공부담 공교육비는 1995년부터 2000년까지 각각 3.6%,
4.3%, 4.4%, 4.3%, 4.2%, 4.1%를 기록하였다.

보"라는 정책이 제시했던 목표수치 자체는 달성하지 못했으나, 교육재정 자체를 증대하는 데는 일조하였음을 나타내고 있다.

초·중등교육에 있어서의 과외비 지출은 1980년대 초 과외금지 조치 이후 잠시 감소한 이후 계속 증가해 왔으며, 1990년대 후반 이후 특히 급격히 증가하여, 1998년에는 초·중등교육에 있어서 사교육비가 사부담 공교육비의 약 3.6배 가량에 이르고 있다. 이러한 1990년대 중반 이후의 급격한 사교육비의 증가는 우리 국민들의 공교육에 대한 신뢰상실이 이 시기에 두드러지게 나타나고 있음을 의미하며, 초·중등교육 개혁의 시급성을 시사한다. 초·중등교육에 있어 또 다른 특징은 사부담 공교육비가 다소 감소하였다는 것인데, 이는 납입금 수준이 형평성 제고와 물가안정을 위해 인위적으로 낮게 유지되어 왔음을 보여준다.

<표 3-3>은 국제간의 비교를 통해 우리나라의 총공교육비 지출의 특성을 살펴보고 있다. 우리나라의 공교육비 지출은 1997년 GDP 대비 7.4%로 이스라엘을 제외한 어떤 나라보다도 높은 수준이며, OECD 평균인 6.1%보다는 1.3%p나 더 높다.[51] 공교육비를 공부담과 사부담 공교육비로 나누어 살펴보면, 우리나라에서는 사부담 공교육비의 비중이 2.9%로 OCED 평균인 1.2%보다도 무려 1.7%p나 높다. 이는 <표 3-2>에서 알 수 있는 것처럼, 고등교육기관에서의 높은 학부모 부담에 주로 기인하는 것이다. 사부담 공교육비와는 달리 공부담 공교육비는 비교적 낮은 수준인바, 열악한 우리나라의 교육환경을 개선하기 위해 정부의 교육지출이 좀더 늘어날 필요가 있음을 시사한다. 더욱이 국내에서 정부의 교육투자가 늘어난 것은 1990년대 후반의 일로서, 교육에 있어서 투자의 회임기간이 길어 단순히 새로

---

51) OECD 자료에서는 교육에 대한 정의가 보다 포괄적으로 되어 있어, 바로 앞 문단의 추세 분석에서 보고된 수치보다는 다소 크다.

<표 3-3> GDP 대비 공교육비의 국제비교(1997년)

(단위: %)

	공공부문부담[1]	학부모부담[2]	총공교육비[3]
이스라엘[4]	7.5	1.74	9.4
한국	4.4	2.94	7.4
스웨덴	6.8	0.17	6.9
미국	5.2	1.70	6.9
덴마크	6.5	0.31	6.8
캐나다	5.4	0.70	6.5
오스트리아	6.0	0.45	6.5
핀란드	6.3	x[5]	6.3
프랑스	5.8	0.40	6.3
OECD 평균	4.8	1.23	6.1
스위스	5.4	0.49	6.0
칠레	3.2	2.52	5.9
스페인	4.7	0.94	5.7
독일	4.5	1.16	5.7
호주	4.3	1.09	5.6
멕시코	4.5	0.95	5.5
벨기에	4.8	0.36	5.2
일본	3.6	1.17	4.8
이탈리아	4.6	0.15	4.8
말레이시아	4.4	0.32	4.7
네덜란드	4.3	0.14	4.7
아르헨티나	3.7	0.71	4.4
필리핀	3.0	1.42	4.4

주: 1) 교육기관 지원금 관련 정부지출.
   2) 교육기관 대상 가계지출, 정부의 가계 및 기타 사교육기관에 대한 지원금
      은 제외. 주로 학부모가 부담하는 입학금 및 수험료, 기(육)성회비를 지칭
      함.
   3) 교육기관 대상 공·사 지출 합계.
   4) 1995년 자료.
   5) x는 다른 항목으로 분류됨.
자료: OECD, *Education at a Glance: OECD Indicators*, 2000.

운 교육투자의 양(flow)뿐만 아니라 저량(stock)이 중요하다는 점을 고
려할 때, 추가적인 교육투자 재원확충을 위해 정부는 적극적인 노력

을 경주하여야 한다(한국개발연구원, 2000). 이러한 추가적인 재원확충 노력에는 사교육에 지출되고 있는 재원들을 공교육으로 유인하기 위한 공교육의 내실화도 매우 중요한 요소임을 상기할 필요가 있다.

2. 교육 여건의 개선과 교육투자의 성과

우리나라 국민들의 높은 교육열을 고려할 때, 앞 절에서 살펴본 높은 교육비 수준과 최근의 높은 증가율은 그리 놀라운 일은 아니다. 이러한 교육비 지출 증가는 교육의 양적 확대와 교육여건 개선으로 이어졌다. 초등학교와 중학교의 취학률은 1953년 각각 60%와 21%의 수준이었으나, 1970년경과 1985년경에는 100% 수준에 달하였다. 고등학교의 취학률 역시 1953년 12%의 수준에서 1980년 64%, 1990년 88%,

[도 3-1] 1인당 공교육비 추이(1970~99)

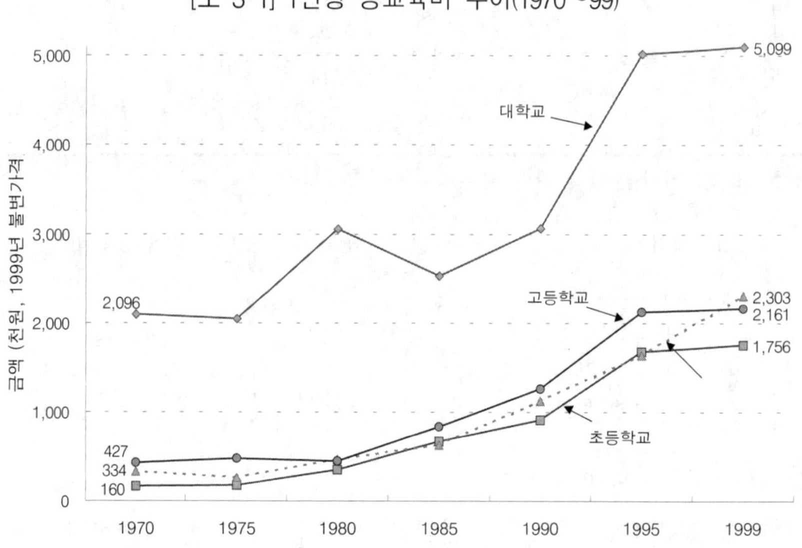

1999년의 97% 수준에 도달하였다. 고등교육기관의 취학률도 특히 1999년대에 빠른 성장을 보여 1990년의 38%에서 1999년 78%로 증가하였다(이주호[2000]).

취학률이 높아졌을 뿐만 아니라, 학생 1인에게 투입되는 교육비용도 급격히 증가하였다. [도 3-1]은 우리나라의 1999년 불변가격으로 계산된 학생 1인당 공교육비의 추세를 나타내고 있는데, 지난 30여년간 학생 1인당 공교육비가 대체적으로 지속적으로 증가한 것을 보여주고 있다. <표 3-4>는 국가간 비교를 통해 우리나라의 학생 1인당 공교육비의 특성을 살펴보고 있는데, 동표는 우리나라의 학생 1인당 공교육비는 여전히 매우 낮은 수준임을 나타내 주고 있다. 우리나라의 학생 1인당 공교육비는 중등교육에 있어 특히 상대적으로 낮다. 초등교육과 고등교육의 경우, 우리나라의 학생 1인당 교육비가 OECD 평균의 85%와 80%에 이르는 데 반하여, 중등교육의 경우 우리나라의 학생 1인당 교육비는 OECD 평균의 67%에 불과하다.

이러한 특성은 우리나라 중등교육에서 사학의 비중이 높고(1999년의 경우 학생수에 있어 중학생의 23%, 일반계 고등학교 학생의 58%, 실업계 고등학교 학생의 52%가 사학에서 수학), 사학의 재정상태가 좋지 않음에 주로 기인한다. 실제로 1999년도에 학생 1인당 공교육비를 공·사립별로 살펴볼 경우 사학의 1인당 교육비가 중학교의 경우 171만 원으로 공립(248만 원)의 69%, 고등학교인 경우 168만 원으로 공립(278만 원)의 60% 수준밖에 되지 않고 있다.[52] 평준화의 기본 취지에서도 벗어나는, 이러한 상대적으로 매우 낮은 사학의 학생 1인당 교육비 지출은 사학 중등학교 체제의 개선이 시급함을 의미하는

[52) 공·사립별 학생 1인당 공교육비는『교육통계연보』(1999)를 이용하여 필자가 계산하였다. 계산방법의 정확성 시험을 위해 상기 수치들을 이용, 공·사립 전체에 대한 1인당 공교육비를 계산하여 그 수치가 한국교육개발원의『교육통계편람』에 있는 수치와 동일함을 확인하였다.

<표 3-4> 공·사립 공교육기관의 학생 1인당 평균교육비(1997)

(단위: 미달러)

	초등교육	중등교육	고등교육		
			계	전문대	4년제 대학
덴마크	6,596	7,198	7,294	x	x
오스트리아[1]	6,258	8,213	9,993	x	x
스위스[1]	6,237	9,045	16,376	14,825	16,560
미국	5,718	7,230	17,466	x	x
캐나다	m	m	14,809	14,872	14,783
스웨덴	5,491	5,437	12,981	x	x
일본	5,202	5,917	10,157	7,750	10,623
이탈리아[1]	5,073	6,284	5,972	5,206	5,981
핀란드	4,639	5,065	7,145	6,902	7,192
OECD 평균	3,851	5,274	8,612	7,295	8,434
벨기에[2]	3,813	6,938	7,834	x	x
호주	3,633	5,570	11,240	7,852	12,024
프랑스	3,621	6,564	7,177	7,683	7,040
독일	3,490	6,149	9,466	5,623	10,083
네덜란드	3,335	4,992	9,989	6,862	10,028
한국	3,308	3,518	6,844	4,346	8,512
포르투갈[1]	3,248	4,264	m	x	x
영국[2]	3,206	4,609	8,169	x	x
스페인	3,180	4,274	5,166	4,301	5,217
칠레	2,115	2,292	8,775	4,616	9,820
폴란드	1,435	m	4,395	x	4,293
멕시코	935	1,726	4,519	x	4,519

주: 1) 공립교육기관.
　　2) 공립 및 정부의존형 사립교육기관.
　　3) x는 다른 항목으로 분류됨.
　　4) m은 자료가 없음.
자료: OECD, *Education at a Glance: OECD Indicators*, 2000.

데,[53] 본 논문에서 추후 상술하는 바와 같이, 사학개혁은 일단 소정의 자격여건을 갖춘 일부 학교를 자립형 사학으로 전환하여 납입금 자율책정권과 학생선발권을 지닌 진정한 사립학교로 발전시켜 나가고, 나머지 사학들에 대해서도 교과운영 및 기타 학사업무에 대한 자율권 확대, 학교 선택권 강화, 정보 공개, 그리고 정부보조 확대 등의 조치를 통해 사학의 자율·책임경영 기반을 점차 확충해 나갈 필요가 있다.[54]

교원에 대한 보수가 교육재정의 70% 이상을 차지하고 있기 때문에, 상기에서 살펴본 바와 같이 학생 1인당 공교육비의 증가는 교원 1인당 학생수가 감소하여 왔음을 의미한다. [도 3-2]는 우리나라에서 교원 1인당 학생수가 지속적으로 감소하여 초등학교, 중학교, 고등학교 각각에 대해 1970년에 51, 42, 30에서 1999년에는 29, 20, 21로 낮아졌음을 나타내 주고 있다. 하지만 이러한 감소에도 불구하고 우리나라의 교원 1인당 학생수가 여전히 다른 OECD 국가들에 비해 높은 수준임에 주목할 필요가 있다. <표 3-5>는 우리나라의 교원 1인당 학생수를 OECD 평균 수준인 15~18명 수준으로 낮추기 위해서는 45~70% 가량의 교원증가가 필요함을 나타내 주고 있다. 교원당 학생수가 학업성과에 있어 중요한 한 요인이라는 점을 고려할 때, 높은

---

53) 좀더 엄밀한 의미에서 이러한 공·사립간의 평균교육비 차이가 사립의 열악한 교육환경과 개선 필요성을 의미하는 것으로 해석되기 위해서는 교육비에 영향을 미칠 수 있는 다른 요인들—예를 들어, 도시·농촌간, 평준화·비평준화간 교육비 차이—들에 대한 분석도 함께 이루어져야 한다. 이는, 예를 들어, 도시·농촌간에 교육여건이 아닌 다른 요소에 차이가 존재하고 도시·농촌간에 존재하는 공·사립 비중이 체계적으로 다르다면, 공·사립간 차이의 많은 부분이 도시·농촌간의 차이를 대리해서 나타내고 있기 때문이다. 개별학교 평균교육비에 대한 자료가 가용하다면, 이러한 분석을 좀더 엄밀히 행할 수 있을 것이다.
54) 자립형 사학으로 변환하지 않는 사학들은 공립학교들과 함께 '선지원 후추첨'의 제한적인 경쟁 체제에 편입시키고, 정보 공개를 통해 학교 운영을 투명화하고, 정부의 보조금을 공립학교 수준으로 확대하여 재정을 건전화시켜야 할 것이다.

[도 3-2] 교원 1인당 학생수 추이(1970~99)

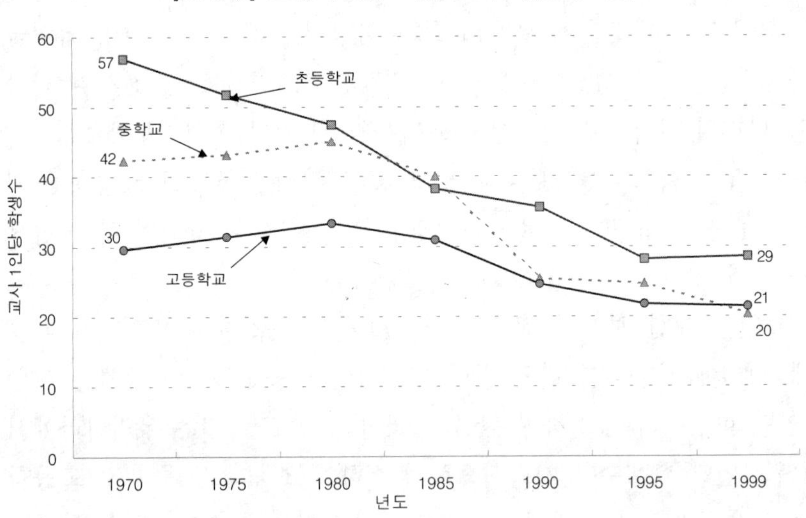

교육투자를 통해 교원당 학생수를 감소시키려는 노력을 전체적인 교
육개혁의 틀 내에서 지속적으로 추진하는 것이 필요하다. 이러한 의
미에서 향후 4년간(2001~2004) 1,100개의 초·중·고등학교를 신설
하려는 계획을 교육의 효율성, 효과성 개선을 위한 개혁들과 함께 차
질없이 실행하여야 할 것이다.[55]

교원당 학생수를 공·사립별로 살펴보면, 중학교의 경우 사립 20.9
명, 공립 20.2명으로 별다른 차이가 없으나, 고등학교인 경우 사립
23.3명, 공립 19.4명으로 큰 격차가 존재함을 볼 수 있다. 실업계 고등

---

55) 1999년 현재 전국의 초·중등 학교수가 1만여 개임을 고려할 때, 1,100개 학교
   신설은 10% 증가를 의미한다. 교육부는 현재 신설투자비용을 약 6.4조원으로 추
   산하고, 이를 향후 4년간(2001~2004) 교육세와 지방교육세의 증세분으로 충당한
   다는 계획이다. 그러나 이러한 계획은 대부분 학교신설 수요는 인구이동에 따른
   결과(택지개발 등으로 신설한 학교의 수명이 10년 미만이고, 이후는 인구 이동
   및 노령화에 따른 학생수 감소로 공동화 현상 초래)라는 점을 고려치 않고 있으
   며, 따라서 학교신설 투자비용의 추산과 조달에 대한 보다 합리적인 접근이 필
   요하다.

<표 3-5> 교원 1인당 학생수의 국제비교(1998)

(단위: 명)

	초등학교	중학교	고등학교	대학교
한국	31.0	22.5	23.1	m
뉴질랜드	24.7	25.9	16.8	15.5
영국	22.0	16.7	16.7	17.7
독일	21.6	16.3	13.6	12.4
일본	21.4	17.3	14.4	11.8
캐나다	21.0	21.0	23.1	m
체코	19.2	18.1	13.0	13.5
OECD 평균	18.0	15.4	15.1	14.8
호주	17.9	14.7	16.8	m
네덜란드	17.8	m	m	18.7
핀란드	17.7	11.0	m	m
미국	16.5	17.1	14.7	14.6
스위스	16.3	12.1	17.6	m
스페인	16.0	x	x	17.2
벨기에	14.0	m	m	m
그리스	13.6	11.4	11.6	26.3
스웨덴	13.4	13.2	17.0	9.0
오스트리아	12.7	9.3	9.7	m
노르웨이	12.6	10.1	8.1	13.0
헝가리	11.0	11.1	10.5	11.8

주: 1) x는 다른 항목으로 분류됨.
　　2) m은 자료가 없음.
자료: OECD, *Education at a Glance: OECD Indicators*, 2000

학교에서 이러한 공·사립간의 차이가 더욱 크게 나타나, 교원당 학생수는 실업계 사립고등학교의 경우 22.7명인 데 반하여, 실업계 공립고등학교는 17.9명에 불과하다. 이러한 공·사립간의 교원당 학생수 격차는 사학의 개선이 긴요함을 다시 한번 시사한다.

교육의 성과는 쉽게 수량화될 수 없는 성격이 있다. 하지만 지난 40여년간 이룩한 경제·사회의 지속적인 발전은 우리의 교육이 최소한의 필요 인력을 성공적으로 양성하지 못하였다면 가능하지 않았을 것이다. 입시 위주의 교육 등 부작용이 크긴 하나, 우리 학생들의 기초학력 수준은 세계적인 수준에 있는 것이 사실이다. 예를 들어, 최근 발표된 '제3차 국제 수학과학 표준학력고사(Third International Mathematics and Science Study: TIMSS)' 결과에 따르면, 중학생들의 과학성적에 있어서 우리나라는 23개 조사국들 중에서 싱가포르, 헝가리, 일본 등에 이어 4위를 기록하였으며, 수학성적에 있어서는 싱가포르에 이어 2위를 기록하였다. 그러나 이러한 높은 성적은, 사교육을 포함한 입시 일변도 교육의 파행적인 결과로 초래된 면이 강하며, 교육 전반에 대한 만족도와 신뢰도는 낮은 편이다.[56] 실제로, 한국개

<표 3-6> 13세 학생의 수학 및 과학교육에 관한 국제비교

(단위: %)

		한 국	대 만	스위스	프랑스	스페인	미 국
	수 학 성 적	73	73	71	64	55	55
	과 학 성 적	78	76	74	69	68	67
1992 IEA	취미로서의 독서	11	19	51	40	36	28
	그룹방식 수학문제 해결	28	38	47	31	63	49
	수학에의 긍정적 태도	71	79	85	81	89	90
	과학에의 긍정적 태도	27	51	59	55	78	57
	수 학 성 적	607	-	545	538	487	500
1995 TIMSS	과 학 성 적	565	-	522	498	517	534
	수학에의 긍정적 태도	51	-	70	70	65	70

자료: 이주호·우천식(1998)에서 재인용. 원자료: IAEP/ETS, *Learning Mathematics*, 1992; IAEP/ETS, *Learning Science*, 1992; OECD, *Education at a Glance*, 1996, 1997.

---

56) TIMSS에 앞서 미국 ETS가 1992년에 실시한 IAEP(The International Assessment of Educational Progress) 국제학력평가고사 결과에서도 우리 학생들은 수학 및 과학에서 15개 참가국 가운데 가장 높은 성적을 거두었다. 그러나 '취미로 독서하는 학생의 비중'과 '그룹작업 방식으로 수학문제를 푸는 학생의 비중'에 있어서는 조사국 중 최하위를 기록하였으며, 과학과 수학에 대한 긍정적 태도에 있어서도 최하위를 기록하여, 높은 시험 성적이 개인의 자발적인 관심과 능동적인 학습능력을 반영하는 것이 아님을 알 수 있다.

발연구원이 최근에 실시한 여론 조사결과에 따르면, 응답 학부모의 88%(=매우 심각 43%+다소 심각 45%)와 응답 교육전문가의 93%(=매우 심각 52%+다소 심각 41%)가 현재의 교육상황을 위기상황으로 인식하고 있는 것으로 나타났다. 이러한 통계자료에 앞서 우리는 많은 국민들이 토로하는 공교육에 대한 불만들을 매우 쉽게 접할 수 있는데, 이러한 불만족과 신뢰감 상실이 1990년대 후반 들어 두드러지게 나타나고 있음에 주목할 필요가 있다.

3. 교육재정의 구조

우리나라 교육재정의 가장 큰 특징은 중앙정부 조달, 지역 교육자치기구 지출의 구조를 가지고 있다는 것이다. <표 3-7>은 1999년 현재 공부담 공교육비 20.4조원의 90% 가량을 중앙정부가 조달하고 있음을 보여주고 있는데, 이러한 구조는 교육재정에서 일반 내국세를 재원으로 하는 교부금과, 교육세를 재원으로 하는 양여금이 차지하는 비중이 매우 높고, 이들 세금의 징수를 중앙정부가 담당하고 있음에 기인하는 것이다.[57]

우리나라의 교육재정 조달은 다른 나라들에 비하여 매우 중앙집중적인 구조를 띠고 있다. 교육재정의 중앙정부 조달 비중의 OECD국가 평균은 약 45%에 불과한 데 비하여, 우리나라에 있어서는 그 비중이 90% 가량에 이르고 있다. OECD국가들 중에서 우리나라 정도의

---

57) 99년 현재 지자체의 총교육투자는 1.1조원 정도로서 지자체 전체 예산 50.1조의 약 2.3%(최저 0.2%, 최고 6.3%)에 불과하며, 대개의 단체는 법정부담금 등 최소한의 지원에 머무르고 있다. 전반적으로 재정자립도가 낮은 도단위 단체들의 교육투자 비중이 낮으나, 경기도와 같이 재정자립도가 비교적 높은데도 교육투자 비중이 이례적으로 낮은 경우도 있다.

<표 3-7> 공부담 공교육비[1] 구성 추이: 1995-2000

(단위: 조 원, %)

	1995	1996	1997	1998	1999	2000
중앙정부	12.7	15.9	18.5	17.8	18.3	19.5
(중앙정부 비중)[2]	(95%)	(89%)	(92%)	(92%)	(90%)	(90%)
지자체	0.7	2.0	1.6	1.6	2.1	2.2
공부담 공교육비	13.4	17.9	20.1	19.4	20.4	21.7

주: 1) 중앙정부 부담＋지자체 부담－납입금.
　　2) 공교육비 중 중앙정부에 의해 조달되는 비중, 즉 중앙정부/(중앙정부＋지
　　　　자체).
자료: 한국개발연구원(2000)에서 재인용.

중앙집중적인 구조를 띠고 있는 국가는 뉴질랜드와 네덜란드 두 나
라뿐이다. 이에 반하여 캐나다, 독일, 미국, 영국, 일본, 호주 등의 국
가에서는 중앙정부 부담이 30% 미만으로 지방재정의 역할이 상대적
으로 매우 큼을 볼 수 있다. 보다 큰 지방정부 부담은 교육재정과 지
역사회가 연계되어 학부모·지역사회의 보다 적극적인 참여 여건이
형성되어 있음을 의미한다.[58] [도 3-3]은 또한 많은 국가에서 광역단
위 지자체뿐만 아니라 기초단위 지자체의 역할이 상대적으로 크다는
것을 잘 보여주고 있는데, 이러한 형태는 기초 자치단위에서의 교육
자치 실시를 고려하고 있는 우리나라에게 시사하는 바가 크다.

　중앙집중적 재원조달 구조는 지역간의 형평성 달성에는 효과적이
지만, 상대적으로 (지역간) 수혜자 부담원칙과 지자체간 경쟁·효율

---

58) 네덜란드, 뉴질랜드, 프랑스 등의 국가들도 우리와 같이 중앙정부가 교육재정조
　　달의 압도적 역할을 하고 있으나, 이들 국가들의 경우 교육재정의 지방으로의
　　이월 없이 중앙정부가 교육재원조달에 상응하는 수준의 직접적인 교육재정 집
　　행권을 행사하고 있다는 점에서 우리와 큰 차이가 있다. 교육재정조달과 집행의
　　국가간 패턴에 관한 보다 상세한 논의는 한국조세연구원(2000) 참조.

[도 3-3] 정부계층별 교육재원조달 구조(1997)

자료: OECD, *Education at a Glance: OECD Indicators*, 2000.

화 달성에는 비효과적이다. 최근 지방세분 교육세의 지방교육세로의 전환과 일부 지방교육세의 탄력세율 허용 등 교육재정에 대한 지자체의 역할을 증대시키려는 개혁이 추진되고 있다(한국개발연구원 [2000]에서 재인용). 지방세분 교육세가 지방교육세로 전환되는 경우 교육재정의 중앙정부 의존도는 3/4 수준으로 낮아지게 될 것이지만, 세원이 간접세 형태로 되어 있어서 수익자 부담원칙을 충실히 지킬 수 없다는 한계는 여전히 지니고 있는바, 장기적으로는 재산세나 지방소득세 형태의 교육재원 확충이 이루어져야 할 것이다.

가. 교육부 예산

상기에서 지적한 우리나라 공교육비의 중앙 조달·지자체 지출의 구조는 대부분의 중앙교육재정이 교부금, 잉여금 등 이전지출 형태를 띠고 있음을 의미한다. 1999년 예산의 경우 17.5조의 교육부 예산

[도 3-4] 1999년 교육부 예산의 구성

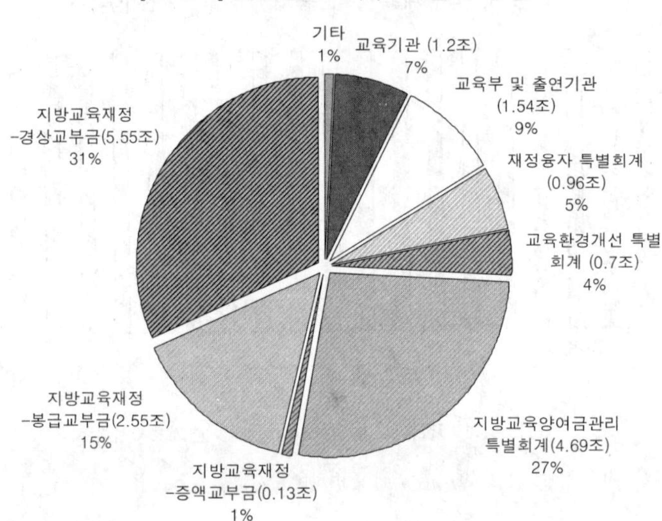

주: 지방교육재정으로의 이전지출들은 사선으로 표시되었음.
자료: 교육부·한국교육개발원, 『교육통계연보』, 1999.

가운데 83%(13.5조)가 지방교육재정으로 이전되었다. 이러한 이전지
출의 가장 큰 부분은 교육부 예산의 47%를 차지하는 일반 내국세를
재원으로 하는 지방교육재정 교부금이다. 교부금 외에도 교육세를
재원으로 하는 양여금(27%), 교육환경 개선 특별회계(4%), 지방교육재
정 지원(5%)[59] 등이 지방으로 이전되어 지방의 초·중등교육을 위해
사용되었다. 이 외에도 학교 컴퓨터 보급, 외국인 영어보조교사 초청,
실업교육 확충 등 정책적으로 지원할 필요가 있는 사업에 대하여
1,541억 원의 국고보조금이 추가로 지원되었다. 지방으로 이전되지 않
고 중앙정부 자체에 의해 집행되는 예산은 주로 교육부 및 출연기관
(1.5조, 9%), 국립 교육기관(1.2조, 7%) 등에 사용되었다.

---

59) 지방교육재정 지원은 재정융자 특별회계를 재원으로 한 9,000억원으로 초·중등
학교 신설, 교원 명예퇴직 수당, 농어촌 통합학교 환경개선 등에 사용되었다.

나. 지방교육재정

초·중등교육의 시설·운영을 위해 사용되는 지방교육재정은 그 규모가 1999년 기준 약 17.2조원에 이르고 있다. 지방교육재정 수입의 85%가 중앙정부로부터의 이전지출에 의존하고 있으며, 지자체의 부담이 매우 낮아 시·도 일반회계로부터의 전입금이 6% 가량밖에 되지 않고 있다. 더욱이 지자체의 지방교육재정에 대한 지원이 법정부담금 등 최소한의 지원에만 한정되어 있으며, 학교용 부지 부담 의무의 불이행 등 일반지자체와 교육자치기관간의 연계성이 매우 낮은 것이 사실이다.[60] 지자체의 교육재정 부담이 매우 낮은 것은, 1) 지역교육청이 일반 지자체와 연계성이 낮은 독립적인 기관으로 운영되고 있는 현행 교육자치구조와, 2) 일반 지자체의 교육투자 증가분의 대부분이 교육교부금의 감축으로 상쇄되게 되어 있는 현행 지방교육교부금 제도에 그 근본 원인이 있는 것으로 판단된다(일반 지자체와 교육자치기관과의 연계강화를 위한 구체적인 방안은 본 논문에서 추후 상술).

현행 지방교육재정교부금법은 기준 재정수입액이 기준 재정수용액에 미달하는 부분을 교부해 주는 것을 재정배분의 대원칙으로 하고 있다. 이 원칙은 지역간의 불균형 시정에는 매우 효과적이나, 각 지방의 지역재정수입 확보 노력을 저해한다. 향후 지방자치단체 일반회계로부터의 전입금을 기준 재정수입액의 산정기준에서 제외시키거나 일부만 포함시키는 등, 일반 지자체의 교육재정 투자를 적극 유도할 수 있는 제도적 장치가 필요한 것으로 판단된다(윤정일[2000]).

지출을 살펴보면, 지방교육재정에서 인건비, 경상비 등 경직성 경

---

60) 이러한 문제점을 인식, 정부의 조세개혁안에는 일반지자체와 교육자치기관간의
연계성 강화를 위한 방안들이 포함되어 있다.

[도 3-5] 1999년 지방교육비 예산 구성

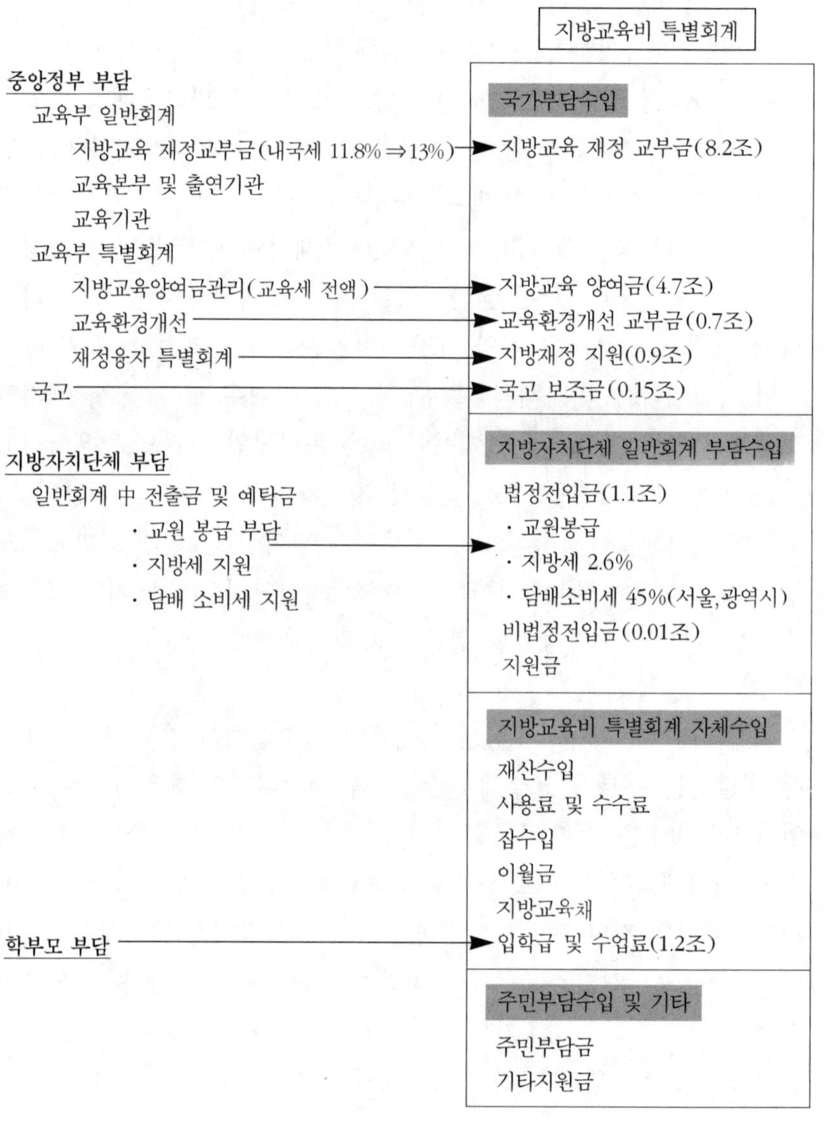

자료: 박정수(1999) [도 3 - 1] 및 기획예산위원회 · 예산청(1999) pp. 192~4

비가 차지하는 비중이 70% 이상으로, 학교 운영 개선을 위한 자금의 탄력적 운영이 어려운 현실이다. 총액교부제, 도급제 실시 등 자금의 탄력적 운영을 촉진시킬 수 있는 제도의 확대·실시가 요망된다.

Ⅲ. 초·중등교육 교육개혁의 방향과 주요 과제

1. 투자의 관점에서 본 문제구조의 이해[61]

교육문제는 복합적이며 시스템적이다(systemic nature of problem). 교육부문의 순수한 내적 문제 요인뿐 아니라 노동시장 여건, 사회적 의식·관행 등, 특정 시점에 있어 정책적 선택의 범주 밖에 있는 교육외적인 요인 모두가 복합적으로 관련되어 있다. 문제구조에 대한 체계적인 이해 없이는 개혁의 기본방향을 설정하기도 곤란하며, 최소한의 합의를 바탕으로 일관되게 시행할 수 있는 효과적인 정책조합을 찾아내기도 힘들다.

초·중등교육에 초점을 맞추어 본 우리의 교육부문 내·외적 주요 문제요인, 현상 및 이들 간의 관계는 개략적으로 [도 3-6]과 같이 도해할 수 있다. 그림은, 1) 교육정책당국의 의사결정권하에 있는 교육내적 변수들(학교제도, 교육자치제도 등), 2) 교육당국은 아니지만 국가의 의사결정권하에 있는 정책변수들(조세제도, 교육재정구조 등), 그리고 3) 정책적 선택 범주 밖에 있는 제반 환경적·제도적 요인(노동시장 특성, 유교적 사회문화 전통 등) 등 3가지 요인들을 설명변수

---

61) 이하의 분석은 주로 한국개발연구원(2000)을 따른다.

[도 3-6] 재정투자 관점에서 본 한국교육문제의 구조

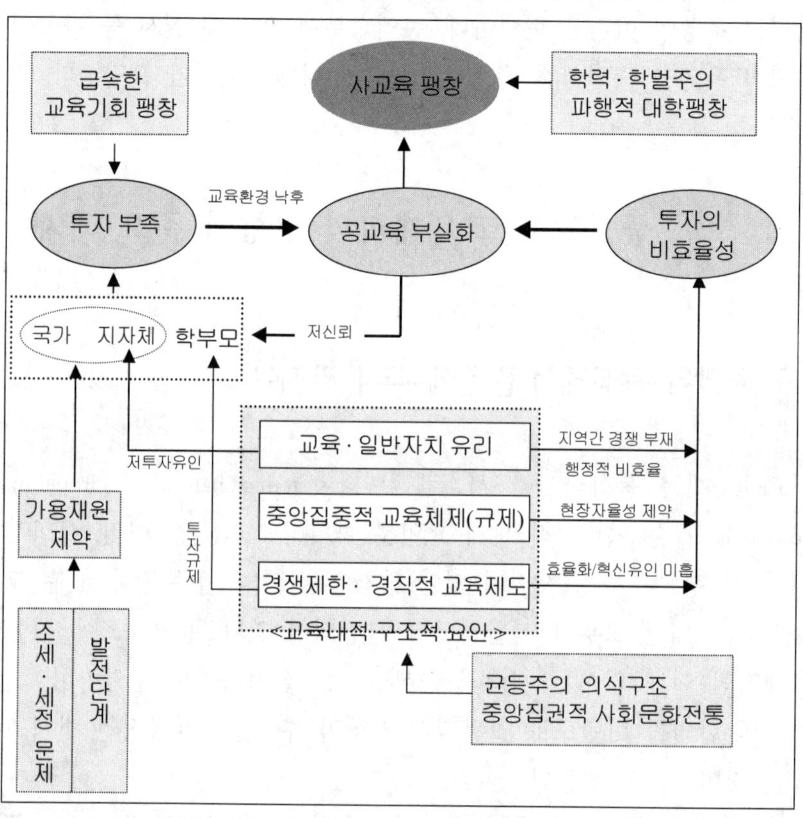

로 하여, 공교육 부실화, 교육투자 부족, 과외 등의 교육에 관한 문제 현상 내지 결과를 종합적으로 나타내고 있다.[62]

공교육을 중심으로 본 현 상황은 대체로, 교육재정구조 및 교육부문 내적 요인에 의한 투자의 비효율성 문제가 잠복한 가운데, '교육

---

62) 그림은 교원의 질, 교원인사, 교과과정 등 통상 교육의 핵심 요소들로 지적되는 요인들을 명시적으로 포함하지 않고 있다. 이는 단순화를 위한 것이기도 하며, 한편 이들 요소가 그림에 명기된 교육체제 문제의 하나로 취급될 수 있거나, 기타 환경적 요인들과 결합된 문제의 결과적 성격이 강하다고 하는 본 논문의 시각을 반영한다.

투자'와 '교육성과'간에 악순환 고리가 형성되어 있는 것으로 파악할 수 있다. 조세제도의 낙후 등으로 인한 재원부족 문제를 해결하는 것과는 별도로, 즉각적인 정책적 노력이 필요한 것은 기존 투입재원 활용의 효율성을 높이는 문제이다.[63] 흔히 '공교육부실'의 일차적 원인으로서 '투자부족'을 강조하는 시각이 있으나, '투자부족'은 '공교육부실'의 원인인 것 못지않게, 공교육 부실의 결과인 측면이 있다. 그림이 보여주듯이, 가용재정이 제약된 상황에서 기존의 투입재원조차 효율적으로 활용되지 못함으로써 공교육의 성과가 떨어지고, 이것이 다시 공교육에 대한 공신력을 낮추어 '중앙정부', '지자체', '학부모' 등 투자주체 모두의 자발적 투자유인을 저해하는 '저투자(+저효율) → 저성과 → 저투자'의 악순환고리(함정)를 형성하고 있음에 주목할 필요가 있다. 그림은 또한 이러한 악순환고리가 공교육 부실의 또 다른 원인이자 결과라 할 수 있는 '사교육 팽창'으로 인하여 더욱 악화되고 있음을 보여준다. 즉, 공교육 부실이 사교육 수요증가를 낳고, 이것이 다시 '공교육 투자재원 압박 → 공교육 부실 심화'로 이어지는 또 다른 악순환 고리와 자원배분의 왜곡구조를 형성하고 있는 것이다.[64]

향후 한국교육발전을 위한 정책의 일차적인 목표와 과제는 현재

---

63) 교육재정 저투자의 근원적 제약 요인의 하나는 경제발전단계를 앞서는 급격한 교육팽창, 그리고 조세제도의 낙후성 등에 따른 가용 공공재원의 절대적 제약에 있음을 인식할 필요가 있다. 그러나 우리의 경우 조세제도의 낙후가 경제발전단계와 어느 정도 관계가 있는지에 대해서는 좀더 신중한 판단을 요하며 보다 본격적인 연구와 논의가 필요하다.

64) 공교육 부실화 외에 사교육 팽창의 주요 요인으로서, 80년대 이후 일어난 고등교육기관의 급격한 양적 팽창 결과, 소수 일류대학을 중심으로 한 대입경쟁 압력이 증폭적으로 가중되었다는 사실을 생각할 수 있다. 질적 확충을 수반하지 않은 고등교육의 팽창이 사교육 팽창을 초래하였다는 가설에 대해서는 보다 엄밀한 이론·실증적 분석이 요구된다.

교육외적 환경·제도적 문제요인하에서 가능한 모든 정책수단을 통해 이러한 다층적(multi-layered)인 악순환 고리가 고착화되는 것을 막고 새로운 국면전환의 모멘텀을 형성하는 것이다. 유교적 문화전통, 균등주의적(equalitarian) 사고방식 등 교육외적 환경요인에 따른 제약이 심각하고, 이들 요인을 극복하는 것이 중요하기는 하나, 이들 초장기적 성격의 문제 요인에서 문제해결의 단초를 찾을 수는 결코 없다. 환경적 변수 못지않게 교육성과에 커다란 영향을 미칠 수 있는 정책변수들이 중요하다. 적극적인 재정확충 노력과 함께, 공교육부문의 '저투자', '저효율'을 초래하는 현 교육체제상의 구조적 문제를 해소하는 데 우선적으로 주력하여야 한다.

그림에서 제시하고 있는 '저투자', '저효율'의 구조적 원인은 크게, 1) 중앙집중적 교육체제와 규제, 2) 교육공급자들에 대한 경쟁제한적 교육정책·제도, 3) 교육자치와 일반자치 연계 미약의 세 가지이다.[65] 90년대 이후 그간의 교육자율화·분권화 성과에도 불구하고 중앙집권적이고 획일적인 통제·관리 관행이 지배적이어서 단위학교는 물론 지역교육청 차원에서의 능동적인 교육혁신 노력과 합리적 재정운영 노력이 미흡한 실정이다. 또한 평준화정책 등 경쟁제한적 교육체제하에 교육수요자의 선택권이 심각히 제약되어 있는 상태여

---

65) 교육부문 내의 구조적 문제와는 별도로 순수한 교육재정구조상의 문제로 인한 교육투자 확충 및 효율화 저해 요인도 심각하다. 이들 교육재정상의 문제는 다시 중앙집중적인 재원조달체계상의 문제와, 지역균형발전과 형평성을 중시하는 균등주의적 재원배분 방식상의 문제 등으로 나누어 볼 수 있는데, 궁극적으로 이들 모두 현재 중앙정부, (광역)지방자치단체, 학부모가 교육비 부담을 담당하고 있는 데 반해, 이들이 부담한 교육비의 집행은 전적으로 교육자치단체가 담당하고 있는, 소위 교육재원 부담 주체와 집행 주체간의 심각한 괴리 문제에서 파생되는 것으로 이해할 수 있다(한국조세연구원[2000] 참조). 이들 문제는 모두 현행 지방교육자치제도의 파행적 구조 문제와 연관되어 있으며, 이하 본 논문 내에서는 교육자치 재구조화 문제와 관련하여 주요 문제점과 개선방향만을 간략히 논의하기로 한다(보다 상세한 논의는 한국개발연구원[2000] 참조).

서, 다양한(variety) 양질(quality)의 '교육서비스'를 제공하고자 하는 단
위학교 및 교직자의 유인이 낮고, 이에 대한 제도적 견제장치도 미비
하다. 마지막으로, 불완전한 구조의 광역단위 교육자치제도하에서 교
육자치와 일반자치가 완전 분리된 가운데, '분리행정'에 따른 행·재
정적 비효율성 요인이 잠복해 있으며, 무엇보다 지역내 교육에 대한
일반 자치단체의 관심과 투자유인이 미미하여 지역교육재원 확충을
구조적으로 저해하고 있다.[66]

  '저투자－부실화'의 악순환고리를 벗어나기 위해서는 이들 교육부
문의 구조적 문제를 교정하기 위한 교육개혁 노력이 필수적이다. 국
가재정은 이러한 방향의 구조개혁을 촉발·지원하는 긴요한 수단적
역할을 할 수 있으나(pump priming policy), 그 자체만으로 공교육 부
실 문제를 해결할 수는 없다. 선진국의 사례가 입증하듯이, 교육계
자체의 혁신 의지와 적절한 유인체계가 미비한 상태에서 단순히 재
정투입만을 늘릴 경우, 성과의 뚜렷한 개선없이 오히려 공교육부문
에 내재한 '공기업 문제'를 심화시키고 국민경제 차원의 자원배분 왜
곡문제를 악화시킬 가능성이 있다.[67]

---

66) 우리나라 교육자치제는 1) 광역단위에서만 실시되며, 2) 교육자치단체와 일반자
   치단체가 완전 분리 운영된다는 두 가지 특징을 가지고 있다. 전국 16개 시·도
   에는 주민 간선방식으로 선출된 교육위원회와 교육감이 구성되어 기초단위 및
   단위학교까지의 교육행정재정 업무를 관할하고 있으며, 일반자치단체는 지역교
   육자치제도의 형태, 운영에 하등의 권한을 갖지 못한 채, 단지 지방교육재정의
   일부를 전입금 형식으로 보조하고 있다. 기초단위에는 지역교육청이 설치되어
   있으나, 기능적이나 인사면에서 교육부 및 광역교육청에 수직적으로 통합되어
   하위행정업무를 담당하는 수준이다. 이에 대한 보다 상세한 설명과 논의는 한국
   교육개발원(2000) 및 한국개발연구원(2000) 참조.
67) 원칙적으로 교육, SOC, 사회보장 등 주요 재정사업들간의 재원배분은 한계 비용
   -편익률을 기준으로 이루어지는 것이 바람직하다. 현 시점에서 이들 경합 프로
   그램들간의 효율성을 비교하는 것은 가능하지 않지만, 교육과 같이 비효율성 문
   제가 클 수 있는 거대 재정소요부문으로 기존의 재원을 재배분하는 데는 많은
   문제가 있을 수 있다고 추론할 수 있다. 교육환경 개선에 대해서도 보다 명쾌한

최근, 교육자치의 재편 차원에서 교육자치와 일반자치의 연계 강화 등이 본격적으로 논의되고, 지방교육교부금 인상, 교육세 개편 등 추가적 교육재원 확충을 위한 정부 노력이 가시화하는 등, '저투자―부실화'의 악순환 고리를 탈피할 수 있는 새로운 전기가 마련되고 있다. 현재 제도적 틀 안에서 중앙정부와 지자체의 교육투자를 최대한 확대할 수 있는 방안을 모색하되,[68] 투입재원이 보다 효율적으로 활용될 수 있는 방향으로 교육체제 전반을 정비함으로써 교육투자―공교육간의 '선순환 고리'가 형성·정착될 수 있는 제도적 틀을 구축하는 것이 중요하다. 교육계 내부의 새로운 변신노력이 확실하고, 이에 대한 투자 주체들의 신뢰가 형성될 경우에 비로소 현재 사교육시장에 투입되고 있는 막대한 규모의 교육투자재원을 정규교육부문으로 흡수하고 이를 대학을 포함한 공교육발전의 안정적 재원으로 전환·활용할 수 있을 것이다.[69]

───────────────

입장이 요구된다. 현재 우리의 평균적 교육환경이 소득수준에 비해 국제수준에서 절대적으로 떨어진다고 보기는 어렵다. 재정투입을 통한 교육환경 개선은 '평균'에 초점을 맞춘 획일적 접근보다는 국민후생·소득정책 차원에서 한계계층이나 기관의 환경을 개선하는 데 집중하는 방향이 바람직하다.

68) 교육재정 확충을 위한 지방교육재정 교부금법 개정 내용(2001년부터 시행): 시·도세 중 교육재정 전입비율을 3.6%로 상향조정하여 영구화, 경상교부금 내국세 13%로 상향조정. 봉급전입금 대상 지역을 5개 광역시·경기도로 확대.

69) 교육자율화·분권화를 위한 제도개혁은 공교육의 내적 비효율성을 해소하는 것 외에도 '입시위주 교육'이라는 우리 교육의 또 다른 문제를 해소하는 데도 도움이 될 수 있다. 입시 위주의 교육은 학력·학벌 위주의 고용관행이라는 교육외적 요인 못지않게, 차별화된 교육서비스 공급을 위한 단위학교의 교육혁신을 원천적으로 저해하는 획일적이고 중앙집권적인 교육체제에 기인하는 바가 크다. 직업의 다양화, 특수전문인력에 대한 수요증가, 능력 위주의 고용관행 파급 등 최근의 전향적인 노동시장 여건 변화에 부응하여 노동시장의 다양하고 유동적인 수요를 충족시킬 수 있는 혁신친화적(innovation-friendly)인 교육환경을 조성함으로써, 입시 위주의 교육 및 이에 따른 사교육비 문제를 해소할 수 있는 새로운 전환점을 마련하는 것이 가능할 것이다.

2. 주요 정책과제와 접근방식

　초·중등교육부문의 교육투자 확충·효율화를 위한 핵심 교육개혁의 핵심 과제는 다음과 같이 정리해 볼 수 있다.

　이들 문제들은 어느 정도 독립적인 성격도 있으나 상호 연계성이 강하여, 한 가지 문제에 대한 정책방향과 내용을 찾는 데 여타 문제들 모두를 시스템적인 시각에서 고려하는 것이 중요하다. 예를 들어 탈규제화·분권화 과제는 교육자치의 재구조화 문제와 긴밀히 연계되어 있지만, 단위학교의 자율성·책임성 제고를 도모한다는 궁극적 목표를 실현하기 위한 독립적인 과정의 성격이 강하므로 교육자치의 재구조화와는 별도로 추진방향을 모색할 수 있다. 마찬가지로, 경쟁제한적 평준화 정책의 개선 문제도 궁극적으로 단위학교 혁신을 촉진할 수 있는 새로운 교육제도 환경을 조성한다는 시각에서 탈규제화·분권화 과제와 연계하되, 교육자치 재구조화 문제와는 별도로

영 역	정책과제
1) 교육재정조달·배분구조의 개선	·교육세제도 개편 ·교육재정교부금·양여금 및 국고보조금제도 개선
2) 지방교육자치의 재구조화 (교육지배구조의 개편)	·광역단위에서 지방자치와 교육자치의 연계 강화 ·기초단위로의 교육자치 확대 문제
3) 교육행정권한의 재배분	·각급 교육(행정)기관간의 수직적 권한 배분 ·지자체와 교육행정기관간의 수평적 권한 배분
4) 단위학교 자율성 제고를 위한 학교제도·정책의 개혁	·교과과정 운영의 자율권 확대, 교과서제도의 자율화 ·학교책임경영제도, 학교회계제도의 도입 ·자립형 사학제도 등을 통한 학교제도 개혁 ·학교운영/성과에 대한 정보공개

고려될 수 있는 성격이 강하다. 이와 반대로, 교육자치의 재구조화 문제는 여타 문제, 특히 교육재정제도의 개선이나 탈규제화·분권화 문제와 분리하여 고려하기 어려운, 정책위계상의 최상위적 성격이 강하므로, 그만큼 면밀하고 포괄적인 사전 준비작업과 의견수렴 과정을 요구한다. 이하에서는 교육세 개편 등 앞 절에서 논의된 교육재정제도의 개선을 제외한 3개 부문을 중심으로, 주요 문제점과 개선방향, 정책과제 등을 제시한다.

가. 교육자치 재구조화

현재 국내의 교육자치는 일반지자체와 완전 분리되어 광역단위에서만 시행되는, 국제적으로도 극히 독특한 구조이며, 교육행정의 책임성, 지역내 교육재원 충원, 교육수요자에 대한 책임성 등 여러 면에서 심각한 문제를 내포하고 있다. 이러한 문제점에 비추어 교육행정과 일반행정의 통합, 기초교육자치의 시행 등 지방교육자치제의 개편 논의가 본격화되고 있으나,[70] 교육행정기관의 인적 구성과 같은 세부방안은 물론 재구조화의 기본방향에 있어서조차 견해차가 극심하다. 교육의 자주성, 전문성을 위해 교육자치와 일반자치의 분리는 바람직하며, 현행 교육자치단체에 더 많은 자율성을 주고 이를 기초단위로 확대해야 한다는 주장부터,[71] 교육의 책임성과 재정운영의

---

70) 99년 7월 대통령의 검토 지시 이후, 교육부는 '지방교육자치제도 개선특별위원회'를 구성하여 시·군·구 단위로 교육자치제를 확대·강화하는 방안에 대한 연구를 진행 중에 있다. 1차 공청회에서는 광역단위에서는 일반행정과 교육행정을 통합하고, 기초단위에서는 현재 180개 지역교육청을 69개로 통합하고 기초교육자치단체의 성격을 특별지방자치단체화하며 교육위원회를 독립 의결기관화하는 안이 제시·논의되었다.

71) 교육위원회가 교육 및 학예에 대해 독립적인 의결기능을 갖지 못하고 지방의회로부터 위임받는 형태로 부분적인 의결기능을 수행하고 있으며, 그나마 일부 의

효율성을 높이기 위해 일반자치와 교육자치의 통합 내지 연계강화는 불가피하며, 교육자치단체에 대한 자율권 확대나 기초교육자치의 실시는 이러한 조치가 선행된 후에만 고려할 수 있다는 주장 등, 다양한 견해가 제기되어 있는 실정이다.

교육자치 재구조화 방향과 구체적인 방안을 모색함에 있어서 일차적인 문제는 바람직한 '지방교육자치'가 무엇이냐 하는 점이다. 교육계에서는 통상 교육의 정치적 중립과 일반행정으로부터의 독립(독립성)을 교육자치의 중요한 구성요소로 간주하면서,72) 이러한 교육자치에 민중통제와 지방분권이란 일반적인 지방자치의 개념을 가미하여 '자주성, 전문성, 지역분권, 민주적 주민통제'를 교육자치의 4대 원칙/이념으로 규정하고 이를 최대한 충족시키는 체제를 바람직한 '지방교육자치'로 보고 있다. 그러나 대부분 국가들의 경우 교육자치를 지방자치와 별도의 개념으로서보다는 지방자치의 틀 내에서 이해하는 것이 일반적이며, 그 실행 형태에도 커다란 차이가 있다.

이들 국가별 제도의 특징을 체계적으로 비교평가할 수 있는 표준적인 틀은 아직 제시된 바 없다.73) 그러나 교육의 독립성/자주성, 교육의 전문성, 민주적 주민통제라고 하는 교육자치의 3대 원리/이념, 그리고 교육자치 및 교육재구조화 노력의 궁극적 지향점이라고 할 수 있는 단위학교에서의 교육자치(학교자치) 실시의 4가지 요인을 기

안에 대해서는 심의권만 갖고 있고 의결기능을 완전히 실시하지 못하고 있으므로 결국 교육위원회가 지방의회에 예속되어 지방자치단체의 집행기관에 불과하거나, 지방의회의 하부심의기관으로 전락하고 있다는 주장이 대표적이다.

72) 이는 통상 '교육의 자주성·전문성·정치적 중립성 및 대학의 자율성은 법률이 정하는 바에 의하여 보장된다'는 헌법조항(제31조)에 근거한 것으로 이해되고 있다.

73) 미국의 교육자치구 등 특정 국가의 특정모형을 대안으로 제기하는 견해가 있으나(한국교육개발원[2000]), 외국의 사례들에 대한 체계적인 비교연구, 그리고 광역과 기초, 행정과 재정 문제 모두를 종합적으로 고려할 때 생각할 수 있는 수많은 '대안적 모형'들에 대한 종합적인 평가나 논의에 근거한 바는 아니었다.

준으로 국가별 지방교육자치제의 형태, 특징, 성과를 비교·분석하는 것만으로도 국내 교육자치 재구조화에 관한 쟁점의 다수를 해소할 수 있다. 한국, 미국, 일본, 프랑스, 영국 등 주요 선진국의 사례를 종합해 볼 때, 이들 요인의 어느 하나를 전적으로 무시하는 국가는 없으나, 각 요인의 상대적 중요성, 그리고 이를 실현하기 위한 제도적 장치와 구체적 방식에 있어서는 국가별로 커다란 편차가 존재한다. 각 요인의 수준과 내용을 결정하는 각종 제도적·정책적 결정변수/지표들을 기준으로 우리나라 및 선진 4개국의 지방교육자치체제의 특징을 종합적으로 비교평가한 결과는 <표 3-8>과 같이 정리할 수 있다.[74]

우리나라 교육자치의 특징은, <표 3-8>에서 알 수 있듯이, 다음의 두 가지이다. 첫째, 교육의 전문성, 교육의 독립성/자주성 면에서 우리나라는 매우 높은 수준에 있다. 교육의 전문성은 프랑스와 함께 가장 높은 수준이며, 교육의 독립성/자주성은 가장 높은 수준이다. 둘째, 단위학교의 자율성, 민주적 주민통제의 면에서 우리나라는 일본과 함께 가장 낮은 지위에 있다. 미국, 영국은 교육자치 지배구조의 현저한 차이에도 불구하고 이 두 가지 면에서 가장 앞서 있으며, 프랑스는 중간 입장에 있다. 국내 교육자치 재구조화의 기본방향 및 주요과제에 대해 이러한 국제비교분석 결과 및 각국의 사례가 시사하는 바는 다음과 같다.

첫째, 교육행정의 전문성 강화를 위한 교육감 및 교육위원의 자격요건 강화 주장은 설득력이 떨어진다.[75] 교육의 전문성은 이미 프랑

---

74) 여기서 제시된 요소별 국가간 상대비교는 요소별 주요변수/지표들을 정성적 (qualitatively)으로 평가하고 종합하여 얻어진 것으로서, 한 국가의 요소별 위치는 그 자체로서는 큰 의미가 없다. 그러나 여타 국가와 비교분석적인 시각에서 요소별 position을 종합해 볼 경우, 한 국가의 전체적인 교육성과와 직접적으로 관련된 지방교육자치의 특징과 결정요인을 파악하는 것이 가능하다.

<표 3-8> 각국의 지방교육자치제도의 특성 종합 비교평가

	영국	미국	프랑스	일본	한국
독립성	매우 낮음 (완전통합형)	매우 높음 (독립 조세권)	낮음 (교육투자예 산)	낮음 (교육예산권)	매우 높음
주민통제	매우 높음 (학교직접통 제중심)	매우 높음 (학교구 중심)	높음 (다양한 통제 기제 조합)	매우 낮음 (지자체 간접 통제 중심)	낮음 (교육기관 직 접통제 중심)
단위학교 자율성 (분산화)	매우 높음 (독립사업체 의 성격)	높음 (학교구내 포 괄적 자율권)	중간 수준 (지역단위내 자율통제)	낮음 (제한적 이양, 포괄적 규제)	낮음 (부분적 이양; 포괄적 규제)
교육의 전문성	매우 낮음	매우 낮음	높음	낮음	높음

자료: 한국개발연구원(2000)에서 재인용.

스와 함께 가장 높은 수준에 있으며, 교육의 전문성이 비교적 낮은 미국, 영국 등은 이를 높이려 하기보다는 오히려 교장 및 교원에 대한 자격제한조차 완화하는 추세이다. 교육행정가의 전문성과 교육성과 간에 뚜렷한 정(正)의 상관관계는 없으며, 교육행정에 있어서 전문성 문제는 상당부분 교육행정과 학교운영을 지원·보좌하는 전문가 자문집단을 활용함으로써 해소할 수 있는 성격의 것이다.

둘째, 일반 지방자치단체에 대한 지방교육행정기관의 독립성/자주성을 현재보다 강화해야 한다는 주장은 설득력이 낮다. 별도 지방교육행정기관에 의한 독립적 교육행·재정 권한의 행사면에서 우리 교육의 독립성/자주성은 가장 높은 수준에 있다. 영국이나 프랑스의 경

---

75) 국내의 경우, 1991년 교육자치제 도입 당시 교육감에 대해서는 교육관련 경력 20년, 교육위원 전원에 대해서는 15년이라는 자격제한 기준을 두다가 이후 교육감 5년, 교육위원은 반수만 10년 이상으로 자격기준을 낮추어 왔는데, 그 결과 교육행정기관의 전문성이 지나치게 훼손되었다는 비판이 교육계 일각에서 제기된 바 있다.

우 지방교육행정이 지자체에 완전 통합되어 있거나 강하게 연계된 상태에서 교육의 독립성은 우리보다 크게 제약되어 있는 상태인데도 불구하고, 이것이 현장의 교육성과를 저해한다고 보고 있지는 않다.

셋째, '효과적인 주민통제'를 위해 특별지방자치단체 성격의 기초 교육자치단체를 신설해야 한다는 주장도 설득력이 떨어진다. 교육과정 및 성과에 대한 우리의 주민참여와 통제수준을 높일 필요가 있으나, 주민이 직접 선출하는 교육자치단체의 존재가 효과적인 주민통제를 실현하기 위한 유일하거나 필수적인 수단은 아니며, 지방교육에 책임을 지는 지자체를 통한 간접적 통제와 학교운영위원회의 참여나 학교선택권 행사 등을 통한 보다 직접적인 학교교육 통제 또한 '민주적 주민 참여와 통제'를 구현할 수 있는 유용한 수단이 될 수 있다.[76]

넷째, 교육자치와 일반자치와의 연계 강화는 주민통제의 수준을 높이고 교육의 책임성을 높이는 데 매우 중요하나, 실질적인 교육분권화/분산화/자율화 조치가 없이는 소기의 성과를 장담할 수가 없다. 일본의 경우, 일반 지자체가 지방교육예산의 편성과 지방교육행정기관의 운영에 대한 포괄적인 영향력을 행사하고 있음에도 불구하고 중앙집중적인 규제와 통제관행이 만연하여 실질적인 교육분권화/분산화가 크게 진척되지 않음으로써 교육성과면에서 심각한 문제를 드러내고 있다.[77]

---

76) 실제 영국은 독립적 교육행정기관이 아예 없고, 프랑스의 경우 교육자치가 지방자치의 틀 안에서 제한적으로 운영되고 있지만, 이들 모두 이러한 대안적인 수단들을 통해 높은 수준의 '민주적 주민 참여와 통제'를 구현하고 있다. 이러한 실효성있는 주민통제 기제가 존재할 경우, 교육감과 교육위원회 각각의 법적인 위상이나 양자간의 관계는 크게 중요하지 않다. 일본과 미국의 기초단위에서는 양 기구가 위원회 하나로 통합(교육위원회가 교육감 임명/고용)되어 있으며, 미국의 광역 州 다수도 이러한 구조를 가지고 있다. 비슷한 맥락에서 교육감 및 교육위원의 선출방식 등의 문제도 크게 중요하지 않다.

다섯째, 교육자치와 일반자치와의 연계강화에는 다양한 모형이 존재하며, 교육행정기관과 일반 지자체 간의 수평적 업무분장도 유효한 연계방안이 될 수 있다. 영국과 같은 완전통합 모형도 있으나, 대개의 경우 지방교육업무를 지자체와 교육행정기관이 분장하는 이원적 구조를 보인다. 이원적 구조의 경우, 지자체의 권한과 책임은 교육설비투자와 관련된 것에 한정될 수도 있고(프랑스), 교육예산 편성권까지를 포함하는 것으로 확장될 수도 있다(일본, 미국 광역).

교육자치의 원리/이념의 틀 안에서 본 이상의 비교분석 결과는 결국 우리나라 교육자치 재구조화의 기본적인 지향점이 1) '단위학교의 자율성 확충' 문제와, 2) '효과적인 주민/수요자 통제의 실현' 문제를 개선하는 데 있음을 시사한다. 재구조화의 방향과 구체적 방안을 결정하는 데 있어서 추가적으로 고려하여야 할 사항은 구체적인 재구조화의 기대 효과이다.

외국의 사례를 볼 때, 많은 분권화 개혁은 교육재원을 확충한다는 재정적 효율성(financial efficiency) 목적과, 교육서비스 제공 비용을 감축한다는 행정적 효율성(administrative efficiency) 목적 등을 지향하는 것이 보통이다.[78] 우리의 경우에도 특히 광역단위에서 일반지자체와 교육자치의 연계조치가 교육재정 규모에 어떠한 영향을 미칠 것인가, 그리고 교육행정의 효율성을 얼마나 높일 수 있을 것인가가 중요한 쟁점이 되고 있다.[79]

---

77) 만일 교육자치와 일반자치간의 연계면에서 일본과 비슷한 수준에 있는 영국과 프랑스가 교육성과면에서 일본보다 우월하다고 본다면, 이는 교육자치와 일반자치간의 연계구조 자체의 차이보다는 광범위한 단위학교 지향의 교육분권화/자율화가 이루어져 있기 때문이라고 볼 수 있다.

78) Fiske(1996)는 이 외에 교육기회의 확장이나 학력신장 등의 교육적 성과(educational performance), 정치적 목적(political goals), 그리고 형평성 등을 분권화 개혁의 목적이자 효과 측정 지표로 들고 있다.

79) 최근의 설문조사 결과에 의하면, 광역단위에서의 연계강화 조치에 대한 재정적

<표 3-9> 분권화 개혁의 성과

	성공사례	실패사례	일반적 관측
행정 효율성	멕시코: 행정체계 정비 브라질: 학교운영비 절감 칠레: 교육부 효율화	파푸아뉴기니: 행정비용 증가 자메이카, 시카고: 효과 없음 베네수엘라: 실패	학교현장의 인프라가 중요(교장, 학운위원의 자질, 유인체계 및 책무성 등)
재정 효율성	아르헨티나, 칠레, 콜롬비아, 헝가리 등 교육재정 증가	멕시코: 하락 폴란드: 유아교육 이양 후 투자 감소	기타 거시경제환경, 중앙의 지방재정분담 정책, 지방의 수임 능력이 중요.

외국의 사례를 볼 때, 분권화 개혁의 행정적 효율성 제고효과는 보편적이다. 우리의 경우도 광역단위에서의 지방행정과 교육행정의 연계를 통해 분리행정에 따른 행정적 비효율성을 상당히 해소할 수 있을 것으로 기대할 수 있다. 별도 교육자치기구 운영에 따르는 중복행정 요인을 절감할 수 있을 뿐 아니라, 설비투자, 재무행정에 관한 지자체 및 중앙 일반행정기관의 전문성을 활용함으로써 적지 않은 교육공급 비용을 감축할 수 있을 것으로 보인다. 무엇보다 지자체가 한 지역의 인적자원 개발의 틀 안에서 정규학교교육, 평생교육, 직업훈련교육, 사회교육 등을 통합하여 관리운영할 수 있는 기반을 조성함으로써 중장기적으로 유관기능간의 커다란 시너지 효과를 창출할 수 있을 것으로 기대된다.

분권화 개혁의 재정적 효율성 효과는 국가별로, 또 개혁 시점에 따라서 상이한 것으로 나타나지만, 중앙정부의 지방교육재정 분담 의지가 확실하고, 지방정부가 소정의 행·재정 능력을 지니고 있을 경우 분권화가 지방교육재정을 증대시키는 유효한 수단이라는 것이 일

기대 효과는 경제주체별로 상이하다. 일반적으로 교원 및 교육행정가들이 부정적인 견해를 갖는 데 반해 일반행정가들은 긍정적인 견해를 갖고 있다(한국개발연구원[2000], 한국교육개발원[2000]).

반적인 관측이다. 우리의 경우 광역단위에서의 일반 자치·교육행정의 연계강화로 인한 교육재정 효과는 지역별로 다를 수 있으며, 특히 경기침체기 동안에 일부 지역에서 교육재정이 감축될 가능성을 배제할 수 없다.[80] 그러나 이행기 동안에 교육재정 감축 가능성을 사전적으로 배제하고자 하는 중앙정부 차원의 정책적 조치(특별회계의 한시적 적용, 일방향 탄력세율 적용 등 방화벽[fire wall] 조치)를 통해 이러한 가능성에 대응하는 것이 가능하다. 무엇보다 중요한 것은, 현재와 같은 중앙정부 중심의 재원조달 구조로써는 교육환경 개선을 위한 추가재원을 확충하는 데 한계가 있으며, 교육에 대한 지자체의 권한을 확대하여 지역 자체의 교육에 대한 재정적 기여도를 높이는 것이 교육재정확충의 근본적인 대안이 될 수 있다는 점이다. 최근 지방세분 교육세를 지방교육세로 전환한 것은 이러한 지방분권적 재원조달 구조로의 전환을 위한 조세제도상의 개혁이 본격화되었음을 의미한다. 교육이 지역발전의 핵심 자산이 되고 있는 최근의 추세, 일반 국민의 교육에 대한 높은 관심도 등 국내 여건을 종합적으로 고려할 때, 교육자치와 지방자치의 연계라는 교육행정체제상의 개혁을 통해 중장기적으로 교육재정 확충 효과가 실현될 가능성이 높은 것으로 판단할 수 있다.[81]

---

80) 한국개발연구원(2000)의 설문조사 결과를 볼 때, 지방의 일반행정가들은 대체로 교육자치와 일반자치의 연계강화가 교육재정 증대를 가져올 것이라 응답하고 있으나, 응답편의(bias) 및 도덕적 해이(moral hazard) 문제가 내재해 있을 가능성도 배제할 수 없다.

81) 광역단위에서 지방자치·교육자치의 연계 강화는 또한 단위학교까지로의 분권화 조치를 촉진시키는 역할을 할 수 있다. 일반적으로 일반지자체는 지방교육행정기관보다 진정한 의미의 분권화에 대해 높은 관심을 가지고 있으며, 중앙정부에 대해서도 높은 협상력을 가지고 있는 것으로 알려져 있다. 우리의 경우도 그동안 어느 정도의 지방자치 경험과 역량을 축적한 광역단위에서 이러한 성향을 가지고 있을 것으로 기대할 수 있다. 교육에 대한 광역지자체의 역할을 강화하는 것은 단위학교까지의 교육분권화를 가속화시키고, 이를 통해 개별 학교의 혁

교육의 주요 행·재정권을 단위 학교 및 학교 현장에 보다 가까운 기초단위로 분산 이양하는 것이 바람직하다고 볼 때, 중장기적으로 지역교육청 등 기초단위 교육행정기관의 권한을 강화하는 방향의 재구조화를 적극 고려할 필요가 있다. 그러나 기초단위의 경우, 지자체의 재정적, 행정적 자치기반이 아직은 취약하여, 이상에서 논의한 재정적, 행정적 효율성 효과는 미미할 것으로 보인다. 교육위원회 등 별도의 교육자치기구를 설립하고 동시에 일반적 분권화 정책 차원에서 기초지자체의 권한을 현재보다 확대하는 방안도 고려할 수 있겠으나, 기초지자체의 형태나 구조 자체가 불투명한 상태여서 불필요한 유실비용(stranded costs)만 발생할 가능성이 높다. 기초단위의 교육자치 확대 문제와 관련하여 중요한 것은, 앞서 지적한 대로, 미국의 '학교구'와 같은 '준(특별)지방자치단체' 성격의 독립적 기초교육자치단체를 신설하는 것이 기초단위 교육자치 확대의 유일한 방안이 아니라는 점이다. 기초교육자치가 지향하는 민주적 주민통제의 이념이나 단위학교의 자율성 제고 목표를 달성하기 위한 유효한 대안으로서 주요 행·재정 권한의 분산과 규제완화에 정책적 노력을 집중하고, 기초지자체 및 지역교육청의 경험과 능력이 축적되는 적정 시점에 기초단위 교육행정기관의 권한과 지배구조를 재검토하는 방안을 고려하는 것이 현실적이다.[82]

신성 및 교육성과(educational performance)를 높이는 주요 전략적 선택이 될 수 있다. 물론 이 경우, 주요 권한이 광역정부 수준에 집중되어 그 이상의 하향 분권화가 일어나지 않는 파행적 결과가 초래될 수 있으며, 따라서 중앙정부가 단위학교 및 하위행정기관의 권한을 확대하기 위한 명쾌한 조치를 병행하여 이를 방지하는 것이 중요하다.

82) 기초단위 및 단위학교의 자율권 확대를 위한 교육분권화 조치의 실효성을 확보하기 위한 제도적 장치로서, 기초단위에 독립적 지위의 교육행정기관을 설치하고, 자문의견수렴기구 내지 지역의회내 교육분과위원회의 형태로서 교육위원회를 설치하든가(프랑스형), 지역의회 내에 교육분과위원회를 설치하는 방안을 고

지방교육자치 재구조화는 기본적으로 정치적 분권화 작업(political decentralization; devolution)의 성격이 강하여, 교육계 내부의 수직적 이해조정만을 수반하는 행정적 분권화(administrative decentralization; deconcentration)나 수직적 위임(delegation)과는 달리, 일반 국민을 포함한 광범위한 이해당사자들간의 이해조정을 수반하며, 그만큼 이들간의 광범위한 의견 조정과정을 요구한다.83) 이는 교육자치 재구조화의 실제 효과와 추진 가능성 여부가 무엇보다 재구조화의 필요성과 효과 등에 대한 모든 이해당사자들의 관심과 이해, 법적, 제도적 인프라의 질, 그리고 정부의 이행관리 역량에 달려 있음을 의미한다.

현재, 재구조화의 필요성과 효과 등에 대한 의식은 일반 국민, 교원 등 이차적인 이해당사자들은 물론 재구조화의 직접적인 이해관계자라 할 수 있는 광역 및 기초단위 일반행정가들 간에도 그다지 높지 않은 것으로 보인다(한국개발연구원[2000], 한국교육개발원[2000]). 이러한 상황에서 현행 제도에서 너무 크게 벗어난 재구조화 방안은 극단적인 상명하달(Top-down) 방식의 개혁조치에 의하지 않고서는 추진되기가 어려울 것이며, 설혹 이러한 방식이 가능하다 하더라도 이론적인 순기능을 상회하는 커다란 사회적, 경제적 비용을 발생시킬 위험이 매우 높다. 따라서 지방자치와 교육자치의 연계가 바람직하더라도, 우선은 연계를 보장할 수 있는 최소한의 실효성 있는 제도적 장치를 마련하고, 공론화 과정을 거쳐 주요 이해당사자들간에 광범위한 합의기반이 형성되고 관련행정기관 모두의 충분한 학습경험이 축적되는 시점에 이르러, 보다 본격적인 연계나 통합방안을 모색하는 것이 바람직할 것이다.84)

려할 수 있다. 지역교육청의 독립성은 교육장을 주민이 선출(현재 교육감, 교육위원과 같은 간선 방식)하게 하는 방식 정도로서 충분할 것이다.

83) 이러한 분권화의 유형 및 특성은 Fiske(1996)를 따른 것임.

84) 중장기적인 관점에서 본격적인 교육자치 재구조화를 고려한다 할 때, 결과에 대

나. 학교 자율권 확충을 위한 규제개혁 및 학교제도 개혁

교육자치구조의 개편과는 별도의 정책적 노력이 필요한 것은 교육
행정권한의 파감한 분산(지역교육청 및 단위학교 수준으로의)과, 특
히 단위학교 운영에 관한 각종 규제완화이다. 이들 조치는 중앙 교육
정책당국의 의지에 따라 현재의 교육지배구조를 바꾸지 않고도 얼마
든지 가능하면서도, 교육투자의 효율성, 학교교육의 책임성 및 다양
성 제고에 보다 직접적인 효과를 가져올 수 있다는 면에서 일상적인
교육정책적 차원에서 우선적으로 추진될 필요가 있다.

교육권한의 분산화 및 탈규제화/자율화 노력은 90년대 이후 지속
되어 온 교육개혁의 핵심 방향이며, 그 당위성, 필요성에 대해서도
교육계 내외의 광범위한 공감대가 형성되어 있다. 그러나 그동안의
분권화·자율화 노력은 기존의 교육자치구조 및 교육제도·정책을
전제로 하는 제한적 성격의 것으로서, 중앙집권적이고 관료적인 교
육체제의 문제를 해소하고, 자율적이고 창의적인 학교 운영을 촉발
하기에는 크게 부족하였다.

교육행정기관내 권한 분산의 구체적인 내용은 지방교육자치제도의
재구조화의 방향과 내용에 따라 크게 달라질 수 있으며, 일부 핵심내
용은 광역 및 기초를 포함한 일반자치단체와 교육자치단체/행정기관
모두간의 수직적·수평적 관계와 역할 재조정을 위한 대대적인 법·
제도의 정비 없이는 불가능하다. 그러나 교육행·재정 업무, 교원인
사, 교과과정 등 교육에 관한 주요 의사결정 권한이 지나치게 교육부

한 확신이 없는 상태에서 전국적 단위의 실험을 하는 것은 결코 바람직하지 않
을 수 있다. 일차적으로 광역지자체와 교육자치단체간의 실질적인 협의관계를
제도화하고, 충분한 의견수렴 과정을 거쳐 그 이상의 재구조화 방향을 확정한
이후, 일부 지역을 대상으로 시범운영를 거쳐 전국적으로 확대 시행하는 방안을
고려할 수 있다. 보다 상세한 논의는 한국개발연구원(2000) 참조.

<표 3-10> 교육규제완화 추진 실적

구분	1998년 정비			1999년 정비				
	대상	폐지	잔존	대상	폐지	제외	개선	잔존
건수	272	142	130	151	30	94	27	121

자료: 규제개혁위원회, 『1999년도 규제개혁백서(2000)』.

나 광역교육청 단위에 집중되어 있다는 점은 명백하므로, 향후 지방교육자치 재구조화에 따른 불확실성 요인은 충분히 감안하되, 현행 법제도하에서도 가능한 한도 내에서 최대한 지방교육청과 단위학교의 권한을 강화하는 방향으로 분산화 조치를 추진할 필요가 있다.

학교운영에 관한 규제의 경우, 교육규제완화위원회의 설치, 규제일몰제(sunset) 도입[85] 등 그간의 규제완화 노력에도 불구하고 실질적인 규제완화 효과는 아직 미미하다. 관행적인 규제가 여전하며, 최근에는 교육행정에서 각종 평가(학교평가, 대학평가, 기관평가 등) 기능이 강화되면서 오히려 평가를 통한 새로운 규제가 증가되고 있다는 교육현장의 지적이 많다. 관계법령에 구체적으로 명기되지 않은 사항은 교육기관이 자율적으로 운영할 수 있도록 하는 규제정책상의 획기적인 전환(negative list approach로의 전환)이 요구되며,[86] 특히 현재 검토되고 있는 학교책임경영제, 단위학교 회계제도를 조기에 정착시켜

---

85) 1995년 교육개혁방안에 따라 전문가와 규제 대상자(교원, 학부모, 학교경영자 등)로 구성된 「규제완화위원회」를 교육부에 설치하고 학교설립·운영, 교육과정 운영, 학생 선발 등에 대한 규제를 최소화하기 위한 규제개혁 노력을 경주. 특히 1996년 말에는 각종 훈령·예규·지침 등 교육관련 규제를 교육규제완화위원회에서 그 필요성과 당위성을 입증받지 못하면 자동 폐지토록 하는 '규제일몰제'를 실시하여 상당한 행정규제가 폐지되거나 완화되었다(교육부, 1996).

86) 물론 교육에서의 탈규제가 교육의 모든 분야에서의 무규제(자유방임)를 의미하는 것은 아니다. 소비자 선택의 확대, 소비자 피해의 구제, 소비자 정보의 확대 등과 같은 교육소비자를 보호하기 위한 규제는 오히려 강화되어야 하며, 이를 위한 표준 책정과 평가기능의 강화가 필요하다.

일상적인 학사·재정사무에 관한 개별 학교의 책임·권한을 강화하는 한편, 교과과정 구성·운영에 있어서 개별학교의 자율권을 대폭 확장함으로써, 학교 운영의 합리화, 효율화, 단위학교의 다양화·특성화를 유도해 나가는 것이 중요하다.

단위학교 자율권 제고를 위한 규제완화와 밀접히 관련된 문제는 평준화 제도의 개선 문제이다. 평준화 정책은 개발연대의 우리나라 학교제도의 근간으로서, 교육기회의 확대, 평균적인 교육환경의 개선, 초·중학교 단계에서의 입시경쟁 완화 등 여러 가지 면에서 커다란 성과를 거두었다.[87] 문제는 이러한 개발연대적 정책이 우리 사회의 발전에 따른 전반적인 교육환경의 변화, 학교, 학부모 등 민간 주체의 역량이나 수요 변화와는 상관없이 너무 오랫동안 지속됨으로써 결국 학교 교육의 다양성과 질적 수준을 떨어뜨리는 결정적인 요소로 작용하게 되었다는 점이다. 그럼에도 불구하고 평준화 정책의 개선 방향에 관한 첨예한 의견대립만 있을 뿐 문제해결을 위한 합의가 없는 것은, 논의의 초점이 지나치게 학부모·학생의 학교선택권, 학교의 학생선발권 문제에 맞추어졌기 때문이다. 평준화정책의 핵심은 학교선택권의 제한 못지않게, 교육투입요인의 중앙집중적 관리, 그리고 교육내용, 수업방식 등 교육과정 전체와 교육성과에 대한 획일적인 통제에 있다. 이러한 의미에서 교육내용, 수업방식 등 교육과정 전체와 통상적인 행·재정 업무에 대한 학교의 자율권을 확대하는

---

87) 평준화 정책은 1969년 중학교, 1974년 고등학교를 대상으로 무시험 추첨 배정의 학생선발과 교육여건의 평준화를 주요 내용으로 하여 실시되었다. 1981년부터 평준화 정책의 확대 실시가 유보되고 1990년부터는 지역별로 평준화를 해제하기 시작하여 평준화 지역이 14개 지역으로 감소하였다. 그러나 1998년의 2002년 대학입시제도 개선방안 발표 이후 오히려 울산, 군산, 익산 지역이 다시 평준화 지역으로 편입되려는 역류현상이 일어나고 있다. 2000년 현재, 17개 시에서 818개 고등학교가 평준화 대상이며, 전체 고교생의 60% 수준인 약 137만 명이 정책 대상 학생이다.

규제완화 조치는 실제 평준화정책 개선을 위한 핵심 안건의 하나로 이해되어야 한다.[88]

학교의 자율권 확대 등 평준화 정책의 문제점 개선을 위한 '교육공급체제'의 개혁 노력은 '교육수요' 측면에서 '소비자 선택권'까지를 포함하는 '학교제도'의 개혁으로 확장될 필요가 있다. 그동안 다양성·수월성에 관한 평준화정책의 문제점을 보완하기 위한 시도로서 '학교/학생 선택권'과 '학교 자율운영권' 요소를 강조하는 학교제도상의 실험이 지속되어 왔으며, 그 결과 특수목적고,[89] 특성화학교 제도 등이 점진적으로 도입·확산되는 성과가 있었다.[90] 그러나 아직 이들 학교에 대한 필요 규제완화 조치가 취해지지 않거나, 그 규모가 제한되어 아직 국내 학교제도에 대한 영향은 미미한 실정이다. 또한 향후 사립중등학교의 발전을 포함한 국내 학교제도의 근본적인 개선방안으로 자립형 사립학교제도의 도입을 검토하고 있지만, 도입 일정이나 대상학교의 범위 등의 문제는 아직 매우 불투명한 상태에 있다. 학교제도의 다양화는 선택의 여지가 없는 시대적인 명제이다. 특수목적 고교 제도, 특성화 고교, 자율학교 등의 학교제도를 보다 활성

---

88) 평준화 정책을 비평준화 지역과 대비한 개념으로 파악하고 논의의 초점을 평준화지역(학교선택권 부여 지역)을 확장할 것이냐 혹은 축소할 것이냐 하는 데에 국한시키는 것은 문제가 있다. 교육의 투입, 과정, 성과 등 평준화정책의 기타 핵심요소들에 대한 개선이 없이 단순히 비평준화 지역만을 확대하거나 축소하는 것은 긍정적 효과를 상회하는 커다란 부작용을 초래할 가능성이 높다.

89) 과학고, 외국어고, 예술고 등을 포함하는 특수목적고교 제도는 평준화 정책의 획일성을 완화하고 다양성을 제고하기 위한 취지에서 1980년대부터 본격적으로 추진되었으며, 2000년 5월 현재 과학고 16개교(3,131명), 외국어고 18개교(17,403)명, 예술고 21개교(15,075명), 체육고 13개교(4,469명)의 특수목적고가 운영되고 있다.

90) 특성화 고교제도는 1998년 고교설립준칙제도에 의하여 도입되었다. 특성화학교는 크게 특성화(대안)학교와 특성화(직업)학교로 나누어지는데, 2000년 3월 현재 특성화(대안)학교는 모두 11개교에 모집인원 465명 규모이며, 특성화(직업)학교는 22개교에 모집인원 4,049명 규모이다.

화하고 현재 매우 제한적으로 시행되고 있는 자율학교를 특성화 고교를 포함한 보다 많은 학교들에 적용하는 한편,[91] 여건이 조성된 학교부터 교원, 교육과정, 납입금, 학생선발 등에 대한 자율적 결정권을 부여하는 '자립형 사학제도'를 전면 도입할 필요가 있다. 이러한 학교제도의 개혁은 교사·교장 인사, 교육과정·교과서, 수업료 책정, 학교설립 등에 관한 규제개혁을 여타 학교들에 대해서 확대시키기 위한 수단으로서도 그 의의가 크며, 교육 프로그램 다양화, 학부모의

<표 3-11> 학교제도와 자율권

		학생선발	교사·교장 인사	교육과정 교과서	수업료 책정	학교설립
평준화 고교	공립	×	×	×	×	×
	사립	×	△[1]	×	×	○
비평준화 고교	공립	○	×	×	×	×
	사립	○	△[1]	×	×	○
특목고, 특성화고	공립	○	×	△[2]	×	×
	사립	○	△[1]	△[2]	×	○
자율학교		△[3]	○	○	×	×
협약학교		△[3]	○	○	×	○
자립형사학		○	○	○	○	○

주: 1) 사립은 자격증을 가진 자에 한하여 교장·교사의 선발을 자율적으로 하고, 보수나 해고 등의 기타 인사에 관하여도 공립학교 교원 인사에 준하여 한다는 차원에서 제한적인 자율 허용.
  2) 교육과정·교과서에 대한 제한된 범위에서의 자율 허용.
  3) 공립학교인 점을 감안하여 원칙적으로 지원한 학생은 모두 수용할 수 있도록 한다는 차원에서만은 학교의 학생선택권 제한 가능.
자료: 한국개발연구원(2000), 이주호(2000)에서 재구성.

---

91) 대안 학교에 대하여도 미국의 헌장학교(charter school)와 같이 협약학교 제도를 도입하여 자율과 재정지원을 크게 강화하는 방안을 적극 고려할 필요가 있다.

교육선택권 확대, 학교간의 발전적 경쟁 확산 등 공·사립 모든 학교의 질을 향상시키기 위한 커다란 외부효과가 이를 통해 나타날 것을 기대할 수 있다.[92]

경쟁제한적 교육체제의 문제점을 개선하는 데 있어서 외형적인 학교제도의 변화 못지않게 중요한 것은 학교에 대한 정보공개에 있다. 현재 학생의 대입성적 등 교육성과 지표는 물론 교육과정 일체에 대한 정보가 교육행정당국에 의해 철저하게 통제·관리되고 있다. 이러한 정보통제는 학교간 교육성과의 차이를 원천적으로 부인하고 있는 현행 평준화 정책의 파행적 산물로서, 교육정책상의 선택의 문제를 떠나 국가 최대의 투자사업인 교육에 대한 납세자와 교육수요자들의 기본적인 알 권리를 회복한다는 차원에서 최우선적으로 해소될 필요가 있다.

정보공개는 장기적으로는 투명한 정보흐름과 학부모의 합리적 선택, 단위 학교의 차별화 경쟁능력에 입각한 본격적인 탈평준화 체제로의 이행준비 조치로서 그 의의가 막대하다. 자립형 사학 등 새로운 학교모형의 도입을 위한 선결조치일 뿐 아니라, 학부모와 지역주민으로부터의 '평판(reputation)' 압력을 통해 일반 공·사립학교들 모두의 학교운영 성과를 높이는 데도 기여할 수 있다. 정보공개는 대학 자율과 책임의 다원적인 입시제도를 정착시켜, 만성적인 입시 위주 교육 문제를 해소하는 데 중요한 역할을 할 수 있다. 그동안 대학 자율의 다양한 입학전형제도가 정착되지 못하였던 주요 이유들 중의 하나는, 보편적인 공정성을 지닌 학생 평가기준이 수능시험과 같은

---

92) 자립형 사학이나 자율학교 외의 일반 공·사립학교에 대해서도 '선지원 후추첨' 방식을 통한 학교선택권 요소를 강화할 필요가 있다. 이러한 조치는 실제 학부모의 학교 선택권(choice) 행사는 크지 않더라도, 선택권 존재로 인한 잠재적 경쟁압력, 학부모의 학교운영에 대한 좀더 큰 관심과 참여(voice)라는 측면을 통해 학교운영을 크게 개선할 수 있다.

대입표준필기고사 외에 교육체제 내에서 개발·제공되지 못하였기 때문이라고 볼 수 있다. 정보공개 조치를 통해 개별 학교에 대한 투명하고 객관적인 정보가 공급될 경우, 개별학교의 내신에 대한 대외적인 공신력이 높아져, 결국 각 대학이 각자의 특성과 수요에 맞는 다양한 전형기준을 개발·시행시켜 나갈 것으로 예상된다.[93]

학교제도의 다양화, 학교선택권의 확대 등 학교제도의 개혁이 시급하지만, 입시결과 위주의 학교서열화, 기회의 형평성 훼손 등 예상되는 문제점을 충분히 고려하여 단계적으로 신중하게 접근하는 것이 중요하다.[94] 학교선택권을 확대한 여러 다른 나라의 사례가 제시하는 가장 중요한 교훈은 위에 언급한 정보공개와 함께, 형평성 제고를 위한 보완책이 마련되어야 한다는 것이다. 균등주의적 성향이 강한 우리 사회에 있어 교육에 대한 사전적 접근기회의 형평성은 효율성 못지않게 절대적으로 중요한 개념이다.[95] 특히 자립형 사학 도입과 관련하여, 저소득층 자녀의 소외문제를 해결하고 귀족명문고의 등장을 방지하기 위한 재정지원제도를 정비하는 것이 필수적인데, 바우처, 등록금 상한제, 학자금 융자제도 등을 본격적으로 검토할 필요가

---

93) 정보공개에 관한 보다 상세한 논의는 이주호(2000), 한국개발연구원(2000) 참조.
94) 1970년대와는 달리 현재는 중등교육부문내 학교간 차별화 경쟁을 위한 최소한의 기반여건(교사, 학교설비 등)이 형성된 상태이며, 대입제도와 노동시장 환경도 수험능력 이외의 다양한 능력을 보다 강조하는 방향으로 상당히 변화·개선되어 있는 상태이다. 따라서 탈평준화정책이 시행될 경우 과거와 같이 '소수 일류교'에 편중된 단선적 입시경쟁이 재발할 위험성은 상대적으로 낮으며, 특목고, 특성화학교 등 많은 학교들간에 多元的인 차별화 경쟁이 시현될 가능성이 높다. 그러나 일반학교 절대다수가 이러한 경쟁능력을 갖추는 데는 상당히 오랜 시간이 걸릴 것이므로, 이들에 대한 선택권 확대는 학교책임경영제도의 정착과 맥을 같이하여 신중히 고려하는 것이 바람직하다.
95) 독일, 프랑스 등 사회주의적 전통이 있는 유럽국가들은 물론이고 미국, 영국 등 소위 신자유주의적 경제이념을 따르는 국가들도 수요자 입장에서 교육기회의 형평성을 수월성과 동등한 위상의 교육목표로서 강조하고 있다(부표 1 참조).

있다. 그동안 주된 논의 대상이었던 바우처 제도의 실시는 외국의 경우에도 광범위한 저소득층에 대한 바우처 제도의 성공사례가 아직 확립되지는 못하였고, 가계의 소득과 재산을 정확히 파악하기 어렵다는 등 선별·운영상의 문제가 심각하며, 저소득층의 선별 보조금에 대한 불명예감(stigma)이 강할 것이라는 등의 문제점을 안고 있다. 이에 대한 현실적인 대안은 등록금 상한제와 학자금 융자제도인바, 이들 제도의 도입에 대한 충분한 검토와 의견수렴이 요망된다.

Ⅳ. 추진 전략과 전망

교육체제 개혁이 시급할수록, 개혁의 의미와 한계에 대한 명쾌하고 현실적인 이해가 중요하다. 교육발전은 기본적으로 장기적인 과제이며 사회 전반의 진화와 맥을 같이한다. 우리 사회의 현 발전단계를 국가주도의 투입지향적 발전에서 민간주도의 혁신형 발전(innovation-oriented development)으로 정의할 때, 향후 교육개혁의 목표는 과거 정부통제하의 투입관리에 기초한 투입지향적 교육발전체제를 지양하고, 교육현장의 혁신을 유발하고 지원하는 새로운 제도적 환경을 구축하는 데 있다.[96] 문제는, 비록 확고한 정부의 비전과 리더십이 있다고 하더라도, 혁신친화적 교육체제·문화를 정착시키기 위한 제도개혁을 추진하기가 매우 어려우며, 그러한 개혁노력이 제도화되고 민간의 혁신성과로 실현되는 데는 오랜 시간이 걸린다는 사실이다. 우리의 교육문제를 단기간에 획기적으로 해소할 수 있는

---

96) 최근 선진국들을 중심으로 한 교육개혁의 이러한 특징에 대해서는 OECD(1998b) 참조.

정책적 묘방은 없다. 당위론 차원의 공허한 교육발전 비전, 그리고 문제의 시스템적 성격을 무시한 대중적이고 지엽적인 정책실험이나 개혁노력은 교육현장의 혼란과 부작용을 초래할 뿐 아니라 '교육에 대한 회의', '개혁피로' 현상을 고착화시켜 향후의 개혁추진 자체를 어렵게 할 수 있다. 교육부문의 발전적 진화를 저해하는 교육 내적·외적 문제 요인들과 이들 간의 상호관계를 정확히 이해하고, 정책적 선택과 개선이 가능한 제반 요인에 초점을 맞추어 개혁의 궁극적 목표를 달성하는 데 필요한 기초환경 및 핵심요소를 점차적으로 확충해 나가는 중장기적이고 체계적인 접근이 무엇보다 중요하다.

교육체제의 개혁은 기본적으로 정치적 과정이며, 대대적인 이해관계 재편을 수반한다. 구체적이고 현실적인 '문제해결의 청사진', 그리고 개혁의 기본방향에 대한 최소한의 사회적 합의가 필수적이다. 당위론에 입각한 원론적 개혁논리, 개혁추진당국의 강력한 개혁의지만 가지고는 소기의 성과를 거두기가 어려운데, 이는 특히 '양적 팽창'이나 '일반적 접근기회'보다는 민간 주체의 혁신유인과 능력에 기초한 '질적 개선'을 지향하는 교육개혁에 있어서 더욱 그러하다. 시스템적 교육개혁의 필요성 및 방향에 대한 우리 경제주체의 인식수준은 아직 대대적인 제도개혁을 가능하게 할 정도에 와 있지 않을 수 있다.97) 교육정책 당국의 문제해결 능력 부족을 비판하는 견해가 많으나, 우리 사회내 특정 집단이 이러한 문제해결 능력을 보유하고 있다고 보기도 어렵다. 본 논문이 강조하고 있는 교육부문의 내적 구조적

---

97) 이는 한국개발연구원(2000)의 여론조사 결과에도 잘 나타나 있다. 학부모들은 물론, 교원의 대다수가 교육자치제도, 교육재정조달·배분제도 등 교육문제의 구조적, 제도적 원인에 대해서 충분히 인식하고 있지 못하며, 추가적 교육재원 조달을 위한 방법에 대해서도 절대 다수의 응답자들은 '타 부문의 정부재정을 줄여, 교육재원을 확충' '국채 발행' 등과 같이 스스로에 대한 추가적 부담이 발생하지 않는 방안을 선호하고 있다.

문제는 비단 교육만의 문제가 아니며, 사회발전과 환경변화에 부응하는 정부기구와 기능의 발전적 진화의 실패라고 하는 우리 사회의 일반적인 문제와 궤를 같이한다. 그간의 교육투자 증대(교육자치제도와 학교운영위원회 설치 등)와 여러 교육제도의 개혁이 교육의 질적 수준 향상으로 이어지지 못한 것은 기본적으로 시대 여건이 변화했음에도 불구하고 교육에 대한 정부의 역할이 '중거리를 유지한(arms' length relationship) 시장 보완(market-augmenting)'으로 변화하지 못하고, '자의적인 직접 규제자(discretionary regulator)'로 남아 있다는 사실에 기인하는바,98) 이는 금융, 기업, 산업 등 여타 분야에도 마찬가지이다. 사회·경제 개발초기에 정부가 교육, 의료, 금융, 산업 등 여러 분야의 자원배분에 직접적으로 개입하는 것은 여러 나라들에서 관찰되는데, 이러한 정부의 직접개입은 시장의 미성숙(missing markets), 의사결정 체제의 미성숙, 개별 의사결정에의 부정부패 개입 가능성 등의 여건하에서 사회·경제 발전에 긍정적인 역할을 수행할 수 있다. 하지만 사회·경제가 발전함에 따라 이러한 정부의 직접 개입은 그 비용이 커지게 되어 그 타당성을 잃어버리게 된다.99) 경제·사회 발전에 따라 정부가 필요한 역할에 맞도록 스스로 변화·적응한다면 별다른 문제 없이 가장 최적의 발전경로를 따라 사회·경제가 발전할 수 있었을 것이다. 하지만, 경제·사회 체제는 그 자체의 경직성을 가지고 있고 변화된 여건에 상응하는 변화를 이루지 못하기 때문에 위기상황들이 나타나게 되는 것이다(Lanyi and Lee[2000]; Lim[2000]). 경제·사회 체제 경직성의 가장 큰 원인은 정부의 직접개입이라는

---

98) 이처럼 시대에 따른 바람직한 정부역할 변화에 대해서는 Lanyi and Lee(1999) 참조.

99) 시장실패(market failure)를 보완하기 위한 정부의 개입에는 지대추구 행위의 증대(정부와 관련된 부정부패), 비대한 관료조직의 비효율성, 정부 보증에 따른 민간부문의 도덕적 해이 현상 등의 비용이 수반된다.

구체제하에서는 민간의 자율과 책임성에 바탕을 둔 새로운 체제가 필요로 하는 인적자본이 형성되기 어렵고, 이익집단의 이해관계(vested interests)가 생성되어 개혁이 실시되기 어렵다는 점이다(Olson [1982]).

　실제로 우리나라의 교육문제는 금융문제와 그 성격이 매우 유사함을 볼 수 있다. 정부는 경제발전을 위해 육성이 필요하다고 판단되는 기업과 산업에 저금리 자금을 지원하는 도구로서 금융기관들을 이용하였다. 이러한 '관치금융' 체제하에서 금융기관들은 정부의 지시에 따라 대출하고 대출의 결과에 대해서 책임을 질 의무가 없는 자율성·책임성이 없는 기관으로 전락하였다. 자율성·책임성의 결핍과 금융기관간의 경쟁체제의 미확립은 금융기관의 비효율적 운영이라는 정태적 결과와 혁신(innovation)의 미진이라는 통태적 결과를 초래하였다. 이러한 '관치금융'하에서 공식적인 금융시장에서 재원을 조달할 수 없었던 많은 기업들은 사채시장에 의존하였으며, 공식적인 금융시장에 대한 신뢰성을 가질 수 없었던 국내외 저축자들은 국내 금융기관들을 기피(capital flight)하였고, 이러한 모든 모순의 정점으로 외환위기가 나타나게 되었다.

　관치금융에서 나타난 이러한 현상들과 아주 유사한 일들이 교육분야에서도 관찰된다. 우리의 초·중등 교육은 규제와 정부보조금을 통해 정부주도로 이루어져 왔다. 이러한 '관치교육'하에서 학교는 단순히 정해진 교육과정을 획일적으로 전달하는 자율·책임성이 없는 기관이 된다. 사회·경제가 발전함에 따라 국민들은 다양하고 질 높은 교육을 원하게 되는데, '관치교육'하에서의 수동적 교육기관들이 이러한 변화된 수요를 충족시킬 수 없는 것은 당연하다. 급속한 정보화와 정보관련 산업의 성장으로 인하여 노동수요가 변화하고 있으며, 무시험 전형 기조의 대학입시제도가 2002년에 도입될 예정으로 획일적인 교육의 유용성이 감소하고 있다. 또한 민주화에 따라 사회 전반에 걸쳐 투명성과 책임성이 제고되면서 단위학교가 자율적으로 결정할 때 우려되는 학부모-학교간 부정부패 발생의 개연성이 감소하고 있으며, 사회·경제 발전에 따라 단위학교와 지자체의 자율적인 의사결정 및 집행역량이 강화되고 있다. 이러한 여건 변화에도 불구하고 형평성만을 강조하여 단위학교의 책임성, 투명성, 자율성을 무시한 획일적인 교육제도를 유지함으로써 국민들의 공교육에 대한 불만족이 높아지고 있다. 이러한 불만족과 불신감은 사교육의 팽창, 자본유출에 비견될 수 있는 조기유학, 그리고 탈학교운동 등으로 나타나고 있다.

관치금융과 관치교육은 유사한 정치경제적 근원에 뿌리를 두고 있기 때문에 외환위기 이후 모색되고 있는 금융개혁은 교육개혁 방향에 대해 시사하는 바가 있다. 금융개혁의 기본방향은 은행의 자율·책임성의 강화, 투명성 증대, 은행간 경쟁촉진으로 요약될 수 있다. 이제는 금융기관들이 대출과 부실기업 처리에 대해서 좀더 강한 목소리를 가지고, 잘못된 운영으로 부실해진 은행은 시장에서 퇴출될 운명에 처하고 있으며, 예금 부분보장제도 등 은행간의 경쟁을 촉진하기 위한 정책들이 시행되고 있다. 이러한 금융개혁의 예는 교육개혁의 방향이 1) 탈규제화로부터 오는 지방교육자치단체와 단위학교의 자율성·책임성 제고, 2) 정보공개를 통한 학교운영의 투명성 제고, 3) 학교선택권의 부분적 도입을 통한 학교간 경쟁강화를 포함할 것임을 시사한다.

현 시점에서의 교육개혁은 결국 우리 사회 전체의 발전적 진화와 관련된 우리 사회 전체의 집단적 문제해결의 성격이 강하다. 우리 사회 내에 산재되어 있는 문제해결 능력을 얼마나 효과적으로 결합하여, 효과적인 문제해결을 가능하게 하는 사회적 합의기반과 이해조정기제를 얼마나 성공적으로 구축하느냐가 그 성패의 관건이다. 충분한 공론화 과정을 통해 다양한 개혁과제들 간의 위계와 우선순위(sequence)를 밝히고, 주요 관계부처 및 이해당사자들 간의 합의하에 필요한 과제 모두를 통합된 개혁의 틀 안에서 단계적으로 추진·실행해 나가는 체계적이고 전략적인 접근방법이 요구된다. '개혁의 결과'는 일관되게 추구하되 '문제해결을 위한 협상과 합의'가 그 과정의 원칙이 되는 새로운 접근방법이 요청된다.

참고문헌

〈국문자료〉

교육부·한국교육개발원, 『교육통계연보』, 1999.

기획예산위원회·예산청, 『한국의 재정 1999』, 1999.

기획예산처, 『2000년 예산개요』, 1999년 12월.

박정수, 「교육부문 예산의 효율성 제고방안」, 이계식·황성현(편), 『경제위기 극복을 위한 재정개혁』, 한국개발연구원, 1998.

──────, 「교육재정체계 개혁방안」, 『지방행정연구』, 13(1), 한국지방행정연구원, 1999, pp.49~66.

새교육공동체위원회, 『교육재정의 안정적 확보 방안』, 2000.

안종석, 『교육재정 및 교육자치제』, 2000.

우천식, 「교육재정확충과 투자효율화」, 기획예산처 정책토론회 자료, 2000. 3.

윤정일, 『교육재정의 이론과 실제』, 세영사, 2000.

이주호, 「학교정책 개혁의 원칙과 의제」, 미발간 자료, 2000.

이주호·우천식, 「한국교육의 개혁과 실패」, 『KDI 정책연구』, 1998.

재정경제부, 『조세개요』, 2000.

한국개발연구원, 『교육재정 확충·효율화를 위한 교육구조개혁 연구』(기획예산처 의뢰 정책용역보고서), 2000.

한국교육개발원, 『교육통계 편람』, 2000.

──────, 『지방교육자치제도 재구조화 연구』, 2000.

한국조세연구원, 『지방자치환경의 변화에 따른 지방교육재정조정제도의 개편방안』, 2000.

〈영문자료〉

Corrlales, Javier, "The Politics of Education Reform: Bolstering the Supply and Demand; Overcoming Institutional Blocks", *The Education Reform and Management Publication Series*, Vol. II, No. 1, The World Bank, Washington, D.C., 1999.

Delannoy, Francoise, "Education Reforms in Chile, 1980~98: A Lesson in

Pragmatism", *The Education Reform and Management Publication Series*, Vol. I, No. 1, The World Bank, Washington, D.C., 2000.

Fiske, Edward B., *Decentralization of Education: Politics and Consensus*, The World Bank, 1996.

Lanyi, Tony and Young Lee, "Governance Issues in the East Asian Financial Crisis", forthcoming in *Market-Augmenting Government* edited by Omar Azfar and Charles Cadwell, August 1999.

Lim, Wonhyuk, *The Origin and Evolution of the Korean Economic System*, Policy Study 2000-03, Korea Development Institute, 2000.

Pascoe, Susan and Robert Pascoe, "Education Reform in Australia: 1992~1997", *The Education Reform and Management Publication Series*, Vol. I, No. 2, The World Bank, Washington, D.C., 1998.

Perris, Lyall, "Implementing Education Reforms in New Zealand: 1987~97", *The Education Reform and Management Publication Series*, Vol. I, No. 2, The World Bank, Washington, D.C., 1998.

Hanson, E. Mark, "Democratization and Educational Decentralization in Spain: A Twenty Year Struggle for Reform", *The Education Reform and Management Publication Series*, Vol. I, No. 3, The World Bank, Washington, D.C., 2000.

OECD, *Review of National Policies for Education: Korea*, OECD, Paris, 1998a.

————, *Innovating Schools*, OECD, Paris, 1998b.

Olson, Mancur, *The Rise and Decline of Nations*, Yale University Press, New Haven and London, 1982.

The World Bank and OECD, *Korea's Transition to a Knowledge-based Economy*, The World Bank, 2000.

<부표 3-1> 주요 선진국들의 최근 교육개혁 동향과 특징

국가	주요 내용
미국	- 교육제도 전반에 걸친 총체적 통합적인 계획(초·중등학교가 초점); 범국가·범정권적 추진 체계; 94년 장기계획 'Goals 2000' 입법화, 연방-주-지방간 유기적 협력, 연방의 기획·평가·지원 기능 강조 - 초·중등교 기초학력 강화(국가학업성취기준 설정, 학력평가 강화), 책임학교 경영요소, 학부모 참여/선택권 확대(협약학교 등), 교원 양성·전문화, 취약학생/지역 집중지원, 유아교육 확대 - 핵심 목표: 수월성(기초학력), 책무성, 형평성, 국가경쟁력
영국	- 시장원리, 수월성 개념에 입각한 총체적 개혁(초·중등교육 중심); 중앙정부-교육수요자 연대, 범국가적, 범정권적 추진 구도(80년 교육법, 88년 교육개혁법, 92년 학교교육법, 97년 교육백서) - 국가교육과정·국가학력고사 도입; 고교졸업·대입제도 개편; 학교선택권 및 학교책임경영제도, 중앙의 평가·지원 강화(지방교육청 중개→단위학교 직접지원 전환); 정보기술교육 강화 - 핵심 목표: 국가경쟁력, 수월성(학업), 책무성, 시장경쟁 원리
프랑스	- 대학, 초·중등교육 전체를 포괄하는 포괄적인 개혁안 추진 중(최근 가속화); 범정권적 차원; 89년 교육방향법(장기비전), 96년 Fauroux 개혁안(초·중등), 97 Bayrou 개혁안(대학) - 분권화·규제완화(교육부 감축, 학교 자율권 확대); 초·중등 수업일수 감축, 직업기술·진로교육 강화(일반·실업교육 융합), 시민교육 강화; 교원양성·인증제도 개혁, 대학교육 확대(입시제도, 장학금) - 핵심 목표: 교육체제 유연화, 다양성, 실용성, 형평성, 시민교육
독일	- 체제정비 및 국가경쟁력 기반 강화 차원에서 범국가적 교육개혁 논의 가속화(대학개혁→초·중등교육 전반 확산); 사회적 합의 중시 - 대학 개혁(정원 확대, 재정자율성 강화, 차등지원, 학생선발권 인정, 교수임용제도, 학년도통일·단축); 초·중등교육제도(실업계학교 통합, 인문·실업교육 융합); 학교자율권 확대; 가치교육; 외국어교육 - 핵심 목표: 형평성, 다양성, 외국제도와의 정합성, 가치교육
일본	- 경직적, 획일적 학교제도 개선을 위한 지속적 문제해결 노력, 성과 미진(90년대 중앙교육심의회 제안→97 문부성 개혁프로그램) - 학교와 사회의 연대강화(경제단체 등 지역 참여 확대); 지방 교육행정체제 개선; 탈학교/입시학습(주5일 학교제 정착); 학교제도 다양화·탄력화(중·고 통합제, 종합학과 고교, 단위고교제), 교원문제(적체 해소, 양성제도 개편) - 핵심 목표: 교육체제 유연성, 학력→학습력, 다양성, 평생학습

자료: 한국개발연구원(2000)에서 재인용

제 2 부   재정제도의 개혁과제

제 4 장 재정개혁의 현황과 과제

I. 서 론

외환위기 이후 한국의 재정은 급격한 변화를 겪고 있다. 1980년대 초 이후 어느 정도 균형상태를 유지해 오던 중앙정부의 재정수지는 외환위기 기간에 경기하락에 따른 세입의 감소와 금융구조조정 등에 따른 세출의 증가로 인해 큰 폭의 적자를 나타내었다. 또한 GDP 대비 정부부채는 외환위기 직후 3년간 약 3배 증가하였다.

현재의 상황은 제1차 석유파동 직후 OECD 국가들의 상황(도 4-1)과 유사하다. 석유파동 이전에 대부분의 OECD 국가들은 균형에 가까운 재정상태를 유지해 왔다. 그러나 석유파동에 대처하여 1970년대 하반기 중 확장적인 재정정책을 실시한 결과 재정적자가 큰 폭으로 증가하였다. 이로 인해 정부부채가 증가하였으며, 이는 다시 이자지출을 증대시키고 적자폭을 더욱 확대시켰다. 최근에 와서야 몇몇 국가에서 재정이 다시 균형으로 돌아서고 있는 실정이다.[100]

본고는 우리나라의 재정을 다시 안정화시키기 위한 방안을 여러

---

100) 예를 들어 미국정부는 연방정부의 흑자가 상당기간 지속되어 2013년경에는 정부부채를 모두 갚을 수 있을 것으로 전망한다. 그러나 실제로 이런 전망이 실현될지는 매우 불확실하다(*The Economist*, 2000. 2. 12).

[도 4-1] G7 국가의 일반정부 재정수지

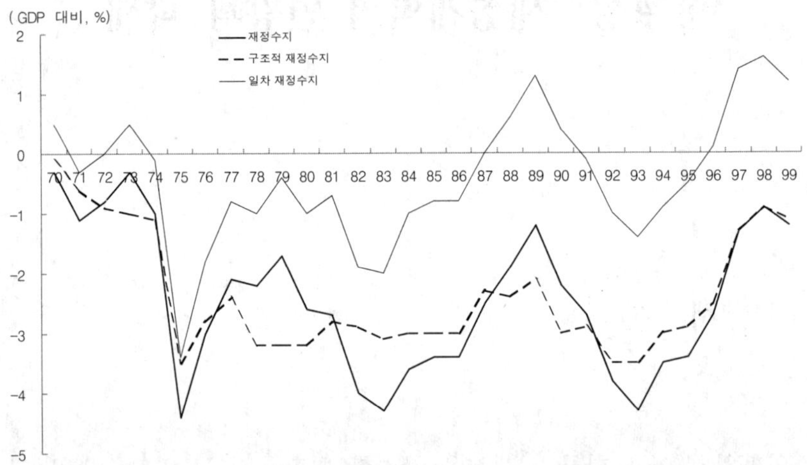

주: 구조적 재정수지(structural balance) = 자동안정화(automatic stabilizer) 요인을 제
    거하고 계산한 재정수지, 기초 재정수지(primary balance) = 이자지불액을 제
    외하고 계산한 재정수지.
자료: 1970~81년은 Tanzi and Fanizza(1995), 1982~99년은 OECD, *OECD Economic
    Outlook*, 각호.

측면에서 다각적으로 검토하는 데 목적이 있다. 이를 위해 Ⅱ절에서
는 거시적 측면에서 그동안의 재정정책기조를 평가하고, 향후 재정
운영의 주안점은 어디에 두어야 하는지를 살펴본다. Ⅲ절에서는 일
반회계·특별회계·기금으로 이루어져 있는 우리나라 예산체계의
문제점을 예산의 배분적 효율성과 투명성·책임성 측면에서 논의하
고 개선방향을 제시한다. Ⅳ절에서는 예산과정의 문제, 즉 예산편
성·예산심의·예산집행에 관한 문제를 살펴본다. 마지막으로 Ⅴ절
은 요약 및 정책건의로 이루어져 있다.

Ⅱ. 중장기적 재정지출 증가의 억제

1. 재정운영의 역사

1970년대와 1980년대 초까지 재정수지는 한 번도 적자를 벗어나지 못하였다(도 4-2). 이 기간 중 GDP 대비 재정적자는 평균 3% 수준에 달하였다. 농업부문에 대한 소득이전, 사회간접자본에 대한 집중적 투자, 중화학공업부문에 대한 산업보조금 등을 위해 대규모의 재정 지출이 이루어졌으며, 이로 인해 재정적자가 불가피하게 발생하였다. 그러나 빠른 경제성장 덕분에 재정규모는 GDP의 20% 수준에서 억 제될 수 있었다(도 4-3).

이러한 재정정책기조는 1980년대 초에 중요한 변화를 겪게 되었다.

[도 4-2] 중앙정부 통합재정수지

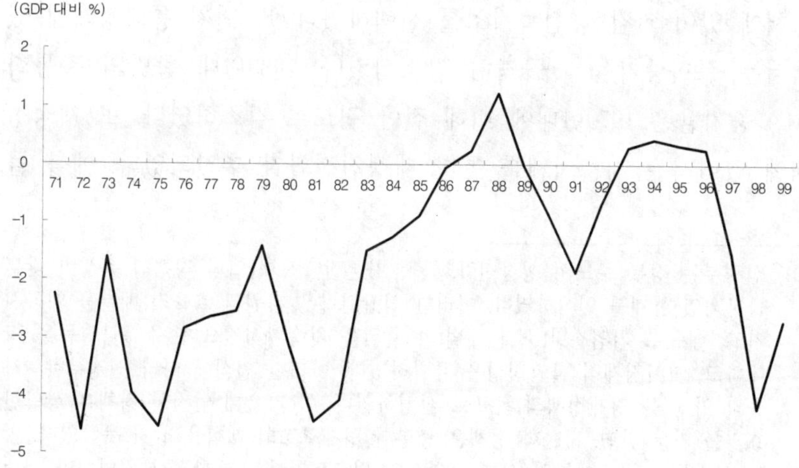

자료: 재정경제부, 『한국통합재정수지』, 각년도.

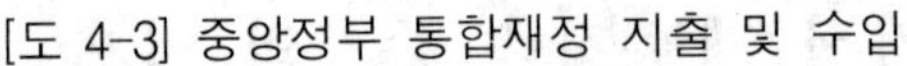

[도 4-3] 중앙정부 통합재정 지출 및 수입

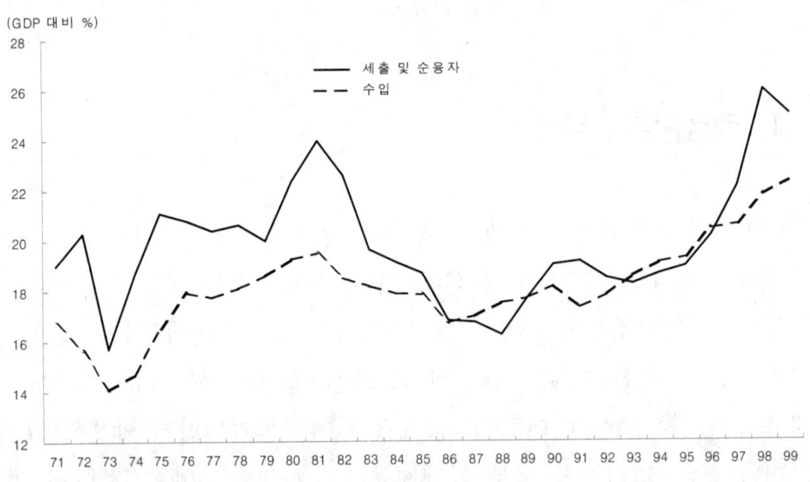

자료: 재정경제부, 『한국통합재정수지』, 각년도.

　1970년대 말의 제2차 석유파동과 유신체제의 종말로 인한 정치적 불안정의 결과 1980년에는 물가가 크게 상승하고 성장률이 마이너스 (−)를 기록하였다. 이러한 혼란 속에 집권한 신정부는 통화 및 재정 정책에 있어 과감한 긴축기조를 선택하였다.[101] 먼저 통화정책에 있어서는 통화증가율을 급격히 감소시켰다. 1980년대 중반의 총통화 (M2) 증가율은 1970년대에 비해 절반 정도로 감소하였다. 또 재정정 책에 있어서는 지출억제를 통한 재정건전화가 추진되었다. 예를 들

---

101) 신정부는 정부 주도의 성장전략, 특히 자본집약적 산업의 정책적 육성이 갖는 근본적인 한계를 인식하였다. 이러한 성장전략은 자원의 효율적 배분을 왜곡시 키고, 대규모 기업집단(소위 재벌)의 출현을 가속화시켰으며, 소득불평등을 확 대하고, 거시경제적 불안정성을 유발하였다. 이러한 인식에 따라 신정부는 "자 율과 안정"을 경제정책의 목표로 설정하였다. 이 가운데 안정화 정책은 상당한 효과를 거둔 반면, 자율화 정책은 충분한 경제구조의 개혁을 낳지 못하였다. 많 은 사람들은 구조개혁의 실패가 최근의 외환위기를 초래한 근본원인이라고 생 각한다.

[도 4-4] 중앙정부 통합재정 지출 및 수입의 실질증가율

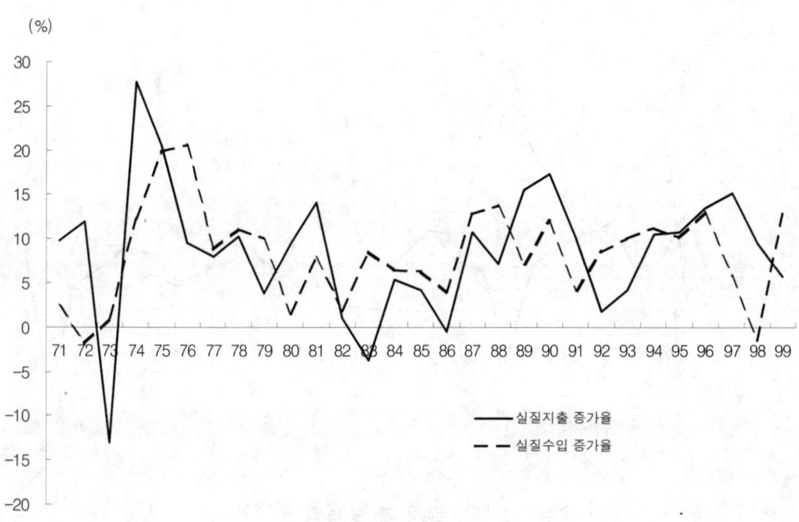

주: 실질지출 및 실질수입은 GDP디플레이터를 이용하여 계산.

어 1983년의 지출증가율은 실질가격 기준으로 -3%에 불과하였으며, 1987년까지 낮은 증가율이 유지되었다(도 4-4).

이 시기에 재정운용에 있어 중요한 원칙이 확립되었는데, 그것은 '세입내 세출'의 원칙이다. 이것은 법제화된 규정은 아니었고, 행정부가 자기 자신을 통제하기 위해 스스로에게 부과한 내부적 규율이었다. 이러한 내부적 통제장치는 아직까지도 상당 부분 유지되고 있다.

한편, 빠른 경제성장과 다소 높은 물가상승률(도4-5) 덕분에 조세수입은 종종 예상보다 많이 실현되었다. 세입내 세출의 원칙과 더불어 양호한 조세수입으로 인해 정부는 어렵지 않게 균형재정을 유지해올 수 있었다. 또한 1988년에 도입된 국민연금제도는 통합재정수입을 GDP 대비 1~2% 정도 높이는 데 기여하였다.102)

---

102) 그러나 국민연금의 장기적 재정건전성은 매우 취약하다. 연금재정의 안정성을 확보하기 위해서는 보험료율이 20% 가까운 수준으로 상승해야 할 전망이다.

[도 4-5] 성장률과 물가상승률

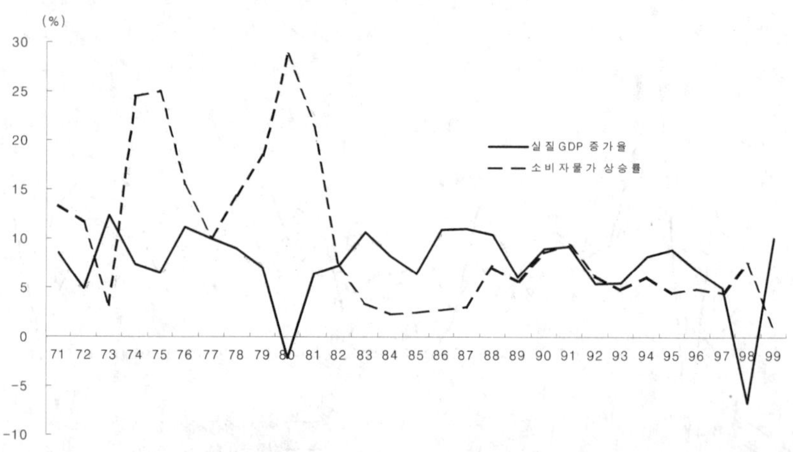

[도 4-6] 정부부채

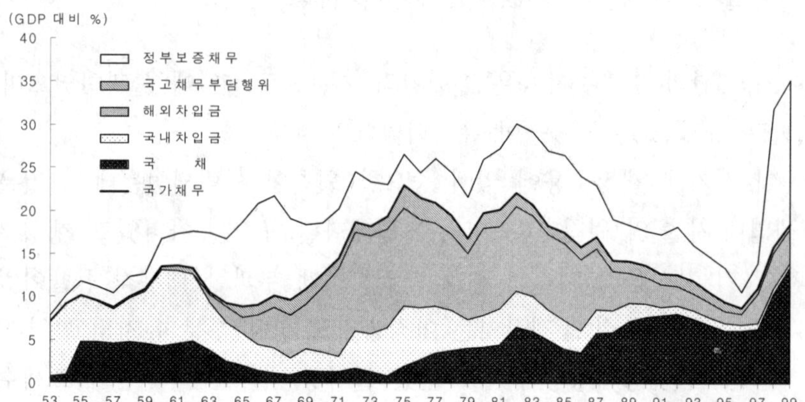

자료: 한국개발연구원, 『한국재정 40년사』, 1991 및 기획예산처, 『예산개요 참고자료』, 각년도.

재정수지가 균형상태를 유지함에 따라 정부부채는 매우 낮은 수준에 머무르게 되었다(도 4-6). 외환위기 이전인 1996년에 중앙정부의 총부채는 GDP의 10% 미만이었으며, 순부채는 마이너스(−)를 보였다. 즉, 정부부문은 민간부문에 대해 순채권자의 입장에 서 있었다.[103) 지방정부 역시 전반적으로 재정상황이 양호하였다.

그러나 외환위기는 우리나라의 재정상황을 크게 뒤흔들어 놓았다. 세입 측면에서 경기침체로 인해 세수가 급격히 감소하였을 뿐 아니라 세출 측면에서 금융구조조정 지원과 빈곤 및 실업대책을 위해 대규모 자금이 방출되었다.

금융구조조정을 위한 재정지원은 주로 두 공사(예금보험공사 및 자산관리공사)가 발행하는 정부보증채권에 대한 이자지급의 형태로 이루어졌다.[104) 이들 채권의 잔고는 현재 약 64조원(1999년 경상GDP의 약 13%)에 달한다. 정부는 발행주체들에게 채권원금에 대한 지급보증을 제공하는 한편, 무이자 융자를 통해 이자지급을 지원해 주고 있다.

사회복지지출은 외환위기 이후 거의 두 배로 증가하였다. 실업률은 1997년 이전까지 2～3% 수준에 머물렀으나 1998년 7% 가까운 수준으로 상승하였으며, 이에 따라 빈곤층 실직자가 급속히 확대되었다. 이에 대처하고자 정부는 공공근로사업 등을 통해 빈곤층에 대한 소득지원을 확대하였다. 또한 1995년에 도입된 고용보험제도는 그 적용대상이 크게 넓혀지고 급여수준도 상승하였다.[105)

---

103) 그러나 정부채권의 質이 얼마나 양호한가에 대해서는 의문이 제기된다. 정부채권의 대부분은 지방정부 및 민간부문에 대한 융자금인데, 이들 융자금의 회수율은 제대로 파악되어 있지 못하다.

104) 예금보험공사는 자본금이 부족한 금융기관에 대해 자금을 지원하고 청산된 금융기관의 예금자들에 대해 예금을 대지급해 주는 역할을 담당한다. 자산관리공사는 어려움에 빠진 금융기관이 보유하고 있는 부실자산을 매입해 주는 역할을 담당한다.

105) 그러나 우리나라의 사회복지지출은 서구 선진국에 비해 아직 규모가 작은 편이다. 이는 무엇보다도 우리나라에서 사회복지제도가 도입 초기단계에 있기 때문이다. 그러나 2000년 10월부터 시행된 기초생활보장제도가 정착되고 2008년부터 국민연금의 완전노령연금이 지급되면 서구 선진국과 유사한 수준으로 사회

이러한 상황변화는 정부재정에 큰 충격을 주었다. 외환위기 전까지 균형상태를 유지해 오던 재정수지는 GDP 대비로 1997년 -1.5%, 1998년 -4.2%, 1999년 -2.7%의 적자를 보였다. 또한 GDP 대비 정부부채는 1996년 10% 미만에서 1999년 18% 수준으로 상승하였다. 보증채무를 포함시킬 경우 이 비율은 35% 이상으로 올라간다. 이것은 우리나라 역사상 가장 높은 수준이다. 이로 인한 정부의 높은 이자부담은 재정운용에 상당한 어려움을 초래할 것이다.

2. 재정운영의 평가

앞에서 설명한 것처럼 우리나라의 재정은 그동안 전반적으로 양호한 상태를 유지해 왔다. 특히 1980년대 초에 시작된 적극적인 재정수지 개선노력에 힘입어 1980년대 중반부터는 재정수지가 만성적인 적자기조에서 벗어날 수 있었을 뿐 아니라 GDP 대비 재정규모 자체가 비교적 낮은 수준에서 유지될 수 있었다. 물론 1988년부터는 GDP 대비 재정규모가 다시 증가하고 있고, 외환위기 이후에는 급증하는 모습을 보이고 있는 점이 우려되기는 한다. 이에 대해서는 나중에 다시 논의하기로 하자.

이처럼 안정적으로 재정을 운용해 온 결과 정부는 국민부담도 낮은 수준에 머무르게 할 수 있었으며, 또한 외환위기가 발생했을 때 신속하게 대규모의 재정지원을 제공할 수 있었다. 그러나 학계에서는 세입내 세출 원칙에 대한 반론도 많이 제기되어 온 것이 사실이다. 이러한 반론은 크게 두 가지로 요약된다. 하나는 재정의 경기안

복지지출이 확대될 전망이다.

정화기능이 무시되었다는 것이며, 둘째는 사회간접자본과 같은 중요
분야에 대한 투자가 충분히 이루어지지 않았다는 것이다. 본절에서
는 이러한 주장의 타당성을 살펴보기로 한다.

가. 재정의 경기안정화기능

주지하는 바와 같이 재정의 경기안정화기능이란 경기변동에 대응
하여 재정수지가 신축적으로 변동함으로써 경기변동의 폭을 줄여주
는 기능을 말한다. 어느 정도의 경기안정화가 가장 적합한지에 대한
이론적 근거는 제시하기 어렵다. Aschauer and Greenwood(1985)는 경
기안정화가 오히려 국민후생을 감소시킨다는 결과를 제시한다(pp.
101~107). 따라서 우리나라 재정의 경기안정화기능이 미약하다는 주
장은 어떤 절대적 수준에 비해 미약하다는 것이 아니라 연구자가 마
음 속에 암묵적으로 생각하는 적정 수준 또는 외국의 수준에 비해
미약하다는 주장인 경우가 많다(박성준·이정욱[1996] 등).
그러나 과연 외국보다 우리나라 재정의 경기안정화기능이 미약하
였는가의 여부는 보다 자세히 살펴볼 필요가 있다. 이를 위해 본고에
서는 Bayoumi and Eichengreen(1995)의 방법을 따라 다음과 같은 회귀
분석을 실시하였다.[106]

$$(1) \qquad \Delta\left(\frac{BAL}{GDP}\right) = a_o + a_1\,y + a_2\,\pi + a_3\,\Delta\left(\frac{BAL}{GDP}\right)_{-1}$$

$$+ a_4\left(\frac{BAL}{GDP}\right)_{-1} + \varepsilon.$$

식 (1)에서 (BAL/GDP)는 경상GDP 대비 재정수지, y는 실질

---

106) Gavin and Perotti(1997)는 비슷한 방법을 적용하여 중남미 자료를 분석한 바
   있다.

GDP 증가율,[107] π는 물가상승률, Δ는 차분을 의미한다. 식 (1)에서 a_1은 성장률 변화에 대한 재정수지의 민감도를 나타낸다. 즉, a_1이 큰 값일수록 성장률에 대해 재정수지가 민감하게 반응하여 경기를 보다 더 안정화시키는 역할을 수행하게 된다.[108][109] 이하에서는 논의의 편의상 a_1은 "성장률 탄성치"로 부르기로 하자.

<표 4-1>은 고정효과(fixed effect)를 고려한 패널회귀분석을 통해 식 (1)을 추정한 결과이다. 추정에는 우리나라의 경우 국민계정상의 일반정부 자료, 외국의 경우 OECD에서 판매하는 「Fiscal Positions and Business Cycles」 자료를 사용하였다.[110] 이 자료는 OECD 국가의

---

107) 이하에서 증가율은 모두 로그 증가율을 의미한다.

108) 식 (1)은 단순회귀분석에 의해 추정하였다. 따라서 동시성(simultaneity)의 문제가 발생할 수 있다. 즉, a_1의 추정치는 성장률에 대한 재정수지의 민감도뿐 아니라 재정수지에 대한 성장률의 민감도도 반영하게 된다. 논의의 단순화를 위해 이러한 문제는 덮어두기로 하자.

109) 재정의 안정화기능은 두 가지로 구분된다. 즉, 경기변동에 따른 조세나 사회보장지출 등의 자동적 변화에 의존하는 자동안정화기능과 정부의 의도적인 정책변경에 기인하는 재량적 안정화기능으로 구분된다. 재량적 안정화정책은 자동안정화기능만으로는 불충분하다고 생각되는 경우에 실시된다. 연구자들은 재정의 안정화기능을 측정하기 위해 흔히 재량적인 안정화기능만을 살펴보는 경향이 있다. 이때 많이 활용되는 지표는 구조적 재정수지이다. 그러나 Blanchard (1990, p.19)의 지적과 같이 총수요에 영향을 미치는 것은 두 가지 안정화기능의 합이기 때문에 재량적인 안정화기능만을 살펴보는 것은 바람직하지 않다. 예를 들어, 조세의 누진성이 강하거나 사회보장지출이 많아 재정의 자동안정화기능이 큰 경우 재량적 안정화기능에 대한 수요는 줄어들 수밖에 없으며 이 경우 재량적 안정화기능이 약하다고 하여 재정이 전체적으로 안정화기능을 제대로 수행하고 있지 못하다고 평가할 수는 없다. 따라서 본고에서는 자동안정화기능과 재량적 안정화기능을 구분하지 않았다.

110) 일반정부 자료가 아닌 통합재정자료를 사용할 수도 있다. 외국의 통합재정자료는 IMF의 CD-ROM에 수록되어 있는데, 총지출, 총수입, 재정수지 정도만이 수록되어 있어 본고와 같은 상세한 분석이 불가능하다. 우리나라의 경우 일반정부 기준의 재정수지와 통합재정 기준의 재정수지는 대개 같은 방향으로 움직여 왔다(고영선[2000a] 참조). 그러나 아래에서 설명하는 바와 같이, 통합재정 기준의 재정수지를 사용할 경우 재정수지의 경기역행적(counter-cyclical) 성향이 매우

<표 4-1> 실질성장률에 대한 재정수지의 민감도

	한국	OECD	G6	미국	일본
성장률 탄성치	0.091 (0.073)	0.420 (0.053)***	0.202 (0.053)***	0.339 (0.106)***	0.470 (0.156)***
한국과 외국의 탄성치 차이		0.328 (0.193)**	0.111 (0.124)	0.248 (0.131)**	0.379 (0.174)**
R^2	0.44	0.29	0.31	0.54	0.58

	독일	프랑스	이탈리아	캐나다
성장률 탄성치	-0.037 (0.098)	0.340 (0.135)***	0.361 (0.210)**	0.480 (0.134)***
한국과 외국의 탄성치 차이	-0.129 (0.132)	0.249 (0.152)*	0.270 (0.231)	0.389 (0.175)**
R^2	0.37	0.59	0.40	0.55

주: 1) 본문의 식 (1)을 추정한 결과 가운데 a_1의 추정치만을 보고.
  2) 한국과 외국의 탄성치 차이 = 외국의 탄성치 - 한국의 탄성치.
  3) ( ) 안은 표준오차이며, ***는 1% 수준에서 유의함을, **는 5% 수준에서 유의함을, *는 10% 수준에서 유의함을 의미.
  4) 표본기간: 1980~97년.

일반정부 자료를 취합·정리한 것이다. 자료에 포함된 국가 가운데 영국, 뉴질랜드, 그리스, 아일랜드는 자료가 불완전하여 회귀분석에서 제외하였다. 이에 따라 표본에 포함된 나라는 한국을 포함한 17개 국가이다.

<표 4-1>에 따르면, 우리나라의 경우 성장률 탄성치(a_1)의 추정치

커지는 것으로 나타난다.

는 0.091로서 통계적 유의성을 갖지 못한다. 반면, OECD 국가들의 경우에는 추정치가 0.420으로서 1% 수준에서 유의성을 갖는다. 즉, 실질성장률이 1% 증가하면 GDP 대비 재정수지는 0.420% 증가하였다. 또 한국의 성장률 탄성치(0.091)와 OECD 국가들의 성장률 탄성치(0.420) 사이의 차이는 0.328로서 1% 수준에서 유의성을 갖는다. 그리고 G6 국가[111] 전체와 미국, 일본, 프랑스, 이탈리아, 캐나다는 한국보다 성장률 탄성치가 크며, 이탈리아를 제외하고는 이러한 차이가 통계적으로 유의하다.

결론적으로, 우리나라는 외국에 비해 재정수지가 성장률에 반응하는 정도가 작다고 말할 수 있다. 이는 재정의 경기안정화기능이 미약하다는 기존의 주장을 뒷받침하는 것이다. 그렇다면 이것은 구체적으로 어디에 기인하는 것일까? 이에 대한 해답을 얻기 위해 다음 식 (2) 및 식 (3)과 같은 회귀분석을 실시하였다.

$$(2) \quad R = a_o + a_1 y + a_2 \pi + a_3 R_{-1} + a_4 \left(\frac{BAL}{GDP} \right)_{-1} + \varepsilon.$$

$$(3) \quad X = a_o + a_1 y + a_2 \pi + a_3 X_{-1} + a_4 \left(\frac{BAL}{GDP} \right)_{-1} + \varepsilon.$$

위에서 R은 명목세입 증가율, X는 명목세출 증가율을 의미한다. 회귀분석 결과는 <표 4-2> 및 <표 4-3>에 각각 제시되어 있다.

먼저 <표 4-2>를 살펴보면, 우리나라의 경우 총세입의 탄성치는 0.985로 추정된다. 이는 외국과 비교할 때 큰 차이가 없다. OECD 국가들의 평균적인 탄성치는 우리나라의 탄성치보다 0.065만큼 작지만, 이러한 차이는 통계적 유의성을 갖지 않는다. 또 우리나라는 G6 국가 전체 및 개별 G6 국가들과도 큰 차이를 보이지 않고 있다. 총세입

---

111) G6 국가는 G7 국가 가운데 영국을 제외한 것이다.

<표 4-2> 실질성장률에 대한 세입의 민감도

	한국의 탄성치	한국과 외국의 탄성치 차이			
		OECD	G6	미국	일본
총 세 입	0.985	-0.065	0.032	0.207	0.642
	$(0.271)^{***}$	(0.275)	(0.229)	(0.374)	$(0.471)^{*}$
조세수입	1.080	-0.071	-0.035	0.112	0.692
	$(0.343)^{***}$	(0.283)	(0.253)	(0.455)	(0.606)
세외수입	0.338	-0.353	0.173		0.683
	(0.550)	(1.221)	(0.883)		(1.248)

	한국과 외국의 탄성치 차이			
	독일	프랑스	이탈리아	캐나다
총 세 입	0.284	-0.444	-1.100	-0.031
	(0.286)	(0.440)	$(0.564)^{**}$	(0.346)
조세수입	0.214	-0.418	-1.116	-0.104
	(0.357)	(0.550)	$(0.664)^{**}$	(0.460)
세외수입	0.437	-1.080	-1.032	0.668
	(0.977)	(1.095)	(1.751)	(0.657)

주: 1) 본문의 식 (2)를 추정한 결과 가운데 a_1의 추정치만을 보고.
　 2) 한국과 외국의 탄성치 차이 = 외국의 탄성치 - 한국의 탄성치.
　 3) ( ) 안은 표준오차이며, ***는 1% 수준에서 유의함을, **는 5% 수준에서
　　　유의함을, *는 10% 수준에서 유의함을 의미.
　 4) 표본기간: 1980~97년.

을 조세수입과 세외수입으로 구분하여 보더라도 유사한 결론에 도달하게 된다. 따라서 <표 4-1>에서와 같이 우리나라 재정수지의 성장률 탄성치가 낮은 것은 지출측면의 요인에 기인한다고 추측할 수 있다.

<표 4-3> 실질성장률에 대한 지출의 민감도

	한국의 탄성치	한국과 외국의 탄성치 차이			
		OECD	G6	미국	일본
총 지 출	0.796 (0.301)**	-0.857 (0.773)	-0.303 (0.379)	-0.654 (0.391)*	-0.685 (0.461)*
정부투자	1.151 (0.718)*	0.177 (0.881)	0.583 (0.602)	-0.226 (0.960)	-0.896 (1.228)
정부소비	-0.185 (0.365)	0.621 (0.254)***	0.759 (0.270)***	0.507 (0.463)	0.274 (0.485)
이전지출 및 보조금	0.909 (0.661)*	-1.955 (1.901)	-0.867 (0.535)*	-1.546 (0.868)**	-1.008 (0.878)

	한국과 외국의 탄성치 차이			
	독일	프랑스	이탈리아	캐나다
총 지 출	0.491 (0.340)*	-1.118 (0.426)***	-1.135 (0.621)**	-0.715 (0.409)**
정부투자	1.275 (0.768)*	0.568 (1.133)	0.074 (0.277)	-0.138 (1.001)
정부소비	1.563 (0.399)***	-0.175 (0.614)	0.784 (0.711)	0.411 (0.473)
이전지출 및 보조금	0.550 (0.698)	-1.453 (0.935)*	-1.643 (1.131)*	-1.914 (0.774)***

주: 1) 본문의 식 (3)을 추정한 결과 가운데 a_1의 추정치만을 보고.

2) 한국과 외국의 탄성치 차이 = 외국의 탄성치 − 한국의 탄성치.

3) ( ) 안은 표준오차이며, ***는 1% 수준에서 유의함을, **는 5% 수준에서 유의함을, *는 10% 수준에서 유의함을 의미.

4) 표본기간: 1980～97년.

<표 4-3>은 식 (3)을 추정한 결과이다. 총지출의 경우 우리나라의 성장률 탄성치는 0.796이고 통계적으로 유의하다. OECD 국가들의 평균적인 탄성치는 우리나라보다 0.857만큼 작다. 즉, OECD 국가들의 평균적인 탄성치는 −0.061로서 성장률이 증가하면 총지출은 감소하는 경향이 있다.[112] 이는 재정의 경기조절기능 측면에서 바람직한 것이다. 반면에 우리나라의 경우에는 성장률이 증가하면 총지출도 증가하는 경향을 보이므로 오히려 경기변동에 악영향을 준 것으로 파악된다.

이제 총지출을 정부투자, 정부소비, 이전지출 및 보조금으로 나누어 보면, 이러한 경기동행적 특성은 주로 이전지출 및 보조금에 기인함을 알 수 있다. 정부투자는 외국의 경우에도 경기동행적으로 움직이는 경향이 있다. 정부투자의 탄성치는 우리나라의 경우 1.151로서 10% 수준에서 유의하며, 외국의 경우 미국·일본·캐나다를 제외하고 모두 우리나라보다 다소 높다. 또한 정부소비는 우리나라의 경우 약간 경기역행적으로 움직이나 외국의 경우에는 매우 경기동행적으로 움직이는 경향이 있다.

반면에 이전지출 및 보조금은 우리나라의 경우 경기와 동행하는 모습을 보이나 외국의 경우에는 경기와 역행하는 모습을 보인다. 우리나라의 탄성치는 0.909로서 10% 수준에서 유의하나, OECD 국가들의 평균적인 탄성치는 우리나라보다 1.955만큼 작은 −1.046이고, 이 추정치는 통계적으로 유의하다. 개별 국가들 가운데 독일만이 우리나라보다 탄성치가 높고, 다른 나라들은 모두 한국보다 탄성치가 낮으며 음(−)의 추정치를 보이고 있다.

우리나라의 경우 이전지출 및 보조금이 다른 나라와 달리 경기역행적으로 움직이는 것은 우리나라의 사회보장제도를 고려할 때 당연

---

112) 그러나 이는 통계적으로 유의하지 않다.

한 결과이다. 성장률과 반대 방향으로 지출이 증가하는 대표적인 사회보장제도인 고용보험제도가 우리나라에 도입된 것은 1995년의 일이다. 또한 공적부조제도 역시 아직은 발달되어 있지 못하다. 외국과 비교해 보면, 우리나라의 이전지출 및 보조금이 극히 낮은 수준을 보여 왔음을 알 수 있다(도 4-7).

이상의 논의를 요약하면, 우리나라가 외국에 비해 재정의 경기안정화기능이 미약한 이유는 주로 세출 가운데 이전지출 및 보조금의 비중이 낮고, 특히 경기안정화에 직접적 영향을 미치는 고용보험제도나 공적부조제도가 아직 발달되어 있지 못한 데 있는 것으로 보인다. 반면, 정부투자나 정부소비는 외국에 비해 오히려 경기동행성이

[도 4-7] GDP 대비 항목별 지출

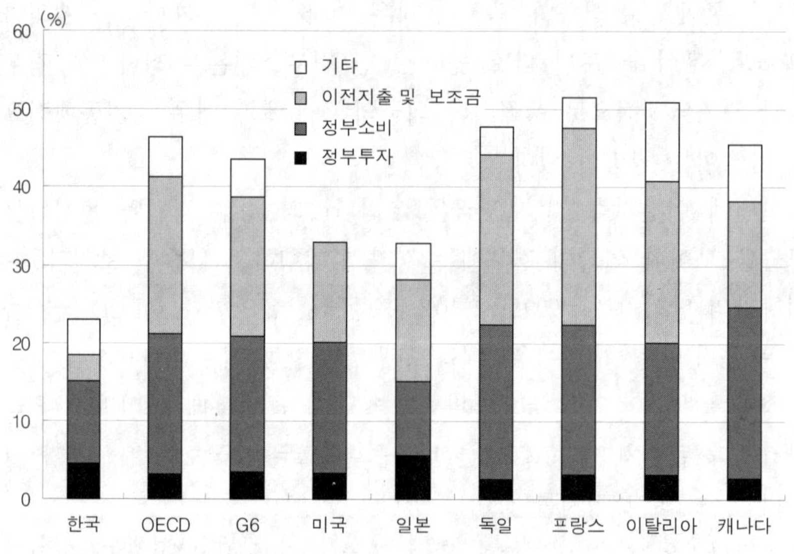

주: 1) 1980~97년의 평균값.
　　2) OECD 국가 및 G6 국가의 경우 단순평균을 사용.
　　3) 기타는 이자지급, 토지매입, 감가상각(△) 등을 포함.
자료: OECD, *Fiscal Positions and Business Cycles*, 1998.

작으며, 세입의 경우에는 외국과 큰 차이가 없는 것으로 보인다.[113]

따라서 우리나라 재정의 경기안정화기능이 미흡하다는 사실에 대해 크게 우려할 이유는 없다고 판단된다. 최근 고용보험제도의 적용대상 및 급여수준이 확대되었으며, 국민기초생활보장제도도 도입됨으로써 이전지출이 큰 폭으로 증가할 것이기 때문이다. 이전지출의 증가에 따라 재정의 자동안정화기능(automatic stabilization)이 강화되고, 이는 전반적인 재정의 경기안정화기능을 향상시킬 것이다. 오히려 문제는 이전지출이 경기에 민감하게 반응함에 따라 외국에서와 같이 정부소비나 정부투자가 경기동행적으로 움직일 가능성이 있다는 점이다.

한편, 우리나라에서 1980년대 초 이후의 재정긴축으로 인해 재정의 경기안정화기능이 더욱 약화되었다고 생각하는 사람들도 많다. 과연 재정긴축이 경기안정화기능을 축소시켰는지를 검증하기 위해 이번에는 통합재정 기준의 재정수지를 사용하여 1980년대 초 이전과 그 이후를 비교해 보자.[114] 이를 위해 다음 식 (4)와 같은 회귀분석을 실시하였다.

$$(4) \quad \Delta\left(\frac{BAL}{GDP}\right) = b_o + b_1 D + b_2 y + b_3 y D$$

$$+ b_4 \pi + b_5 \Delta\left(\frac{BAL}{GDP}\right)_{-1} + b_6 \left(\frac{BAL}{GDP}\right)_{-1} + \varepsilon.$$

---

113) 외국의 경우에 정부투자나 정부소비가 경기동행적인 모습을 보이는 것은 이전지출 및 보조금의 영향 때문인 것으로 보인다. 즉, 경기가 나빠지면 이전지출이 늘어나기 때문에 불가피하게 정부투자나 정부소비를 줄일 수밖에 없고, 경기가 다시 회복되면 이를 만회하기 위해 정부투자와 소비를 늘린 결과 정부투자와 소비가 경기동행적인 모습을 나타내는 것이다. OECD 자료를 이용하여 이 가설을 검증하는 일은 흥미있는 작업이 될 것으로 보인다.

114) 여기에서 통합재정 기준의 재정수지를 사용한 것은 일반정부 기준의 자료가 1975년 이후에 국한되어 있어 그 이전의 자료가 부족하기 때문이다.

식 (4)에서 D는 1981년까지 0, 1982년 이후 1의 값을 갖는 더미변수이다. 식 (4)와 식 (1)의 차이는 D 및 yD가 독립변수로서 식의 우변에 포함되었다는 것이다. 만일 1980년대 초 이후 재정의 경기안정화기능이 약화되었다면 $b_3 < 0$ 가 되어야 한다.

<표 4-4>는 회귀분석 결과를 보여준다. 먼저 제1열과 2열을 비교해 보면, 1열에서는 π의 계수 추정치가 유의하게 나타나지만 2열에서는 유의하지 않게 나타난다. 1열에서 π의 계수 추정치가 유의하게 나타난 것은 π가 1980년대 초 이후의 재정긴축 기조를 대변하고 있기 때문일 수 있다. 이러한 정책기조의 변화를 통제하기 위한 더미변수 D를 포함시킨 제2열에서는 π가 유의하지 않게 나타나고 있다. 한편 제2열에서는 D도 유의하지 않게 나타나지만 π를 제외하고 추정한 3열에서는 D가 유의하게 나타난다.

4열과 5열에서는 1~3열에서 유의하지 않게 나타난 $\Delta(BAL/GDP)_{-1}$를 회귀식에서 제외시켰다. 그리고 D 대신 π만을 포함시킨 경우(4열)와 π 대신 D만을 포함시킨 경우(5열)에 yD의 계수 (b_3)가 어떻게 추정되는가를 살펴보았다. 표에 따르면 이 계수 추정치는 유의하지 않게 나타난다. 따라서 1980년대 초 이후에 재정의 경기안정화기능이 약화되었다고는 말할 수 없다고 결론지을 수 있다.

실제로 1982년 전후 성장률의 표준분포를 비교해 보면, 1982년 이후에 표준분포가 더 증가했다고 말하기 어렵다. 1970~82년간 성장률의 평균값은 7.8%이고 표준분포는 3.9%이다. 그리고 1982~99년간 성장률의 평균값은 7.7%이고 표준분포는 4.2%이다. 1982~99년간 표준편차가 커진 데에는 외환위기가 큰 몫을 했다. 외환위기 기간을 제외하면 표준편차는 대폭 줄어든다. 따라서 위에 제시된 회귀분석 결과와 연관지어 생각할 때, 1980년대 초 이후의 건전재정기조가 경기안

<표 4-4> $\Delta(BAL/GDP)$에 대한 회귀분석 결과

열	1	2	3	4	5
상수항	-0.011 (0.007)*	-0.024 (0.013)**	-0.034 (0.007)***	-0.017 (0.009)**	-0.034 (0.007)***
D		0.012 (0.010)	0.018 (0.006)***		0.023 (0.012)**
y	0.192 (0.075)***	0.167 (0.077)**	0.166 (0.076)**	0.142 (0.081)**	0.188 (0.085)**
yD				0.100 (0.083)	-0.069 (0.148)
π	-0.097 (0.034)***	-0.047 (0.053)		-0.066 (0.041)*	
$\Delta\left(\dfrac{BAL}{GDP}\right)_{-1}$	0.113 (0.160)	0.097 (0.158)	0.070 (0.155)		
$\left(\dfrac{BAL}{GDP}\right)_{-1}$	-0.490 (0.149)***	-0.632 (0.187)***	-0.663 (0.183)***	-0.560 (0.153)***	-0.630 (0.156)***
R^2	0.59	0.62	0.60	0.60	0.61
S.E.E.	0.01	0.01	0.01	0.01	0.01
D.W.	1.95	1.88	1.93	1.82	1.89

주: 1) 본문의 식 (4)를 추정한 결과.
   2) ( ) 안은 표준오차이며, ***는 1% 수준에서 유의함을, **는 5% 수준에서
   유의함을, *는 10% 수준에서 유의함을 의미.
   3) 표본기간: 1972~97년.

정화에 악영향을 끼쳤다는 주장은 받아들이기 어렵다. 반대로, 통화
및 재정정책의 안정성 확보는 전반적으로 경제성장에 긍정적인 영향
을 미쳤다고 생각하는 편이 타당하다. 특히 건전재정기조 덕분에 재
정이 외환위기로 촉발된 금융위기를 극복하는 데 중요한 역할을 수
행하였다고 말할 수 있다.

나. 정부투자의 축소

　1980년대 초 이후의 재정긴축에 대한 또 다른 반론은, 이로 인해 사회간접자본에 대한 투자가 위축되었다는 것이다. 과연 이러한 현상이 발생하였는지를 점검하기 위해 일반정부 지출의 GDP 대비 비율을 계산해 보았다. 그 결과는 [도 4-8]에 제시되어 있다.[115]

　그림에 따르면, 일반정부 총지출의 GDP 대비 비율은 통합재정 세출 및 순융자와 마찬가지로 1975년부터 1982년까지 상승하다가 그 후 1988년까지 감소추세를 보였고, 그 이후에는 다시 상승하여 1998년에는 24.2%에 달했다. 1982년부터 1988년까지 GDP 대비 총지출은 -2.8%포인트 감소하였는데, 이는 대부분 소비지출의 감소(-1.9%포인

[도 4-8] GDP 대비 재정지출

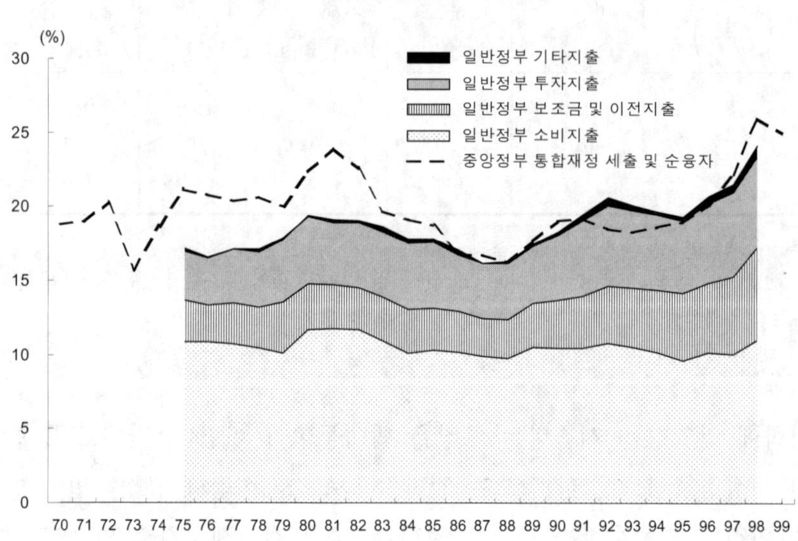

자료: 한국은행,『국민계정』, 2000.

---

115) 구체적인 계산방식은 고영선(2000a)을 참조.

트)에 기인하고 투자지출(-0.7%포인트), 보조금 및 이전지출(-0.2%포인트), 그리고 기타지출(0.0%포인트)의 기여도는 작은 편이다. 따라서 재정긴축기간 중의 지출감소는 주로 소비지출에 집중되었으며, 투자지출의 감소는 작았다는 것을 알 수 있다.

물론 이것이 재정긴축으로 인해 사회간접자본 투자가 부족하였다는 주장에 대한 반론이 되지는 못한다. 이 시기에 GDP 대비 투자지출이 소폭이나마 줄어들지 않고 오히려 늘어났던 것이 더 바람직할 수 있다. 그러나 최소한 재정긴축으로 인해 투자지출이 크게 줄어들었다는 주장은 성립하기 어렵다.

한편, 1988∼98년간 GDP 대비 총지출은 5.2%포인트 증가하였는데, 이 가운데 보조금 및 이전지출(2.6%포인트)이 절반 가량을 차지하였고, 그 다음은 투자지출(1.9%포인트)이 높은 증가를 보였다. 그리고 소비지출(0.3%포인트)과 기타 지출(0.3%포인트)은 소폭의 증가에 그쳤다. 따라서 1988년 이후 투자지출이 많이 늘어나기는 하였으나, 그보다도 보조금 및 이전지출이 더 많이 늘어났음을 알 수 있다. 이러한 보조금 및 이전지출의 증가는 제6공화국 이후 정치환경의 변화와 무관하지 않은 것으로 생각된다.[116)

3. 향후 재정운영의 방향

이상의 논의를 통해 볼 때, 지금까지 우리나라의 재정운용은 상당히 긍정적인 평가를 받아 마땅하다고 판단된다. 1970년대 거시경제의 불안정을 유발한 주요 원인 중의 하나였던 재정적자를 감축하기 위

---

116) 제6공화국 이후 경제정책이 정치환경으로부터 어떤 영향을 받았는지에 대해서는 김흥기(1999), p.349 이하 참조.

해 1980년대 초부터 적극적인 재정건전화 정책을 추진한 결과 1980년대 중반에는 균형재정을 회복할 수 있었다. 특히 당시의 재정건전화는 세입증대보다는 세출축소에 초점을 맞춘 것이었으며, 세출 가운데 투자지출보다는 소비지출에 초점을 맞춘 것이었다.

이러한 재정건전화 전략은 Alesina and Ardagna(1998) 등 최근 발표된 일련의 연구결과가 제시하는 성공적인 재정건전화 전략의 특성을 갖추고 있었다. 이들 연구에 따르면, 재정건전화가 성공하기 위해서는 세입보다 세출에 초점을 맞추어야 하며, 세출 가운데서 투자지출보다는 정부소비나 이전지출 및 보조금의 축소에 초점을 맞추어야 한다. 후자의 지출은 정치적인 이유로 인해 투자지출보다 긴축하기 어렵다. 공무원이나 이전지출의 수혜자 등 기득권층의 반발을 감수해야 하기 때문이다.

정부가 이러한 반발을 극복하고 정부소비나 이전지출의 긴축에 성공할 때 민간은 재정건전화 정책의 지속성에 대한 신뢰를 가지게 되며, 조세부담의 감소를 기대하여 소비 및 생산활동을 위축시키지 않는다. 그 결과 재정긴축은 통상적인 케인즈적 효과, 즉 재정긴축이 소비 및 투자활동의 위축을 초래하는 효과를 유발하지 않고, 반대로 소비 및 투자활동을 촉진시킴으로써 '세수증대 → 재정적자 축소 → 민간기대의 실현 → 경제활동 촉진 → 세수증대'의 善循環을 형성시키는 것이다.

물론 1980년대 후반의 3低호황이 재정건전화에 크게 기여한 사실도 부인하기 어렵지만, '세입내 세출'의 원칙으로 표현되는 정부의 재정규율(fiscal discipline)이 재정건전화 성공의 가장 중요한 요인이었다는 점은 충분히 인정되어야 할 것이다.

반면, 1980년대 말 이후의 지속적인 재정지출 확대, 특히 외환위기 이후의 급속한 지출확대는 우려를 자아내고 있다. 이러한 지출확대는 불가피한 측면이 있었으나, 이 추세가 지속될 경우 경제에 상당한 부담을 초래할 가능성이 있다. 고영선(2000a)에 따르면 재정지출의 확대는 민간저축률을 낮추는 주요한 요인이다. 즉, 재정수지가 균형을 유지하더라도 재정지출이 확대되면 민간의 가처분소득이 줄어드는 반면 민간소비는 그에 상응하는 만큼 줄어들지 않아 민간저축이 감소하는 경향이 있다. 민간저축의 감소는 민간투자를 감소시켜 경제의 생산성을 낮출 뿐 아니라 경상수지에도 악영향을 미치게 된다.

[도 4-9]는 OECD 국가의 소비율 및 투자율이 재정지출/GDP 비율에 따라 어떻게 변하는가를 보여준다. 그림에서 보듯이, 소비율과 투자율은 재정규모가 커질수록 감소하는 경향이 있다. 이 가운데 소비율의 감소는 불명확하나 투자율의 감소는 비교적 명확하게 나타난다. 즉, 재정지출이 민간투자를 구축(crowd-out)하고 있는 것이다.

[도 4-9] OECD 국가의 민간소비 및 민간투자와 재정지출

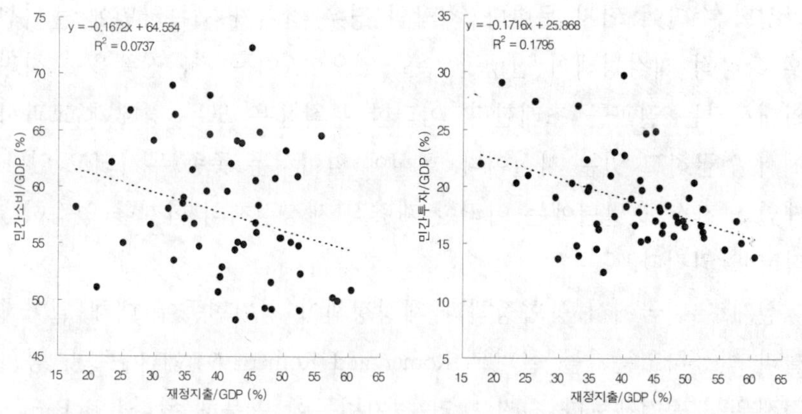

주: 각국의 1970~99년 자료(일반정부 기준)를 10년 단위(1970~79, 1980~89, 1990~99)로 평균하여 풀(pool)한 결과.

자료: OECD, *OECD Economic Outlook: Statistics on Microcomputer Diskette*, No. 67, 2000. 6.

특히 최근에는 민주화의 진전에 따라 이익집단들의 목소리가 커지고 있으며, 이로 인해 1980년대 말 이후 진행되고 있는 재정규율의 약화가 가속화되는 느낌이 있다. 예산편성은 기본적으로 정치적 과정인바, 재정규율의 약화는 그동안 유지되어 오던 건전재정기조를 근본적으로 뒤흔들 것이다. 이를 막기 위해서는 중장기적으로 재정규모의 과도한 팽창을 억제할 수 있는 제도적 장치를 마련할 필요가 있다.

한편, 재정의 경기안정화기능은 고용보험급여 및 조세수입의 변화와 같은 자동안정화장치에 주로 의존하는 것이 바람직하다. 그 외에 재정을 통한 재량적인 경기안정화는 외환위기와 같은 비상시에만 활용되어야 할 것이며, 통상적인 경기안정화의 임무는 통화정책에 맡겨져야 한다. 재정정책을 통한 적극적 경기안정화는 많은 문제를 낳을 가능성이 있기 때문이다. 무엇보다도 재정정책은 경기예측의 불확실성 및 정책결정에서 집행까지의 긴 시차 등으로 인해 유효한 경기안정화 수단이 되지 못한다. 최악의 경우 경기가 회복국면에 들어선 후 확장적 재정정책이 집행될 수도 있으며, 이는 경기진폭을 오히려 확대시키는 결과를 초래한다. 이러한 부작용은 모든 경제학 교과서에서 언급하고 있는 사실이나, 현실에 있어서는 종종 무시되고 있다. 케인즈 자신도 말년에는 이러한 재량적 재정정책의 한계를 인정하였다고 알려진다.[117]

실제로 미국에서 통화정책과 재정정책이 경기변동에 대해 얼마나 빨리 반응하였는가를 살펴본 Romer and Romer(1994)에 따르면, 통화정책은 재정정책보다 훨씬 빨리 경기변동에 반응해 왔다. 또 Bartlett

---

117) Organized public works ... may be the right cure for a chronic tendency to a deficiency of effective demand. But they are not capable of sufficiently rapid organization (and above all cannot be reversed or undone at a later date), to be the most serviceable instrument for the prevention of the trade cycle(Bartlett[1993]에서 재인용).

(1993)에 따르면, 경기침체에 대응하기 위해 미국정부가 실시한 공공사업 등의 정책은 그 필요성이 사라진 후에야 집행되는 경우가 대부분이었다.

재정의 경기안정화기능은 유효성이 의심스러울 뿐 아니라 자원배분의 왜곡을 초래하고 재정규율을 와해시킬 가능성도 있다. 재정정책을 통한 경기조절은 특정 분야에 대한 지출증대나 특정 집단에 대한 세금감면의 형태로 나타난다. 짧은 준비기간으로 인해 비용효과성에 대한 엄밀한 검토 없이 지출확대 또는 세금감면이 일단 이루어지면 이로 인해 국가자원이 비효율적으로 배분되는 결과가 초래된다. 또 그 후에는 이익집단들의 요구를 제어하기 어려워져 지출확대나 세금감면이 고착화될 수 있다. 더욱이 중장기적 재정건전성을 유지하기 위해서는 경기후퇴기에 늘어난 재정적자를 상쇄할 만큼 경기상승기에 충분한 재정흑자를 보아야 하나, 재정규율이 와해되면 이렇게 대칭적으로 재정을 운영하기 어렵게 된다. 선진국의 경험을 살펴볼 때, 재정적자를 늘리기는 쉬워도 재정흑자를 늘리는 것은 대단한 정치적 용기와 결단을 필요로 하였다.

재량적인 재정운영 관행은 더 나아가 정치적 경기변동(political business cycle)을 유도할 가능성도 있다. 즉, 선거철이 되면 재정이 확대되어 경기가 과열되고, 선거가 끝나면 재정긴축이 실시되어 경기가 침체될 수 있다.

이런 측면에서 재정정책보다는 통화정책을 사용하는 것이 바람직하다. 통화정책은 경기여건 변화에 신속하고 민감하게 반응할 수 있으므로, 통화정책을 통한 경기조절은 예측오차 및 시차효과가 상대적으로 적다. 또한 재정정책보다 통화정책은 대칭적으로 운영되기 쉽다. 즉, 불황기에는 금리를 인하하고 호황기에는 금리를 인상하는 일이 비교적 쉽게 추진될 수 있다. 그리고 재정정책과 달리 통화정책은 특정 집단에게 혜택이나 손실이 집중되는 경향이 작으며, 경제 전반에 걸쳐 무차별적인 영향을 미치는 특성을 지닌다. 이로 인해 통화정책은 자원배분의 왜곡을 덜 초래한다.

재정정책에 비해 통화정책은 정치적 경기변동 현상을 낳을 가능성도 작다. 정치권과 통화당국 사이의 거리는 정치권과 행정부 사이의 거리보다 먼 것이 일반적이다. 또한 최소한 정치권이 통화당국에 미치는 영향력은 정치권이 예산당국에 미치는 영향력보다 투명한 형태로 나타나는 경향이 있다.

자본시장의 관점에서도 통화정책은 재정정책보다 우월한 정책수단이 된다. 재정지출 증대는 이자율 상승 → 원화가치 상승 → 수출감소 및 수입증대를 초래하는데, 이는 부분적으로 재정팽창의 경기부양 효과를 감소시킨다. 반면, 금리인하는 원화가치 하락 → 수출증대 및 수입감소를 초래하여 경기부양 효과를 배가시킨다. 자본시장의 개방은 이자율에 대한 환율의 민감도를 증진시킴으로써 재정정책의 효과성을 더욱 약화시키는 반면 통화정책의 효과성은 강화시키게 된다.

요약하면, 향후 재정운용의 초점은 재정규율의 확립을 통해 중장기적으로 재정규모를 적정 수준에서 억제하는 데 두어져야 하며, 경기조절은 재정의 자동안정화기능 및 통화정책에 맡기는 것이 바람직하다고 판단된다. 또한 재정긴축으로 인해 필수적인 분야에 대한 투자가 저해되지 않도록 예산의 배분적 효율성을 제고해야 한다. 다음 절 이하에서는 이러한 여러 가지 방안에 대해 논의하기로 한다.

Ⅲ. 예산의 투명성과 배분적 효율성 제고

1. 예산의 구조와 범위

가. 예산의 구조

국회의 심의와 의결을 받는 중앙정부의 예산은 한 개의 일반회계와 여러 개의 특별회계로 이루어져 있다.[118] 특별회계는 "국가에서 특정한 사업을 운영할 때, 특정한 자금을 보유하여 운용할 때, 기타 특정한 세입으로 특정한 세출을 충당함으로써 일반회계와 구분하여 계리할 필요가 있을 때에 법률로 설치"한 회계이다(예산회계법 제9조 제2항). 2000년의 경우 특별회계는 23개에 달한다.[119] 일반회계의 수입은 소득세 등 특정분야에 대한 지출을 전제로 하지 않는 조세수입과 세외수입으로 구성되는 반면, 특별회계는 개별 목적세를 수입원으로 하는 경우가 많으며, 일반회계로부터의 전입금도 중요한 수입원이 된다. 기업특별회계의 경우에는 기업회계방식(발생주의 회계방식)이 사용되지만 나머지 모든 회계에는 현금주의 회계방식이 사용된다.

---

118) 예산회계법 제9조 제1항; 국가의 회계는 일반회계와 특별회계로 구분한다.
119) 재정융자특별회계, 국유재산관리특별회계, 농어촌구조개선특별회계, 농어촌특별세관리특별회계, 교통시설특별회계, 등기특별회계, 지방양여금관리특별회계, 교도작업특별회계, 군인연금특별회계, 지방교육양여금관리특별회계, 에너지및자원관리특별회계, 환경개선특별회계, 국립의료원특별회계, 토지관리및지역균형개발특별회계, 우체국보험특별회계, 자동차교통관리개선특별회계, 특허관리특별회계, 교육환경개선특별회계, 양곡관리특별회계, 책임운영기관특별회계, 철도사업특별회계, 통신사업특별회계, 조달특별회계(마지막 5개는 기업특별회계임).

한편, 통합재정에는 일반회계 및 특별회계 외에 여러 개의 공공기금이 포함된다. 통합재정은 IMF의 기준(IMF[1986])에 따라 국제적으로 통용되는 정부회계방식이다. 2000년 10월 현재 공공기금의 수는 43개이다.[120] 이들 공공기금은 특별회계와 같이 특정한 정책적 목적을 달성하기 위해 설치되며,[121] 그 수입원으로는 다른 회계 및 기금으로부터의 전입금과 법정 부담금이 주를 이루고 있다.

이처럼 공공기금은 설치목적이나 수입원의 측면에서 특별회계와 유사한 점이 많다. 공공기금과 특별회계의 주된 차이점은 공공기금은 예산에 포함되지 않는다는 데 있다. 즉, 공공기금은 일반회계 및 특별회계와 달리 국회의 심의 및 의결을 받지 않는다.[122] 공공기금의 운용계획은 기금관리주체(기금을 직접 관리하는 기관)가 수립하여 담당 부처와의 협의 및 기획예산처와의 협의를 거친 후 국무회의 심의와 대통령 승인으로 확정된다. 그리고 기획예산처에 의해 취합되어 국회에 보고될 뿐이며, 국회의 의결은 필요로 하지 않는다.

또한 집행과정에서 일반회계와 특별회계는 국회의결을 통해 정해

---

120) 공공자금관리기금, 국민투자기금, 대외경제협력기금, 외국환평형기금, 남북협력기금, 군인연금기금, 방위산업육성기금, 군인복지기금, 공무원연금기금, 사립학교교원연금기금, 사학진흥기금, 과학기술진흥기금, 원자력연구개발기금, 청소년육성기금, 관광진흥개발기금, 문화산업진흥기금, 농산물가격안정기금, 농지관리기금, 양곡증권정리기금, 축산발전기금, 산업기반기금, 특정물질사용합리화기금, 염안정기금, 정보화촉진기금, 국민연금기금, 국민건강증진기금, 편의시설설치촉진기금, 한강수계관리기금, 고용보험기금, 산업재해예방기금, 장애인고용촉진및직업재활기금, 산업재해보상보험기금, 임금채권보장기금, 근로복지진흥기금, 국민주택기금, 수산발전기금(미조성), 여성발전기금, 보훈기금, 순국선열애국지사사업기금, 참전기념사업기금, 도로교통안전관리공단기금, 중소기업창업및진흥기금, 방송발전기금.
121) 예산회계법 제7조 제1항; 국가는 특정한 목적을 위하여 특정한 자금을 운용할 필요가 있을 때에 한하여 법률로써 특별한 기금을 설치할 수 있다.
122) 예산회계법 제7조 제2항; 제1항의 규정에 의한 기금은 세입세출예산에 의하지 아니하고 운용할 수 있다.

진 한도를 초과하여 집행될 수 없는 반면, 공공기금은 이러한 제약을 받지 않는다.[123] 즉, 국무회의 심의와 대통령 승인을 얻을 경우 무한정한 초과집행이 가능할 뿐 아니라 초과집행액이 당초 운용계획상의 금액의 1/2 이하인 경우에는 국무회의 심의 및 대통령 승인 없이도 초과집행이 가능하다.[124] 또한 항목간의 전용도 비교적 자유로운 편이다.[125]

결산시점에 있어서도 차이가 존재한다. 즉, 일반회계와 특별회계의 경우 미집행액은 예외적인 경우를 제외하고는 모두 불용액으로 처리되어 세계잉여금으로 환수되지만, 공공기금의 경우 미집행액은 기금에 적립되어 다음 연도에 사용될 수 있다. 이러한 여러 가지 이유로 인해 각 부처는 예산보다는 기금을 통한 지출을 선호하고 있다.

앞서 설명한 것처럼, 중앙정부 통합재정은 일반회계·특별회계·공공기금으로 구성된다. 1999년의 경우 통합재정의 지출규모는 121조 원이었다. 이 가운데 일반회계는 45%, 특별회계는 34%, 공공기금은 19%, 세입세출외는 1%를 차지하였다(표 4-5).[126] 세입세출외란 예산편성시에는 고려되지 않으나 최종결산에서 계상되는 것으로서 전년도 세계잉여금과 전대차관 등으로 이루어진다.

---

123) 이는 나중에 설명하는 기타기금의 경우에도 마찬가지이다.

124) 기금관리기본법 제8조 제2항; 기금관리주체는 기획예산처 장관과의 협의와 국무회의의 심의를 거친 후 대통령의 승인을 얻어 주요항목 지출금액을 변경할 수 있다. 다만, 주요항목 지출금액의 2분의 1의 범위 안에서 변경하고자 하는 경우에는 협의·심의 및 승인을 요하지 아니한다.

125) 기금관리기본법 제8조 제1항; 기금관리주체는 지출계획의 주요항목 지출금액의 범위 안에서 세부항목 지출금액을 변경할 수 있다.

126) <표 4-5>에 따르면, 특별회계의 비중은 1998년 30%에서 1999년 34%로 증가하였다. 이는 상당 부분 예금보험공사와 자산관리공사에서 발행한 정부보증채권에 대한 이자지출에 기인한다. 동 이자지출은 1998년 3.8조 원, 1999년 6.7조 원이었다. 이러한 이자지출은 재정융자특별회계에서 예금보험공사와 자산관리공사에 무이자로 융자해 주는 형태로 지급되었다.

<표 4-5> 통합재정 세출 및 순융자

(단위: 10억 원, %)

연도	일반회계	특별회계	공공기금	세입세출외	계
1997	49,497.9 (49.3)	29,971.6 (29.9)	13,309.0 (13.3)	7,548.6 (7.5)	100,327.1 (100.0)
1998	55,320.0 (47.9)	34,836.8 (30.2)	19,116.3 (16.6)	6,157.1 (5.3)	115,430.2 (100.0)
1999	54,269.2 (44.9)	41,734.8 (34.5)	23,432.1 (19.4)	1,551.6 (1.3)	120,987.7 (100.0)
2000[1]	57,352.0 (44.2)	43,726.0 (33.7)	28,420.0 (21.9)	366.0 (0.3)	129,864.0 (100.0)

주: 1) 예산 기준. 2000년에 공공기금으로 전환된 10개 기금 제외.
자료: 재정경제부,『한국통합재정수지』, 2000 및 기획예산처,『예산개요』, 2000.

한편, 공공기금 외에 기타기금이라는 것도 존재하여 우리나라의 예산구조를 더 복잡하게 만들고 있다.[127] 2000년 10월 현재 18개의 기타 기금이 설치되어 있다.[128] 기타기금의 운용계획은 공공기금과 달리 국무회의의 심의 및 대통령의 심의를 필요로 하지 않으며, 기금관리주체가 담당 부처와의 협의만을 거쳐 확정한다(표 4-6). 따라서 기타기금에 대한 통제는 공공기금에 대한 통제보다도 미약하다. 그럼에도 불구하고 공공기금과 기타기금을 구분하는 뚜렷한 원칙은 설정되어 있지 않다. 어떤 기금을 공공기금으로 분류할 것인가 아니면 기

---

127) 기타기금은 민간기금으로 불리기도 하였다. 그러나 민간 경제주체들이 소유하고 운용하는 진실한 의미에서의 민간기금과 혼동될 가능성이 있기 때문에 현재에는 민간기금으로 부르지 않고 기타기금이라고 부르고 있다.

128) 기술신용보증기금, 농림수산업자신용보증기금, 농어가목돈마련저축장려기금, 신용보증기금, 주택금융신용보증기금, 재형저축장려기금, 예금보험기금, 국제교류기금, 법률구조기금, 새마을금고안전기금, 국민체육진흥기금, 문예진흥기금, 발전소주변지역지원사업기금, 수출보험기금, 우체국보험기금, 산업기반신용보증기금, 부실채권정리기금, 중소기업공제사업기금.

<표 4-6> 기금과 예산의 비교

	일반회계	특별회계	기 금
○ 설치사유	○ 국가의 모든 재정활동	○ 특정사업 운영 ○ 특정자금 보유·운용 ○ 특정세입으로 특정세출에 충당	○ 특정목적을 위해 특정자금을 운용할 필요가 있는 경우
○ 재원조달 및 운용 형태	○ 공권력에 의한 조세수입과 무상적 급부의 제공이 원칙	○ 일반회계와 기금의 운용형태 혼재	○ 출연금, 부담금 등 다양한 수입원을 토대로 융자사업 등 유상적 급부를 제공하는 경우가 많음
○ 운용계획 확정 및 집행	○ 정부가 예산안 편성권을 가지며 국회가 심의 및 확정	○ 좌 동	○ 공공기금: 기금관리 주체가 계획을 수립하여 국무회의 심의 및 대통령 승인으로 확정되며 국회에 보고 ○ 기타기금: 관할 중앙관서의 장의 승인
	○ 집행과정에서도 합법성에 입각한 통제가 가해짐		○ 집행과정에서는 합목적성 차원에서 자율성과 탄력성이 보장
○ 수입과 지출의 연계	○ 특정한 수입과 지출의 연계 배제	○ 특정한 수입과 지출의 연계	○ 좌 동

자료: 기획예산처, 『기금백서』, 2000.

타기금으로 분류할 것인가는 담당 부처와 기획예산처 간의 정치적 협상으로 결정되는 경우가 대부분이다. 종종 기획예산처는 가능한 한 공공기금으로 분류할 것을 주장하는 반면, 담당 부처는 가능한 한 기타기금으로 분류할 것을 주장한다. 공공기금 및 기타기금은 기업 회계원칙을 따르고 있다.

나. 예산의 범위

원칙적으로 정부예산은 정부의 직접적 영향력하에 있는 모든 부문의 활동을 포함함으로써 재정활동 전반에 관한 정보를 제공할 수 있어야 한다.[129] 이런 관점에서 적절한 개념은 "일반정부"이다(도 4-10). 일반정부는 超국가적 기구(UN, EU 등), 중앙정부, 지방정부, 사회보장제도로 구성된다. 금융기관 및 비금융 공기업은 일반정부에서 제외된다. 우리나라에서는 통합재정의 범위를 중앙정부 일반회계 및 특별회계, 세입세출외, 공공기금으로 정의하고 있다(도 4-11). 단, 공공기금 중 외국환평형기금과, 기타기금 및 정부투자기관은 통합재정에서 제외된다. 또한 의료보험 등 사회보장기금의 일부가 제외된다. 그리고 국가부채에는 이처럼 통합재정에 포함된 부문에서 발생한 부채만이 계상되고 있다.

[도 4-10] 공공부문의 분류

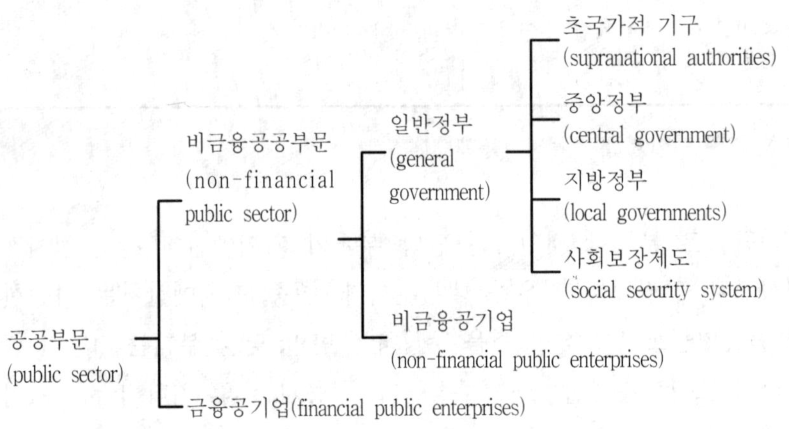

자료: 옥동석(1997).

---

129) 이에 대해서는 Blejer and Cheastry(1991)의 논의를 참조.

[도 4-11] 우리나라 통합재정의 범위

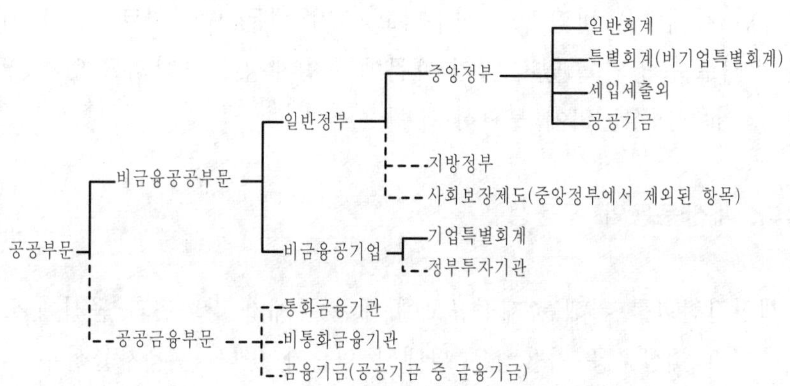

주: 그림에서 실선은 통합재정에 포함되는 부분을, 점선은 포함되지 않는 부분
   을 의미함.
자료: 옥동석(1997).

　이처럼 중앙정부의 회계기준에 따라 통합재정이 정의됨에 따라 통
합재정만으로는 정부의 재정활동을 포괄적으로 평가할 수 없다는
문제가 발생하고 있다.

　첫째, 통합재정에는 각종 기타기금이 포함되지 않는다. 그러나 대
부분의 기타기금이 정책적 목적을 수행하기 위해 설립되었으며, 운
용계획 수립에 있어서도 정부의 직·간접적인 영향력하에 있는 이
상, 이들의 활동은 재정활동으로 보는 것이 타당하다. 따라서 기타기
금은 당연히 통합재정에 포함되어야 할 것이다.

　둘째, 통합재정에는 지방정부가 포함되어 있지 않아 지방정부의
재정활동에 대한 정보가 제대로 제공되지 않고 있다. 지방재정을 담
당하고 있는 행정자치부는 각 지방정부별 재정자료를 일관된 형태로
분류하고 종합하여 발표하지 않고 있다. 또 한국은행이 지방정부의
세입·세출을 추정하여 보고하고 있으나, 자료의 신빙성에 대해 의
문을 갖는 사람들이 많다.

셋째, 의료보험 역시 통합재정에 포함되어야 한다. 의료보험료는 법적인 강제력을 바탕으로 징수되고 있기 때문이다. 의료보험이 기금 형태로 운영되고 있지 않기 때문에 통합재정에 포함되고 있지 않으나, 이는 형식논리에 불과하다.

다. 예산운용의 자율성

재정건전화를 위해 총재정규모에 대한 통제가 강화됨과 동시에 일선부처의 예산운용 자율성은 확대될 필요가 있다. 운용자율성은 일선부처가 주어진 예산을 보다 효율적이고 효과적으로 사용할 수 있도록 해준다. 또한 예산당국은 세부예산의 편성에 소요되는 시간을 절약하는 한편, 예산편성의 초점을 보다 중기적이고 전략적이며 성과중심적인 방향에 맞출 수 있을 것이다. 그리고 예산운용의 자율성을 확대함으로써 총재정규모에 대한 통제를 강화하는 데 대한 일선부처의 반발을 완화할 수도 있을 것이다.

정부는 예산운용의 자율성을 확대하기 위해 여러 가지 노력을 기울여 왔다. 아래에서는 이러한 노력들을 차례로 살펴보고자 한다.

1) 예산의 이월범위 확대

지금까지는 예산에 미리 반영되어 있는 이월(명시이월) 외에는 지출원인행위(계약)가 있어야만 이월이 가능하였다. 이에 따라 SOC 투자사업의 보상협의가 지연될 경우 예산이 불용처리되고 사업추진이 차질을 빚는 등의 사례가 발생하였다. 또한 경상적 경비의 경우 불용을 방지하기 위해 연말에 예산집행이 집중되는 경향이 있었으며, 특히 일반행정경비는 사고이월제도(지출원인행위 필요)의 적용이 불가능하여 연말에 이·전용 사례가 다수 발생하였다.

이러한 문제점을 해결하고자 기획예산처는 1999년 5월 24일 예산회계법시행령을 개정하여 이월범위와 한도를 확대하였다. 즉, 협상이 진행중인 물품 및 용역의 계약경비의 이월을 허용하고, 손실보상비(용지매입비 등)에 대한 이월요건을 다소 완화하였다. 또한 각 기관 또는 시설의 유지운영경비는 지출원인행위가 없어도 이월을 허용하되, 이월한도는 당해 경비의 5%로 제한하였다(표 4-7).

이러한 경상경비의 이월허용은 획기적인 조치로 판단되며, 5%의 이월한도 역시 선진국의 수준에 비견된다.[130] 그러나 불용액이 이월되었을 때 예산당국이 과연 다음 해에 가서 그만큼 경상경비를 삭감하지 않으리란 보장이 없는 상황에서 얼마나 실효를 거둘지 두고 보아야 할 것이다. 특히 예산당국이 추진하고 있는 예산절약이 경상경비 부분에 집중되고 있는 현실을 고려해야 한다.[131]

경상경비 이월제도가 성공하기 위해서는 다년도 예산제도 등을 통해 향후 각 부처의 경상경비 예산규모에 대한 예측가능성을 높일 필요가 있다. 이와 더불어 이월이 허용되는 유지운영경비의 범위를 최대한 확대하는 등의 조치를 통해 부처의 신뢰를 확보할 필요가 있다.

2) 수입대체경비의 범위 확대

수입대체경비는 지출이 직접 수입을 수반하는 경비를 말한다. 지

---

130) 예를 들어 캐나다에서는 각 부처가 추경예산을 통해 경상경비(operating budget)의 5%를 다음 해로 이월할 수 있으며, 자본지출(capital funding)의 경우에는 5% 또는 7,500만달러 이내에서 예산당국의 허가를 받아 이월할 수 있다. 또한 영국에서는 경상경비 불용액 전부와 자본지출 불용액의 일부는 이월이 가능하다. 뉴질랜드에서는 불용액의 차년도 이월을 허용하지 않으나 불용액이 발생하더라도 차년도의 예산을 삭감하지 않고 있다(U. S. General Accounting Office[1995]).

131) 일례로 1999년 예산편성지침에서는 각 부처의 기본사업비를 전년 대비 10% 감액하여 요구토록 하였고, 2000년 예산편성지침에서는 인건비 및 기본사업비를 전년 수준으로 요구토록 한 바 있다.

<표 4-7> 이월제도의 종류

종 류	요 건	근 거
明示移越	○ 예산안에 명시하고 국회의 승인을 받은 경비	법 제38조 ① 1호
事故移越	○ 연도 내에 지출원인행위를 하고 불가피한 사유로 연도 내에 지출하지 못한 경비 ○ 지출원인행위를 하지 않은 그 부대경비	법 제38조 ① 2호
入札公告後 支出原因行 爲까지 長期 間　所要에 따른 移越	○ 지출원인행위를 위하여 입찰공고를 한 경비 중 입찰공고 후 지출원인행위까지 장시간이 소요되는 경우로서 i) 부대입찰·입찰참가자격 사전심사 방법으로 집행되는 공사에 소요되는 경비 ii) 협상에 의한 계약체결의 방법으로 집행되는 경비(신설) iii) 중앙건설기술심의위원회에서 입찰방법을 정하는 대형공사·특정공사에 소요되는 경비 iv) 재해복구사업경비(신설)	법 제38조 ① 3호 영 제19조 ① 각호
公共事業의 損失補償費 移越 (신설)	○ 공익·공공사업의 시행에 필요한 손실보상비로서 i) 직접손실보상비(토지·물건 등): 조사 및 감정평가가 완료되어 보상절차에 착수하였거나 보상 절차가 진행중인 경비 ii) 간접손실보상비(어업권 등): 감정평가를 위한 용역계약이 체결되었거나 감정평가가 진행중인 경우 iii) 재해복구사업 보상경비	법 제38조 ① 4호 영 제19조 ② 각호
經常經費 移越 (신설)	○ 경상적 성격의 경비로서, 각 기관 또는 시설의 유지·운영에 소요되는 경비 ○ 구체적 범위는 기획예산처 장관이 정하며, 이월한도는 5/100 이내	법 제38조 ① 5호 영 제19조 ③

주: 법은 예산회계법, 영은 예산회계법시행령을 의미.
자료: 예산청, 「재정의 효율성과 탄력성 제고를 위한 예산회계법시행령 개정」, 보도자료, 1999. 3. 29.

금까지 수입대체경비 제도는 국고집중제도의 예외로서 한정적으로 엄격히 운영되어 왔다. 즉, 예산을 초과하는 수입이 있을 때 수입과 직접 관련되는 경비에 한하여 예산당국의 사전승인하에 추가적으로 지출이 가능하였다.

기획예산처는 이를 완화하여 직접적으로 수입과 지출이 연계되는 경비뿐 아니라 용역 및 시설을 제공하여 발생하는 수입에 대한 지출경비도 넓은 의미의 수입대체경비에 포함시켰다. 또한 초과수입금의 지출은 당해수입에 필요한 직접경비뿐 아니라 당해기관의 운영비 및 소속공무원에 대한 보상적 지출 등 간접경비에도 지출할 수 있도록 허용하였다. 그리고 초과지출 절차도 예산당국의 사전 승인제도를 폐지하고 사후통보로 대체하였다.

이러한 수입대체경비의 확대는 바람직한 변화로 판단된다. 외국의 경우에도 수수료수입, 자산매각수입, 임대수입 등의 자금처분권을 확대하는 추세이다.[132]

3) 총액계상사업 확대

총액계상사업이란 세부예산을 편성하지 않고 대단위 사업별로 예산을 편성하는 사업을 말한다. 총액계상사업은 그 수가 1994년 10개에서 2000년 45개로 증가하였으며 총예산액도 1994년 1.6조원에서 2000년 8.4조원으로 급증하였다(표 4-8). 또 대상사업은 교육부, 농림부, 산업부, 건교부 등 매우 다양하다(표 4-9).

---

132) 영국에서는 사업소(Next Steps Agency) 가운데 사업기금(trading fund)의 형태로 운영되는 사업소들은 의회로부터 예산을 배정받지 않고 자체 수입으로 사업을 수행하고 있다. 또 뉴질랜드에서는 공공부문의 독립기관들(Crown entities)이 상당한 예산운용 자율권을 향유하고 있으며, 미국에서는 상업활동을 하는 정부부처가 회전기금(revolving fund)을 통해 수수료수입을 운영비에 충당하도록 허가하고 있다.

<표 4-8> 총액계상사업수 및 예산증가 추이

(단위: 개, 억 원)

	1994년	1995년	1996년	1997년	1998년	1999년	2000년
사업수	10	11	17	18	18	39	45
예 산	16,145	20,129	32,071	40,007	43,726	76,224	84,049

자료: 기획예산처.

<표 4-9> 2000년 총액계상사업

분 야	소 관	사 업
국·사립대학 재정지원	교육부	국립대학 실험실습기자재 확충, 이공계연구소 실험실습기자재 확충, 공사립전문대 실험실습기자재 확충, 공사립대학 시설설비 확충
경지정리사업	농림부	일반경지 정리, 대구획경지 재정리, 밭기반 정비
농업용수 개발사업	농림부	중규모 용수 개발, 일반용수 개발, 농촌생활용수 개발,
공업기반 개발사업	산업부	산업기술 개발
하천치수사업	건교부	일반 하천개수사업, 수계치수사업
일반국도 국도건설	건교부	일반국도건설, 국가지원 지방도, 시관내 국도대체 우회도로
특정연구 개발사업	과기부	핵심전략 연구개발, 원자력 연구개발
기타 대규모 투자 및 보조사업	행자부	도서종합개발, 공공근로사업(지자체), 재해위험지구 정비, 자전거도로 정비
	농림부	기계화경작로 확·포장, 배수개선사업, 수리시설 개보수 사업
	해양부	1·3종 어항건설(일반, 농특세), 2종 어항건설(농특세), 항만시설 유지보수
	건교부	개발촉진지구 개발지원, 국도 유지보수, 국도 시설개량, 국도 병목지점 개량, 수해상습지 개선, 광역도로 건설, 산업단지 진입도로, 지방산업단지 공업용수
	철도청	광역철도
	문화재청	문화재 보수·정비사업
	산자부	산업기술 기반조성, 산학연 공동연구사업
	국방부	4개

자료: 기획예산처.

이러한 확대에도 불구하고 총액예산사업이 실제로 예산당국의 예
산편성업무를 줄이고 각 부처의 예산운용 자율권을 확대하는 데 별
로 도움이 되지 않는다는 주장이 있다. 총액예산 편성후 예산당국은
단위사업별로 다시 예산을 편성하고, 예산 배정시에도 각 부처는 예
산당국과 단위사업별로 협의하기 때문이다.[133]

그러나 어떠한 경우든 총액예산사업의 확대는 매우 바람직한 현상
으로 판단된다. 향후에는 예산당국이 총액예산사업의 단위사업별로
다시 예산을 편성하고 예산 배정시 협의하는 범위는 점차 축소해야
할 것이다. 그러나 이 경우에도 예산당국은 어떤 형태로든 단위사업
별 예산에 대한 정보를 보유하고 있어야 할 것이며, 단지 예산배정
등에 있어 사전적 통제를 완화할 필요가 있다고 판단된다.

4) 예산심의 대상 사업건수의 축소

예산심의 대상 사업건수의 축소에 있어서는 큰 진전이 이루어지지
않고 있다. 2000년 예산의 경우 예산심의 대상 사업건수는 주요사업
비 기준 2,412개로서, 인건비, 기본사업비 등을 포함하면 전년도에 비
해 크게 달라지지 않은 것으로 보인다. 1999년의 경우 심의건수는 세
세항 기준으로 약 2,500개였다. 또 항, 세항, 세세항 등에 있어서는 오
히려 항목수가 소폭 증가하였다.

이러한 현실을 고려할 때, 향후 보다 적극적인 예산심의 사업건수
의 축소가 필요하다고 판단된다. 물론 축소 자체가 목표가 되어서는
안된다. 예산통제의 완화는 예산운용 책임성 강화와 동시에 추진되
어야 한다. 책임성이 강화되지 않은 상황에서 예산통제의 완화는 많

---

133) 예산회계법 제35조 제5항; 각 중앙관서의 장은 예산에 총액으로 계상된 사업으
로서 대통령령으로 정하는 사업에 대하여는 예산배정 전에 사업시행계획을 수
립하여 기획예산처 장관과 협의하여야 한다.

<표 4-10> 예산항목수

(단위: 개)

	입법과목			행정과목			
	장	관	항	세항	세세항	목	세목
1999년	20	73	407	1,440	5,234	46	78
2000년	20	73	455	2,011	5,309	46	78

자료: 기획예산처.

은 부작용을 낳을 수 있다. 특히 부처의 팽창주의적 성향과 과시적·
정치적 목적의 사업 추진, 임기가 짧은 장관들의 근시안적·비합리
적 정책결정 등으로 인해 문제가 발생할 소지가 있다. 그러나 다른
한편으로는 새로운 정책수요에 대한 부처의 능동적 대응을 유도하고,
정책의 복잡다기화 및 요구되는 전문성의 증가 등에 대처하기 위해
서는 선진국들과 마찬가지로 부처의 자율성을 확대할 필요성이 커지
고 있다.

외국의 경우 의회 및 예산당국의 통제를 대폭 축소하는 추세를 보
이고 있다.[134] 따라서 우리나라의 재정제도를 국제기준(global standard)

---

134) 영국에서는 의회 의결 대상인 예산항목수를 과거의 160~200개에서 134개
(1995/96 회계연도), 111개(1996/97)로 축소하였고, 재무부의 통제항목도 2천여
개(1995/96)에서 550개(1996/97)로 축소한 바 있다(U. K. National Audit Office
[1996], pp.20~22). 예산규모가 우리나라의 20배에 달하는 미국 연방정부에서도
세출항목(account)의 수는 우리보다 적은 1,500개 정도이다(OECD[1998a], p.231;
U. S. General Accounting Office[1996], p.12). 또한 인건비, 물건비 등 비목통제에
서 기관별 소요 또는 사업별 예산통제로 전환하고 있으며, 많은 경우 사안에
따라 항목간 전용을 일정범위 내에서 허용하고 있다. 뉴질랜드에서는 산출물집
단(output class) 등 의회통제 항목수가 225개에 불과하며(OECD[1998a], p. 177),
산출물집단 내에서도 5% 범위 내에서 재무성의 통제없이 자유로운 예산전용을
허용하고 있다(New Zealand Treasury[1996], Office of the Auditor General of
Canada[1995]).

에 부합시킨다는 취지 아래 보다 과감한 예산운용 자율권의 확대를 추진할 필요가 있다. 즉, 예비타당성조사 등을 통해 대형 국책사업에 대한 예산통제는 강화하는 반면, 소규모 사업에 대한 통제는 약화시키고, 또한 사업평가(program evaluation) 체제의 도입, 성과주의 예산제도의 확산 등을 통해 사후적·성과중심적 책임성을 확보해야 할 것이다.

한편, 기획예산처는 최근 예산과목구조 체계 전반에 걸쳐 대대적인 정비를 단행하였다(기획예산처[2000b]). 먼저 기능별 분류체계에 있어서는 20여년 전에 개편된 분류로는 정부기능 및 조직변동을 충분히 반영하지 못하고 있다는 반성에 따라 정부조직 개편, 예산설명 기준 등을 반영하여 章을 개편하였다. 예를 들어 "교육 및 문화"는 "교육" 및 "문화관광"으로 분리하고, "보건 및 생활환경개선" 가운데 "환경개선"을 별도의 장으로 분리하였으며, 사용되지 않던 "도시개발"은 폐지하였다. 이러한 개편에 따라 章의 수는 20개로 변함이 없으나 款의 수는 73개에서 66개로 7개 감소하였다. 또한 예산순계, 통합재정수지 등을 전산집계하기 편하도록 재무거래 관련 예산과목을 체계화하였으며, 비목을 세분화하고 세입·세출비목 간의 대응성을 제고하였다. 이러한 과목구조의 개선은 재정정보의 취합·정리·공표에 소요되는 시간을 대폭 줄여줄 것으로 기대된다.

5) 예산과목구조의 단순화

정부는 1998년에 이어 1999년에도 예산과목구조의 단순화를 추진하였다. 즉, 1998년 예산청은 경상사업비와 일반사업비 일부를 통합하여 기본사업비를 신설하였으며, 1999년에는 기준경비를 폐지하고 인건비, 기본사업비, 주요사업비로 흡수하였다(도 4-12). 이는 경상적 성격의 예산에 대한 부처의 운용자율성을 높이기 위함이다.

[도 4-12] 예산과목구조 개편

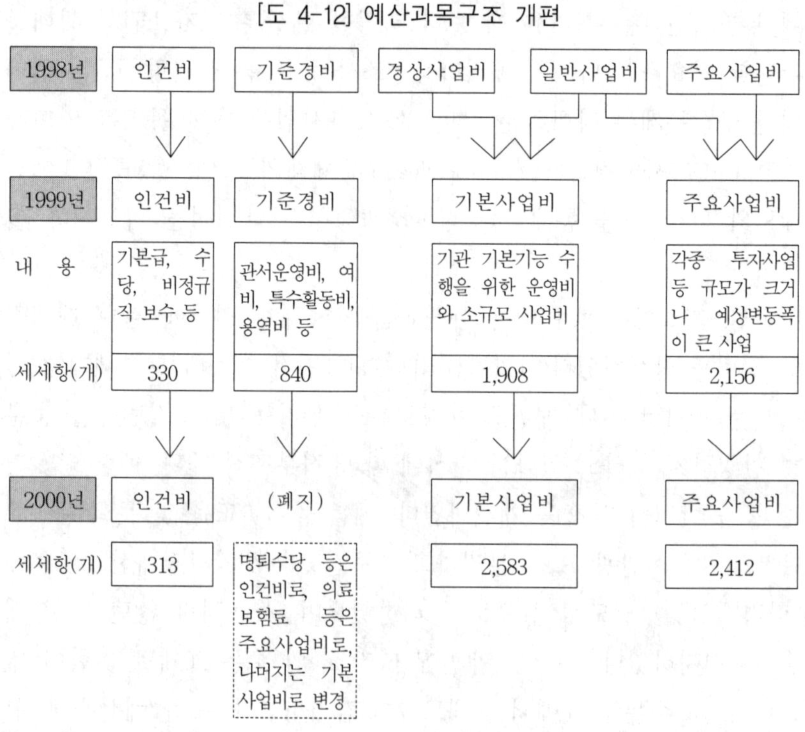

자료 : 기획예산처.

그러나 기본사업비 비중의 미미함, 부처의 기본사업비 활용유인 부족 등으로 인해 현재까지 기본사업비 제도의 실효성은 그리 크지 않은 것으로 보인다. 부처예산의 대부분을 차지하는 것은 주요사업비이며, 전체예산 중 기본사업비의 비중은 낮은 편이어서 기본사업비 제도가 부처의 예산운용 자율성을 얼마나 높일 것인지 불확실하다. 1999년의 경우 기본사업비는 총 2.3조 원에 불과하고, 부처별로는 그 비중이 보건복지부 2.5%, 건설교통부 0.2% 등에 불과하였다. 또한 예산당국이 1999년 예산편성 과정에서 전년 대비 기본사업비 규모를 10% 감액시키고 2000년에는 전년 수준으로 동결시킴에 따라, 각 부

처가 주요사업비를 기본사업비로 전환시킬 유인이 크지 않다고 지적
된다. 2001년 예산안에서도 기본사업비 증가율은 재정규모 증가율
(6.4%)보다 낮은 3.6%로 책정되었다.

그러나 기본사업비 제도의 도입 및 확대는 분명 바람직한 것으로
판단되며, 향후 각 부처가 이를 보다 적극적으로 활용할 수 있도록
그 범위를 확대시킬 필요가 있다. 또한 다년도 예산제도의 도입을 통
해 기본사업비 증가율에 대한 예측가능성을 제고하고 증가율 억제도
완화해야 할 것으로 보인다.

2. 예산체계의 문제점

일반회계 및 특별회계 그리고 예산외 계정(off-budget 또는 extra-
budgetary account)인 공공기금 및 기타기금으로 이루어진 우리나라의
예산은 그 체계가 매우 복잡하여 많은 문제점을 야기하고 있는 것으
로 지적되어 왔다. 이러한 문제점은 크게 배분적 효율성(allocative
efficiency)의 관점과 투명성(transparency) 및 책임성(accountability)의 관
점에서 파악될 수 있다.

가. 배분적 효율성

우리나라 예산체계의 첫번째 문제점은 예산당국이 가용자원을 모
두 취합하여 국가적 우선순위에 따라 예산을 배분하기 어렵다는 것
이다. 위에서 설명한 것처럼 특별회계와 각종 기금은 나름대로의 수
입원을 갖는 경우가 많다. 국가적 우선순위에 충실하기 위해서는 수
입원과는 관계 없이 모든 자원을 한 곳으로 집중한 후 이를 회계나

기금별로 배분하는 것이 바람직하다. 그러나 실제로는 개별 특별회계나 기금의 수입은 당해 특별회계나 기금만을 위해 사용되는 경우가 대부분이다. 특히, 설치목적을 이미 달성하였거나 국가적 우선순위가 떨어지는 특별회계와 기금에서 여전히 조세나 부담금을 거두어들임으로써 국가자원의 비효율적 사용을 초래하는 사례가 적지 않게 발생하고 있다.

종합적인 국가적 우선순위에 따라 예산을 배분하지 않고 각 회계와 기금별로 예산을 배분하다 보니 유사한 사업에 대해 서로 다른 기준으로 중복하여 지원하는 사례가 발생하고 있다. <표 4-11>은 융자사업에 있어 이러한 중복지원의 예를 보여준다. 기술개발의 경우에 환경기술 및 산업화사업(재정융자특별회계), 자본시제품 및 첨단기술제품 개발사업(재정융자특별회계), 기술개발자금 융자(과학기술진흥기금), 정보통신산업기술 개발 지원(정보화촉진기금), 선도기술 개발보급지원(정보화촉진기금) 등 다섯 가지 융자사업이 존재하며, 융자 주체는 재정융자특별회계, 과학기술진흥기금, 정보화촉진기금으로 나뉘어져 있다. 각 융자사업의 보조율도 서로 다르다.[135]

이처럼 우리나라의 융자사업은 각 회계와 기금별로 복잡다기하게 진행되고 있을 뿐 아니라, 금리나 기간 등 융자조건을 결정하는 체계도 일원화되어 있지 못하다. 재정융자특별회계의 경우 재정자금 운용심의회의 심의를 거쳐 재경부 장관이 일괄적으로 융자조건을 결정하고 있으나, 여타 특별회계 및 기금의 융자조건은 법령상 결정체계가 상이하다(표 4-12). 또 전체 융자규모와 사업별 융자규모를 파악할 수 있는 방법도 마련되어 있지 않다. 이에 반해 미국 연방정부에서는

---

135) 보조율이란 전체 융자금 가운데 재정에서 순수하게 지원해 주는 부분의 비율을 말한다. 보조율은 융자금리와 융자기간에 따라 달라진다. 자세한 설명은 고영선(2000b)을 참조할 것.

<표 4-11> 유사사업의 융자조건과 보조율

(단위: %, 년)

분류	사업종류	사 업 명	융자금리	대출금리	기간(거치)	보조율
중소기업	환경시설	환경개선자금(재특)	6.5	7.0	10(3)	16.7
		환경친화적산업기반조성(산업기반기금)	6.5	7.5	8(3)	15.1
	경쟁력강화	지식기반산업육성(산업기반기금)				
		산업구조고도화(산업기반기금)				
		구조개선사업(중소기업창업및진흥기금)	7.0	7.5	8(3)	12.9
	창업지원	중소·벤처창업지원(중소기업창업및진흥기금)	6.5	7.5	5(2)	11.0
		벤처기업창업지원(중소기업창업및진흥기금)	6.5	7.5	8(3)	15.1
		IBRD 창업지원(중소기업창업및진흥기금)	Libor +1.78	Libor +2.78	5(2)	9.5
		창업투자회사융자(중소기업창업및진흥기금)	5.0	5.0	10(5)	26.5
		멀티미디어산업지원(정보화촉진기금)	5.25	6.25	5(2)	15.0
과학기술	기술개발	환경기술및산업화(재특)	6.5	7.0	8(3)	15.1
		자본재시제품및첨단기술제품개발사업(재특)	6.5	7.0	8(3)	15.1
		기술개발자금융자(과학기술진흥기금)	5.0~6.0	6.0~7.0	7(3)	18.2
		정보통신산업기술개발지원(정보화촉진기금)	5.0~5.5	6.0~6.5	5(2)	15.0
		선도기술개발보급지원(정보화촉진기금)	5.0~5.5	6.0~6.5	5(2)	15.0
	정보화촉진	정보통신설비구입및시설개체비지원(정보화촉진기금)	5.5	6.5	5(2)	14.2
		중대형컴퓨터보급확대(정보화촉진기금)	5.5	6.5	5(0)	10.9
		초고속공중망구축지원(정보화촉진기금)	5.5	6.5	5(2)	14.2
문화관광	관광	관광시설건설자금(관광진흥개발자금)	4.5	6.0	9(4)	26.5
		관광시설개·보수자금(관광진흥개발자금)	4.5	6.0	6(2)	19.0
		관광사업체운영자금(관광진흥개발자금)	4.5	6.0	3(1)	11.6
		국민관광진흥사업(관광진흥개발자금)	4.5	6.0	9(4)	26.5
	체육	체육시설업체시설설치자금(국민체육진흥기금)	6.0	7.0	7(3)	16.2
		체육시설업체시설개·보수자금(국민체육진흥기금)	6.0	7.0	3(1)	8.4
		체육용구생산업체설비자금(국민체육진흥기금)	6.0	7.0	7(3)	16.2
		체육용구생산업체연구개발자금(국민체육진흥기금)	6.0	7.0	3(1)	8.4
		체육용구생산업체원자재구입자금(국민체육진흥기금)	6.0	7.0	3(1)	8.4
의료	병원지원	서울대학교병원지원(재특)	6.5	6.7	10(5)	18.5
		민간병원지원(재특)	6.5	7.0	10(5)	18.5
		농어촌민간병원지원(농어촌특별세관리특별회계)	5.0	5.5	15(5)	30.9

<표 4-11> 유사사업의 융자조건과 보조율 (계속)

(단위: %, 년)

분류	사업종류	사 업 명	융자금리	대출금리	기간(거치)	보조율
농림축산	유통	농산물공판장건설(농특)	3.5	5.0	10(3)	31.0
		농산물유통시설보완(농특)	3.5	5.0	10(3)	31.0
		농산물물류센터건설(농특)	30	4.5	10(5)	37.0
		소비자단체물류시설지원(농특)	2.5	4.0	7(3)	30.3
		농산물직거래시설지원(농특)	4.0	4.0	10(3)	28.6
		산지유통센터(농특)	3.5	5.0	10(3)	31.0
		저온유통기반확충(농특)	3.5	5.0	10(3)	31.0
		과실생산·유통지원(농특)	3.5	5.0	10(5)	34.4
		노지채소생산유통지원(농특)	3.5	5.0	10(3)	31.0
		시설원예생산유통지원(농특)	3.5	5.0	15(3)	37.3
		특작생산유통지원(농특)	5.0	5.0	7(4)	21.7
		2차임산물종합유통센터(농특)	5.0	5.0	15(5)	30.9
		임산물직거래판매사업(농특)	2.5~4.0	4.0	10(3)	33.4
		임산물공판시설(농특)	5.0	5.0	10(3)	23.9
		임산물저장시설(농특)	3.5	5.0	10(3)	31.0
		임산물포장개선(농특)	3.5	5.0	5(2)	20.5
		농수산물유통시설(농수산물가격안정기금)	2.5~3.0	3.0~5.0	10~20(3~5)	40.2
		산지유통개선(농수산물가격안정기금)	3.0~4.0	5.0	1(0)	5.9
		소비지유통개선(농수산물가격안정기금)	3.0~6.0	5.0~8.0	1(0)	4.5
		우수농산물유통(농수산물가격안정기금)	3.0~5.0	5.0	1(0)	5.5
	농공단지	농공단지조성(농특)	3.5	5.0	15(5)	40.2
		농공단지입주기업육성(중소기업창업및진흥기금)	6.5	7.5	4~10(2~5)	14.7
어업	유통	수산물종합판매장(농어촌구조개선특별회계)	3.5	5.0	10(3)	31.0
		수산물물류센터(농어촌구조개선특별회계)	3.5	5.0	10(3)	31.0
		수산물직거래자금(농어촌구조개선특별회계)	3.5	5.0	1(1)	5.9
		활·선어위판장(농어촌구조개선특별회계)	3.5	5.0	10(3)	31.0
		위판장폐수처리시설(농어촌구조개선특별회계)	1.5	3.0	10(3)	40.6
		수산물유통자금(농어촌구조개선특별회계)	3.5	5.0	1(1)	5.9
	양식업	기르는 어업 육성(농어촌구조개선특별회계)	3.5	5.0	10(3)	31.0
		공동양식어장개발(농어촌구조개선특별회계)	3.5	5.0	10(3)	31.0
		담수양어장시설(농어촌구조개선특별회계)	3.5	5.0	8(3)	28.0
		대단위담수어양식단지(농어촌구조개선특별회계)	3.5	5.0	15(5)	40.2

<표 4-11> 유사사업의 융자조건과 보조율 (계속)

(단위: %, 년)

분류	사업 종류	사 업 명	융자 금리	대출 금리	기간 (거치)	보조 율
에너지	해외 자원 개발	해외자원개발자금융자(에너지및자원사업특별회계)	4.5	5.5	15(5)	34.0
		유전개발사업(에너지및자원사업특별회계)	4.5~5.5	5.5	탐사 15, 개발 및 생산10(5)	28.9
SOC	컨테이너기지	양산내륙컨테이너기지건설(재특)	6.5	6.7	15(5)	21.6
		컨테이너부두개발(교통시설특별회계)	5.5	6.4	10(3)	30.8
환경	상수도	광역상수도정수장건설(재특)	6.5	6.7	15(5)	21.6
		광역상수도건설사업지원(재특)	6.5	6.7	20(5)	24.0
		지방상수도개량(재특)	6.5	6.6	15(5)	21.6
		중소도시지방상수도개발(환경개선특별회계)	3.4	3.5	15(5)	40.8
	하수도	하수처리시설지원(환경개선특별회계)	5.5	5.6	15(5)	27.8
		연안지역하수처리장설치(환경개선특별회계)	5.5	5.6	15(5)	27.8
		하수관거정비(환경개선특별회계)	5.5	5.6	15(5)	27.8
교육근로	학자금융자	대학생학자금융자(일반회계)		5.75	장기: 7(3) 단기: 1(0)	17.2
		농어촌출신대학생학자금융자 (재특·농특)	0.0	0.0	융자기간의 2배 (졸업 후 1년)	47.7
		근로자학자금대부(고용보험기금)	0.0	1.0	2~4(2)	24.9
		산업재해근로자및자녀학자금대부(산업재해보상기금)	8.0	3.0	7~14 (3~10)	11.5
	보육시설	직장보육시설설치비용융자(고용보험기금)	2.0~3.0	3.0~3.5	5~10 (2~5)	25.0
		민간보육시설자금(국민연금기금)	7.5	8.0	5~10 (2~5)	10.8
		중소기업복지시설자금(근로복지진흥기금)	8.0	6.0	10(1~3)	9.0

주: 융자금리와 대출금리는 2000년 1/4분기 기준.
자료: 고영선(2000b).

<표 4-12> 법령상 융자조건 결정체계

	재경부 협의	기획예산처 협의	재경부·기획예산처 공통	법령상 미비
여타 특별 회계	에너지 및 자원사업특별회계, 농어촌구조개선특별회계, 환경개선특별회계, 농특세관리특별회계	토지 및 지역균형개발특별회계, 교통시설특별회계		
기금	과학기술진흥기금 등 9개	청소년육성기금 등 2개	국민주택기금 등 2개	군인복지기금 등 20개

자료: 재정경제부.

예산안 설명서(U.S. Government[2000a])의 한 章을 융자사업과 기타 신용사업에 할애하여 융자사업의 총규모 및 분야별 규모, 융자잔고, 보조금 추정액 등을 밝히고 있다.

예산의 배분적 효율성을 제고하는 일은 현 시점에서 보다 더 중요한 의미를 갖는다. 재정건전화를 위해 총지출규모에 대한 통제가 강화됨에 따라 필수분야(사회간접자본, 교육, 의료 등)에 대한 투자가 저해될 가능성이 높아지고 있기 때문이다. 총지출규모에 대한 통제가 강화됨에도 불구하고 이들 분야에 대한 지원이 충분히 이루어지도록 하기 위해서는 한정된 예산을 가장 효율적으로 활용할 수 있는 제도적 장치가 마련되어야 한다. 특별회계나 기금의 정비는 이러한 이유에서 그 중요성이 커지고 있다.

나. 투명성과 책임성

우리나라 예산체계의 두번째 문제점은 예산의 투명성과 책임성이 저해되고 있다는 것이다. 즉, 예산이 각종 회계와 기금으로 분할됨에 따라 예산의 전체 규모와 분야별 배분을 파악하는 일이 쉽지 않으며, 이에 따라 정부의 예산운용에 대한 국민적 감시와 평가가 이루어지기 어렵다는 것이다.

먼저 예산의 전체 규모에 대해 살펴보면, 기획예산처는 흔히 일반회계와 재특 순세입을 합한 액수를 기준으로 예산증가율을 발표한다. 따라서 재특을 제외한 여타 특별회계의 예산규모는 논의의 초점이 되지 못하는 경우가 대부분이다. 그러나 바람직하기는 모든 특별회계와 공공기금까지도 포함하는 통합재정이 재정규모의 올바른 기준이 되어야 한다.

재정수지도 마찬가지이다. 정부는 통상적으로 통합재정수지를 재정수지의 개념으로 파악하고 이를 국민들에게 발표하고 있다. 이는 합리적인 선택이다. 그러나 최근 들어 정부는 일반회계에서 발행하는 "적자보전용 국채규모"를 재정적자의 지표로도 사용하고 있다. 예를 들어 기획예산처가 발행한 『2001년 나라살림』에서는 일반회계 국채발행이 2000년 11조 원에서 2001년 3조 원으로 줄어들 것이며, 이를 통해 2003년 균형재정의 달성을 가시화시킬 것이라고 밝히고 있다(p.2).

그러나 일반회계는 통합재정을 이루는 각종 회계와 기금 가운데 하나에 불과하며, 일반회계 국채는 여러 특별회계와 기금에서 발행하는 국채 가운데 하나에 불과하다. 만일 일반회계 국채발행을 줄인다면 그만큼 일반회계에서 다른 회계(예를 들어 재특)로의 전출금이 줄어들어 다른 회계에서 발행하는 국채가 늘어나야만 한다. 또한 적자보전용 국채라는 용어의 의미 자체가 불명확하다. 국민주택채권과 같이 첨가소화되는 경우를 제외하고는 국채란 정의상 세입이 세출을 충당하지 못할 때 발행되는 것이기 때문이다. 따라서 일반회계 국채만을 굳이 부각시키기보다는, 재정수지는 통합재정수지를 의미하는 것으로 통일시키고, 국채는 국고채권, 외평채권, 국민주택채권 등 주요 채권별로 발행규모를 밝히는 것이 바람직하다고 생각된다.[136]

통합재정의 범위 자체도 적절히 설정되어 있지 못하다. 앞서 설명한 것처럼 현재의 통합재정에는 기타기금, 지방정부, 의료보험 등이 포함되어 있지 않기 때문이다. 따라서 현재의 통합재정 범위로는 정부의 재정활동을 포괄적으로 파악하기 어렵다.

이처럼 예산의 전체 규모나 재정수지를 투명하게 파악하기 어려운 측면이 있는가 하면, 예산의 분야별 배분도 투명성이 부족하다. 통합재정은 예산을 경제적 분류에 따라 14개 분야[137]로 구분한다. 반면에, 기획예산처가 발간하는 『예산개요』 등에는 일반회계만이 8개 분야[138]로 구분되어 제시된다. 따라서 이를 보아서는 전체 예산이 분야별로 어떻게 배분되고 있는가를 파악하기 어렵다. 통합재정 자료를 보면 이러한 파악이 가능하기는 하지만, 통합재정 자료는 예산이 국회를 통과한 후 몇 개월이 지나야 발표되는 한계를 지닌다.[139]

---

136) 이와 관련하여 쉽게 이해되지 않는 사실은, 정부가 헌법 제58조에 따라 매년 국회로부터 차년도 국채발행 한도액을 의결받는데도 불구하고 실제로 그 의결받은 액수를 정부문서나 웹사이트에서 쉽게 찾아볼 수 없다는 것이다. 정보공개의 차원에서 정부의 배려가 필요하다고 생각된다.

137) 일반공공행정, 국방, 공공질서 및 안전, 교육, 보건, 사회보장 및 복지, 주택건설 및 지역사회개발, 오락·문화·종교, 연료 및 에너지, 농림수산·수렵, 광업·제조업·건설업, 수송 및 통신, 기타 경제사업, 주분류 외 지출.

138) 방위비, 교육비, 사회개발, 경제개발, 일반행정, 지방재정, 채무상환 및 기타, 재특회계 지원.

139) 『2001년 나라살림』과 같은 예산안 설명자료의 또 다른 문제점은, 예를 들어 2001년의 정보화, 과학기술, 교육 등의 예산을 제시하면서 이를 2000년의 예산과 비교하고 있다는 점이다. 이보다는 과거 몇 년간의 예산을 모두 제시함으로써 국민들이 추세를 파악할 수 있도록 도와줄 필요가 있다.

3. 예산체계의 개선방안

가. 기금과 특별회계의 정비

정부는 최근 복잡다기한 예산구조를 단순화시키기 위한 제도개선에 착수하였다. 먼저 기금은 1999년 75개에서 2003년 55개로 줄여나갈 계획이다(표 4-13). 이에 따라 4개 기금이 완전 폐지되고 7개 기금은 예산으로 흡수되며 3개 기금은 민간자금으로 전환되고 10개 기금은 4개로 통합된다(표 4-14). 그 외 10개의 기타기금은 공공기금으로 전환된다. 정비 후 공공기금은 1999년 37개에서 2003년 39개로 늘어나고, 기타기금은 1999년 38개에서 2003년 16개로 줄어든다(표 4-15).

이는 획기적인 제도개선이라 판단된다. 그러나 2003년에도 55개의 기금(공공기금 39개, 기타기금 16개)이 남게 되므로 기금정비를 지속적으로 추진할 필요가 있다. 이러한 기금정비에 있어서는 "모든 기금은 공공기금을 의미한다"라는 원칙하에 기타기금을 모두 공공기금 또는 민간자금으로 전환하는 데 초점을 맞추어야 한다. 기금운용계획의 수립 등에 정부가 간여하고 있는 이상, 기타기금의 실질적 운용주체

<표 4-13> 기금정비 현황 및 계획

(단위: 개)

	1994	1995	1996	1997	1998	1999	2000	2001	2003	계
기존기금	114	106	99	76	75	76	75	57	56	
신설기금	6	4	4	3	3	2	0	0	0	22
정　　비	-14	-11	-27	-4	-2	-3	-18	-1	-1	-81
정비후 기금수	106	99	76	75	76	75	57	56	55	

자료: 기획예산처, 「기금제도 개선방안」, 보도자료, 1999. 6. 29.

<표 4-14> 기금 통폐합 방안

(단위: 억 원)

구 분		부처명	기 금 명	1999년 운용규모	기금정비방안
기금 폐지 (11)	목적 달성 등 (4)	재경부	국민투자기금[1]	654	→ 2003년 폐지·청산
			재형저축장려기금[2]	453	→ 2000년 폐지
		산자부	염안정기금[2]	102	→ 2001년 폐지
		건교부	교통안전기금[2]	417	→ 폐지, 공단 자체추진
	예산 흡수 (7)	교육부	한국장학기금[2]	293	→ 일반회계 지원
		외교부	재외동포기금[2]	4	→ 일반회계 지원
		교육부	과학교육기금[1]	70	→ 일반회계 지원
		노동부	기능장려기금[2]	185	→ 일반회계 지원
			진폐기금[1]	211	→ 에너지사업특별회계
		문화부	도서관및독서진흥기금[1]	-	→ 일반회계 지원
		산림청	임업진흥기금[1]	454	→ 농어촌구조개선특별회계
민간 자금화 (3)		문화부	방송문화진흥기금[2]	9	→ 방송문화진흥회 자산화
		교육부	국립대병원기금[2]	-	→ 병원의 자체자금화
		행자부	새마을국민기금[2]	693	→ 새마을중앙협의회 자금화
통합 (10→4)		재경부	공공자금관리기금[1]	172,898	⎫ → 공공자금관리기금
			국채관리기금[1]	268,066	⎭
		보훈처	보훈기금[1]	1,751	⎫ → 보훈기금
			순국선열애국지사사업기금[1]	46	⎭
		과기부	과학기술진흥기금[1]	2,156	⎫
			과학재단기금[2]	375	→ 과학진흥기금(가칭)
			과학기술문화기금[2]	-	⎭
		농림부	종자기금[1]	334	⎫
			농수산물가격안정기금[1]	18,720	→ 농수산물가격안정기금
			인삼산업진흥기금[2]	165	⎭
기타기금 공공기금 전환(10)		노동부	중소기업근로자복지진흥기금[1]	7,789	
		산자부	특정물질사용합리화기금[1]	112	
			발전소주변지역지원사업기금[1]	1,839	
		행자부	공무원연금기금[1]	84,051	
		농림부	축산발전기금[1]	8,585	
		교육부	사립학교교원연금기금[1]	28,796	
			사학진흥기금[1]	1,333	
		보훈처	참전군인등지원기금[1]	53	
		중기청	중소기업창업및육성지원기금[1]	34,383	
		경찰청	도로교통안전관리공단기금[1]	1,199	

주: 1) 공공기금.
　　2) 기타기금.
자료: 기획예산처, 「기금제도 개선방안」, 보도자료, 1999. 6. 29.

<표 4-15> 정비후 부처별 기금

소 관 부 처	공 공 기 금	기 타 기 금
재정경제부(9)	공공자금관리기금, 대외경제협력기금, 외국환평형기금	기술신용보증기금, 농림수산업자신용보증기금, 농어가목돈마련저축장려기금, 신용보증기금, 주택금융신용보증기금, 예금보험기금
기획예산처(1)		산업기반신용보증기금
금융감독위(1)		부실채권정리기금
통 일 부(1)	남북협력기금	
외교통상부(1)		국제교류기금
행정자치부(2)	공무원연금기금	새마을금고안전기금
법 무 부(1)		법률구조기금
국 방 부(3)	군인연금기금, 방위산업육성기금, 군인복지기금	
교 육 부(2)	사립학교교원연금기금, 사학진흥기금	
문화관광부(5)	청소년육성기금, 관광진흥개발기금, 문화산업진흥기금	국민체육진흥기금, 문예진흥기금
농 림 부(4)	농수산물가격안정기금, 농지관리기금, 양곡증권정리기금, 축산발전기금	
산업자원부(4)	산업기반기금, 발전소주변지역지원사업기금, 특정물질사용합리화기금	수출보험기금
정보통신부(2)	정보화촉진기금	체신보험기금
보건복지부(3)	국민연금기금, 국민건강증진기금, 편의시설설치촉진기금	
노 동 부(6)	고용보험, 산업재해예방, 장애인고용촉진, 산업재해보상보험기금, 임금채권보장기금, 중소기업근로자복지진흥기금	
건설교통부(1)	국민주택기금	
환 경 부(1)	한강수계관리기금	
과학기술부(2)	과학기술기금, 원자력연구개발기금	
여성특별위(1)	여성발전기금	
국가보훈처(2)	보훈기금, 참전군인등지원기금	
경 찰 청(1)	도로교통안전관리공단기금	
중소기업청(2)	중소기업창업및진흥기금	중소기업공제사업기금
총 55개	39개	16개

자료: 기획예산처, 「기금제도 개선방안」, 보도자료, 1999. 6. 29.

는 정부라고 보아야 한다. 만일 정책목적이 뚜렷하지 않거나 정부가 실질적인 통제를 행사하지 않고 있는 기타기금이 있다면 이는 민간 자금으로 전환시키는 것이 합당하다. 그 외의 기타기금은 모두 공공 기금으로 전환시킴으로써 기금운용의 투명성과 책임성을 제고해야 할 것이다.

일선부처는 기타기금이 공공기금으로 전환될 경우 예산당국의 통제가 강화될 것을 우려하고 있다. 또 기금이 폐지되고 예산으로 흡수될 경우 예산당국의 통제가 강화될 뿐 아니라 충분한 예산확보가 어려워질 것으로 생각하고 있다. 그러나 원칙적으로 국가의 모든 재정활동은 국회에 보고되어야 하며, 일차적인 보고책임은 예산당국에 있는 만큼, 예산당국의 통제강화는 불가피한 사실로 인정되어야 할 것이다. 반면, 예산당국은 가능한 한 부처의 자율성을 존중해 주고, 예산확보에 있어서도 충분한 배려를 제공함으로써 일선부처의 반발을 최소화해야 할 것이다.

이와 더불어 궁극적으로는 기금을 예산체계 내로 흡수시키는 방안을 강구해야 한다. 미국의 경우 예산외계정은 사회보장신탁기금(Social Security trust funds)과 체신사업(Postal Service)이 있을 뿐이다. 국회의 통제에서 벗어나 있는 각종 기금은 재정책임성 확보의 측면에서 근본적인 한계를 갖는다. 따라서 국민연금이나 고용보험과 같이 법정급여를 제공하는 기금 등 특별히 국회의 연도별 예산심의가 필요치 않은 기금을 제외하고는 모두 예산에 포함시켜야 할 것이다.[140] 단, 예산체계 내로 흡수하더라도 사업의 특성을 참조하여 현재와 같이 운용계획의 1/2 범위 안에서 신축적으로 지출을 변경할

---

140) 이를 위해서는 기금을 세입세출예산에 의하지 않고 운용할 수 있도록 허용한 예산회계법 제7조 제2항을 폐지하고, 제9조 제1항은 "국가의 회계는 일반회계·특별회계·기금으로 구분한다"고 개정해야 할 것이다.

수 있도록 허용하거나 불용액의 적립(즉, 이월)을 허용할 수는 있을 것이다.

한편, 기획예산처는 기금이 운용되어온 지 40년 만에 처음으로 기금운용 실태를 평가하여 그 결과를 2000년 9월에 국회에 제출하였다. 즉, 민간전문가로 「기금운용평가단」을 구성하여 62개 전 기금의 1999년 운용실태를 정밀진단하였으며, 평가내용을 토대로 장·단기 개선방안을 마련하였다. 이러한 기금평가는 앞으로 매년 실시될 예정이며, 기금운용의 효율성과 효과성을 제고하는 데 크게 기여할 것으로 전망된다.

기금제도에 있어서는 가시적인 제도개선이 이루어지고 있는 반면, 특별회계제도는 크게 변하지 않고 있다. 정부는 내부적으로 특별회계의 통폐합을 검토해 왔으나 이는 목적세의 정비와 맞물려 있기 때문에 기금의 통폐합보다 더 어려운 문제로 꼽힌다. 그럼에도 불구하고 정부는 2001년에 존치기간이 만료되는 교육환경개선특별회계를 폐지할 예정이다. 또한 재정경제부는 2002년에 교통세를, 2003년에 농특세를 폐지할 예정이며, 이와 연계하여 기획예산처는 관련 특별회계도 폐지할 예정이다(기획예산처[2000b]).

또한 계속 존치할 필요가 있는 특별회계는 운영체계를 개선하여 운영효율화를 도모할 계획이다. 특히 2001년 예산 편성시에는 일반회계의 특별회계 전출금을 2000년 21.8조 원에서 2001년 18.3조 원으로 3.5조 원 감축하였다. 또한 특별회계에 대한 재정융자도 농어촌구조개선특별회계 1.5조 원, 철도사업특별회계 0.1조 원 등 총 1.6조 원 감축하였다. 앞으로도 이러한 방향의 제도 및 운영체계 개선이 지속적으로 이루어져야 할 것으로 판단된다.

나. 통합재정 기준의 예산편성 및 심의

기금의 통폐합이나 특별회계의 정비가 이루어지기 전이라도, 일반회계·특별회계·기금으로 구성된 통합재정 기준으로 예산을 편성하고 심의하는 체계를 구축해야 한다. 현재 예산편성 및 심의과정에서 총재정규모는 주로 일반회계와 재특의 합으로 제시되고, 분야별 배분은 일반회계를 기준으로 제시되고 있으며, 기금을 포함한 통합재정 기준의 총재정규모나 분야별 배분은 고려의 대상이 되지 않고 있다. 그러나 재정활동이 국민경제에 미치는 영향을 포괄적으로 검토하기 위해서는 통합재정을 일차적으로 검토해야 한다.

이를 위해서는 무엇보다도 정부가 예산안을 국회에 제출할 때 통합재정규모 및 분야별 배분, 그리고 통합재정수지를 첨부하여 제출하도록 해야 한다. 또한 차년도의 통합재정뿐 아니라 과거 몇 년간의 통합재정에 관한 정보도 제공함으로써 추세를 파악할 수 있도록 해야 한다. 이러한 큰 그림을 바탕으로 세부 예산내역을 검토해야만 예산운용의 방향을 제대로 잡을 수 있을 것이다.

아직까지는 통합재정 통계체제가 미비하여 정부가 예산안을 제출할 때 통합재정 기준의 총재정규모나 분야별 예산배분을 제시하지 못했던 것으로 보인다. 그러나 예산정보시스템이 어느 정도 구축되었으므로 앞으로는 이러한 통합재정 기준의 자료를 제출할 수 있을 것이다. 이는 또한 정부가 추진중인 결산제도의 개선과도 일치한다. 재정경제부는 2003년까지 9종의 결산서(세입세출결산서, 기금결산서 등)를 1종의 「재무보고서」로 통합할 계획이다(진병화[2000]).

통합재정 지출 가운데 경직성 예산과 비경직성 예산을 구분하여 제시할 필요도 있다. 여기에서 경직성 예산이란 흔히 이야기하는 인건비, 국방비 등을 의미하는 것이 아니라, 국민연금 연금급여, 고용보

험 실업급여, 이자지출, 지방교부금 등과 같이 정부가 법적인 지출의
무를 지니는 예산을 의미한다. 이러한 지출은 적어도 단기적으로 정
부의 통제범위 밖에 있으며, 경기상황 등에 따라 변할 수 있다. 따라
서 이들을 비경직성 예산과 합하여 고려하면 재정정책기조를 분명히
파악하기 어렵게 된다. 사회간접자본 투자 등 비경직성 예산은 정부
가 정책의지에 따라 얼마든지 통제할 수 있는 것이므로 예산심의는
주로 비경직적 분야에 국한될 것이다.

미국에서는 경직성 예산을 의무지출(mandatory spending), 비경직성
예산을 재량지출(discretionary spending)이라 부른다. 의무지출(연금급여
등)은 근거법(국민연금법 등)에 의해 영구적 지출권(permanent budget
authority)을 부여받기 때문에 연도별 예산심의의 대상이 되지 않는다.
그리고 연도별 예산심의는 재량지출에 대해서만 이루어진다. 의무지
출을 변경하고자 할 때에는 근거법을 개정해야 한다. 미국에서 의무
지출은 연방정부 예산의 약 2/3를 차지하고 있으며 재량지출은 약
1/3을 차지하고 있다. 재량지출의 약 1/2은 국방비이다. 연방정부가
발간하는 예산설명서(U. S. Government[2000b]) 등에는 의무지출 및 재
량지출의 역사적 추이와 비중, 주요 세부항목 등이 제시되어 있다.

한편, 국민연금기금을 제외하였을 때의 통합재정수지와 이를 포함
시켰을 때의 통합재정수지를 별도로 발표할 필요도 있다. 국민연금
에서는 아직 완전노령연금이 지급되지 않아 수입이 지출을 큰 폭으
로 상회하고 있으며, 이에 따라 국민연금은 통합재정수지를 크게 개
선시키는 역할을 담당하고 있다.[141] 그러나 연금지급이 본격적으로
이루어지면 국민연금이 상당한 재정적자 요인으로 작용할 전망이다.

---

141) 예를 들어, 1999년의 경우 국민연금기금의 재정수지는 7.0조 원(GDP 대비 1.4%)
의 흑자를 보였으며, 이를 제외할 경우 통합재정수지 적자규모는 13.1조 원
(2.7%)에서 20.1조 원(4.2%)으로 증가한다. 국민연금기금의 흑자규모는 2000년
6.7조 원, 2001년 11.5조 원으로 예상된다(기획예산처[2000d]).

따라서 국민연금의 흑자는 진실한 의미에서 흑자라고 보기 어려우며, 이를 제외하였을 때의 재정수지를 별도로 계산하여 국민들에게 알려줄 필요가 있다.

앞에서 언급한 것처럼 통합재정에 지방재정을 포함시킬 필요성도 제기된다. 이를 위해서는 먼저 지방정부에 대해 중앙정부와 같은 IMF 기준의 회계방식을 도입해야 한다. 현재 우리나라 지방정부에는 보전재원의 개념조차 확립되어 있지 않다. 예를 들어 지방채 발행수입은 세외수입으로 간주되어 수입의 일종으로 파악되기 때문에 수입과 지출은 항상 동일하다. 따라서 재정적자가 얼마나 되는지는 아무도 알지 못한다. 이러한 회계기준의 후진성은 개탄할 만한 일이다.142) 중앙재정과 지방재정의 회계기준 통일을 위해서는 재정경제부 및 기획예산처와 행정자치부 간의 적극적인 협조와 개선노력이 요구된다.

한편, 통합재정의 한계에 대해 주목할 필요도 있다. 특히 통합재정은 현금주의에 기초하기 때문에 재정융자의 실질비용을 적절히 반영하지 못한다. 재정융자는 민간 금융시장에서는 대출을 받을 수 없거나 매우 높은 금리로 대출을 받을 수밖에 없는 사람들에게 낮은 금리로 제공되는 경우가 대부분이다. 따라서 재정융자는 시장금리와 융자금리 사이의 차이만큼 보조금을 지급하는 결과를 초래한다. 재

---

142) 지방재정 회계의 후진성을 보여주는 또 다른 예는, 지방채무의 규모가 명확히 파악되지 않는다는 것이다. 예를 들어 서울시 자체의 채무는 1조 원 가량이지만, 서울시지하철공사의 채무는 몇 조 원 규모에 달하는 것으로 알려져 있다. 이러한 지방공사의 채무는 지방정부 또는 중앙정부의 채무로 전환될 가능성이 매우 높다. 따라서 행자부는 각 자치단체별 직접채무와 공기업채무 등에 대한 자료를 공표해야 한다. 또 전체 채무를 중앙정부 융자금, 지방채 등으로 구분하여 발표할 필요도 있다. 현재 정부가 발표하는 지방정부 채무에는 중앙정부 융자금이 포함되어 있는 것으로 보이는데, 그렇다면 중앙정부와 지방정부의 채무를 합산할 때 이들을 단순합산해서는 안되며, 지방채무 가운데 융자금을 제외한 채무를 중앙정부 채무에 합산해야 한다.

정융자의 실질비용은 이러한 보조금의 현재가치에 해당하며, 융자원금 자체는 실질비용이 되지 못한다.

미국 연방정부는 1990년 연방신용개혁법(Federal Credit Reform Act)을 제정하고 직접융자 및 신용보증 사업에 대하여 발생주의에 따른 예산편성 및 회계처리를 의무화하였다(고영선[2000b]). 그리고 예금보험 등 보험사업에 대해서도 발생주의의 도입이 논의되고 있다(U. S. Government[2000a], p.287 및 Redburn[1993]). 반면, 우리나라의 융자제도에는 발생주의가 도입되어 있지 않을 뿐 아니라 각종 융자사업이 회계 및 기금별로 매우 비체계적으로 운영되고 있다. 융자사업 관리체계를 정비하는 동시에 융자사업에 발생주의를 도입하는 방안을 추진해야 할 것으로 판단된다.

다. 중기재정계획과 성과관리

기금 및 특별회계의 정비와 통합재정 기준의 예산편성 및 심의는 예산의 배분적 효율성과 투명성 및 책임성을 제고하는 데 기여할 것이다. 그러나 이와 동시에 중기재정계획을 내실화하고 성과관리체계를 정립함으로써 보다 직접적으로 현 예산체계의 단점을 극복해야 한다.

첫째, 정부가 중기재정계획을 통해 향후의 재정상황에 대한 정보를 제공해야만 국민들이나 국회가 현재의 재정정책기조가 적절한지를 평가할 수 있다. 예를 들어 현재에는 재정수지가 흑자를 보이더라도, 몇 년 후에는 구조적인 요인(예를 들어 금융구조조정을 위해 발행된 정부보증채권의 원금손실 발행)으로 인해 재정적자가 나타날 것이라면 현재의 흑자에 만족하지 말고 긴축기조를 보다 강화해야 한다. 중기재정계획은 이런 의미에서 재정의 투명성과 책임성을 높이기 위한 중요한 수단이 된다.

둘째, 성과관리체계를 확립함으로써 정부는 성과자료를 바탕으로 예산을 편성해야 한다. 그리고 성과가 부진한 분야에 대해서는 왜 성과가 부진한가를 분석하여 이를 개선할 수 있는 방안을 모색하고 필요시 예산배정을 축소 또는 폐지해야 한다. 또 실제로 예산배정이 축소 또는 폐지되지 않더라도 성과에 대한 감독이 강화되면 일선부처 스스로 보다 효율적·효과적으로 예산을 사용하게 될 것이다. 성과관리체계는 이런 의미에서 예산의 배분적 효율성을 높이기 위한 중요한 수단이 된다.

중기재정계획과 성과관리체계는 상호 연관되어 있다. 중기재정계획이 단순히 향후 연도의 예산규모를 제시하는 데 그친다면 큰 의미가 없다. 중기재정계획은 각 부처의 기본임무(mission)와 주요 성과목표, 이를 달성하기 위한 전략과 사업계획을 제시해야만 재정운용의 지침으로서 유용하게 쓰일 수 있다. 성과관리는 이처럼 중기재정계획을 통해 제시된 성과목표가 제대로 달성되었는지, 그리고 사업계획이 제대로 수행되었는지를 점검하는 작업이다. 아래에서는 성과관리체계의 구축과 중기재정계획의 수립을 위해 지금까지 진행되어온 노력을 살펴보고 발전방향을 제시하고자 한다.

1) 성과관리체계의 구축

정부는 성과관리체계를 구축하기 위해 성과주의 예산제도를 점진적으로 도입하는 방안을 마련하였다. 1999년 1월에는 성과주의 예산제도 도입의 추진체계를 수립하였고, 2월에는 정부조직 경영진단을 통해 부처별 성과지표를 개발하였다. 그리고 5월에는 2000회계연도 예산과 관련한 시범사업 대상기관을 선정하였는데, 농림부 농촌개발국, 법제처 법제기획관실 등 16개 기관이 선정되었다. 6월에는 16개

시범기관이 성과계획서를 작성·제출하였으며, 12월에는 성과계획서를 최종적으로 수정하여 확정하였다. 이들 기관은 2000회계연도 결산시점(2001년 초)에 성과보고서를 작성·제출할 계획이다.

한편, 2000년에는 12개 기관이 시범사업 대상기관으로 추가 선정되었다. 이들은 2001회계연도 예산이 국회에서 확정되는 시점에 성과계획서를 최종적으로 제출하게 되며 2002년 초에 성과보고서를 제출하게 된다.

성과계획서에 포함되는 내용은 필수 기재사항과 첨부가능한 기재사항으로 구분된다. 이는 <표 4-16>에 제시되어 있다. 표에서 성과예산서란 성과목표 및 전략목표별 예산을 제시하는 표를 의미한다. 성과예산서에는 일반회계뿐 아니라 특별회계와 기금을 포함한 모든 지출이 포함되어야 한다.

이러한 성과관리체계는 1993년에 발효된 미국의 정부성과 및 결과법(Government Performance and Results Act: GPRA)을 모델로 하고 있다. 단지 미국에서는 시범사업을 세 단계, 즉 실적계획 및 보고체계 시범사업 → 책임성 및 신축성제고 시범사업 → 성과예산 시범사업

<표 4-16> 성과계획서의 내용

기재사항	내 용
필수 기재사항	- 시범사업 대상기관의 개요: 조직·인력·예산현황 - 시범사업 대상기관의 임무(mission) 및 전략목표(strategic goal) - 시범사업 대상기관의 성과목표(performance goal) - 성과목표 달성을 위한 구체적인 전략 및 사업계획, 성과지표 및 성과지표 검증방법 - 2001년 성과예산서
첨부가능한 기재사항	- 성과목표 달성 또는 성과제고를 위해 필요한 자율권 - 성과목표 달성에 영향을 미치는 외부요인

자료: 기획예산처, 「성과주의 예산제도 2001년」, 보도자료, 2000. 4.

으로 나누어 차례로 진행시키고 있는 반면, 우리나라에서는 이를 한꺼번에 추진하고 있을 뿐이다(고영선[1998]).

성과관리체계를 도입함에 있어 주의해야 할 점은, 첫째, 성과주의 예산제도에 지나치게 높은 기대를 걸지 말아야 한다는 것이다. 성과를 바탕으로 예산을 편성한다는 것은 이론적으로는 쉬울지 모르나 현실적으로는 대단히 어려운 일이다. 먼저 성과를 엄밀히 측정하는 것 자체가 어려울 뿐 아니라, 성과를 측정하였다고 하여도 측정된 성과 가운데 어느 만큼이 정부정책에 기인하는지를 판단하는 것은 더욱 어렵다. 성과는 정부정책뿐 아니라 여타 정치·경제·사회·문화적인 요인으로부터 복합적인 영향을 받기 때문이다. 성과관리체계를 도입하기 위해 1950년대 이후 미국에서 추진한 각종 예산개혁이 실패로 끝난 이유는 기대가 지나치게 높아 그만큼 실망도 컸다는 데 있다.

성과주의 예산제도의 의의는 예산을 성과에 기초하여 편성하는 것에 있지 않다. 그보다는 각 부처가 내부 및 외부협의를 통해 기본임무를 설정하고 전략목표 및 성과목표를 수립하는 과정에서 자신의 존재이유를 되새겨 보도록 한다는 데 있다. 또한 투입된 비용이나 시간보다 결과와 성과를 더 중요시하는 성과지향적 문화를 정착시키며, 창조적이고 적극적으로 주어진 목표를 달성하도록 유도한다는 데 있다. 즉, 성과예산서라는 결과물보다는 성과계획서 및 성과보고서를 작성하는 과정 자체가 더 중요하다. 기획예산처도 이 점을 충분히 이해하고 있는 것으로 판단된다.

성과관리체계 도입에 있어 주의해야 할 두번째 사항은, 행정부 내부와 외부로부터 성과주의 예산제도의 도입에 필요한 지지와 동력을 획득해야 한다는 것이다. 먼저 행정부 내부에서는 각 부처가 보일 수 있는 저항과 반발을 최소화할 필요가 있다. 부처의 반발은 성과평가

결과가 언론이나 국회에 보고되어 자신들에게 불리하게 작용할 수 있다는 우려에서 발생한다. 우리나라의 언론이나 국회의 성향을 볼 때 이러한 우려는 충분히 근거가 있는 것이다. 이러한 우려는 부처로 하여금 성과목표를 낮추어 잡게 하거나 중요하지 않은 성과목표만을 잔뜩 나열하고 정작 중요한 성과목표는 의도적으로 빠뜨리도록 만들 수 있다.

부처의 반발은 성과주의 예산제도로 인한 업무부담으로부터 발생할 수도 있다. 특히 행정자치부가 1998년부터 실시하고 있는 목표관리제[143]와 국무조정관실에서 실시하고 있는 심사평가제도[144]는 성과주의 예산제도와 유사한 점이 매우 많다. 물론 前者는 기관보다는 국장이나 과장 등 개인을 대상으로 하고 있으며, 後者는 예산보다는

---

143) 목표관리제는 행정기관의 1∼4급 공무원에 대해 실시되고 있다. 목표는 연도 초의 업무계획에 기초하여 설정되며, 국장급의 경우 7개 이내, 과장급의 경우 5개 이내, 복수직 서기관의 경우 3개 이내의 목표가 설정된다. 평가는 12월 말을 기준으로 다음 해 1월에 이루어지며, 1차 평가자는 직근상급자, 2차 평가자는 차상급자이다. 평가결과는 공무원보수규정(대통령령)에 의해 국장급(3급 이상)의 성과연봉 결정에 반영되며, 공무원수당규정(대통령령)에 의해 과장급 이하(3급 이하) 전 직급에 대해 성과상여금 결정에 반영된다. 또 공무원임용령(대통령령) 및 공무원평정규칙(행정자치부령)에 의해 1∼4급의 근무평정점에 반영된다. 목표관리제는 1998년 시범실시를 거쳐 1999년부터 적용되고 있다.

144) 심사평가는 기관평가(주요 정책과제 평가, 정책추진역량 평가, 민원행정서비스 만족도 평가), 특정과제 평가, 부처 자체평가, 그리고 지방자치단체 평가로 구성된다. 심사평가는 국무조정실 심사평가조정관실에서 담당하며, 이를 지원하기 위해 국무총리 자문기구로 민간전문가로 구성된 정책평가위원회가 설치되어 있다. 평가결과는 매년 상·하반기별로 대통령(또는 국무총리) 주재하에 전 국무위원 및 정책평가위원 등이 참여하는 「정부업무심사평가보고회」에 보고된다. 역사적으로 볼 때 첫 심사분석제도는 1961년에 도입되어 국무총리실 기획조정관실에서 관장하였다. 이 기능은 1981년 경제기획원 심사평가국으로 이관되었으며, 1990년에는 국무총리실 행정조정실에 정책평가제도가 별도로 도입되었다. 그리고 1994년에는 구 경제기획원의 심사분석업무와 국무총리실의 정책평가업무를 통합하여 국무총리실 제4행정조정관실이 관장하였으며, 1998년에는 기관평가제가 도입되었다.

정책 전반에 초점을 맞추어 성과를 평가하고 있다. 그러나 결과적으로 업무중복은 불가피한 것으로 보이며, 이들 세 개의 제도를 통합할 경우 상당한 업무경감이 가능할 것으로 판단된다.

한편, 행정부 외부에서는 국회와 국민들의 적극적 관심을 유도해야 할 것이다. 미국의 GPRA가 그 이전의 예산제도 개혁과 다른 점은 의회 주도로 법안이 만들어지고 개혁이 추진되었다는 것이다. 이에 따라 GPRA의 성공가능성은 그 이전의 개혁에 비해 높은 것으로 평가된다. 캐나다에서도 1990년대 중반에 도입된 「의회보고체계 개선작업(Improved Reporting to Parliament Project: IRPP)」은 그 이름이 말해주듯이 의회에 대해 성과계획서 및 성과보고서를 제출하는 데 초점을 맞추고 있다.[145] 국회에서 성과정보를 활용해야만 성과주의 예산제도의 추진력이 확보될 수 있을 것이다.

물론 위에서 이야기한 것처럼 부처 성과에 대한 국회의 관심은 양날의 칼과 같다. 부처의 성과 미달성에 대해 국회가 지나치게 비판적인 태도를 취할 경우 성과주의 예산제도는 부처의 비협조로 겉돌게 될 가능성이 많으며, 반대로 국회가 아무런 비판도 가하지 않는다면 부처는 성과주의 예산제도 자체를 중요하지 않은 것으로 받아들일 수 있다. 그러나 지나치게 비판적인 태도가 초래할 부작용이 너무나도 확실하므로 일단 지나치게 비판적인 태도는 지양하는 것이 바람직하다고 판단된다. 그리고 건설적이고 합리적으로 문제해결 방안을 찾아나가는 데 초점을 맞추어 성과보고서를 활용하도록 해야 한다.

한편, 단순한 성과지표를 중심으로 성과를 관리하는 데서 벗어나 사업평가제도(program evaluation)를 도입하는 방안도 고려해야 한다.

---

145) 캐나다에서 성과계획서는 우선순위계획서(Report on Plans and Priorities), 성과보고서는 실적보고서(Performance Report)로 불린다. 자세한 내용은 고영선(1998) 참조.

사업평가란 주요 정책이나 사업의 성과를 과학적・심층적・체계적
으로 분석하는 일을 말한다(고영선[2000c]). 사업평가에는 상당한 전
문적 지식과 시간 및 비용이 요구된다. 따라서 모든 정책이나 사업에
대해 사업평가를 실시할 수는 없으며, 주요한 것에만 국한하여 사업
평가를 실시할 수밖에 없다. 또 사업평가는 방법론상의 한계나 정치
적인 제약에 직면할 수도 있다. 그러나 최근 들어 사업평가는 그 중
요성에 대한 인식이 높아지면서 점점 더 많은 나라에서 실시되고
있다.

미국 GPRA에서는 실적보고서에 당해 연도 중 시행된 사업평가의
주요 내용을 수록하도록 하고 있다. 1980년대부터 사업평가를 체계적
으로 실시해 오던 호주에서는 1990년대 중반 종합적인 성과관리체계
를 도입하면서 사업평가를 성과관리체계로 흡수시켰다. 또한 유럽집
행위원회(European Commission)에서는 1996년부터 모든 사업에 대해
예산의 0.5%를 사업평가에 배정하고 사전적・사후적 사업평가를 의
무화하였다.

이에 반해 우리나라에서는 아직 사업평가가 본격적으로 시행되고
있지 않으며, 성과주의 예산제도 도입과정에서 이에 대한 별도의 규
정을 두지 않았다. 그러나 단순한 성과지표가 가질 수 있는 한계를
인식하고 체계적인 사업평가제도를 도입하여 성과관리체계의 한 부
분으로 정착시켜야 할 것으로 판단된다. 이미 1999년에 도입되어 큰
성과를 거두고 있는 예비타당성제도[146]가 사전적인 사업평가라면, 여

---

146) 예비타당성조사는 총사업비가 500억 원 이상인 대형 건설사업에 대해 실시된
다. 이는 주무부처(건설교통부 등)가 실시하는 타당성조사 이전에 예산당국의
주도로 개략적으로 사업타당성을 조사하는 작업이다. 예비타당성조사를 통과한
사업만이 본격적인 타당성조사를 받게 된다. 동 제도는 1999년에 도입되었으며,
이를 위해 KDI에 공공투자관리센터가 설치되었다. 2000년의 경우 7월까지 30개
신규사업에 대해 예비타당성조사가 실시되어 15개 사업(총사업비 6조 원 규모)

기에서 주장하는 사업평가는 중간평가 또는 사후평가에 해당하는 것으로서, 예비타당성조사와 더불어 예산의 배분적 효율성 제고에 큰 역할을 수행할 것으로 기대된다.

2) 중기재정계획의 내실화

정부는 1999년 초에 중기재정계획을 발표하여 향후의 재정정책기조를 공표하였다. 그때까지 중기재정계획은 예산당국의 내부자료로만 활용되었을 뿐 공표되지는 않았던 것으로 알려진다. 정부의 중기재정계획 발표는 우리나라의 재정정책에 대한 국내외 이해관계자들의 신뢰를 확보하는 데 큰 도움을 주었다고 생각된다. 그러나 그 이후 정부는 중기재정계획을 발표한 바 없으며, 언제 다시 발표하겠다는 계획을 밝힌 바도 없다.

앞으로는 중기재정계획을 보다 정기적으로 발표하고 그 내용도 충실하게 만듦으로써 각 해의 예산이 이를 기초로 편성될 수 있도록 해야 한다. 정부는 중기재정계획을 통해 세출 총규모를 제시하는 한편, 향후 재정운용의 주요 위협요인과 대처방안 등을 설명함으로써 국민들에게 중장기 재정운영 방향에 대한 이해와 협조를 구해야 할 것이다.

이를 위해서는 먼저 각 부처로 하여금 중기재정계획을 작성하도록 의무화할 필요가 있다. 현재에는 일부 부처가 자발적으로 중기재정계획을 수립·운용하고 있다. 2000년의 경우 해양수산부는 「해양개발기본계획」 및 「연안정비기본계획」, 산업자원부는 「무역인프라확충 3개년 계획」, 건설교통부는 「중기교통시설투자계획」을 수립하였다. 그러나 이들은 대부분 부처업무 전체에 대한 계획이 아닌 일부 중요

에 대해서는 추진결정이, 15개 사업(총사업비 8조 원 규모)에 대해서는 보류결정이 내려졌다(기획예산처[2000b]).

업무에 대한 계획이라는 한계를 지닌다. 그보다는 앞에서 설명한 성과계획서의 일부로서 중기 사업전략과 소요예산 등을 제시하는 방법으로 중기재정계획을 수립하는 것이 바람직하다.

기획예산처는 부처단위의 중기재정계획을 종합·수정하여 정부 전체의 중기재정계획을 수립·공표해야 한다. 현 예산회계법 제16조 제1항에는 "기획예산처장관은… 필요하다고 판단하는 경우에는 중·장기재정운용계획을 수립할 수 있다"고 되어 있으나, 이를 "… 수립하여야 한다"는 의무조항으로 개정할 필요가 있다. 또 예산회계법 제31조를 수정하여 예산안 제출시 정부는 중기재정계획을 첨부하도록 해야 한다. 이는 많은 선진국에서 이미 오래전부터 시행해오고 있는 관행이다.

예를 들어 영국에서는 다년도 예산편성제도를 통해 향후 3년간의 세출계획을 작성·공표하고 있다. 특히 1998년에는 세출종합검토(Comprehensive Spending Review: CSR)가 도입되었는데, 이에 따라 2년에 한 번씩 차년도를 포함한 3년간의 세출계획을 설정하게 되었다. 즉, 1998년에 처음 실시된 CSR에 따라 1999/2000회계연도부터 2001/2002회계연도까지의 세출계획이 설정되었고, 2년 후인 2000년에 두번째 CSR에 따라 2001/2002회계연도부터 2003/2004회계연도까지의 세출계획이 설정되었다. 이 때 두번째 CSR의 첫 연도(2001/2002회계연도)는 첫번째 CSR의 마지막 연도(2001/2002회계연도)와 중복된다(도 4-13).

이러한 CSR을 통해 영국에서는 실질적으로 2년 단위의 예산편성이 이루어지고 있다. 물론 어느 나라나 마찬가지로 매년 의회가 예산을 심의하기는 하나 이는 상당 부분 형식적인 절차이며, 재무부의 CSR이 대부분 그대로 의회를 통과한다고 한다.[147] 또 CSR에는 간략

---

147) 영국 재무부 공무원과의 인터뷰 결과(2000. 11. 14)이다.

[도 4-13] 영국의 다년도 예산편성

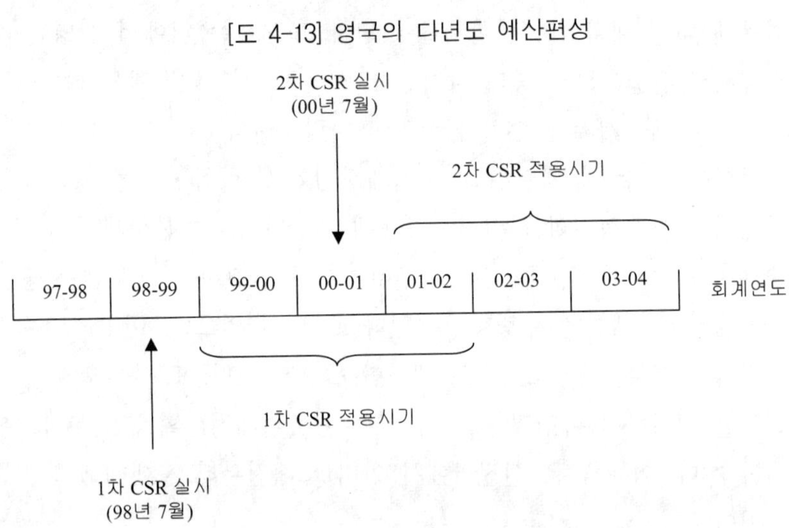

한 예산정보만이 수록되나, 실제로는 내부적으로 재무부와 여타 부처간에 구체적인 항목별 예산이 합의된다. 그러나 앞에서 설명한 바와 같이 재무부의 예산통제는 과거에 비해 크게 줄어들었다. <표 4-17>은 2000년 CSR(HM Treasury[2000])에 나타난 국방부의 세출계획을 예시하고 있다.

의회에 제출된 CSR 보고서에는 이러한 세출계획뿐 아니라 부처별

<표 4-17> 영국 국방부의 세출계획

(단위: 백만 파운드)

회계연도	2000~01	2001~02	2002~03	2003~04
총국방예산	22,975	23,570	24,198	24,978
자원예산	17,750	18,076	18,485	18,731
자본예산	5,225	5,494	5,713	6,247

자료: HM Treasury, *2000 Spending Review: New Spending Plans 2001-2004*, 2000. 7.

기본임무 및 성과목표가 제시되어 있다. 성과목표(public service agree-ment)는 1개 부처당 10개 내외가 설정되어 있다. 성과목표를 설정할 때에는 부처 내외의 토론과 협의를 거쳐 가장 중요한 것들만을 부처의 성과목표로 설정한다.[148) 따라서 영국의 경우 중기재정계획과 성과계획서가 혼합되어 있다고 말할 수 있다.

물론 영국과 같이 2년 단위로 예산을 편성하는 것이 바람직한가에 대해서는 또 다른 논의가 필요하다. 우리나라는 영국에 비해 여건변화가 크므로 매년 예산을 심의·편성하여 이에 신축적으로 대응하는 것이 바람직할 수도 있다. 그러나 현재에는 예산편성 및 심의에 있어 중장기적 시각이 지나치게 부족한 것도 사실이다. 따라서 영국과 같이 2년 단위 예산제도를 도입하지는 않더라도, 중기재정계획을 통해 예산편성의 視界를 보다 장기화할 필요가 있다.

중기재정계획이 내실화될 경우 예산당국은 각 부처에서 작성한 중기재정계획을 검토하고 수정하는 데 상당한 시간과 노력을 기울이게 될 것이며, 자연스럽게 세부예산에 대한 통제는 완화될 것이다. 또 각 연도의 예산을 이러한 중기재정계획의 틀 안에서 편성함으로써 중기적 사업목표와 사업방향에 더 충실하게 예산을 편성할 수 있게 될 것이며, 이러한 틀 안에서 사업성과도 더 분명하게 측정·평가될 것이다. 또 각 부문에서 계속비제도[149)의 활용이 확대될 것으로 기대

---

148) 영국에서는 산출물(output)이 아닌 성과(outcome) 자체를 목표로 삼고 있다. 이는 정부활동의 궁극적 목표에 대한 공무원들의 인식을 높이기 위함이다. 또 이는 산출물에 초점을 맞추고 있는 뉴질랜드의 경우(고영선[1998])와 대비된다. 뉴질랜드 내에서도 산출물 중심의 평가로 인해 부작용이 발생할 수 있다는 사실이 지적되고 있다(New Zealand State Services Commission[1999]).

149) 계속비계약은 수년에 걸쳐 집행될 총사업비가 계속비예산으로 미리 확보되어, 총공사와 연차별공사에 관한 사항이 명백히 구분되어 체결되는 계약을 의미한다. 계속비예산은 국회가 향후 수년간의 예산을 미리 심의·의결하기 때문에 단년도 예산주의의 예외로 간주된다.

된다. 계속비제도의 활용은 일단 확정된 사업이 예산부족 등으로 인
해 지연되는 사례를 방지함으로써 예산의 효율성을 증대시킬 것이다.
 중기재정계획에는 부처별 예산규모와 더불어 통합재정 기준의 총
재정규모 및 재정수지, 그리고 국가채무의 총규모와 그 구성내역이
담겨져야 한다. 또 이러한 전망의 근거와 여러 가지 가변요인에 대한
분석이 포함되어야 한다. 이 가운데 다음 절에서 설명하듯이 총 재정
규모에 대해서는 어느 정도 강한 제약을 부과할 필요가 있으나, 부처
별 예산에 대해서는 이러한 제약을 부과하지 말아야 한다. 즉, 정부
가 중기재정계획을 통해 각 부처에게 예산확보를 약속하는 것은 아
니며, 중기재정계획은 단지 계획과 전망에 불과하다는 점을 분명히
밝힐 필요가 있다. 미국의 경우에도 향후 5년간의 부처별 및 사업별
세출계획을 제시할 때 이 점을 명시하고 있다.[150] 스웨덴에서도 예산
총액은 법으로 정하고, 기타 분야별 세출은 법으로 정하지 않음으로
써 신축적 조정이 가능하도록 하고 있다.[151]

---

150) The current services baseline ... is not a prediction of the final outcome of the annual
budget process, nor is it a proposed budget. Instead it is largely a mechanical
application of estimating models to existing laws. By itself, the current services baseline
commits no one to any particular policy, and it does not constrain the choices available
(U. S. Government[2000a], p. 297).

151) 스웨덴의 다년도 예산편성제도에서는 향후 3년($t+1$, $t+2$, $t+3$)의 예산총액 및 27
개 세출분야별 예산규모를 결정한다. 그리고 다음 해($t+1$)에는 기존계획($t+2$,
$t+3$)에 더하여 3년 후($t+4$)의 예산규모를 결정하며, 각 연도에는 주어진 범위 내
에서 예산을 편성한다. 이 가운데 향후 3년간의 예산총액은 경상금액이 법으로
정해져 있어 법개정 없이는 변경이 불가능하다. 그러나 27개 분야별 예산은 법
제화되지 않아 변경이 가능하다. 또 27개 분야별 세출의 합계는 법으로 확정된
예산총액보다 작은데, 그 차이를 예산여백(budget margin)이라 부른다. 예산여백
을 두는 이유는 지출수요 증가로 인한 법개정 필요성을 줄이는 데 있다
(OECD[1998b]).

Ⅳ. 예산과정의 집중화

1. 공유의 비극과 예산과정의 집중화

1970년대 이후 많은 OECD 국가들은 지속적인 국가부채의 증가로 인해 어려움을 겪어 왔다. 이러한 국가부채의 증가원인으로 지목된 것들 중의 하나는 예산과정(budget process)을 둘러싼 정치환경이다.[152] 예산과정이란 행정부의 예산편성, 입법부의 예산심의 및 결의, 그리고 예산집행으로 이어지는 일련의 흐름에 적용되는 각종 규칙과 절차를 의미한다. 유럽국가들의 예산과정에 대한 비교연구 결과를 바탕으로 von Hagen and Harden(1996)은 재정건전화 정책의 성공가능성은 예산과정의 집중화(centralization)에 달려 있다고 결론짓고 있다. 본절에서는 이들의 논의를 우리나라에 적용시켜 보고 향후 재정건전화를 추진하는 데 있어 예산과정의 집중화를 촉진하기 위한 방안을 제시하고자 한다.

가. 예산과정의 단계

대부분의 나라에서 예산과정은 네 단계로 나뉘어진다(표 4-18). 첫째 단계인 행정부의 예산편성 단계(행정부 단계)는 입법부에 예산안이 제출됨으로써 마감된다. 둘째 단계인 입법부의 예산심의 및 결의 단계(입법부 단계)는 예산의 확정과 동시에 마감된다. 셋째 단계는 예산이 집행되고 필요시 추가경정예산이 마련되기도 하는 예산집행 단

---

152) 이에 대한 좋은 서베이 논문으로는 Alesina and Perotti(1995)와 Milesi-Ferretti (1997)가 있다.

<표 4-18> 예산과정의 단계별 주요 활동

단계	활 동
	행정부 단계
1	예산목표와 지침의 설정
2	예산요구서 작성
3	예산요구서 취합
4	예산요구 검토 및 조정
5	최종 예산안 작성
	입법부 단계
1	예산심의, 수정, 결의
2	상원과 하원 사이의 의견절충
3	행정부의 동의
	예산집행 및 수정 단계
1	예산집행
2	추가경정예산을 통한 예산수정
	사후적 통제와 책임성 확보

자료: von Hagen and Harden(1996).

[도 4-14] 예산과정 단계의 중첩

행정부 및 입법부 단계	예산집행 단계	사후적 통제 단계		
	행정부 및 입법부 단계	예산집행 단계	사후적 통제 단계	
		행정부 및 입법부 단계	예산집행 단계	사후적 통제 단계
$(t-2)$년	$(t-1)$년	t 년	$(t+1)$년	$(t+2)$년

자료: von Hagen and Harden(1996).

계이다. 넷째 단계는 감사원의 감사 등이 이루어지는 사후적 통제 단계이다. 특정 시점에서 보면 이러한 여러 단계가 한꺼번에 진행되기도 한다(도 4-14).

예산과정에는 각 단계별로 여러 주체가 참여하게 된다.

첫째, 행정부 단계는 통상적으로 행정부 내부에서만 이루어진다. 일선부처는 재무부(우리나라의 경우 기획예산처)에 예산요구액을 제시하며, 재무부는 이를 취합·검토·정리하여 예산안을 편성한다. 행정부 단계가 마무리될 즈음에는 총예산규모, 관서별 예산, 총세입규모, 그리고 세율과 과세대상 등에 대한 행정부 내부의 의견이 확정된다. 이 과정에서 재무장관(우리나라의 경우 기획예산처 장관)이 거의 모든 업무를 주관한다. 그러나 재무장관의 위상이나 영향력은 나라마다 차이가 있다.

둘째, 입법부 단계에서는 행정부와 입법부 사이에 예산에 관한 협의가 이루어진다. 대부분의 나라에서 입법부는 예산안 전체를 거부하거나 일부를 개정할 수 있는 권한을 가진다.

셋째, 예산집행 단계에서 예산집행은 일차적으로 행정부가 담당하나, 입법부가 부분적으로 개입하기도 한다. 특히, 추경예산은 입법부의 승인을 받아야 한다.

나. 공유의 비극

대부분의 정부활동은 특정집단을 대상으로 이루어지는 반면, 그에 필요한 자금은 일반 국민에게 부과되는 세금으로 조달된다. 이러한 정부활동의 수혜자와 비용부담자 사이의 불일치로 인해 정책결정자들은 재정지출의 증가로 인한 순한계편익을 과대추정하는 경향이 있다. 이에 따라 정부지출은 사회적 한계비용과 한계편익이 같아지는 수준 이상으로 확대된다. 이는 일종의 공유의 비극(tragedy of commons)에 해당한다. 이 문제는 예산과정의 각 단계에서 발생하며, 과도한 지출과 재정적자를 초래하게 된다.

공유의 비극을 발생시키는 정책결정자들이란 입법부의 의원들과 일선부처의 장관들을 말한다. 이들은 각자 봉사해야 할 대상 또는 지지기반(constituency)을 가지고 있다. 의원들의 경우 지역구민이, 장관들의 경우 담당부처가 지지기반에 해당한다. 또 의원들이나 장관들이 이해집단으로부터 영향을 받을 때에는 이들 이해집단도 지지기반에 포함된다. 정책결정자들은 자신의 지지기반을 위해 더 많은 예산을 확보하려고 노력하게 된다. 또 많은 예산을 자신의 영향력하에 두고 있다는 사실 자체로부터 개인적 효용을 얻기도 한다.[153] 공유의 비극은 여기에서 발생한다.

von Hagen and Harden(1996)에 따르면, 공유의 비극을 치유하기 위해서는 예산과정을 집중화해야 한다. 집중화는 행정부 단계에서부터 예산집행 단계에 이르기까지 예산과정의 각 단계에서 추진될 수 있다. 아래에서는 각 단계별 집중화 방안을 살펴보기로 한다.

다. 행정부 단계에서의 집중화

행정부 단계에서의 집중화는 목표관리방식(target-based approach) 또는 전략적 우위방식(strategic dominance-based approach)을 택할 수 있다. 목표관리방식은 행정부가 내부협의를 거쳐 수치화된 예산목표를 설정하고 이를 준수하는 방식이다. 모든 부처가 참여하는 협의과정을 통해 각 부처의 예산상한선에 대한 합의가 이루어지면, 이 상한선은 행정부 단계가 끝날 때까지 제약요건으로 부과된다.

---

153) 이에 대해서는 Niskanen(1971)이 공공선택이론의 관점에서 이미 논의한 바 있다.

전략적 우위방식에서는 재무장관(경우에 따라 재무장관과 몇몇 무임소장관)에게 특별한 권한이 부여된다. 종종 재무장관은 개별 부처의 장관과 1 대 1로 협의하고 예산요구를 조정하여 예산안을 확정할 수 있는 권한을 가진다. 그렇지 않은 경우, 즉 여러 부처가 함께 모여 협의하는 경우에는 재무장관이 강력한 조정자로서 의제를 설정하고 회의를 주재하는 역할을 담당하게 되며, 전체 합의사항에 대해 거부권을 행사할 권한을 갖기도 한다.

집중화를 위해서는 목표관리방식과 전략적 우위방식 가운데 하나를 선택할 수 있다. 어느 것을 선택하는가는 정부의 형태에 따라 결정되는 경향이 있다. 단일정부(원내 다수당으로만 구성된 정부)에서는 모두 같은 당의 의원들로 내각이 구성되므로 장관들 사이에 이념이나 정책노선의 차이가 크지 않으며, 따라서 예산편성 권한을 재무장관에게 위임하는 것이 효율적이다. 이에 따라 단일정부는 전략적 우위방식을 택하는 경우가 많다. 반면, 연립정부에서는 정책노선이나 예산배분에 대해 서로 다른 의견을 가진 장관들로 내각이 구성되므로 어느 특정 정당 출신의 재무장관에게 예산편성 권한을 위임하는 일이 쉽지 않다. 이에 따라 연립정부는 목표관리방식을 택하는 경우가 많다.[154)]

<표 4-19>에 따르면, 행정부 단계의 집중화는 세 가지 유형으로 분류될 수 있다. 첫째는 전략적으로 집중화된 과정(strategically centralized procedure)이다. 여기에서는 강력하고 집중화된 힘이 예산과정 전반을 이끌게 된다. 둘째는 제한적으로 분권화된 과정(guided decentralized procedure)이다. 여기에서는 전략적 집중화 과정에서보다는 약하나 여전히 강한 집중화된 힘이 예산과정 참여자들을 이끌게 된다. 셋째는

---

154) Hallerberg and von Hagen(1997a)은 선거제도(소선거구제 또는 비례대표제)에 따라 정부의 형태와 예산과정 집중화의 방법이 결정된다고 주장한다.

<표 4-19> 행정부 단계의 집중화

	유 형		
	전략적 집중화	제한된 분권화	분권화
	참 여 자		
예산목표 및 편성지침	A 유형: 수상 또는 재무장관이 예산목표를 설정 B 유형: 집단적 협의를 통해 예산목표를 설정	재무장관의 제안 또는 재무장관이 제공한 정보를 바탕으로 강하나 변경가능한 지침을 내각이 설정	내각이 어떠한 목표도 설정하지 않음
예산요구	일선부처		
예산요구 취합	재무장관이 1 대 1로 개별 장관들로부터 취합	재무장관은 일선부처 장관과 내각 사이의 중재자로서 예산요구를 취합	재무장관은 단순히 예산요구를 수집
예산요구 검토 및 조정	수상 또는 고위 내각 소위원회	고위 내각 소위원회 또는 내각	내각
예산안 확정	내 각		

자료: von Hagen and Harden(1996).

분권화된 과정(decentralized procedure)으로서 집중화를 유도하는 중요한 장치가 마련되어 있지 않은 과정이다.

라. 입법부 단계의 집중화

입법부 단계에서 집중화 정도는 행정부가 입법부에 대해 얼마나 주도적으로 역할을 수행하는가에 따라 결정된다. 여기에는 세 가지 측면이 있다. 첫째는 행정부가 제출한 예산안을 입법부가 어느 정도까지 수정할 수 있는가의 측면이고, 둘째는 상원과 하원 사이의 관계이며, 셋째는 수상의 의회해산권 등에 관한 문제이다. 이 가운데 둘

<표 4-20> 입법부 단계의 집중화

	유 형		
	집중화	제한적 분권화	분권화
예산안 수정의 범위	예산안 수정을 통한 지출증가 또는 수입감소가 불가능하거나, 특정 종류의 수정안은 상정될 수 없음.	예산안 수정을 통해 재정수지를 변화시킬 수 없음.	예산안 수정에 대한 아무런 제약이 없음.
상원과 하원의 관계	상원이 아무런 예산권을 갖지 못함.	하원이 상원에 대해 우선적인 위치에 있음.	하원과 상원이 동일한 예산권을 가짐.
행정부와 입법부의 관계	수상은 내각불신임을 투표에 부칠 수 있으며, 투표절차를 정할 수 있음. 예산수정은 행정부의 동의를 요함.	예산안 수정이 의회해산을 초래할 수 있음.	특별한 규정이 없음.

자료: von Hagen and Harden(1996).

째는 입법부가 상원과 하원으로 나뉘어져 있는 경우, 셋째는 내각책임제의 경우에 해당하므로, 우리나라에 적용되는 것은 첫째 측면뿐이다. 만일 입법부가 마음대로 예산안을 수정할 수 없다면, 의원들이 일반 납세자들의 부담으로 자신의 지지기반을 위해 예산을 증액시킬 여지가 줄어든다.[155)]

<표 4-20>은 입법부 단계에서 예산과정의 주요한 특징을 정리하여 보여준다. 예산과정이 보다 집중화될수록 의제설정 주체(agenda setter)로서 행정부의 위상이 더 공고해지며, 그만큼 행정부가 제출한 예산안이 수정 없이 통과될 가능성이 높아진다.

---

155) 이와 관련하여 Hallerberg and von Hagen(1997b)은 미국의 의회와 행정부 간의 관계가 어떻게 발전해 왔는지를 매우 흥미있게 기술하고 있다.

마. 예산집행 단계의 집중화

예산집행 단계에서 집중화는 일선부처의 지출에 예산이 실제로 얼마나 많은 제약을 가하는가, 그리고 재무장관이 이러한 제약을 얼마나 강제할 수 있는가에 따라 달라진다. 아무리 행정부 단계와 입법부 단계에서 집중화가 이루어졌다 하더라도, 예산집행 단계에서 일선부처가 마음대로 자금을 쓸 수 있다면 과도한 재정지출과 재정적자가 나타나게 된다.

예산의 구속력이 얼마나 강한가를 판단하기 위해, 첫째, 일선부처가 예산을 초과하여 지출할 수 있는 가능성을 살펴볼 수 있다(표 4-21). 만일 큰 폭의 초과지출이 허용된다면, 이는 예산의 구속력이 약하다는 것을 의미한다. 여기에서는 재무장관의 역할이 매우 중요

<표 4-21> 예산집행 단계의 집중화

	유　　　　형		
	집중화	제한적 분권화	분권화
지출관리	승인을 받은 후에야 예산집행이 가능. 현금 기준 집행한도가 일선부처에 부과됨. 재무장관은 지출을 금지할 수 있음.	승인을 받은 후에야 예산집행이 가능하거나 현금 기준 집행한도가 일선부처에 부과됨.	승인을 받은 후에야 예산집행이 가능하거나 일선부처가 전적인 자율권을 가짐.
예산이용 과 전용	章 내에서만 가능.	章 내에서는 무한정 가능. 章 간에는 재무장관의 허락이 필요.	무제한 가능.
추가경정 예산	새로운 입법부 승인이 필요하며 거의 추경이 이루어지지 않음.	새로운 입법부 승인이 필요하나 자주 추경이 이루어짐.	재무장관의 승인만으로 가능.

자료: von Hagen and Harden(1996).

하다. 재무장관이 연도 중의 세출을 면밀히 감시하고 통제할 수 있는 권한을 갖는다면 예산의 구속력은 커지게 된다.

둘째, 일선부처가 예산항목 간에 자금을 얼마나 쉽게 이용 또는 전용156)할 수 있는가를 살펴볼 수 있다. 이용 또는 전용이 매우 쉽다는 것은 예산집행 단계에서 일선부처가 당초 예산과는 다른 목적을 위해 다른 우선순위에 따라 자금을 사용할 수 있음을 의미한다. 유사한 문제는 예산의 이월과 관련해서도 발생한다. 즉, 일선부처가 특정 연도에 배정된 예산을 다른 연도에 사용할 수 있다면 집중화는 약화된다.

셋째, 회계연도 중에 얼마나 자주 추가경정예산이 편성되는가를 살펴볼 수 있다. 추경예산의 편성이 관례적으로 이루어진다면, 정부는 당초 예산이 아무리 긴축적인 것이었더라도 추경예산을 통해 예산을 쉽게 증액시킬 수 있다. 이에 따라 과도한 재정지출과 재정적자가 초래될 수 있다.

바. 유럽국가의 집중화 정도 비교

<표 4-22>는 집중화를 위한 두 가지 전략, 즉, 목표관리방식과 전략적 우위방식을 비교하여 보여준다.

이러한 집중화의 개념적 정리를 바탕으로 von Hagen and Harden (1996)은 유럽국가들의 집중화 정도를 측정할 수 있는 지표를 개발하였다. 이들의 분석에 따르면, 집중화의 정도와 재정건전성 사이에는 매우 유의한 관계가 존재한다. 유럽국가들 가운데 영국, 프랑스, 독일은 전략적 우위방식을 택하는 대표적인 나라들이다. 그리고 덴마크

---

156) 이용은 입법과목(장·관·항) 사이에, 전용은 행정과목(세항, 목 등) 사이에 예산을 융통하여 사용하는 것을 말한다.

<표 4-22> 목표관리방식과 전략적 우위방식

목표관리방식	전략적 우위방식
행정부의 예산안 편성단계	
총지출규모 및 적자규모에 대한 목표를 설정. 부처간 의견충돌시 총지출규모는 변함이 없이 부처간 예산을 재배분.	수상과 재무장관(예산담당)이 총지출규모를 정하고 재무장관은 수상의 대리인으로서 이를 강제하는 역할을 수행. 재무장관은 개별 부처와 의견조율을 하며 부처간에는 의견조율이 없음. 고위 각료회담 또는 수상이 부처간 예산배분을 최종 결정.
의회의 예산 심의 및 확정단계	
지출을 증대시킬 경우 그에 상응하여 세입을 증대시키거나 章별로 투표.	의회는 정부 예산안의 지출총액을 증대시킬 수 없음. 어느 분야의 지출을 증대시킬 경우 다른 분야의 지출을 감축시켜야 함. 章별로 투표. 정부는 의회해산 등의 수단으로 의회의 투표과정에 영향력 행사.
예산 집행단계	
재무장관은 현금기준의 지출상한을 부과하며 예산배정 및 집행 허가권을 보유. 예산전용은 재무장관의 허가를 받아야 함. 긴급상황을 제외하고는 추경편성이 불가.	좌동

자료: von Hagen and Harden(1996).

는 목표관리방식을 택하는 대표적인 나라이다. 어떠한 방식을 택하든 예산과정의 집중화 정도가 상당히 높은 이들 나라에서는 국가부채/GDP 비율이 낮고 재정적자도 작은 편이다. 반면, 매우 분권적인 예산과정을 가지고 있는 이탈리아, 벨기에, 그리스, 아일랜드, 포르투갈, 스페인은 부채비율이 높고 재정적자 역시 매우 크다.

2. 한국의 예산과정

<표 4-23>에 나타난 바와 같이 우리나라의 예산과정은 다른 나라와 크게 다르지 않다. 회계연도는 1월 1일에 시작하며 12월 31일에 끝난다. 행정부 단계는 3월에 시작하는데, 이때 기획예산처는 일선부처에 예산편성지침을 시달한다. 정부의 예산안은 헌법에 따라 10월 2일까지 국회에 제출되어야 하며, 이때 행정부 단계가 종료된다. 국회는 역시 헌법에 따라 12월 2일까지 예산안을 의결해야 한다. 입법부 단계는 이때 종료된다.

우리나라의 예산과정은 전반적으로 집중화의 경향이 매우 높았으며, 지금까지 전략적 우위방식을 택해 온 것으로 평가된다. 전략적 우위방식에서 핵심적인 역할을 수행한 주체는 예산당국이었다. 1970년대와 1980년대에는 경제기획원이 경제기획뿐 아니라 예산편성에서도 주도적인 역할을 수행하였다. 경제기획원 장관은 부총리로서 내

<표 4-23> 우리나라의 주요 예산과정

월	예 산 과 정
3월	기획예산처는 예산편성지침을 각 중앙관서에 시달.
5월	각 중앙관서는 예산요구서를 기획예산처에 제출.
6~7월	기획예산처는 예산요구서를 취합·심의하여 실무안을 작성.
8~9월	실무안을 토대로 기획예산처는 중앙관서 및 지방자치단체와 협의. 당정협의를 통해 각계의 의견 수렴.
10월	예산안은 국무회의의 의결과 대통령의 승인을 받아 10월 2일까지 국회에 제출되며, 국회는 국정감사가 끝나는 10월 중순경부터 심의에 착수.
12월	예산안은 예산결산위원회의 심의·의결을 거쳐 본회의에 상정되며 본회의는 12월 2일까지 예산안을 심의·의결해야 함.

자료: 기획예산위원회·예산청, 『한국의 재정』, 1999.

각에서 실질적인 제1인자로 받아들여졌다.157) 예산협의는 경제기획원 장관과 각부 장관 사이에 1 대 1로 이루어졌다. 일단 경제기획원 장관이 예산안을 편성한 후에는 국무회의를 통해 예산안이 수정되는 경우가 드물었다.

당시의 권위주의적 정권하에서는 예산심의에 관한 국회의 역할도 제한되어 있었다. 여당이 항상 국회의 다수당이었으므로, 일단 당정협의를 거치면 예산안의 국회통과는 보장된 것으로 받아들여졌다. 국회의 예산수정(도 4-15)은 극히 일부에 국한되었으며, 그나마 대부분 예산규모를 줄이는 방향으로 이루어졌다.158) 헌법상으로도 국회는 정부의 동의 없이 정부가 제출한 지출예산 각 항의 금액을 증가시키

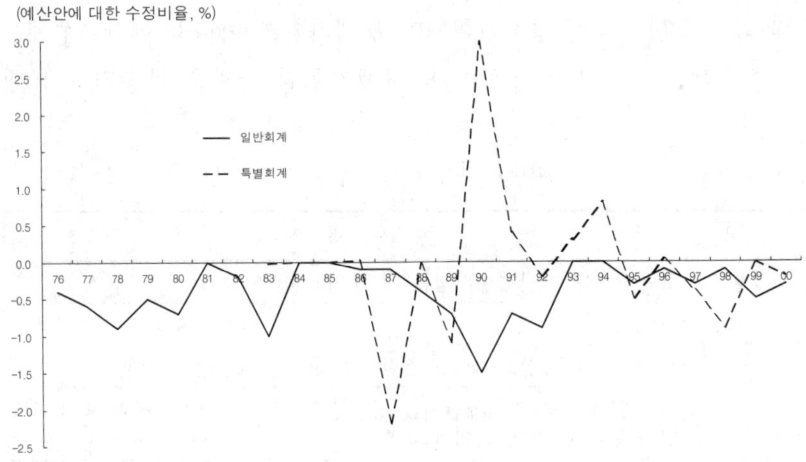

[도 4-15] 예산수정 규모

자료: 기획예산처, 『예산개요 참고자료』, 2000.

---

157) 물론 명목상 국무총리가 부총리보다 서열은 앞서 있었으나 강력한 대통령 중심
    제하에서 국무총리의 역할은 대부분 의전적인 데 국한되었다.
158) [도 4-15]에는 1990년에 특별회계 예산을 증액한 것으로 나타나나 특별회계는
    일반회계 예산규모의 약 1/2에 불과하여 전체적으로는 예산이 삭감되었다.

거나 새 비목을 설치할 수 없다(헌법 제57조).

경제기획원은 예산집행 과정에서도 강력한 통제를 발휘하였다. 예산이 성립되면 회계연도 개시 전에 분기별 예산배정 계획과 자금계획이 국무회의 심의 및 대통령 승인을 받아 확정된다. 이에 따라 분기별로 예산이 배정되는데, "수시배정사업"으로 지목된 일부 예산에 대해서는 예산당국이 재량적으로 배정을 거부할 수 있다. 이러한 예산배정은 모두 경상가격을 기준으로 이루어지며, 물가상승은 고려되지 않는다. 예산의 이·전용 역시 엄격하게 금지되어 있다. 예산의 이용을 위해서는 국회의 의결과 예산당국의 승인이 필요하며, 전용은 예산당국의 승인을 필요로 한다. 예산의 이월은 예외적인 경우를 제외하고 불가능하다. 또한 추가경정예산은 대개 1년에 한 번 정도 이루어졌다.

그동안 예산기능을 담당하는 조직이 변화를 보였음에도 불구하고 이러한 특성은 대부분 현재에도 유지되고 있다. 1990년대 초에는 경제기획원과 재무부가 통합되어 재정경제원이 신설되었다(도 4-16). 그리고 재정경제원 장관이 부총리를 겸하였다. 재정경제원 장관은 경제기획원 장관과 마찬가지로 예산과정에서 주도적인 역할을 수행하였다.

그러나 1997년의 정부조직개편 이후에는 다소의 변화가 나타나고 있다. 예산기능은 재정경제원에서 분리되어 신설된 기획예산처로 이관되었다. 또한 부총리제도가 폐지되었으며, 명목상 모든 장관은 동일한 위치에 서게 되었다. 이에 따라 예산담당 장관의 위상이 과거보다 격하되었다. 특히 과거에는 경제기획원 장관과 재정경제원 장관이 경제정책 조정기능을 담당하였으나, 조직개편과 함께 조정기능이 재정경제부 장관에게 넘겨지고 기획예산처 장관은 정부개혁과 예산편성만을 담당하게 됨에 따라 실질적으로 예산담당 장관의 역할이

[도 4-16] 예산기능의 변천

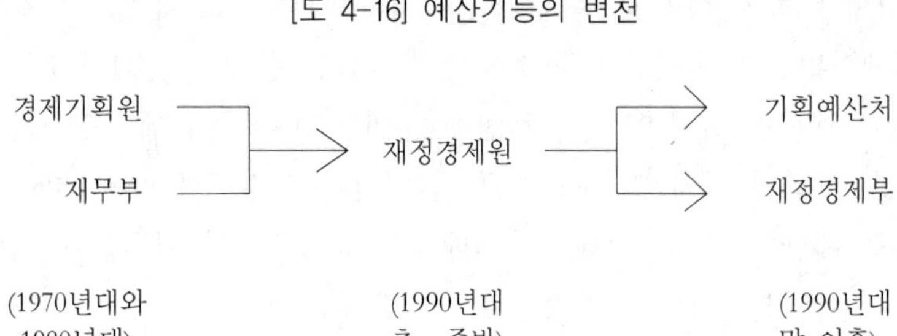

축소되었다. 현재 기획예산처 장관보다는 재정경제부 장관의 위상이 더 높은 편이며, 부총리제도를 다시 도입하여 재정경제부 장관을 부총리로 임명하려는 시도가 진행되고 있다.

이러한 변화에 따라 행정부 내에서 예산당국의 집중화 역량은 과거보다 축소된 느낌이 있다. 동시에 행정부와 입법부 사이의 관계에 있어서도 민주화가 많이 진전된 현재에는 과거 권위주의 정부 시절에 비해 국회의 영향력이 커지고 있다. 또 여당이 소수정당으로 전락함에 따라 국회가 예산편성에 보다 많은 영향을 미칠 가능성이 높아지고 있다. 이는 한편으로 바람직한 현상이기는 하나, 다른 한편으로는 예산과정에서 규율이 약화될 위험성도 내포하고 있다.

3. 전략적 우위방식에서 목표관리방식으로

현재와 같은 정치구도하에서는 과거와 같은 전략적 우위방식보다 목표관리방식을 채택하는 것이 바람직하다고 판단된다. 즉, 향후 몇 년간의 예산목표를 설정하고, 이를 준수해 나감으로써 재정규율을 확보하고 건전재정기조의 조속한 회복을 추진하는 것이다.

예산목표로는 여러 가지를 생각해 볼 수 있다. 예를 들어 유럽연합 (EU)에서는 재정적자와 국가부채를 기준으로 예산목표를 설정하고 있다. 즉, 회원국들이 경제통화동맹(EMU)에 가입하기 위해서는 GDP 대비 재정적자는 3%, GDP 대비 국가부채는 60% 이하로 낮추어야 한다. 그리고 일단 가입한 후에도 이러한 상한선 내에서 재정을 운용해야 하며, 이를 초과할 경우 일정한 제재를 받게 된다.

미국에서는 지금까지 여러 차례에 걸쳐 예산목표를 설정해 왔다. 1985년의 Gramm-Rudman-Hollings 법(GRH Ⅰ)과 1987년의 수정법(GRH Ⅱ)에서는 금액으로 표시된 재정적자 상한선을 목표로 채택하였으며, 1990년의 예산통제법(Budget Enforcement Act: BEA)과 1993년 및 1997년의 수정법에서는 세출금액 상한선을 목표로 채택하였다.

먼저 GRH Ⅰ과 GRH Ⅱ를 살펴보면, 여기에서는 향후 5년간의 적자한도를 설정하고, 적자한도를 초과할 경우 일부 분야(사회보장 등)를 제외한 모든 분야의 지출을 일률적으로 삭감(sequester)하도록 하였다. 그러나 이 법들이 시행된 후 어느 한 연도에도 적자한도가 지켜진 적은 없으며, 항상 큰 폭으로 적자한도가 초과되었다. 이처럼 적자감축에 실패한 이유로는 무엇보다도 부정확한 경제성장률 예측으로 적자감축 목표를 비현실적으로 높게 설정하였다는 점이 꼽힌다.

또한 일률적 삭감의 대상이 되는 분야와 되지 않는 분야를 구분함에 따라 삭감대상 분야의 예산을 삭감대상이 되지 않는 분야의 예산으로 전환하여 가능한 한 삭감대상에서 벗어나려는 노력이 여기저기에서 나타났다. 이로 인해 결국 삭감대상이 되지 않는 분야의 예산이 늘어나게 되었으며, 그러다 보니 같은 삭감규모라 하더라도 삭감대상 분야의 삭감비율은 높아질 수밖에 없었다. 그리고 비현실적으로 높은 삭감비율로 인해 삭감은 추진될 수 없었다(Rubin[1990]).

GRH Ⅰ 및 GRH Ⅱ와 달리 1990년·1993년·1997년의 BEA는 재

정건전화에 실질적인 기여를 하였다고 평가된다. BEA는 지출한도가 지켜지기 쉬운 재량지출(discretionary spending)과 경기변동의 영향을 받기 때문에 지출한도가 지켜지기 어려운 의무지출(mandatory spending)에 대해 서로 다른 통제방법을 채택하였다. 즉, 재량지출의 경우 향후 5년간 지출한도(cap)를 정하고, 이를 넘을 경우 해당분야의 지출을 일률적으로 삭감하기로 하였다. 그리고 의무지출의 경우에는 재정적자를 증가(지출확대 또는 수입감소)시키는 법안이 제정되면 이에 대응하여 재정적자를 축소(지출삭감 또는 수입증대)시키는 법안을 제정하기로 하였다.[159]

<표 4-24>는 1993년의 BEA가 설정한 재량지출 한도액 및 의무지출 추정액, 그리고 수입추정액을 보여준다. 재량지출 한도액과 실제 지출액을 비교해 보면, 1996년을 제외하고는 모두 실제 지출액이 한도액을 초과하였음을 알 수 있다. 그러나 그 초과규모는 대개 1% 내외에 그치며, 이는 주로 천재지변 등 불가피한 예산소요로 인해 발생하였다. 이처럼 재량지출이 억제됨에 따라 1990년대의 장기호황에 따른 이득, 즉, 예상을 뛰어넘은 의무지출의 감소와 재정수입의 증가가 대부분 재정수지의 개선으로 나타나게 되었다.

재정지출금액 자체를 예산목표로 설정하는 예는 스웨덴에서도 찾아볼 수 있다.[160] 또 영국도 이러한 예에 속한다. 이처럼 재정지출금액 자체를 예산목표로 설정하는 방식은 재정적자를 예산목표로 설정하는 방식보다 우월하다고 판단된다. 그것은 무엇보다도 정부가 통제할 수 없는 요인, 즉 경기적 요인에 의해 재정적자가 큰 폭으로 변할 수 있기 때문이다. 만일 예상보다 경기가 악화되어 재정적자가 증가하게 되면 정부는 목표달성의 실패가 자신의 책임이 아니라고 주

---

159) 의무지출에 대한 이러한 통제방식을 PAYGO(pay-as-you-go)라 부른다.
160) 각주 151 참조.

<표 4-24> 미국 연방정부의 재정지출 및 재정수입

(단위: 10억 달러)

		1994	1995	1996	1997	1998
총재정지출	BEA 추정치	1,523	1,578	1,645	1,745	1,843
	실적치	1,462	1,516	1,561	1,601	1,653
재량지출	BEA 한도액	537	539	547	547	548
	실적치	544	545	534	549	555
의무지출	BEA 추정치	765	795	843	920	996
	실적치	715	738	785	809	855
재정수입	BEA 추정치	1,230	1,306	1,379	1,440	1,523
	실적치	1,259	1,352	1,453	1,579	1,723
재정수지	BEA 추정치	-270	-230	-266	-305	-320
	실적치	-203	-164	-107	-22	70

자료: OECD(1999).

장할 것이다. 늘어난 재정적자 가운데 어느만큼이 경기적 요인에 의한 것이고 어느만큼이 정책적 의지에 기인한 것인지 구체적으로 명확히 밝히기란 매우 어렵다.[161] 따라서 목표달성에 실패했을 때 그에 대한 책임을 묻기란 쉽지 않으며, 책임성 확보가 어려운 상태에서 정부가 얼마나 실질적인 재정건전화 노력을 기울일지 확신하기 어렵다.

재정적자를 예산목표로 삼는 것은 재정의 경기안정화 측면에서도 바람직하지 않다. 재정적자가 심각한 상태에 있어 다른 무엇보다도

---

161) 미국의 경우 지출, 수입, 재정수지 각각에 대해 예측치와 실적치 사이의 차이를 법률적 요인, 경제적 요인, 기술적 요인에 의한 것으로 구분하여 발표하고 있다. 법률적 요인으로 인한 차이란 법이나 정책의 변화에 기인하는 부분을 말한다. 경제적 요인이란 경기변동에 기인하는 부분이며, 기술적 요인이란 법률적 요인이나 경제적 요인으로 설명할 수 없는 부분을 말한다. 이 가운데 법률적 요인은 비교적 정확히 측정할 수 있는 반면, 경기적 요인과 기술적 요인은 측정하기가 어렵고 양자 간의 구분도 모호한 것으로 알려져 있다(OECD[1999], p.14).

이것을 해결하는 데 일차적인 우선순위를 둘 수밖에 없는 경우라면 몰라도,[162] 그렇지 않다면 재정의 경기안정화기능을 완전히 무시하는 일은 피해야 할 것이다. 더욱이 경기가 악화되고 있는데도 재정적자를 줄이기 위해 재정지출을 축소할 경우 경기가 더욱 악화되어 재정수입이 감소하고 재정적자가 더 커질 가능성을 배제할 수 없다. 따라서 재정지출 규모를 일정 수준으로 정해 놓고, 경기가 예상 외로 악화되면 재정수입 감소에 따른 재정적자의 확대를 용인하고, 반대로 경기가 예상 외로 호전되면 재정수입 증가에 따른 재정적자의 보다 빠른 축소를 도모하는 방법을 택해야 할 것이다. <표 4-24>에 나타난 미국의 경우가 이에 해당한다.

현재 정부에서는 예산증가율을 경상성장률보다 2%포인트 낮게 운영할 방침을 밝히고 있다. 그러나 이것은 위와 동일한 이유로 바람직하지 않은 방법이라고 판단된다. 이 방법에 따르면 성장률이 낮아질 때 예산증가율도 낮추어야 하고, 반대로 성장률이 높아질 때 예산증가율도 높여야 하므로 경기동행적으로 재정이 운영될 가능성이 있기 때문이다.

실제로 향후 몇 년간의 재정규모를 어떻게 설정할 것인가는 쉽지 않은 문제를 제기한다. 이를 위해서는 향후의 경제성장률을 예측해야 하기 때문이다. 성장률 예측은 누가 하든 오차의 범위가 매우 큰 것으로 알려져 있다.[163] 그러나 다른 한편으로 우리가 필요로 하는 것은 1~2년의 단기예측이 아닌 3~5년의 중장기 예측이므로 문제가 그리 복잡하지 않을 수도 있다. 경기변동요인을 고려에서 제외할 수 있기 때문이다. 잠재성장률에 따른 연평균 세입증가율을 예측하고,

---

162) 예를 들어 유럽연합(EU)의 경우가 이에 해당한다고 말할 수 있을 것이다.
163) 지금까지 예산상의 실질성장률 및 경상성장률은 실제의 실질성장률 및 경상성장률과 큰 차이를 보여 왔다(고영선[1999]).

이에 맞추어 적절한 연평균 세출증가율을 설정한 후, 이러한 연평균 증가율을 충족시키는 범위 내에서 여러 요인을 고려하여 연도별로 재정지출 규모를 설정할 수 있을 것이다.

이처럼 재정지출 규모를 설정하는 데 있어 초점은 ① 중장기적으로 국가부채를 안정화시키고, ② 재정지출/GDP 비율을 적정 수준에서 유지하며, ③ 단기적인 경기변동에 대해서는 그리 민감하게 반응하지 않도록 연도별 지출증가율 변동폭을 줄이는 데에 맞추어져야 한다.

첫번째 초점인 중장기적인 국가부채의 안정화를 위해서는 먼저 궁극적으로 달성해야 할 국가부채/GDP 비율을 설정해야 한다. 그리고 이를 달성하기 위해 재정지출 규모를 향후 어떻게 설정할 것인가를 결정해야 한다. 물론 궁극적으로 달성해야 할 국가부채/GDP 비율이 무엇인지를 판단하는 일은 쉽지 않다. 어떤 수준의 국가부채/GDP 비율이 가장 적절한지는 이론적으로 알려진 바 없다.[164] 그러나 외환위기 이전의 10% 수준 정도로 이를 설정하면 큰 무리가 없을 것이다.

여기에서 한 가지 더 고려해야 할 점은 국가부채에 어떤 것들을 포함시켜야 할 것인가의 문제이다. 일부에서는 정부보증채무, 통화안정증권, 국민연금의 암묵적 부채 등도 국가부채에 포함시켜야 한다고 주장한다. 또 다른 이들은 국가부채 가운데 외국환평형채권은 그에 상응하는 유동자산(외화자산)의 뒷받침을 받고 있으므로 국가채무에서 제외하는 것이 바람직하다고 말한다.[165] 이러한 논점에 대한 보다 체계적인 연구가 진행되어야 한다. 현 단계에서는 정부보증채무

---

164) Zee(1988)와 같이 여러 가지 특별한 가정하에 적정 부채수준을 계산할 수는 있다. 그러나 이를 현실에 적용하는 것은 불가능하다.

165) 이는 일종의 순부채를 고려대상으로 삼아야 한다는 주장이다.

를 국가부채 관리대상에 포함시키되 외국환평형채권은 제외하는 선에서 합의가 이루어지는 것이 합리적이라고 판단된다. 그러나 통화안정증권의 규모나 국민연금의 암묵적 부채에 대해서도 감시를 지속해야 할 것이다.

두번째 초점인 재정지출/GDP 비율은 재정지출이 국민경제에 미치는 영향을 고려하여 적정한 선에서 유지되도록 노력해야 한다. 사실 이는 재정적자보다 더 중요한 문제이다(고영선[2000a]). 재정지출의 증가는 필연적으로 조세수입의 증가를 초래하며, 그로 인한 死重損失(deadweight loss)은 민간경제의 활력을 저해시킬 위험이 매우 높다. 국가부채와 마찬가지로 재정지출의 적정규모에 대해서는 이론적이나 경험적으로 알려진 바 없으나, 현재와 같은 30~35% 수준에서 유지하는 것이 바람직하다고 생각된다. 특히 국민연금의 완전노령연금급여가 본격적으로 지급되는 시점에 가서는 여타 분야의 지출을 줄여서라도 총재정지출의 과도한 증가를 억제해야 할 것이다. 그리고 보다 바람직하기는 급여수준 자체를 줄이는 방향으로 연금제도를 개선해야 할 것이다.

세번째 초점인 재정지출 증가율의 변동폭은 가능한 한 줄이는 것이 바람직하다. 그리고 재정의 경기안정화기능은 세입의 변동이나 사회보장지출의 변동을 통해 달성해야 한다. 이를 위해서는 앞서 언급한 것처럼 총재정지출 가운데 경직적 부분(사회보장지출, 이자지급 등)을 비경직적 부분으로부터 분리시켜, 미국에서와 같이 비경직적 부분에 대해서만 지출한도를 설정하고 경직적 부분에 대해서는 중장기적으로 수지가 균형을 이루도록 제도를 개선할 필요가 있다.

마지막으로, 이러한 지출한도를 어떻게 강제할 것인가를 생각해 보아야 한다. 미국에서는 지출한도를 법적으로 강요하고 있으며, 스웨덴도 마찬가지이다. 반면 영국에서는 지출한도를 행정부 내부의 계획으로만 설정하여 국민들에게 약속하는 수준에서 강제성을 확보하고 있다. 그러나 재무부의 주도적 위치를 고려할 때, 영국에서도 지출한도의 강제성은 법제화에 버금가는 것으로 생각된다. 우리나라의 경우에는 특별법의 제정 등을 통해 법적인 강제성을 부여하는 것이 바람직하다고 판단된다. 특별법에는 향후 3~5년 간의 총지출규모, 경직성 예산과 비경직성 예산, 이러한 지출한도의 초과가 허용되는 예외적 경우, 그리고 물가상승 등에 따른 지출한도 조정방법[166] 등이 담겨질 수 있을 것이다.

한편, 예산회계법에 국가의 재정안정화 의무를 선언적으로 명시하는 방안을 강구할 필요가 있다. 즉, 예산회계법 총칙에 "국가는 국내총생산에 대한 국가채무 비율을 안정적인 수준으로 유지해야 한다"는 등의 조항을 신설하는 것이다. 현재 이러한 조항은 헌법, 예산회계법 등 어느 법조문에서도 찾아볼 수 없다. 여기에서 "안정적인 수준"의 구체적 의미는 정부가 중기재정계획 등을 통해 제시할 수 있을 것이다.

V. 요약 및 결론

본고에서는 외환위기 이후 급증하는 국가부채를 다시 안정적인 수준으로 낮추기 위한 여러 가지 정책방안을 제시하였다. 이를 위해 II절에서는 지금까지의 재정운용 현황을 살펴보았다. 이에 따르면, 1980년대 초 이후 재정긴축을 단행한 결과 재정이 건전성을 유지할

---

166) 미국에서도 물가상승 등을 고려하여 재량적 지출의 한도를 매년 조정하고 있다.

수 있었을 뿐 아니라 별 어려움 없이 외환위기 극복을 위한 재원을 마련할 수 있었다. 또한 재정긴축으로 인해 재정의 경기안정화기능이 저해된 증거는 찾아볼 수 없다. 단지 1980년대 말 이후 재정규모/GDP 비율이 지속적으로 상승하는 추세를 보이고 있으며, 이러한 추세가 외환위기 이후 가속화되고 있다는 현실이 우려를 낳고 있다. 재정규모의 증가는 민간투자를 저해하고 국민경제의 활력을 떨어뜨릴 가능성이 있으므로 재정규모 증가를 통제할 수 있는 방안을 마련할 필요가 있다.

제Ⅲ절에서는 우리나라의 예산체계를 살펴보았다. 우리나라의 예산구조는 일반회계, 특별회계, 공공기금, 기타기금 등으로 이루어져 극도로 분할된 모습을 보인다. 또한 예산범위에 있어서는 일반회계와 특별회계만이 예산에 포함되어 있어 공공기금과 기타기금은 국회심의를 받지 않고 있으며, 기타기금은 운용계획이 국회에 보고도 되지 않고 있다. 또 일반회계·특별회계·공공기금으로 구성되는 통합재정에는 의료보험이 포함되어 있지 않고 지방정부도 포함되어 있지 않아 재정활동의 전체 규모를 파악할 수 없다는 한계를 갖는다. 이러한 예산구조 및 범위는 예산의 배분적 효율성을 저하시키고 투명성과 책임성 측면에서도 많은 문제를 유발하고 있다.

예산체계의 개선은 먼저 기금 및 특별회계의 정비로부터 시작되어야 한다. 특히 기금에 대해서는 "모든 기금은 공공기금을 의미한다"는 원칙에서 출발하여, 정책적 목적에 의해 정부가 운영하고 있는 모든 기금은 공공기금으로 전환하고, 그 외의 기금은 민간자금으로 전환하여 정부의 불필요한 간섭을 폐지해야 한다. 그리고 기획예산처가 2000년에 실시한 기금평가작업이 정착되도록 지속적인 노력을 기울이는 한편, 궁극적으로는 기금을 예산체계 내로 흡수하여 국회의 심의를 받도록 제도를 개선할 필요가 있다.

예산체계의 개선을 위해서는 또한 통합재정 기준의 예산편성 및 심의체제를 구축해야 한다. 예산안 제출시 정부는 통합재정 기준의 총재정규모 및 분야별 예산규모에 대한 자료를 국회에 제출하도록 한다. 또 총재정규모 가운데 경직성 지출(국민연금 등의 법정급여와 이자지출)과 비경직성 지출(국방비, 사회간접자본예산 등)을 구분하여 제시하고, 국민연금을 제외하였을 때의 재정수지도 별도로 보고하도록 한다. 그리고 조속한 시일 내에 지방재정 통계체제를 정비하여 통합재정에 지방정부를 포함시키며, 융자사업에 대해서는 현금주의가 아닌 발생주의에 의해 재정부담을 계산하는 방안을 강구하도록 한다.

예산의 배분적 효율성과 투명성·책임성을 제고하기 위해서는 중기재정계획을 내실화하고 성과관리체계를 확립해야 한다. 이 두 가지 과제는 서로 맞물려 있다. 중기재정계획을 통해 각 부처의 기본임무와 주요 성과목표, 이를 달성하기 위한 전략과 사업계획을 제시하고, 성과관리체계를 통해 이러한 성과목표가 제대로 달성되었는지를 점검하고 분석하며 개선방안을 찾아나가도록 해야 한다.

현재 정부가 추진하고 있는 성과주의 예산제도가 성공적으로 정착되기 위해서는 목표관리제도, 심사평가제도 등 유사한 제도와의 통합이 필요하다. 또한 국회와 국민들이 각 부처의 성과관리 결과에 대해 충분한 관심을 가지되, 이를 부처에 대한 비판자료로 활용하기보다는 건설적인 문제해결 방안을 찾아가는 데 필요한 하나의 자료로 여기도록 여론을 조성해야 한다. 그리고 보다 체계적이며 과학적인 사업평가제도를 도입할 필요가 있다.

중기재정계획은 보다 정기적으로 발표되어야 한다. 또 각 부처로 하여금 중기재정계획을 작성하도록 강제하고, 기획예산처는 이를 취합·검토·조정하여 정부 전체의 중기재정계획을 발표하도록 한다. 중기재정계획에는 향후 몇 년간의 부처별 예산규모와 더불어 통합재정 기준의 총재정규모 및 재정수지, 그리고 국가채무의 총규모와 그 구성내역이 담겨져야 한다. 이 가운데 총재정규모에 대해서는 어느 정도 강한 구속력을 부여할 필요가 있으나, 부처별 예산은 이러한 구속력을 부여하지 말고 언제든 신축적으로 변경가능하다는 사실을 명시해야 한다.

제Ⅵ절은 예산과정의 문제를 다루고 있다. 예산과정은 행정부 단계, 입법부 단계, 예산집행 단계, 그리고 사후적 통제 단계로 이루어진다. 유럽 여러 나라의 예산과정과 재정건전성을 비교분석한 최근의 연구결과에 따르면, 각 단계에서 집중화의 정도가 높을수록 재정건전성이 높아지는 경향이 있다. 우리나라는 지금까지 비교적 집중화의 정도가 높았으나 최근 들어 조직개편, 민주화 등에 따라 집중화의 정도가 낮아지는 느낌이 있다. 이러한 상황변화에 대처하기 위해서는 지금까지의 전략적 우위방식에서 벗어나 목표관리방식의 집중화 전략을 추진할 필요가 있다. 즉, 정치적 합의에 의해 향후 몇 년간의 예산목표를 설정하고 이 목표를 준수해 나가는 것이다.

이때 예산목표로는 재정수지보다 재정규모 자체를 설정하는 것이 바람직하다. 재정규율의 확립, 경기안정화 등의 측면에서 재정수지는 예산목표로서 적절치 못하기 때문이다. 재정규모를 예산목표로 설정할 때에는 중장기적으로 국가부채/GDP 비율을 안정적 수준으로 낮추는 한편, 재정지출/GDP 비율을 적정한 수준에서 유지하는 데 초점을 맞추어야 한다. 그리고 연도별로 재정규모 증가율이 가능한 한 큰 변동을 보이지 않도록 재정규모를 설정하는 것이 바람직하다.

국민의 정부 들어 주요한 재정개혁이 추진되어 왔다. 성과주의 예산제도의 도입, 중기재정계획의 발표, 기금제도의 개선, 예비타당성조사의 실시, 예산운용의 자율성 확대를 위한 각종 조치 등이 그러한 것들이다. 앞으로도 본고에서 제시한 방향에 따라 지속적으로 재정개혁이 진행되어야 할 것으로 판단된다. 그래야만 "정부부문의 개혁 속도가 가장 늦다"는 비판을 면할 수 있을 것이다.

참고문헌

〈국문자료〉

고영선, 「재정적자가 저축과 물가에 미치는 영향」, 초고, 2000a.

______, 『재정융자제도의 개선방향』, 기획예산처 용역보고서, 2000b. 7.

______, 『사업평가제도의 도입방안』, 초고, 2000c.

______, 「조세행정의 재량성에 관한 경험적 근거」, 『KDI 정책연구』, 제21권 제3·4호, 1999 Ⅲ·Ⅳ.

______, 「선진국의 재정개혁사례와 시사점」, 『1997년도 국가예산과 정책목표: 경제위기 극복을 위한 재정개혁』, 1998, pp.73~131.

기획예산처, 『기금백서』, 2000a.

______, 『2000년도 하반기 자체심사평가결과 보고』, 2000b. 11.

______, 『2001년 나라살림』, 2000c.

______, 「2001년도 공공기금운용계획 종합」, 보도자료, 2000d. 10. 4.

______, 「성과주의 예산제도 2001년」, 보도자료, 2000e. 4.

______, 『예산개요』, 각년도.

______, 『예산개요 참고자료』, 각년도.

______, 「기금제도 개선방안」, 보도자료, 1999. 6. 29.

______, 「성과주의예산제도 시범사업 선정」, 보도자료, 1999. 5. 17.

기획예산위원회·예산청, 『한국의 재정』, 1999.

김흥기(편), 『비사 경제기획원 33년: 영욕의 한국경제』, 매일경제신문사, 1999.

박성준·이정욱, 「재정의 경기조절기능 강화방안」, 『조사통계월보』, 1996년 3월호, pp.3~27.

옥동석, 『한국의 공공부문과 통합재정 범위』, 한국조세연구원, 1997. 10.

예산청, 「재정의 효율성과 탄력성 제고를 위한 예산회계법시행령 개정」, 보도자료, 1999. 3. 29.

재정경제부, 『한국통합재정수지』, 각년도.

진병화, 「1999년도 정부결산 개요」, 『1999년도 결산설명회 발표자료』, 국회사무처 예산정책국, 2000. 9. 18, pp.1~27.

한국개발연구원, 『한국재정40년사』, 1991.

한국은행, 『국민계정』, 2000.

<영문자료>

Alesina, Alberto and Roberto Perotti, "The Political Economy of Budget Deficits", *IMF Staff Papers*, Vol. 42, No. 1, March 1995, pp.1~31.

Alesina, Alberto and Silvia Ardagna, "Tales of Fiscal Adjustment", *Economic Policy*, Vol. 13, 1998, pp.489~545.

Aschauer, David Alan, and Jeremy Greenwood, "Macroeconomic Effects of Fiscal Policy", *Carnegie-Rochester Conference Series on Public Policy*, Vol. 23, 1985, pp.91~138.

Bartlett, Bruce, "How not to Stimulate the Economy", *The Public Interest*, Summer 1993, pp.99~109.

Bayoumi, Tamim and Barry Eichengreen, "Restraining Yourself: The Implications of Fiscal Rules for Economic Stabilization", *IMF Staff Papers*, Vol. 42, No. 1, March 1995, pp.32~48.

Blanchard, Olivier Jean, "Suggestions for a New Set of Fiscal Indicators", OECD Department of Economics and Statistics Working Paper, No. 79, April 1990.

Blejer, Mario and Adrienne Cheastry, "The Measurement of Fiscal Deficits: Analytical and Methodological Issues", *Journal of Economic Literature*, Vol. 29, December 1991, pp.1644~1678.

Gavin, Michael and Roberto Perotti, "Fiscal Policy in Latin America", *NBER Macroeconomics Annual*, 1997, pp.11~71.

Hallerberg, Mark and Jürgen von Hagen, "Electoral Institutions, Cabinet Negotiations, and Budget Deficits within the European Union", *CEPR Discussion Paper Series*, No. 1555, January 1997a.

__________, "Sequencing and the Size of the Budget: A Reconsideration", *CEPR Discussion Paper Series*, No. 1589, March 1997b.

HM Treasury, *2000 Spending Review: New Spending Plans 2001-2004*, July 2000.

IMF, *Government Finance Statistics Manual*, 1986.

Milesi-Ferretti, Gian Maria, "Fiscal Rules and the Budget Process", *CEPR Discussion Paper Series*, No. 1664, June 1997.

New Zealand State Services Commission, "Looping the Loop: Evaluating

Outcomes and Other Risky Feats", *Occasional Paper*, No. 7, June 1999.

New Zealand Treasury, *Putting It Together*, 1996.

Niskanen, William, *Bureaucracy and Representative Government*, Chicago: Aldine Atherton, 1971.

OECD, *OECD Economic Outlook: Statistics on Microcomputer Diskette*, No. 67, 2000. 6.

________, *Budgeting in a Surplus Environment*, PUMA/SBO(99)3/FINAL, July 1999.

________, *Fiscal Positions and Business Cycles*, 1998a.

________, *Survey of Budgeting Developments: Country Responses*, PUMA/SBO(98)3/ANN, May 1998b.

________, *Budgeting in Sweden*, PUMA/SBO(98)5, April 1998c.

________, *OECD Economic Outlook*, 각호.

Office of the Auditor General of Canada, *Toward Better Governance: Public Service Reform in New Zealand (1984-94) and its Relevance to Canada*, 1995.

Redburn, F. Stevens, "How Should the Government Measure Spending?: The Uses of Accrual Accounting", *Public Administration Review*, Vol. 53, No. 3, May/June 1993, pp.228~236.

Romer, Christina D. and David H. Romer, "What Ends Recessions?" *NBER Macroeconomics Annual*, 1994, pp.13~79.

Rubin, Irene, "Budget Theory and Budget Practice: How Good the Fit?" *Public Administration Review*, March/April 1990, pp.179~189.

Tanzi, Vito and Domenico Fanizza, "Fiscal Deficit and Public Debt in Industrial Countries, 1970-1994", *IMF Working Paper*, WP/95/49, December 1995.

U. K. National Audit Office, *Resource Accounting and Budgeting in Government: The White Paper Proposals*, April 24, 1996.

The Economist, "The Budget Surplus: Calm Down", February 12, 2000, pp.34~35.

U. S. General Accounting Office, *Budget and Financial Management: Progress and Agenda for the Future*, GAO/T-AIMD-96-80, April 23, 1996.

________, *Managing for Results: Experiences Abroad Suggest Insights for Federal Management Reforms*, GAO/GGD-95-120, May 2, 1995.

U. S. Government, *Analytical Perspectives: Budget of the United States Government, Fiscal Year 2001*, 2000a.

________, *Historical Tables: Budget of the United States Government, Fiscal Year 2001*, 2000b.

von Hagen, Jürgen and Ian Harden, "Budget Processes and Commitment to Fiscal Discipline", *IMF Working Paper*, WP/96/78, July 1996.

Zee, Howell H., "The Sustainability and Optimality of Government Debt", *IMF Staff Papers*, Vol. 35, No. 4, December 1988, pp.658~685.

제 5장 공기업 민영화 정책

I. 서 론

정부는 다양한 이유로 공기업을 설립하고 운영한다. 시장이 실패하는 경우에 정부는 공기업을 운영함으로써 사회적 효용을 증대시킬 수 있다. 경제성장 단계가 낮아 어떤 재화나 서비스를 민간부문이 적절히 공급할 수 없는 경우, 또는 어떤 산업이 자연독점적 성격을 가지는 경우 등은 그러한 전형적인 예라고 할 수 있다. 뿐만 아니라 정부는 어떤 특수한 상황에서의 사회적 필요성을 충족시키기 위해서, 또는 정치적인 동기로 인해 공기업을 설립하거나 민간기업을 국유화하여 공기업으로 운영하기도 한다.

시장의 실패는 정부가 공기업을 설립하고 운영하는 중요한 근거이지만, 기업을 공공부문의 일부로 운영함으로써 또 다른 실패가 발생할 수 있다. 기업활동이 시장기능으로부터 차단됨으로써 기업 내부에서 경영상의 비효율이 발생할 가능성이 있다.

80년대에 서구국가에서는 이러한 가능성이 표면화되고 보수주의

---

* 본고의 견해는 전적으로 필자 개인의 의견이며, 기획예산처나 정부의 공식 견해가 아님. 본고의 오류는 전적으로 필자의 책임임.

사상이167) 인기를 얻음에 따라, 공기업의 비효율성을 제거하고 새로운 경제환경에 적응하기 위해 공기업의 소유 및 경영을 민간에 이전하는 민영화의 흐름이 시작되었다. 기업의 소유권을 민간에 넘기는 것은 80년대에 새로이 등장한 개념은 아니며, 민영화의 선두주자인 영국에서도 이전에 이미 여러 번의 국유화와 민영화 과정이 반복된 바 있다. 그러나 80년대 이후의 흐름은 기존의 denationalization과 구분하여 privatization이라는 신조어를 만들 정도로 근본적 변화를 추구하는 정책으로 정착되었다.

공기업 민영화는 우리나라에서도 새로운 정책은 아니다. 정부주도의 경제발전을 추진하던 1960년대 말에도 이미 공기업을 민영화하려는 노력이 있었으며, 외환위기 이전까지 이미 5차례 정도의 대규모 공기업 민영화 정책이 추진된 바 있다.168) 그럼에도 불구하고, 우리나라에서의 공기업 민영화는 세계적인 추세에 비해서는 상당히 느리게 진행된 편이다. 이는 아마 외환위기 전까지는 국가주도의 경제성장에 대한 신뢰로 인해, 민영화의 필요성보다는 민영화의 부작용에 대한 우려가 크게 부각되는 경향이 있었기 때문일 것이다.

그러나 외환위기를 계기로 기존의 경제체제에 대한 인식이 변화되고 경제 전반에 걸친 개혁의 필요성이 제기되는 상황에서 공기업 민영화 정책도 또 한 번의 전환점을 맞이하게 되었다. 특히 시장경제의 확대라는 경제적 패러다임의 변화 속에서 공기업 민영화는 중요한 개혁과제가 되었다. 정부는 1998년 7월에 계획을 발표한 이래, 2년여에 걸쳐 민영화 정책을 추진하여 왔다. 반면, 외환위기로 인해 정부

---

167) 우리나라에서는 보수주의라는 표현 대신에 신자유주의라는 표현을 더 자주 사용한다. 시장기능에 대한 신뢰는 이러한 사장적 조류의 핵심 중 하나다.

168) 일반적으로 1968년의 계획을 최초의 본격적인 공기업 민영화 계획으로 보고 있다. 이후 1980년, 1987년, 1993년, 1996년에 대규모 민영화 계획을 발표한 바 있다.

주도의 경제 운영에 대한 비판 못지않게 재벌체제의 문제점도 부각됨에 따라, 민영화 과정에서의 재벌참여 등과 관련하여 많은 논란도 제기되고 있다.

본고에서는 이러한 전환기적 시점에서, 공기업 민영화 정책을 이해하고 이와 관련된 주요 논점들을 정리하고자 한다. 우선 제Ⅱ절에서는 공기업 및 공기업 민영화의 기본 개념을 비롯하여, 민영화의 추진 동기 등 민영화 정책의 이해를 위한 기초적인 내용들을 정리한다. 제Ⅲ절에서는 해외의 공기업 민영화 정책의 최근 동향과 특징 등을 소개한다. 제Ⅳ절에서는 우리나라 공기업 민영화 정책의 추진과정과 성과에 대해 정리한다. 제Ⅴ절에서는 우리나라에서 공기업 민영화 정책에 영향을 미치는 요인들에 대해 살펴보고, 민영화 추진에서 고려할 점들에 대해 논의한다. 제Ⅵ절에서는 전체 논의를 정리하고, 향후 정책방향과 주요 과제 등에 대해 논의한다.

Ⅱ. 공기업 민영화의 이해를 위한 기초

1. 공기업의 개념 및 분류

다수 학술자료에서는 공기업을 공공적 성격과 기업적 성격을 동시에 가진 조직으로 정의하고 있다. 즉, 사기업과 구분되는 개념으로서 일부 공공적 성격을 가지고 운영되는 기업을 의미한다. 그러나 현실에서는 공공적 성격의 의미가 명확하지 않거나, 공공적 성격이 약함에도 불구하고 정부가 운영하는 기업도 있다. 따라서 현실에서는 기업의 소유권을 기준으로 공기업을 정의하는 것이 더 유용한 경우가 많다. 즉, 정부가 일정 수준 이상의 소유권을 가지고 경영에 영향을 미칠 수 있는 기업을 공기업으로 정의할 수 있다.[169]

공기업은 기준에 따라 다양하게 분류할 수 있다. 우선 소유 주체가 중앙정부인지 혹은 지방정부인지에 따라, 전자를 국영기업으로 후자를 지방공기업으로 분류할 수 있다. 국영기업은 기업형태에 따라, 정부부처로서 운영되는 공기업, 정부가 직·간접으로 출자한 주식회사 형태의 공기업, 출자가 아닌 특수법인 형태로 운영되는 공기업으로 분류할 수 있다. 철도청, 우체국 등은 정부부처로서 운영되는 공기업으로서, 정부 예산에 의해서 통제되고 운영된다. 중앙정부가 직·간접으로 출자하여 운영하는 기업은 공기업의 가장 전형적 형태로, 통상 공기업이라고 하면 이러한 형태의 기업을 의미하는 경우가 많다. 일부 공기업은 정부가 출자하는 대신 특수법인 형태로 설립되어 정부의 특정 업무를 위탁받아 수행하거나 정부예산에 의해 운영된다. 이들은 성격에 따라 위탁기관 또는 출연기관 등으로 불린다.

통상적으로 공기업이라 하는, 정부가 직·간접으로 출자한 주식회사 형태의 공기업은 다시 정부투자기관 및 출자기관으로 구분된다. 정부투자기관은 법적 개념(statutory definition)으로서 정부투자기관관리기본법에 명시된 회사들만이 이에 포함된다. 정부투자기관의 범위는 계속적으로 변해 왔으며, 현재 13개의 기업이 이에 포함된다. 정부출자기관은 법적 개념은 아니며, 정부가 출자하여 운영하지만 정부투자기관에 속하지 않는 공기업을 의미한다.

---

169) 엄격한 의미에서는 이러한 기업은 정부소유기업(state-owned enterprises)으로 표현해야 할 것이다. 실제로, 일부에서는 공공적 성격을 가진 기업인 공기업(public enterprises)의 개념과 정부소유기업의 개념을 구분하여 사용하기도 한다. 그러나 우리나라에서는 정부소유기업에 해당되는 것을 일반적으로 공기업이라고 부르는 점을 감안하여, 본고에서는 공기업이라는 표현을 사용한다.

정부투자기관은 전부 정부가 지분의 5할 이상을 가지고 있는 기업들이지만, 정부가 지분의 5할 이상을 가지고 있다고 모두 정부투자기관인 것은 아니다. 언론 공기업(한국방송공사, 대한매일신문), 금융공기업(산업은행, 중소기업은행, 한국수출입은행)과 '공기업의 경영구조개선 및 민영화에 관한 법률'이 적용되는 한국통신, 한국중공업, 가스공사, 담배인삼공사, 인천국제공항공사 등은 정부지분 비율과 무관하게 정부투자기관에서 배제된다.170) 이 외에도 지역난방공사, 한국감정원, 대한주택보증(주), 민영화 이전의 포항제철과 대한송유관공사 등이 정부출자기관에 포함된다. 일반적으로 공기업으로 이해되는 기업 중에 정부 출자가 아닌 특수법인 형태로 운영되는 기관도 있다. 이들은 넓은 의미의 공기업에는 포함되지만, 정부가 출자한 주식회사 형태의 기업을 의미하는 협의의 공기업에는 포함되지 않는다.

공기업이 경영상의 필요에 의해 자회사를 설립하기도 하며, 정부가 국고에서 직접 출자하는 대신에 다른 공기업을 통해 출자하여 기업을 설립하기도 한다. 이 경우에도 사실상 정부가 직·간접적으로 영향력을 행사할 수 있으므로 공기업의 범주에 포함된다. 다만 편의상, 이들은 공기업(모기업)이 아닌 공기업의 자회사로 분류하기도 한다. 공기업이 출자하였지만 경영권을 확보할 수 있는 정도의 지분을 가지고 있지 않은 경우에는, 공기업의 자회사라고 하는 대신에 공기업의 출자회사라고 한다.

---

170) 이들 중 일부는 기존에 정부투자기관에 속하던 기업들이다.

2. 공기업 관련 법률 및 제도

공기업과 관련된 주요 법률로는 '정부투자기관관리기본법'과 '공기업의경영구조개선및민영화에관한법률'(이하 공기업특별법), 개별 공기업의 설립법, 관련 사업법 등이 있다. 13개 정부투자기관에 대해서는 정부투자기관관리기본법에서, 그리고 한국통신, 가스공사, 담배인삼공사, 한국중공업, 인천국제공항 등 5개 출자기관에 대해서는 공기업특별법에서 사장, 임원, 이사회 등 기본적인 지배구조 및 경영관련 주요사항 등을 규정하고 있다. 양법의 적용대상이 아닌 공기업은 개별 공기업의 설립법 및 관련 사업법의 규정이 적용되거나, 또는 상법상의 규정이 적용된다.

우리나라에서는 정부가 출자한 공기업은 주무부처에서 주주권을 행사하고, 업무감독 등을 수행한다.[171] 1997년 이전에는 정부투자기관의 이사회는 사장 외에 주무부처와 재경원에서 파견된 정부이사 2인 및 민간이사로 구성되어 있었다. 따라서 정부는 주주로서의 권한 행사만이 아니라 이사로서 회사의 경영을 통제하는 역할을 하였다. 1997년에 공기업특별법이 제정됨에 따라 동법이 적용되는 기업에서는 정부이사가 폐지되고, 1999년에 정부투자기관관리기본법이 개정되어 정부투자기관에서도 정부이사제도가 폐지되었다. 그러나 위 두 법 외의 다른 법에 따라 지배구조가 결정되는 공기업 중에는 아직도 정부이사가 임명되는 경우도 있다.

비록 관련 법률의 제·개정을 통해 다수 공기업에서 정부이사가 폐지되기는 하였지만, 주무부처는 주주로서의 권한 및 감독권을 통

---

171) 공기업의 소유권을 행사하는 모형은 나라별로 상당히 상이하다. 공기업의 소유권을 별도의 부처·기관에서 행사하기도 하며, 공기업 지주회사가 있는 나라도 있다.

해 공기업의 주요 결정을 직·간접적으로 통제하고 있다. 그리고 주무부처는 때로 관련 사업법을 통해서 공기업의 사업을 통제하거나 영향을 미치기도 한다. 주무부처 외에도 기획예산처, 국회, 감사원 등이 공기업의 행동에 실질적인 영향을 미친다.

3. 공기업 관련 이론

공기업의 행동은 사적소유권의 결여라는 공기업의 본질적 소유구조의 특징에 의해 결정된다. 즉, 소유권이 모든 국민에게 분산되어 있기 때문에 국민들 개개인으로서는 공기업의 경영상태에 대해 직접 관심을 가질 동기가 약하다. 일반 국민들이 공기업의 소유권을 직접 행사할 수 없기 때문에, 공기업의 소유권은 정부, 좀더 구체적으로는 정부의 해당 공무원에 위임된다. 해당 공무원은 자신의 이해관계에 따라 행동하거나, 특정 정책을 수행하는 수단으로서 기업을 활용할 수 있는바, 이는 기업의 경영효율성과 반대될 수 있다.

물론 이러한 주인-대리인 문제는 지분이 분산된 또는 소유와 경영이 분리된 민간기업에서도 발생할 수 있다. 그럼에도 불구하고 공기업은 민간기업과 같은 정도의 시장규율을 받지 않기 때문에 지배구조의 문제가 더욱 심각하게 나타날 수 있다. 일반적으로 공기업의 지분은 시장에서 거래되지 않으므로, 시장에 의한 평가와 감시가 이루어지지 않는다. 그리고 경영이 부실한 경우에도 그것을 인수하여 경영개선에 의한 자본이득을 얻는 행위가 불가능하기 때문에, 외부적인 규율 기제가 작동하지 않는다. 또한 손실이 발생한 경우에도 정부가 이를 자동적으로 보전해 주어 파산할 위험성이 없는 경우가 많아, 경영자나 근로자들이 기업의 성과보다는 자신들의 목표를 추구하기 위해 행동할 가능성이 크다.

일반적으로 국내외 연구문헌은 이러한 소유구조상의 특성으로 인해 공기업의 비효율성이 사기업보다 클 가능성이 높다는 점을 지적하고 있다. 물론 이론적으로는 공기업도 경영목표를 명확히 설정하고 더욱 개발된 경영방법을 활용하면 민간기업 이상으로 효율적으로 경영될 수도 있다. 실제로 해외 각국에서도 공기업의 경영효율성을 제고하기 위한 다양한 제도를 도입하여 시행한 바 있다. 그러나 일반적으로 해외 각국에서의 경험은 다른 방법들이 시장에 의한 규율을 대체할 수 있는 효과적인 방법이 되지 못하는 것으로 판명되었으며, 이는 민영화를 추진하는 주요 근거가 되고 있다.

그러나 이러한 일반적인 논의는 민간기업에서는 시장을 통한 규율이 적절히 작동된다는 것을 가정한 것임에 유의할 필요가 있다. 지분이 분산되어 있음에도 불구하고 적절한 감시체제가 작동되지 않는 민간기업의 경영효율성은 공기업에서보다 더 낮아질 수도 있다. 공기업에서는 소액주주를 갈취하고자 하는 동기가 민간기업에서보다 오히려 약하고, 감사원 등에 의한 감사가 최소한의 경영감시 기능을 하는 면도 있다. 반면, 민간기업에서 회계의 투명성 부족으로 인해 시장감시가 적절히 이루어지지 않고, 인수합병 시장이 취약한 경우에는 지분이 분산된 민간기업의 효율성이 공기업에서보다 더 낮을 가능성도 있다. 우리나라에서의 최근 일부 재벌기업의 실패는 이를 잘 보여주고 있다.

공기업과 민간기업의 상대적 효율성을 평가하기 어려운 면이 있다. 이론적 연구와 달리 실증연구에서는 소유권의 차이에 의한 개별효과를 분리하여 분석하는 것이 어렵기 때문에, 해외에서도 신뢰성 있는 실증 연구 결과는 빈약하다. 그러나 현재까지의 국내외 경험은 공기업과 민간기업의 상대적 효율성에 대해 다음과 같은 결론을 제시하고 있다. 적절한 경영감시체제와 시장에 의한 규율이 이루어지는 경우에는 민간기업이 공기업보다 더 효율적이다.

4. 민영화의 개념

민영화는 일반적으로 국가 또는 공공단체 등이 특정기업에 대하여 갖는 법적 소유권이 민간부문으로 이전되는 과정이라고 정의된다. 일부에서는 경영권을 민간에 이양하는 것이 민영화이고, 소유권만 민간에 이전되는 것은 민유화라고 주장하기도 한다. 그러나 소유권을 가진 자는 경영권을 주장할 수 있기 때문에, 민유화라는 개념은 소유권의 이전 후에도 정부의 경영간섭이 심한 경우를 냉소적으로 표현하는 것으로 이해할 수 있다.[172] 특수한 경우를 제외하고는 경영권은 소유권과 더불어 민간으로 이전되는 것으로 보아야 할 것이다.

물론 소유권을 이전하지 않으면서 민간이 경영을 하는 경우도 있을 수 있다. 민간경영위탁은 정부가 소유권을 유지하면서 상품 및 재화의 분배나 공급권을 일정기간 동안 특정인에게 부여하는 제도이다. 그러나 이 경우, 경영수탁자는 계약에 의한 경영성과에 따른 보상을 받을 뿐이고 경영의 최종적 책임은 정부에 귀속된다는 점에서 소유권이 이전되는 민영화와는 차이가 있다. 정부가 기업과 관련된 경영자원을 임대하고 일정 임대료만 받는 형태인 프랜차이즈도 경영권이 영구적으로 이양된 것은 아니라는 점에서는 전형적인 민영화와는 차이가 있다. 즉, 민간경영위탁이나 프랜차이즈는 넓은 의미의 민영화에는 포함되지만, 소유권 이전이 수반되는 통상적 의미의 민영화와

---

172) 민간이 소유권을 가지고 있음에도 불구하고 정부가 은행장 임명 등에 개입하는 경우 등은 이와 유사한 것으로 볼 수 있을 것이다.

는 차이가 있다.

어느 정도의 지분이 민간에 이전되어야만 민영화로 볼 수 있는지에 대해서는 다소 논란의 여지가 있다. 소유가 분산된 기업에서는 일부 지분만으로도 경영권을 행사할 수 있기 때문에, 정부가 일부지분을 가지고 있는 경우도 민영화된 것으로 보기 힘들다. 또한 민간이 절대다수의 지분을 가지고 있다 하더라도, 정부의 통제로부터 완전히 자유롭지 못할 수도 있다. 정부가 경영권을 행사할 수 없는 정도의 소수지분만을 가지고 있는 경우에도, 해당 기업은 감사원 및 국회 감사 등으로부터 완전히 자유롭지 못할 수 있다. 따라서 엄격한 의미에서의 민영화는 공공지분이 완전히 없어지고, 공기업에만 해당되는 특정 규제로부터 완전히 자유로워져 타 민간기업과 같아진 상태를 의미한다. 그러나 현실적으로는, 정부지분이 경영권을 행사할 수 없는 수준으로 떨어졌다면, 해당기업은 일단 민영화된 것으로 보는 것이 적절할 것이다.

자산매각도 민영화의 한 방법이 될 수 있다. 공공부문이 자산을 매각하고, 이를 매입한 민간이 회사를 설립하여 운영한다면, 이는 공공부문에서 그러한 자산을 별도의 회사로 만들어 민영화하는 것과 실질적으로 유사한 효과가 발생한다.[173]

5. 민영화의 추진 동기

민영화를 추진하는 가장 기본적 동기는 민간에 기업의 소유권 및 경영권을 이양하여 기업경영의 효율성을 제고하고자 하는 것이다.

[173) 최근의 안양·부천 열병합발전소는 이러한 경우에 해당된다.

민영화를 통한 기업의 효율성 개선은 궁극적으로 경제 전체의 효율성을 제고하는 효과가 있다. 그러나 이러한 동기 외에도, 매각수입 확보 및 공기업에의 재정보전 축소를 통한 재정적자 감축, 기업의 신규투자를 위한 재원 조달, 민영화를 통한 외자유치, 자본시장 및 주식보유 문화의 확대, 경제에서의 정부역할의 축소, 경제여건 및 기술변화에의 대응 등 다양한 동기로 민영화가 추진되기도 한다.

민영화는 다양한 경로를 통해 기업 경영의 효율성 제고에 기여할 수 있다. 기업이 시장의 압력에 노출되어 효율성 위주의 경영을 하게 되고, 정부의 통제에서 벗어남으로써 관료주의적 기업문화도 개선될 수 있다. 민영화 과정에서 기업경영의 투명성 제고 및 기업지배구조의 개선도 기대할 수 있다. 특히 지분이 증시에서 매각되어 상장되는 경우, 이에 따른 각종 의무를 이행해야 할 뿐 아니라,[174] 시장에 의한 감시가 이루어짐으로 인해 경영의 투명성이 제고될 수 있다. 경영진은 기업의 주가를 유지하고자 노력하며, 이를 위해 경영 효율화를 추구한다. 일부 국가에서는 공기업의 경영권을 매각하기 어려운 경우에도 전략적으로 일부 지분을 공모 매각하여 이러한 효과를 얻고자 노력한다.[175]

매각수입 확보 및 재정보전 규모 축소를 통한 재정자원 절감 또는 재정적자 감축이 민영화를 추진하는 동기가 되기도 한다. 그러나 민영화를 통한 재정수입 확보는 일시적인 것이며, 민영화 수입이 확보되는 만큼 정부의 자산도 감소한다는 점에 유의할 필요가 있다. 즉, 이는 정부회계상의 변화일 뿐, 경제적 의미에서의 국가 순채무는 변

---

174) 상장에 따라 각종 공시의무 등을 가지게 되며, 이는 기업의 의사결정을 투명하게 하는 데 도움이 될 수 있다.

175) 이탈리아에서는 공기업 정책에서 이러한 철학을 가지고, 가급적 많은 공기업에 대해 비록 지분의 일부라도 증시에 상장하여 시장에 의한 효과적인 경영감시가 이루어지는 전략을 택하였다.

화되지 않는다. 따라서 재정수입 확보가 민영화의 궁극적 목표가 되는 것은 바람직하지 않다. 다만 EMU 국가의 경우처럼 일정한 재정적자 감축목표를 달성해야 하는 경우, 또는 단기적으로 재정적자가 매우 심각한 시기 등에는 이러한 논리가 설득력을 얻을 수 있다.

공기업에의 재정보전 규모를 축소하기 위해 민영화를 추진하는 경우도 있다. 이러한 목적으로 추진되는 민영화가 바람직한지는 재정보전 규모 축소가 기업의 효율성 개선으로 인한 것인지, 또는 사용료 인상 등 다른 요인으로 인한 것인지에 따라 다르다. 재정보전 축소가 기업의 효율성 개선으로 인한 것이라면, 이는 긍정적으로 평가할 수 있다. 다만 이 경우는 앞에서 언급한 기업의 효율성 개선을 위한 민영화와 구분하기 어렵다. 재정보전 규모 축소가 사용료 인상 등으로 인한 것이라면, 이는 경제적 이득을 창출하는 것이 아니다. 오히려, 사용료의 부담이 역진적인 경우에는 민영화가 사회적으로 부정적 효과를 초래할 수도 있다.

매각수입을 통한 재정수입 확보와 유사하면서도 다소 다른 경우가 신규투자 재원 확보를 위해 민영화하는 경우다. 기업의 신규투자가 필요함에도 불구하고 정부가 추가 출자하기 어려운 경우, 자본시장에서 공모를 통해 증자할 수 있다. 이 과정에서 자본조달뿐 아니라 부분적으로 민영화가 추진되는 효과가 있다. 이는 최근에 여러 나라에서 통신산업 민영화가 추진되는 주요 동기 중 하나다. 각국 정부는 늘어나는 수요 및 기술발전으로 인한 신규투자를 통신회사가 자체적으로 조달할 수 있도록 하기 위해 통신산업을 민영화하고 있다. 우리나라의 최근 민영화에서도, 1999년의 한국통신의 해외 DR 발행 및 가스공사의 국내공모는 부분적으로 이러한 성격을 가진다.

민영화는 때로 외자유치를 위한 효과적인 수단이 될 수 있다. 체제전환국에서는 외자유치가 민영화를 추진하는 주요한 동기이며, 외환위기 이후의 상황에서 각 나라들은 민영화를 통해 외자를 유치하고자 하였다. 민영화 과정에서의 외자유치는 직접적으로 외환을 유입하는 효과 외에도 다양한 간접적인 이득이 있다. 외자유치 과정에서의 선진기술 및 경영기법의 도입, 기업지배구조 개선 및 경영 투명성 제고 등 다양한 긍정적 효과를 기대할 수 있다. 뿐만 아니라, 민영화 과정에서의 외자유치는 추가적인 외자유치를 유발하는 효과가 있다. 예를 들어, FIAS (Foreign Investment Advisory Service)의 연구결과는 민영화를 통한 1달러의 외국인 투자가 민영화와 관계없는 외국인 투자를 0.88달러만큼 유발하는 것으로 밝히고 있다.[176]

민영화는 국내주식시장을 확산시키고 또한 국민들 사이에 주식보유 문화를 확산시키는 수단이 되기도 한다. 국내 자본시장에서 지분을 매각하는 경우, 국내 자본시장 확대에 기여한다. 대규모 지분을 성공적으로 매각하기 위해서는 개인투자자의 역할이 중요하며, 정부는 개인투자자들의 주식보유를 확산시키려 노력하게 된다. 이 과정에서 소액주주의 권리강화 등 주식시장과 관련된 제도가 선진화되고, 국내 금융기관이 발전되는 등의 효과도 기대할 수 있다.

민영화는 경제에서의 정부역할 축소라는 거시적 목적으로 추진되기도 한다. 정부개입의 축소를 통해 경제에서의 왜곡을 축소하고 자원의 효율적 배분을 도모함으로써 경제 전반의 효율성이 개선될 수 있다. 민영화와 더불어 산업구조가 개편되는 경우, 더욱 큰 효율성 개선을 기대할 수도 있다.

기술 및 경제여건 변화로 인해 민영화의 필요성이 증대되기도 한다. 기존에 자연독점적 성격을 가지고 있던 산업이 기술 변화로 자연독점적 성격을 상실하게 되면, 경쟁을 도입하고 민영화를 추진하는 것이 경제 전체의 효율성을 제고하는 방법이 된다. 산업화의 초기에

---

176) 윤미경·박영호(1998)에서 간접 인용.

는 민간이 수행할 수 없어 정부가 수행하던 사업도 경제가 성숙됨에 따라 민간이 더 효율적으로 수행할 수 있게 된다. 시장 자유화 및 국제화도 민영화를 추진할 필요성을 크게 만드는 요인 중의 하나다. 예를 들어, 특정 재화나 서비스가 국내시장만을 대상으로 하는 경우에는 자연독점적인 성격을 가지고 있었으나, 경제의 개방화에 따라 그러한 성격이 상실되고 경쟁적인 시장이 형성되면, 더 이상 공기업으로 유지하여야 할 필요성은 감소된다. 세계적인 시장의 통합화는 민영화를 더욱 가속화시키는 요인으로 작용하고 있다.

Ⅲ. 지구촌 공기업 민영화의 최근 동향177)

1. 최근 동향과 주요 특징

가. 세계적인 민영화 동향과 주요 특징

공기업 민영화수입의 규모는 전반적인 민영화정책 동향을 고찰할 수 있는 유용한 지표다.178) 1990년대에 전 세계의 공기업 민영화수입은 거의 매년 사상최고치를 경신하여 민영화 정책이 점차로 가속화되는 것으로 나타나고 있다.179) 그러나 1998년에는 민영화수입이 전

---

177) 본절은 주로 OECD(2000) 및 기타 OECD 문헌 내용에 기초하고 있다.
178) 물론 민영화수입을 정책동향을 이해하는 지표로 사용하는 것에는 한계가 있다. 특히, 민영화수입은 실제 민영화의 추세를 과소평가할 수 있는 가능성이 있다. 대중민영화(mass privatization), 청산, 대규모 보조금이 지급되는 종업원 인수(EBO)나 경영자 인수(MBO) 등의 경우에는 민영화 추진에도 불구하고 수입창출은 크지 않기 때문이다.

년도에 비해 크게 감소하는 추이를 보였고, 이는 주로 외환위기 여파로 인해 非OECD 국가에서 민영화수입이 감소하였기 때문이다.

1999년에는 민영화수입이 다시 전년도에 비해 약 10% 증가하여 1,450억 달러에 이르지만, 사상최고치인 1997년보다는 여전히 낮은 수준이다. 1999년에 민영화수입이 전년보다 증가한 것은 주로 OECD 국가에서의 민영화수입이 증가하였기 때문이다. 1999년에 OECD 국가에서의 민영화수입은 전년도에 비해 크게 증가하였을 뿐 아니라, 1997년 수준도 초과하였다. 그러나 같은 해, 非OECD 국가의 민영화수입은 1998년도 수준에서 크게 변하지 않았으며, 1997년에 비해서는 여전히 낮은 수준이다.

1990년부터 1999년까지의 OECD 국가의 민영화수입은 6,000억 달러로, OECD 국가 전체 GDP의 2.7% 수준에 이른다. 그 비율이 가장 높은 나라에서는 GDP의 27%에 이르기도 한다. 1999년의 민영화 동향의 주요 특징은 다음과 같다. 첫째, 지역적 분포를 볼 때, OECD 국가의 민영화가 전 세계 민영화의 큰 부분을 차지한다. 그 중에서도 특히 EU국가에서의 민영화 수입이 커서, 전 세계 민영화수입의 절반 이상을 차지하고 있다. 분야별로 볼 때, OECD 국가의 민영화 중 사회 인프라 부문에서의 민영화가 증가하였으며, 이러한 경향은 비OECD 국가에서도 나타나고 있다. 특히 중요한 부분이 통신부문과 전력부문의 민영화이다. 셋째, 매각 방법별로 볼 때, OECD 국가에서는 공모매각이 민영화의 주요 방법인 반면,[180] 非OECD 국가에서는 경영권 매각이 민영화의 주요한 방법이었다.

이미 발표된 계획 및 현재 진행상황을 볼 때, 2000년에도 OECD

---

179) 1995년에는 민영화수입이 1994년보다 감소하였다.
180) 본고에서는 public offering을 공모 또는 공모매각이라고 표현한다. 이는 입찰을 통해서 경영권을 매각하는 경우는 포함하지 않으며, 자본시장을 통한 최초공모(initial offering) 및 추가공모(secondary offering)를 의미한다.

국가에서의 민영화는 강세를 보일 것으로 전망된다. 그러나 주식시
장의 불안정성의 증가는 민영화를 약화시키는 요인으로 작용하는 면
이 있다. 또한 각 국가에서의 내부 정치·경제적 상황이 민영화에 영
향을 미칠 수 있다. 2000년도 민영화수입이 어느 정도 될지는 주로
非OECD 국가들이 그들의 민영화 계획을 얼마나 잘 추진해 나가는
지, 그리고 신흥시장에 대한 신뢰가 어느 정도 회복될 수 있는지에
달려 있다.

　나. OECD 국가의 민영화

OECD 국가의 민영화수입은 전 세계 민영화수입의 상당부분을 차
지해 왔으며, 1999년에도 전 세계 민영화수입의 2/3를 차지하였다. 특
히 EU 국가들의 민영화수입은 1990년 이후에 OECD 국가 민영화수
입의 약 2/3, 전 세계 민영화수입의 절반을 차지하고 있다. 특히 최근
에는 EMU 국가들의 민영화 프로그램의 가속화에 의해 영향을 받고
있다. EMU 국가에서는 화폐통합에 따라 요구되는 재정적자 감축 및
통신·에너지부문의 시장 자유화에 대한 의무이행이 민영화를 추진
하는 주요인이 되고 있다.

민영화가 추진되는 정도는 국가별로 상당한 차이를 보인다. 헝가
리, 폴란드, 체코 등 체제전환국에서는 시장경제로의 이행 및 투자유
치를 위해서 민영화를 추진하였으며, 헝가리에서는 민영화수입이
GDP의 약 1/4에 이르고 있다. 반면, 룩셈부르크와 미국에서는 GDP
대비 민영화수입 비율은 극히 미미한 수준이다. 지난 5년간, 체제전
환국을 제외한 OECD 국가 중에 민영화를 적극적으로 추진한 나라
는 이탈리아, 호주, 프랑스, 일본, 스페인이며, 이들 국가에서의 민영
화수입이 전체 OECD 국가 민영화수입의 약 60%를 차지한다.

다. 非OECD 국가의 민영화

1999년에 非OECD 국가 전체의 민영화수입은 1998년과 비교하여 큰 차이를 보이지 않지만, 지역별 분포는 1998년에 비해 크게 달라졌다. 아시아 지역에서의 민영화수입은 전년도에 비해 크게 증가한 반면, 남미 지역에서의 민영화수입은 전년도에 비해 크게 감소하였다. 1999년에 남미 지역에서 규모가 가장 큰 것은 아르헨티나가 YPF라는 에너지회사의 지분 일부를 스페인의 Respol사에 팔아 20억 달러의 수입을 확보한 것이며, 이를 제외한 다른 나라의 민영화는 저조하였다. 페루는 1999년 중에 8억 달러의 수입을 확보하는 민영화 계획을 수립하였으나, 실제 추진실적은 계획의 절반 이하이다.

아시아 지역에서는 1980년대 이후의 현저한 경제성장에 따라 민영화가 주요 정책이슈로 등장하게 되었다. 그리고 외환위기를 경험한 국가들은 구조개혁의 일부 또는 재정수입 확충의 수단으로 민영화를 더욱 적극 추진하고자 하였다. 특히, 태국과 인도네시아에서는 외자를 유치하고 국제금융기관과의 약속을 이행하는 과정에서 민영화를 추진하고자 하고 있다. 그러나 금융위기로 인한 시장사정 악화로 인해 1998년의 민영화수입은 오히려 외환위기 전보다 감소하였다.

1999년에는 시장상황이 개선됨에 따라, 민영화수입이 전년보다 증가하였지만, 모든 국가들이 당초 계획한 대로 적극적으로 민영화를 추진하고 있지는 않다. 인도네시아에서는 최근까지도 공기업개혁 프로그램이 잘 진행되지 않았으며, 태국에서도 민영화를 위한 적절한 제도도입이 느리게 진행되고 있다. 1999년에 태국에서는 은행부문의 매각이 추진되었으나, 인도네시아에서는 통신부문에 PT Telecom이 4억 달러 규모의 지분매각을 한 것이 거의 유일한 주요 민영화 실적이다. 그러나 금융위기로 인해 소유권이 정부로 이전된 다수 은행들이 향후 민영화되면, 민영화 수입은 증가할 것이다. 최근에 아시아 지역 민영화 정책에서 큰 변화 중 하나는 민영화 방법이다. 아시아 지역에서 기존의 민영화 방법은 주로 경영권 매각이었으나, 최근에는 자본시장을 통한 민영화가 확대되고 있다.

중국에서는 국영 연안석유회사의 민영화가 규모 축소에 이어 결국 연기되어 민영화 정책에 대한 기대가 크게 무너졌다. 이는 주로 투자자의 관심부족 및 부적절한 시점 때문인 것으로 보인다. 아시아 지역, 특히 중국에서 민영화의 장애요인 중 하나는 고용감소 및 구조조정에 대한 대중의 우려다. 또 다른 우려는 부분매각 후에도 당분간 정부가 지배주주로 남을 것인데, 이와 관련하여 기업지배구조가 취약하다는 점이다. 아프리카와 중동에서도 전년도에 비해 민영화가 가속화되었다. 과거에는 제조업, 1차 산업 및 관광산업이 주요 민영화 대상이었지만, 향후에는 통신·교통부문 등이 대상이 될 것이다.

2. 민영화 대상

대부분 국가에서 초기에 민영화를 추진하는 부문은 기존에 경쟁이 도입되어 있는 상업적 성격의 재화 및 서비스 생산업체이다. 민영화가 진전됨에 따라, 민영화 이전에 상당한 산업구조개편이나 규제도입이 필요한 산업으로까지 대상이 확대되었다. 통신, 전력, 급수, 하수도처리 등 네트워크 산업의 민영화는 복잡한 규제제도가 필요하고, 경쟁문제가 해결되어야 하기 때문에, 보통 민영화의 후기 단계에 이르러 매각이 추진된다.

최근에는 이러한 네트워크 산업의 민영화도 중요성이 커지고 있으며, 그 중에서도 가장 큰 부분을 차지하는 것이 통신부문, 그 다음이에너지부문이다. 통신과 에너지부문의 민영화로 인한 수입은 1990년 이후 전체 민영화수입의 각각 40%와 20%를 차지하고 있다. 非OECD 국가에서도 통신과 에너지부문의 민영화는 전체 민영화에서 큰 비중을 차지한다. 에너지부문, 특히 발전부문에서는 기술변화 및 시장자유화로 인해 산업의 자연독점적 성격이 감소되었으며, 이것이 민영화를 추진하게 된 배경으로 작용하고 있다.

통신회사의 민영화는 인프라부문 민영화에서 선도적 역할을 하는 경우가 많다. Telstra, NTT, Deutsche Telekcom, Portugal Telecom, Greece's OTE, Sonera(핀란드), 한국통신, Martav(헝가리) 등 최근의 대표적인 민영화가 통신부문에서 이루어졌다. 통신부문에서 적극적으로 민영화가 추진되는 주된 이유는 각국 정부가 자유화된 시장 및 새로운 환경에서 자국의 통신회사가 잘 적응해 나가기를 바라고, 기술변화 및 증가하는 수요를 감당하기 위한 신규투자가 필요하기 때문이다. 통신회사의 민영화는 가장 일반적인 민영화 방법으로, 전략적 투자자에게 지분 일부를 매각하고, 국내시장 공모를 함께 추진하는 형태이다. 이러한 방법은 시장을 통한 자본조달에 도움이 되고, 기업의 자금흐름을 개선하면서 동시에 전략적 투자자 유치를 통한 선진기술 및 경영기법을 도입하는 등 다양한 목적을 동시에 달성할 수 있게 한다.

은행 및 보험부문 민영화도 1999년에 강세를 보이고 있다. 1990년대 초 이후 다수의 정부보유 은행이 민영화되었으며, 이들은 더욱 상업적이고 전략적으로 운영하여 비용구조가 크게 변화되었다. 체제전환국에서는 은행민영화는 외국인 투자의 중요한 통로로 작용하였다. 헝가리 등 일부 국가에서는 전체 은행 중 70% 이상을 외국인이 지배하고 있다. 이 부문의 민영화의 진전은 시장경제로의 성공적 전환에 있어 핵심적인 역할을 한다. 사적 소유권은 금융기관의 효율적 운영

은 물론 경제 전체의 효율적 자원배분에 있어 핵심적인 요인이다. 非
OECD 국가들에서는 금융기관 민영화가 전체 민영화에서 차지하는
비중이 상대적으로 훨씬 작다. 이는 非OECD 국가들에서는 금융기관
민영화 이전에 OECD국가들에 비해서 더 많은 구조개편이 필요하고,
아직까지 금융기관에 대한 통제권을 포기하지 않으려 하기 때문이다.

3. 민영화 방법

　민영화의 방법은 다양하지만 크게 공모매각, 경영권매각, 경영자
및 고용자에 대한 매각, 자산매각, 리스 및 경영계약 등으로 나눌 수
있다. 이 중에서도 가장 일반적인 것은 공기업 주식을 자본시장에서
공모매각(public offering)하는 방법과 전략적 투자자에게 경영권을 매
각(trade sales)하는 방법이다.
　최근 OECD 국가에서는 주식시장을 통한 공모매각이 민영화의 대
부분을 차지하였다. 1999년에 경영권매각을 통한 민영화는 전체 민영
화의 1/5 이하이며, 이는 전보다도 더 작아진 것이다. 민영화 방법은
민영화 대상과 밀접하게 관련되어 있다. 최근에는 민영화의 주요 대
상이 대규모 공공 장치산업, 통신부문 등이라는 점도 공모매각이 민
영화의 주요 방법이 되고 있는 이유 중의 하나이다. 공모매각은 가장
투명한 매각 방법이지만, 공모매각이 가능하기 위해서는 잘 발달된
법적 및 금융시장 인프라가 필요한 경우가 많다. 공모매각은 민영화
하려는 대상이 대규모 공기업이고, 민영화 이후에 추가적인 구조조
정의 필요성이 상대적으로 작은 경우에 가장 적절한 방법이다.
　OECD 국가와는 달리 非OECD 국가에서는 공모를 통한 민영화수
입이 전체 민영화수입의 10% 미만에 불과하며, 대부분은 경영권매각

을 통한 민영화이다. 그 이유는 非OECD 국가에서의 자본시장 발달 수준이 낮고, 또한 민영화를 추진하는 과정에서 기술도입 및 시장이 필요하기 때문이다. 특히 금융위기 직후에 투자자들의 신뢰상실로 인해 공모매각의 비중은 더욱 감소하였다. 금융위기 직후, 경영권매각을 통한 민영화는 이전과 비슷한 수준에 머무른 것에 비해, 공모매각은 대폭 감소하였다. 이는 포트폴리오 투자가 외국인 직접투자보다도 금융위기에 더 심각하게 타격을 받았기 때문일 것이다.

민영화에 있어 전략적 투자자에의 지분매각과 공모를 혼합하여 활용하는 경우도 많다. 1999년 프랑스의 크레디 리요네, 아일랜드의 Telekom Eireann, 이탈리아의 MPS 은행의 민영화에서 이러한 방법이 활용되었다. 뉴질랜드의 Contract Energy의 매각도 두 방법을 복합적으로 이용하여 민영화한 사례다.

일부 OECD 국가들은 매각지분 일부를 회사와 연관관계가 있는 안정주주 그룹(stable core group)에 배분하는 민영화 방식을 채택하였다.[181) 이 방법은 민영화 초기, 특히 국내기관투자가 및 국내자본시장의 대규모 주식소화 능력이 약한 경우에 유용하였다. 그러나 자본시장이 성숙됨에 따라, 이러한 그룹은 오히려 장애요인이 되어 점차 사라지는 경향이 있다. 전반적으로 OECD 국가에서는 안정주주 그룹을 형성하는 방법은 점차 인기를 잃고 있다. 이는 아마 자본시장이 확충되고, 금융기관의 규모 및 수준이 향상되어 민영화되는 기업에서 핵심적인 기업지배구조 형성에 역할을 할 수 있기 때문일 것이다.

민영화 프로그램이 성숙됨에 따라, 추가공모에 비해 최초공모의 건수는 줄어들었고, 잔여지분 매각이 더 큰 비중을 차지하게 되었다. 대규모 공기업 민영화의 마지막 단계에서는 잔여지분의 규모가 크지

---

181) 프랑스는 이러한 전략을 사용한 대표적인 나라다.

않더라도 시장가치가 높을 수 있다. 이 경우에 잔여지분 매각은 총액인수(block trade, bought deal) 등의 방법으로 추진되기도 한다.[182]

4. 민영화와 자본시장

OECD 국가에서 민영화는 자본시장을 근본적으로 변화시키고, 금융시장의 국제화에도 크게 기여하였다. 대규모 민영화로 인해 대규모 민영화수입이 발생하였으며, 지난 20년간 전 세계 민영화수입은 1조 달러에 이른다. 민영화수입의 상당 부분은 공모를 통해 확보되었고, 이로 인하여 주식시장이 괄목할 정도로 발달하였다. 특히 대규모 민영화가 진행된 국가에서는 국민소득 대비 주식시장 규모의 비율이 현저히 상승하였다.

민영화와 자본시장 발달이 상호의존적임을 알 수 있는 증거가 많이 있다. 민영화 관련 주식공모는 주식시장 문화를 변화시키고 다수의 소액투자자들을 양산하였다. 소액투자자의 주식보유를 장려하는 정책은 정부가 장기적으로도 주식시장을 중요하게 여길 것이라는 믿음을 확산시키고, 그로 인해 기관투자자들도 더 적극적으로 참여하여 공모를 성공적으로 추진할 수 있었다. 민영화는 기관투자가, 특히 국내 기관투자가를 발달시킬 수 있는 계기로 작용하였다. OECD국가들의 경험을 통해 볼 때, 자본시장의 규모 자체가 공모를 통한 민영화를 추진함에 있어 결정적인 장애요인이 되지는 않았다. 공모를 통한 자본시장 확대에 있어서 더 중요한 것은 정부가 주식시장을 장기적으로 중요하게 여길 것이고, 소액주주들의 재산권이 보호될 수 있

---

182) 3자에게 지분을 매각하고, 지분을 인수한 자는 이를 다시 시장에서 파는 방식이다.

다는 믿음이다.

이탈리아에서도 민영화로 인해 주식보유자가 현저히 확대되고 자본시장이 발달되고 있다. 시장에서 거래되는 주식의 공급을 늘리고 소액투자자들의 주식보유를 권장하는 정책을 통해 자본시장 발달을 유도하고 있으며, 이는 당초 민영화 정책의 중요한 목표 중의 하나이다. 이를 위해 민영화되는 주식의 상당부분이 개인투자자에게 배분되었고, 개인투자 촉진을 위해 특별인센티브도 제공되었다. 상당수 투자자는 개인투자 촉진 인센티브로 제공되는 보너스 주식을 받은 후에도 계속 주식을 보유하는 경향이 있으며, 이는 민영화가 개인투자자들의 주식시장 참여를 확대시킨 증거이다.

자본시장을 통한 민영화는 기업의 재무구조 및 지배구조에 큰 영향을 미친다. 공기업은 주로 부채를 통해 투자재원을 조달하기 때문에, 경영상황이 시장경기 변동에 크게 좌우된다. 민영화는 증자를 통한 자금조달을 가능하게 함으로써 회사의 재무구조를 크게 개선할 수 있다. 경험을 통해 볼 때, 민영화된 공기업의 부채비율은 감소하는 경향이 있다.

기업의 증시상장을 통해 기업지배구조의 개선 및 자본시장 발달 등 긍정적 효과를 기대할 수 있다. 그러나 이러한 긍정적인 효과를 얻기 위해서는 금융시장 감독 개선이 필요하다. 민영화와 기업지배구조의 개선은 병행하여 추진될 필요가 있다. 기업지배구조의 개선이 최상의 결과를 거두기 위해서는 민영화 이전 또는 민영화 과정에서 동시에 진행되어야 한다. 실증분석 결과는 민영화된 기업 중에 지배구조가 우수한 회사가 경영성과도 우수함을 입증하고 있다.

5. 투자자의 구성

공모과정에서의 주요 투자자가 내국인인지 외국인인지는 관심의 대상이 되는 문제이다. 기존에 전통적으로 간접금융이 상대적으로 덜 중요한 역할을 하던 나라에서도 이제 주식문화가 상당히 발달하는 등 자본시장이 확대되었다. 때로 민영화를 추진하는 국가의 정부는 국내에서 주식보유자의 수를 늘리고자 하는 목적으로 매각되는 공기업의 주식 중에 외국인 투자가들에 의해 인수되는 비율을 낮추기도 한다.

반면에, 시장의 국제화를 반영하여 각국 정부는 자국기업의 주식을 외국인이 인수하는 데 대해 점점 관대해지는 면도 있다. 뿐만 아니라 투자가들 사이에서는 포트폴리오 이론에 따라서 자신이 소유하는 주식의 상당부분을 외국주식으로 보유하여 투자를 다각화하고자 하는 흐름이 있다. 최근에는 상반된 두 흐름 중에서 후자가 더 강하게 나타나는 경향이 있다. 1995년에는 처음으로 외국인이 인수한 주식의 비율이 내국인이 인수한 주식의 비율보다 더 높아졌다

매각되는 공기업 주식을 인수하는 주체가 기관투자자인지 일반투자자인지도 중요한 문제이다. 공기업 민영화 과정에서 일반투자자와 기관투자자 중 누구의 역할이 더 중요한지에 대해서는 아직까지 의견일치가 이루어지지 않고 있다. 자본시장에서의 일반적 추세에 따라 기관투자가들이 점차적으로 중요해진다는 주장도 있다. 반면, 성공적인 민영화를 위해서는 일반투자자들의 역할이 매우 중요하다는 주장도 있다. 즉, 주식가격이 어느 정도 유지되기 위해서는 일반투자자들의 수요가 매우 중요하며, 기관투자가들은 오히려 일반투자자들로부터 충분한 수요가 있을 경우에만 주식을 매입하려고 한다는 것이다.

매각되는 공기업 주식 중에 기관투자가들이 인수하는 비율은 줄어들고, 일반투자자들이 인수하는 비율이 증가하는 것이 일반적인 추세이다. 이는 공기업 민영화 과정에서 일반투자자들의 역할이 상대적으로 더욱 중요해지고 있음을 시사한다.

Ⅳ. 민영화 정책의 추진과정

1. 1997년 이전의 민영화 정책

가. 1980년대까지의 민영화 정책

우리나라에서는 최근의 민영화 계획 이전에 이미 1차(1968년), 2차(1980년), 3차(1987년), 4차(1993년) 및 1996년의 민영화 계획이 수립되어 추진된 바 있다. 1968년부터 추진된 1차 공기업 민영화에서는 한국기계, 조선공사, 인천중공업, 대한항공 등이 민간업체에 매각되었다. 이 시기의 민영화는, 비록 특혜시비는 있었지만, 우리나라 최초의 본격적인 민영화 정책으로 평가되고 있다. 1980년부터 추진된 2차 공기업 민영화의 주요 성과는 한일은행, 신탁은행, 제일은행, 조흥은행 등 은행의 지분매각이었다. 이 시기의 민영화는 지분매각에는 성공하였으나, 지분의 분산범위가 너무 크고 은행경영에 대한 정부의 간섭이 지속되어 민영화의 진정한 성과를 거두지는 못한 것으로 평가되고 있다. 3차 공기업 민영화에서는 한국전력과 포항제철 지분 일부를 국민주 방식으로 매각하였다. 그러나 주식의 장기보유 유도에 실

패하고 증시가 침체하는 등으로 인해 원하는 성과를 거두지 못하고,
오히려 역효과에 대한 비판이 제기되었다.

나. 1993년의 민영화 계획

1993년 12월에 발표된 4차 민영화 계획은 자회사를 포함한 총 61개
공기업을 민영화 대상으로 하였으며, 이에는 8개 정부투자기관(국정
교과서, 담배인삼공사, 가스공사, 국민은행, 중소기업은행, 주택은행, 가
광공사, 근로복지공사), 1개 출자기관(외환은행) 및 52개의 공기업 자회
사(남해화학, 한국비료, 대한중석 등)가 포함되어 있었다.

4차 민영화 계획은 주로 경영권을 실질적으로 민간에 이양하는
'주인 있는 민영화' 방식을 추구하였다. 그러나 당시 민영화 계획은
적극적 의지를 가지고 시작되었음에도 불구하고, 적극적으로 추진되
지는 못하였다. 민영화 정책이 당초 계획대로 추진되지 못한 가장 큰
이유는 계획 자체가 실현가능성을 충분히 고려하지 못하였기 때문인
것으로 보인다. 특히 집행 첫해인 1994년에 민영화 대상의 70%에 이
르는 43개 공기업을 민영화하려 하였다는 점은 정책의 실현가능성에
대한 검토가 부족하였음을 보여주고 있다.

당시 민영화 정책이 부진하였던 이유로 흔히 증시 여건, 경제력 집
중에 대한 우려 등이 거론된다. 그러나 이러한 문제들은 예측할 수
없었던 일시적 문제가 아니라는 점을 감안한다면, 당시의 민영화 정
책은, 비록 기본방향은 설정되어 있었지만, 제한된 여건 내에서 이를
구체적으로 어떻게 추진할 것인가에 대한 검토와 전략이 부족하였던
것으로 평가할 수 있다.

다. 1996년의 민영화 계획

1993년에 발표된 공기업 민영화 계획의 추진이 전반적으로 부진하던 중, 1996년에는 경제의 고비용 구조가 경제 현안으로 등장하고, 그 주요 원인으로 사회간접자본의 부족문제가 지적됨에 따라, 사회간접자본 투자재원 조달을 위한 수단으로서 공기업 민영화 정책이 다시 거론되기 시작하였다.[183] 정부는 1996년 11월에 새로운 공기업 민영화 계획을 발표하였으며, 이 계획은 실현가능성을 더 신중하게 고려하여 기존의 계획을 수정한 것으로 볼 수 있다. 동 계획에는 민영화의 전제가 되는 여건 조성에 주력하여 기업별로 다양한 민영화 전략을 추진하는 등의 방향이 포함되어 있었다. 특히 경제력 집중 등의 이유로 즉시 민영화하기 어려운 대규모 공기업은 지배구조 개선 및 경영효율성 제고를 위해 노력한 후 단계적으로 민영화를 추진한다는 계획이 포함되어 있었다.

1996년 민영화 계획에 포함된 주요 내용은 다음과 같다. 민영화를 추진해야 함에도 불구하고 즉시 민영화하기 어려운 대규모 공기업은 출자기관으로 전환하여 전문경영인에 의한 책임경영체제를 확립하고 경쟁체제를 적극 도입한다. 담배인삼공사, 가스공사, 한국중공업, 한국통신 등 4개 대규모 공기업에 대해서는 이를 위한 구체적인 대책을 별도로 수립하며, 이들 기업의 지분매각은 1인당 지분한도 내에서 단계적으로 추진한다.

중소규모의 공기업 중 경영권 이양 대상은 주인 있는 경영체제로 민영화하되 중소기업의 참여를 적극 유도한다. 남해화학, 국정교과서

---

183) 1996년 4월 12일의 경제장관회의에서 물류비용 절감을 위해 그동안 부진했던 민영화를 서둘러 추진해 그 자금으로 사회간접자본시설 확충에 주력하겠다는 내용이 발표되었다.

등 2개사는 기존주주가 잔여지분을 인수토록 추진하고, 종합화학 등 6개사는 경쟁입찰 등을 추진한다. 경영권과 관계없는 중소규모 공기업의 지분매각은 증시 등 여건을 보아가면서 다양한 매각방안을 강구한다. 기존에 민영화 대상이었던 기업 중에 국민은행 자회사 13개사, 주은건설, 석탄공사 등은 민영화 대상에서 제외한다.

라. 공기업의경영구조개선및민영화에관한법률

1996년 민영화 계획에 따라, 상업성이 있어 적극적으로 민영화를 추진하여야 하지만 즉시 민영화하기 어려운 한국통신, 담배인삼공사, 가스공사, 한국중공업 등 4개 대규모 공기업에 대해서 지배구조를 개선하기 위한 노력이 추진되었다. 1997년에는 이들 4대 공기업을 적용대상으로 하는 '공기업의경영구조개선및민영화에관한법률'이 제정되었다.

동법에서 추구한 기본방향은 해당 공기업의 경영을 정부의 경영간섭에서 분리시켜, 상업성에 기초한 자율적 경영을 추구할 수 있는 환경을 조성하는 것이었다. 이를 위해, 해당 공기업에서는 정부 이사를 폐지하였고, 사장도 사장추천위원회의 추천에 따라 주총에서 선임되도록 하는 등 기업지배구조 개선 관련 내용을 포함하였다. 동 법에서 추구한 기업지배구조는 일반적인 선진국형 지배구조라고 할 수 있다.

2. 1998년의 민영화 계획

가. 추진 배경

1997년 말에 외환위기가 발생함에 따라 우리나라에서는 기존의 경제운영 방식에 대한 비판적 인식이 확산되었다. 단기적으로는 외환위기를 극복하고 장기적으로는 경제의 성장잠재력과 국가경쟁력을 제고하기 위해, 경제 각 분야에 걸쳐 개혁을 추진해야 할 필요성에 대해 공감대가 형성되었다. 이에 정부는 금융부문, 기업부문, 공공부문, 노동부문의 4대 부문에 걸쳐 광범위한 개혁을 추진하였다.

공기업 민영화를 포함한 공기업 개혁은 공공부문 개혁의 중요 부분으로 인식되었다. 이는 공기업의 인력 및 예산 등이 공공부문에서 차지하는 비중이 크고, 공기업이 경제 전반에 미치는 파급효과가 크기 때문이기도 하다. 뿐만 아니라, 외환위기 직후의 특수한 경제상황도 공기업 민영화 정책의 중요성을 더 크게 만드는 요인으로 작용하였다. 외환위기 직후, 외환 및 재정수입 확보가 절박한 당시 상황에서 공기업 민영화는 외자유치 또는 재정수입 확보를 위한 수단이 될 수 있었기 때문이다. 또한 외환위기 직후상황에서 공기업 민영화는 한국경제에 대한 외국인 투자자의 신뢰를 회복하고 관심을 제고시킬 수 있는 수단이 될 수 있었다.

공기업 민영화가 이미 세계적 추세가 된 상황에서, 민영화 정책을 추진하는 것은 세계적 추세 및 규범(global standard)을 수용하는 방향으로 경제개혁을 추진하는 것을 의미한다. 그리고 국내기업들에 대한 외국인 투자자의 관심과 신뢰가 상실된 상황에서, 공기업에의 투자기회 제공은 한국시장에 대한 외국인 투자자의 관심을 유지시키고, 민간의 외자유치에 긍정적 영향을 미칠 수 있는 정책이었다. 또한 공기업 민영화는 시장경제의 확대라는 정부의 정책방향 및 전반적 개혁방향과도 일관된 정책이었다.

공공부문 개혁을 선도할 새로운 기구의 필요성이 대두됨에 따라 기획예산위원회가 출범하여 공기업 민영화를 포함한 공공부문 개혁을 총괄하게 되었다. 기획예산위원회는 주무부처 의견을 토대로 노조 및 이해관계자의 의견 등을 다양하게 수렴하고, 행정개혁위원회에서 수차례에 걸쳐 논의하는 등의 과정을 거쳐, 공기업 민영화 및 경영혁신 계획을 마련하였다. 1998년 7월에 '1차 공기업 민영화 계획'을 발표하고, 이어 8월에는 공기업의 경영혁신과 자회사의 민영화를 포함하는 '2차 공기업 민영화 및 경영혁신 계획'을 발표하였다.

그러나 기획예산위원회가 발족된 후에도 개별 공기업의 주주권 및 경영감독 기능 등은 계속 주무부처가 수행하는 체제로 유지되었다. 즉, 우리나라에서는 공기업 지주회사나 별도의 공기업청을 만드는 대신에 각 주무부처가 해당 공기업의 개혁 및 민영화를 책임지고 추진하되, 기획예산위원회는 이를 조율하고 독려하는 기능을 하는 체제로 운영되었다. 민영화 정책을 전체적으로 조율하고 집행실적을 점검하기 위한 최고의사기구로서 기획예산위원회 위원장과 관련 부처 차관 및 민간전문가, 관련인사 등이 참여하는 '공기업민영화추진위원회'가 설립되었다.

나. 추진원칙

1998년 7월에 발표된 '1차 공기업 민영화 계획'에 포함된 민영화 추진원칙은 다음과 같다. 첫째, 기업성이 강한 공기업은 원칙적으로 민영화하여 주인 있는 책임경영을 실현한다. 둘째, 조기 민영화가 곤란한 경우는 강도높은 구조조정을 추진한 후 단계적으로 민영화하되, 연차별 추진계획을 세워 추진상황을 점검한다. 셋째, 민영화는 신속히 추진하되, 매각가치를 극대화하기 위하여 지분매각, 자산매각 및 교환사채 발행 등 매각방법과 매각시기를 전략적으로 조정한다. 넷째, 공정하고 투명하게 추진하며, 방식과 절차는 국민에게 공개한다. 다섯째, 종업원 및 국민참여를 위한 우리사주 및 국민주 기회를 제공한다.

다. 1차 공기업 민영화 계획(1998. 7)

1998년 7월에 발표된 공기업 민영화 계획에는 11개 공기업의 민영화 계획이 포함되어 있다.[184] 11개 공기업은 해당 기업의 특성과 산업 여건 등을 감안하여, 조속한 시일 내에 민영화를 완료할 완전민영화 대상과 단계적 민영화 대상으로 구분되었다. 이미 경쟁시장이 성립되어 있어 조속한 시일 내에 민영화를 완료할 완전민영화 대상에는 포항종합제철, 한국중공업, 한국종합화학, 한국종합기술금융, 국정교과서 등 5개 기업이 포함되었다. 제도개선 등 사전적인 민영화 여건 조성이 필요하거나, 민영화 추진에 시간이 소요되는 단계적 민영화 대상에는 한국전기통신공사, 한국담배인삼공사, 한국전력공사, 한국가스공사, 대한송유관공사, 한국지역난방공사 등 6개 공기업이 포함되어 있다. 각 기업별 구체적인 민영화 방안은 <표 5-1>에 나타나 있다.

라. 2차 공기업 민영화 및 경영혁신 계획(1998. 8)

1998년 8월에 발표된 '2차 공기업 민영화 및 경영혁신 계획'에는 공기업 및 자회사의 경영혁신 계획이 포함되어 있다. 다만 금융공기업, 언론공기업 및 1차 계획에서 완전민영화 대상으로 분류된 5개 기업들에 대해서는 별도의 경영혁신 방안이 수립되지 않았다. 완전민영

---

184) 정부투자기관 13개와 출자기관 11개를 대상으로 하여 민영화의 타당성을 검토하였다. 정부투자기관 중에는 한전만이 민영화 대상에 포함되었으며, 11개 정부출자기관 중에는 감정원을 제외한 모든 기업이 민영화 대상에 포함되었다.

<표 5-1> 민영화계획의 주요내용

대 상	추 진 방 안
〈 6개 대기업 〉	
한국전기통신공사	○경쟁체제 확립시까지 단계적 민영화 - 신주 10% 내외를 세계적 통신사업자에 매각하여 전략적 제휴 - 직상장후 해외공모, 우리사주 등 국내매각
담배인삼공사	○2000년까지 정부지분 및 은행현물출자분 매각을 통해 완전 민영화(우리사주 우선 매각) - 2000년에 동일인 지분한도 및 담배제조 독점권 폐지 ○홍삼사업은 '98년 자산실사 후 분리 ○2000년까지 제조시설 현대화·통폐합 및 구조조정 완료
포항종합제철(주)	○정부 및 산은지분 26.7%를 1인당 3% 이내로 나누어 내외국인에게 매각 ○외국인투자한도 폐지 및 2001년 말 동일인소유한도 폐지
한국전력공사	○발전과 송배전을 분리하여 발전부문부터 조기 민영화 - 정부지분 5% 및 국내외 발전설비 일부 매각
한국중공업	○공급독점해제에 따른 부실화에 대비, 해외 선진업체와 제휴 - 지분매각을 통해 완전 민영화, 우리사주제 도입
한국가스공사	○전국 배관망이 2002년에 완료되므로 증자 후 단계적 민영화 - 2000년까지 국내외 기업 및 일반에게 증자지분 매각
〈 5개 소기업 〉	
한국종합화학(주)	○남해화학 지분 45% 분리매각 후 자산매각 - 남해화학은 1차로 농협과 수의계약 추진, 불가시 경쟁입찰매각
한국종합기술금융(주)	○해외 유명 벤처캐피털에 매각하여 선진경영기법, 노하우, 네트워크 확보 - 정부지분, 자사주 등을 경쟁입찰방식으로 매각
국정교과서(주)	○민영화를 통하여 민간 출판업계의 활성화에 기여 - 3년간 현행 가격과 공급량 유지 조건으로 경쟁입찰매각
대한송유관공사	○자회사 한국송유관(주)와의 통합 후 2000년에 정부지분 매각 *실수요자로 구성된 컨소시엄이 공동 운영
한국지역난방공사	○부천, 안양사업소를 한전의 열병합발전소와 함께 분리 매각후 2001년에 51% 이상 지분매각하여 민영화 완료

화 대상 5개 기업은 조속히 민영화를 완료할 예정이었으므로, 별도의 경영혁신 계획을 마련하지 않았으며, 이들의 자회사는 모기업과 더불어 민영화하기로 하였다. 이들을 제외한 다른 공기업들에 대해서는 자회사를 모기업에 앞서 조기 민영화할 필요성 등을 감안하여, 자회사 민영화 계획이 모회사의 경영혁신 계획의 일부로서 포함되어 있었다.

3. 1998년 이후의 민영화 추진상황

가. 최근의 민영화 추진실적

정부는 1998년 민영화 계획에 포함된 11개 공기업 중 최근까지 국정교과서, 종합기술금융, 포항제철, 대한송유관, 한국중공업 등 5개 공기업을 민영화하고,[185] 매각에 실패한 종합화학의 청산절차를 개시하였다. 그리고 한국전력, 한국통신, 가스공사, 담배인삼공사 등 4개 공기업의 지분 및 지역난방공사 설비 일부를 매각하였다.

계획발표 이후, 가장 먼저 민영화된 공기업은 국정교과서로서 1998년 11월에 대한교과서에 매각되었다. 이어 1999년 1월에는 한국종합기술금융이 '미래와 사람'에 경쟁입찰 방식으로 매각되었다. 포항제철은 3차례에 걸친 해외 DR 발행 및 자사주 매각 등을 통해 정부와 산업은행이 보유하고 있던 지분을 모두 매각하여 2000년 10월에 민영화되었다.[186] 대한송유관공사는 정부보유 지분을 기존의 민간주주

---

185) 한국중공업은 산업은행 및 한전의 지분이 상당부분 남아 있어 민영화가 완료된 것은 아니지만, 지배대주주가 선정되어 경영권이 민간에 이양되었다는 측면에서 사실상 민영화된 것으로 볼 수 있다.

186) 포항제철의 민영화 여부에 대해서는 이론을 제기하는 이도 있다. 기업은행이

이며 동시에 회사의 고객인 정유사들에 매각하는 형태로 민영화를 추진하여, 2000년 11월에 완료되었다. 한국종합화학은 수익성 전망이 불투명하여 수차례의 공개입찰 및 수의계약 노력이 실패함에 따라, 2000년 11월에 주주총회에서 해산결의를 하고 청산절차를 개시하였다. 한국중공업은 2000년 9월에 산업은행 및 한국전력이 보유하고 있는 지분 24%를 국내공모를 통해 매각하고, 2000년 12월에 경쟁입찰을 통해 경영권이 민간에 이양되었다.

민영화가 완료된 기업 외의 다른 기업에서도 지분이 매각되었다. 한국통신과 한국전력은 해외 DR 발행을 통해 지분 일부를 매각하고, 담배인삼공사와 가스공사는 국내증시에서 지분 일부를 공모매각하고 상장하였다. 한국전력은 1999년 3월에 해외 DR 발행을 통해 정부지분 5%를 매각하였다. 한국통신은 1999년 5월에 해외 DR 발행을 통해 신주 및 정부지분을 포함한 14.5% 규모의 지분을 매각하였다. 담배인삼공사는 1999년 9월에 정부지분 15% 및 기업은행 지분 3%를 포함한 지분 18%가 국내공모를 통해 매각되었으며, 2000년 12월에 기은 지분 10%에 대해 교환사채를 발행하였다. 가스공사는 1999년 12월에 국내공모를 통해 액면가 1,200억 원 규모의 신주를 발행하고, 액면가 300억 원 규모의 정부지분을 매각하였다. 이 기간 중에 최초공모를 통해 증시에 상장된 기업은 담배인삼공사, 가스공사, 한국중공업 등 3개 기업이다.

이상에서 언급한 모기업 이외에도 다수의 자회사가 민영화되었다. 모기업이 민영화됨에 따라 저절로 민영화된 회사까지 포함하면, 민영화된 자회사 총수는 27개사에 이른다. 모회사·자회사를 모두 포

포항제철의 지분 일부를 보유하고 있어, 정부의 간섭으로부터 자유롭지 못할 것이라는 점이 근거로 제기되기도 한다. 그러나 기업은행이 보유한 지분은 경영권 행사 목적이 아니라 투자적 성격의 지분이므로 포항제철은 민영화된 것으로 볼 수 있다.

함하면 민영화된 회사는 총 32개에 이른다. 통폐합을 통해 감축된 9개 자회사까지 포함하면, 기존의 공기업 중에 40개 이상이 감소하였다.

한국전력과 지역난방공사가 보유한 안양·부천의 열병합설비(발전소 포함)는 2000년 6월에 자산매각 형태로 민간에 매각되었으며, 현재 이를 인수한 민간기업은 신설회사를 설립하여 이를 운영하고 있다.

향후 민영화를 위한 준비절차도 추진되었다. 특히 경쟁체제 도입 및 원활한 민영화를 위하여 관련법의 제·개정이 추진되었다. 한국전력의 발전부문을 자회사 형태로 분할하고 경쟁체제를 도입하기 위한 3개의 전력산업구조개편 관련 법률 제·개정안[187]이 2000년 12월에 국회에서 통과되어 공포되었다. 한국통신 민영화와 관련하여, 외국인 지분한도 확대 등의 내용을 포함한 전기통신사업법 개정안도 2000년 12월에 국회에서 통과되었다.

나. 최근의 추진상황 평가

1998년부터 현재까지 만영화가 추진되어온 상황에 대해서는 엇갈린 평가가 내려지고 있다. 일부에서는 급격한 민영화 추진에 대한 우려도 제기되는 반면, 다른 한편에서는 민영화 정책의 추진이 여전히 부진하다는 비판도 제기되고 있는 것이 사실이다.

객관적으로 볼 때, 1998년 이후에 민영화 정책이 상당히 적극적으로 추진된 것으로 평가할 수 있는 근거들이 있다. 우선 1997년 이전과 비교할 때, 훨씬 더 적극적으로 추진되고 있다는 것에 대해서는 별다른 이견이 없을 것이다. 또한, 비록 모든 사람은 아닐지라도, 많

---

187) 전력산업 구조개편 촉진에 관한 법률, 전기사업법 개정안, 발전소 주변지역 지원에 관한 법률 개정안

은 외국인 투자자 등이 최근에 한국의 민영화 정책이 상당히 적극적으로 추진되고 있다고 평가하고 있다. 비공식적으로 면담한 여러 외국인 투자자들은 그러한 평가를 한 바 있다. 그리고 각국의 민영화 정책을 비교 평가하는 연구를 진행 중인 ADB 관계자도 한국의 민영화 정책이 적극적으로 추진되고 있다고 잠정적으로 평가한 바 있다.

그럼에도 불구하고 민영화 정책의 추진이 부진하다는 비판이 제기되는 것은 일부 민영화 일정이 당초 계획보다 다소 지연된 데서 비롯된 것으로 보인다. 그러나 민영화는 다양한 변수에 의해 영향을 받는 정책이고, 외국에서도 당초 계획보다 지연된 사례가 흔한 점을 감안하면, 일정이 일부 조정된 것을 근거로 민영화 추진이 부진하다고 평가하는 것은 적절하지 않다.[188] 민영화 과정에서 여건 변화에 대한 탄력적 대응은 오히려 바람직한 경우도 많다. 사실 민영화 정책이 단순히 계획대로 추진되었는지 여부만을 평가하는 것은 의미가 없고, 민영화 정책 추진과정은 어디까지나 제반 여건을 고려하여 복합적으로 평가해야 한다.[189]

4. 최근 민영화 추진의 성과

민영화의 성과를 검토함에 있어, 가장 우선적으로 검토될 점은 해당기업이 민영화 이후 어떻게 변화하였는가 하는 점이다. 그러나 민영화된 후의 기업에서의 변화는 장기적으로 나타나는 경우가 많아,

---

188) 외국에서도 민영화가 당초 계획보다 지연되는 경우는 흔히 있다. 영국도 민영화 추진과정에서 British Airways 등의 민영화 추진은 당초 계획보다 수년이나 지연되었으며, II장에서 언급한 바와 같이, 최근에도 아시아 및 남미 몇몇 국가에서는 민영화가 당초 계획보다 크게 지연되고 있다.

189) 민영화 추진에 영향을 미친 제반 요인에 대해서는 다음 절에서 다시 언급한다.

최근에 민영화된 기업에서의 민영화의 성과는 아직까지 정확히 평가하기 어렵다. 다만, 종합기술금융 등 일부 소규모 기업에서는 민영화로 인한 성과가 이미 가시적으로 나타난 것을 관찰할 수 있다.[190]

민영화는 해당기업에 미치는 직접적 효과 외에도 경제위기 극복에의 기여, 시장경제의 확대와 공공부문의 축소, 해당 산업의 경쟁여건 강화 등 다양한 성과를 가져올 수 있다. 민영화가 외환위기 극복에 직·간접으로 기여한 것은 비교적 분명하다. 민영화 과정에서 외환을 확보하여 외환위기 극복에 직접적으로 기여하였을 뿐 아니라, 민영화를 통해 대외신뢰도 및 외국인 투자자의 관심을 제고하여 간접적으로도 외환위기 극복에 기여한 바 있다.[191] 그러나 이러한 효과는 계량화가 쉽지 않다.

민영화의 성과 중 단기적으로 관찰될 수 있는 것은 재정에 미치는 영향이다. 현재까지 민영화 추진으로 인해 이미 3.5조 원의 재정수입을 확보한 바 있다.[192] 그러나 이러한 수치는 직접적인 재정수입만을 고려한 것으로서 민영화 정책이 재정에 미치는 영향을 과소평가한다. 민영화는 직접적으로 재정수입을 확보하는 것 외에도, 정부의 추가출자 필요성을 경감시키는 등 간접적으로 재정에 영향을 미친다.

공기업이 추가자금을 필요로 하는 경우에는, 차입을 통해 조달하거나 자본을 늘리는 방법이 있다. 그러나 차입의 증대는 회사의 부채비율을 높이고 재무상황을 악화시키기 때문에, 이 방법을 통한 자금

---

190) 종합기술금융은 민영화된 후 1년 만에 기업가치가 10배 이상 증가하였다. 그리고 민영화 전인 1998년에 적자를 경험하고 있었으나, 민영화된 첫해인 1999년에 1,107억원의 흑자가 발생하였다. 이러한 변화 중 일부는 기업의 외적 환경변화로 인한 것이라 하더라도, 민영화되지 않았다면 그러한 변화는 불가능했을 것이라는 것이 일반적인 평가이다.

191) Ⅱ절에서 언급한 바와 같이, 민영화 과정에서의 외자유치는 민영화와 무관한 외자유치를 촉발하는 효과가 있다.

192) 대한송유관공사의 매각수입은 포함되어 있지 않은 수치이다.

조달은 때로 한계가 있다. 자본을 늘리는 방법은 정부가 추가출자를 하는 방법과 시장을 통해 증자하는 방법이 있다. 시장을 통한 증자는 정부지분을 낮추는 민영화 효과를 얻으면서, 동시에 회사의 자본을 늘려주는 효과가 있다. 이는 비록 직접적인 재정수입을 가져다 주지는 않지만, 재정에 의한 출자를 대체함으로써 재정자원을 절감하는 효과가 있다.

이러한 효과는 특히 기존의 공기업이 계속적으로 투자를 확대할 필요가 있는 경우에 의미가 크다. 외국에서도 통신산업에서의 빠른 기술발전 및 이에 따른 추가투자의 필요성이 통신회사 민영화를 추진하는 이유 중 하나가 되고 있다. 우리나라에서는 통신분야는 물론이고 가스 등 다양한 분야에서 사회 인프라의 확대가 필요한 상황이므로, 이러한 방법의 중요성이 더욱 크다. 우리나라에서는 1999년에 가스공사가 국내에서, 한국통신이 해외에서 신주를 발행하여 자본을 확충한 바 있다. 특히 외환위기 이후에 재정여건이 어려워진 상황에서, 이 방법은 정부의 추가출자 없이 사회 인프라에 대한 투자를 계속 확대하는 대안이 되었다. 물론 이러한 효과는 기존에 설립된 공기업이 증자하는 경우만이 아니라, 민자유치를 통해 민간이 재정지출을 대체하는 투자를 하는 경우에도 발생한다.

기존의 자산을 매각하는 것도, 공기업에 귀속된 매각수입을 활용하여 기업의 재무구조를 개선함으로써 간접적으로 정부의 출자를 대체하는 효과가 있다고 볼 수 있다. 우리나라에서 최근에 자산매각을 통한 민영화를 추진한 대표적인 사례로는 한국전력과 지역난방공사가 보유한 안양·부천의 열병합설비 매각을 들 수 있다. 이는 형식상으로는 자산매각이지만, 매각된 자산은 매각 후에 별도의 법인으로 운영되고 있어, 실질적으로는 기업을 민영화한 것과 유사하다. 뿐만 아니라, 매각수입이 7,710억 원에 달하여 그 규모가 상당한 규모의 공기업을 민영화한 것 이상이다.

Ⅴ. 민영화의 추진환경 고찰 및 정책 논의

1. 민영화에 영향을 미치는 요인 고찰

민영화 정책은 다양한 경제적·정치적 요인에 의해 영향을 받는 복합적 정책이다. 거시경제 여건, 주식시장 및 전반적 금융시장 여건, 기업관련 제도 등은 물론이고, 여론 및 이해관계자 문제 등에 의해서 영향을 받는다. 민영화 정책을 이해하기 위해서는 이러한 각 요인이 민영화에 미치는 영향을 이해할 필요가 있다. 최근 경험을 중심으로 각 요인들의 영향을 살펴보기로 한다.

가. 전반적 경제상황 및 정책방향

민영화 정책은 전반적인 경제상황 및 경제정책 방향에 의해 영향을 받는다. 1998년의 민영화계획이 단지 외환위기 극복의 수단으로 수립된 것은 아니지만, 당시의 경제상황은 민영화 계획의 수립에 직·간접적 영향을 미쳤다. 당시 경제정책의 최우선 과제는 외환위기 극복이었다. 민영화 추진과정에서의 외국인 투자유치는 외환위기 극복에 직접적으로 기여할 수 있는 수단이었다. 뿐만 아니라, 민영화 정책은 시장경제체제 강화를 위한 개혁의 일부로 인식되었으므로, 민영화 정책의 추진은 한국경제에 대한 해외투자자들의 인식을 제고함으로써 외환위기 극복에 간접적으로 기여할 수 있는 수단이었다.

민영화 정책의 추진과정은 경제상황의 변화 및 향후 경제상황에 대한 기대의 변화에 의해 영향을 받는다. 경제상황 및 전망은 주식시장 등 민영화와 직접적으로 관련된 제반 경제적 여건에 영향을 미칠 뿐만 아니라, 여론 및 정부의 의지, 이해관계자의 행동 등에도 영향을 미친다. 외환위기 직후에는 민영화를 추진할 경제적 여건이 열악하였음에도 불구하고, 개혁정책의 일부로 민영화를 추진할 필요성은 강하게 인식되고 있었다.

1999년 하반기에 이르러 경제상황이 호전되고, 일부에서는 향후 경제여건에 대해서도 낙관적 견해가 제기되었다. 이러한 여건 변화는 민영화 정책의 추진에 긍정적 영향과 부정적 영향을 모두 미쳤다. 경제상황 호전과 낙관적 시각은 증시여건 개선 및 투자자의 투자의욕 제고를 통해 민영화 추진에 긍정적으로 작용하였다. 반면에, 일부에서는 개혁의 필요성에 대한 인식이 약화되면서 민영화에 대한 회의적인 견해가 제기되기도 하였다. 또한 일부에서는 향후 경제상황에 대한 낙관적 견해에 기초하여 경제상황 및 주식시장 상황이 더 좋아질 때까지 주식의 매각시점을 연기해야 한다는 주장도 제기되었다.

2000년 하반기에 이르러 경제상황이 다시 악화되었으며, 이러한 변화 역시 민영화 추진에 긍정적 영향 및 부정적 영향을 모두 미쳤다. 1999년의 경제상황 호전은 일시적인 현상에 불과하고 충분한 개혁 없이는 우리 경제의 근본적인 개선이 불가능하다는 인식이 다시 확산되어, 민영화 추진에 긍정적으로 작용하였다. 그럼에도 불구하고 전반적인 경제여건, 특히 주식시장의 침체는 민영화의 장애요인으로 작용하는 경향이 있었다.

경제상황 변화는 민영화 추진만이 아니라 민영화 방법에도 영향을 미친다. OECD(2000)는 최근 한국의 민영화 정책 중 흥미로운 것 중 하나가 국내 자본시장의 확대 대신 해외에서 지분을 매각한 점이라고 지적하고 있다. 외환위기 이후 최근까지 민영화수입 11.5조 원 중 외화수입은 55억 달러로 약 절반을 차지하고 있다. 이러한 결과는 여러 요인으로 인해 복합적으로 나타난 것이지만,[193] 전반적 경제상황 및 국내증시여건이 큰 요인이다. 즉, 외환위기 이후 국내증시가 침체된 상황에서 국내증시에서의 대규모 지분 매각이 어려웠던 것이 해외에서 지분매각을 추진한 큰 요인이다.[194]

나. 국민여론

국민여론은 민영화 정책에 영향을 미치는 중요한 요인이다. 경제상황 변화는 여론의 변화를 통해서 민영화 정책에 영향을 미치기도 한다. 최근 여론조사에 의하면, 우리나라 국민 대다수가 공기업 민영화를 지지하는 것으로 나타나고 있다. KDI 부설 국민경제연구소가 1999년에 수행한 여론조사에서도 이런 점이 확인된 바 있으며, 최근 국민일보가 월드리서치와 공동수행한 여론조사에서도 국민들 중 76.6%가 민영화 정책을 지지하고 있는 것으로 나타났다.[195]

외환위기 이전의 민영화에 대한 국민여론 조사자료가 없어 정확한 비교는 어렵지만, 외환위기가 이러한 여론형성에 영향을 미쳤다는 견해가 일반적이다. 즉, 외환위기를 계기로 기존 경제체제의 문제점이 인식되고 시장경제체제로의 개혁이 추진되면서 민영화에 대한 여

---

193) OECD(2000)는 그 이유가 국내 자본시장에서 재벌과 관련된 금융기관이 지배적 역할을 하기 때문일 것이라 추측하고 있다.

194) 미시적으로 볼 때는 기관투자자의 역할 미흡 등 국내 금융시장의 구조적 문제점이 더 중요한 요인이다. 뿐만 아니라, 외환위기 이후 외국인 투자자에 대한 인식이 긍정적으로 전환된 것도 이를 가능하게 하는 배경으로 작용하고 있다.

195) 국민일보 2000. 12. 9일자에서 발표된 결과다. 민영화 반대는 17.6%, 무응답은 5.8%이다. 찬성 의견 중에는 신속하고 강력하게 추진해야 한다는 의견(42%)과 민영화를 추진하되 시기를 재조정해야 한다는 의견(34.6%)이 포함되어 있다.

론도 긍정적으로 전환되었다는 것이다.

여론은 민영화 방법에도 영향을 미친다. 민영화 과정에서 논란이 제기되는 것 중 하나가 외국인 참여 문제인데, 외국에서도 이러한 문제가 제기되었거나 제기되고 있다.[196) 우리나라에서는 전통적으로 외국인 투자에 대한 부정적 여론이 강하였다. 그러나 외환위기는 우리나라에서 외국인 투자에 대한 인식을 긍정적으로 전환시키는 계기가 되었다. 해외차입에 비한 외국인 직접투자의 장점이 인식되었을 뿐 아니라, 재벌 실패로 인해 기업지배구조에 대한 인식이 확산되면서 외국인 투자가 기업경영의 투명성 및 효율성 제고에 도움이 될 수 있다는 인식이 확산되었다. 이러한 인식의 전환은 해외 자본시장에서의 지분매각 등을 통해 적극적인 민영화 추진을 가능하게 하였다.

다. 기업시장의 특성 및 변화

전반적 경제상황뿐 아니라 금융시장, 기업시장 등 개별 시장의 특성과 이들 시장에서의 변화는 모두 민영화에 영향을 미친다. 재벌 중심의 경제발전 체제의 유산은 민영화를 제약하는 요인으로 작용하는 면이 있다. 재벌총수가 전횡을 하는 경영환경에서 전문경영인 중심의 기업경영 문화의 성장이 저해되어 왔다. 민간기업에서도 건전한 기업지배구조 형성이 저해되었고, 충분한 역량을 가진 전문경영인이 육성되지 못하였다. 또한 부실한 기업지배구조로 인해 기아 등 지분이 분산된 일부 기업이 실패함에 따라, 지분분산형 기업소유구조의 성공 가능성에 대한 회의적 시각도 있다.

---

196) 영국에서는 해외매각 우려를 불식시키기 위하여 민영화 초기에 황금주 제도를 도입하여 활용하였고, 프랑스는 인위적 안정주주 그룹을 통해 외국인의 인수 가능성을 배제하고자 한 바 있다. 최근에 인도네시아 등에서도 해외매각 반대라는 국민정서를 감안하여 민영화를 포기한 경험도 있다.

외환위기를 계기로 재벌체제의 실패에 대한 인식이 확산됨에 따라, 새로운 기업지배구조 모색의 필요성이 커지고 있다. 1999년에는 OECD 기업지배구조 원칙을 기초로 한 기업지배구조 모범규준이 발표되었으며, 이 모범규준에는 소액주주의 권한강화, 사외이사의 기능강화 및 특별 책임, 감사 절차의 강화 등이 포함되어 있다. 이러한 개혁은 공기업의 지배구조 개선 및 효율화에도 긍정적 영향을 미칠 것이다. 민간기업에서 우수한 기업지배구조 관행 및 합리적 경영문화가 정착되면, 이러한 문화가 공기업에도 확산될 것이다. 건전한 기업지배구조 문화가 정착되어 지분 분산에도 불구하고 성공적으로 경영되는 기업이 늘어나게 되면, 지분 분산매각을 통한 대규모 공기업의 민영화를 성공적으로 추진할 수 있는 여건이 성숙될 것이다. 기업지배구조의 개혁을 통해 주식의 장기보유 문화가 확산되는 것도 민영화추진에 긍정적 영향을 미칠 것이다.

기업개혁 정책도 민영화 정책에 영향을 미친다. 다수의 기업들이 부채비율 감축을 위해 증자 등을 추진함으로써 증권시장에 영향을 미쳐 공기업의 공모에 간접적으로 영향을 미친다. 또한 부채비율 감축 및 출자총액 제한은 민영화와 관련하여 재벌들의 참여결정에 영향을 미친다.

라. 금융시장 특성 및 변화

금융시장의 상황 및 구조는 민영화에 영향을 미치는 중요한 요인이다. 특히 민영화가 진전됨에 따라 민영화 대상도 주로 대규모 공기업이 되고, 민영화의 방법도 경영권 매각에서 자본시장을 통한 민영화로 바뀌기 때문에, 민영화에 있어 자본시장의 중요성은 더욱 커지고 있다. 자본시장의 상황 및 구조는 민영화의 속도, 방법 등은 물론

이고, 민영화되는 기업의 지배구조 및 향후 경영에도 영향을 미친다.

외국의 사례는 자본시장 규모가 반드시 자본시장을 통한 민영화에 장애요인으로 작용하지는 않는다는 것을 보여주고 있다. 주식시장의 절대규모보다 더 중요한 것은 자본시장의 구조, 제도, 관행 등이다. 우리나라 주식시장 관행은 민영화에 있어 장애요인으로 작용하는 부분이 크다. 개인투자자들은 단기적 자본이득을 목적으로 하여 투자하는 경향이 강할 뿐 아니라, 기관들도 안정적 투자자 및 경영감시자로서의 역할을 제대로 수행하지 못하고 있다. 이에 따라 민영화의 수단도 상당히 제약을 받고 있다. 이러한 주식시장의 문화는 기업의 경영투명성이 낮고, 소액주주의 권한이 충분히 보장되어 있지 않다는 사실과 밀접하게 관련되어 있다. 자본시장을 통한 민영화를 추진하고, 지배구조를 선진화하기 위해서는 소액주주의 권한 강화와 기업경영의 투명성 제고가 필요하다.

외환시장 이후의 금융시장의 불안정성의 증가는 주식시장을 통한 민영화를 더욱 어렵게 만드는 요인으로 작용하였다. 그리고 금융개혁 추진은 주식시장의 불안정성을 더욱 확대시키고 금융기관의 행태에 영향을 미치고 있다. 최근에는 주식시장에서의 유행이 변화됨으로써 지분매각이 더욱 어려워진 면도 있다. 특히 1999년에 벤처 열풍이 시작됨에 따라, 전통산업에 속하는 공기업의 주식은 상대적으로 매력을 상실하여 이들 주식을 시장에서 공모매각함에 있어 다소의 어려움을 경험하기도 하였다. 주식시장의 불안정성은 헐값매각에 대한 우려와 결합되어, 민영화에 장애요인으로 작용하고 있다.

2. 민영화 방법과 소유지배구조

가. 시장여건과 민영화 방법

민영화 방법은 매각가치와 직접적으로 연관관계를 가질 뿐 아니라, 민영화 이후의 기업 소유지배구조에 영향을 미친다. 바람직한 민영화 방법은 민영화를 추진하는 목적 및 기업의 특성에 따라 달라질 수 있지만, 일반적으로 민영화 이후에 해당기업의 경영효율성 및 사회적 효율성·형평성을 달성할 수 있도록 결정되어야 한다. 좀더 정확하게는, 이러한 목표를 달성할 수 있는 지배구조를 유도할 수 있도록 민영화 방법을 선택해야 한다.

기업의 바람직한 소유지배구조를 검토하기 전에 우선적으로 검토될 사항은 해당기업이 속하는 산업의 구조이다. 즉, 민영화되는 산업의 구조를 향후 어떻게 가지고 갈 것인지가 우선적으로 검토되어야 한다. 이미 충분한 경쟁이 도입된 시장에 속하는 공기업을 민영화하는 경우라면, 정부는 해당산업의 경쟁정책에 대해 우려할 필요가 없다. 따라서 민영화에서의 우선적인 고려사항은 민영화 이후 해당 기업의 경영효율성을 보장할 수 있도록 하는 것이다.

그러나 공기업은 해당 산업에서 독점적 위치를 가지고 있는 경우가 많으며, 이러한 경우에는 기업의 경영효율성 외에도 산업 전체의 효율성 및 소비자에게 미치는 영향 등이 동시에 검토되어야 한다. 물론 독점기업을 민영화하는 경우에도, 독점과 관련된 문제는 규제를 통해 해결될 문제이며, 소유지배구조를 통해 해결될 문제는 아니라는 주장도 가능하다. 그러나 현실적으로는 규제제도가 완벽할 수 없다는 점이 인정되어야 한다. 따라서, 소유지배구조를 통한 기업의 행동규제를 시장에서의 명시적 규제의 보완수단으로 활용하는 가능성도 고려할 수 있다. 뿐만 아니라, 규모가 큰 기업을 민영화하는 경우에는 기업이 속하는 산업의 경쟁구조 외에 해당 기업의 민영화가 국민경제에 미치는 전반적인 영향 등도 고려되어야 한다.

나. 경쟁적 시장에서의 민영화

이미 충분한 경쟁이 도입되어 있는 시장에 속하는 공기업을 민영화하는 경우에는 정부는 해당산업의 경쟁구조에 대해 우려할 필요가 없다. 이 경우 민영화 방법 선택에 있어 중점 고려사항은 민영화되는 기업의 경영효율성을 보장할 수 있는 소유구조 형성, 매각가치 극대화 등이다. 그러나 특정기업의 소유구조를 어떻게 형성하는 것이 바람직한지 정부가 사전적으로 판단하기는 어렵다. 특히 기업의 인수합병 시장이 잘 작동되는 경우, 이는 정부가 우려할 바가 아니다. 따라서 민영화 방법은 매각가치 극대화를 중심으로 선택되어야 한다.

많은 경우 공개경쟁입찰을 통한 경영권 매각은 매각수입을 극대화할 수 있는 방법이다. 다만, 기업의 규모가 커서 입찰과정에서 충분한 경쟁이 보장되지 않는 경우에는 경영권 이양을 동반하는 대규모 지분의 일시매각이 오히려 매각가치를 극대화하지 못할 수도 있다. 이러한 경우에는 자본시장을 통한 지분의 분산매각과 입찰을 통한 경영권 매각을 적절히 혼용하여 활용할 수 있다.

우리나라의 특수한 상황에서는, 비록 경쟁적 산업에 속하는 공기업을 민영화하는 경우라 할지라도, 이를 재벌이 인수하는 것을 허용할 것인가 하는 문제가 제기될 수 있다. 즉, 공기업을 재벌에 매각함으로써 경제력 집중이 발생하거나, 공기업을 인수한 재벌이 그것을 악용함으로써 오히려 기업의 발전이 저해되는 상황이 발생할 수 있다는 우려가 제기될 수 있다.[197] 그러나 이 문제는 민영화 문제라기보다는 기업개혁과 관련된 문제라고 할 수 있다. 따라서, 해결방안도 전반적 기업개혁의 맥락에서 찾는 것이 바람직하다. 즉, 재벌이라는 이유로 민영화 과정에서 무조건 사전적으로 배제하는 대신에, 경제력 집중 방지를 위한 제도 보완, 또는 특정 대주주가 자신의 지위를 남용하여 소액주주나 국가경제에 피해를 입힐 가능성을 방지하기 위한 제도보완 등으로 해결하는 것이 바람직하다.

다. 불완전 경쟁시장에서의 민영화

민영화와 관련하여 향후 소유지배구조가 문제가 되는 경우는 주로 경쟁이 불완전한 시장에 속하는 공기업을 민영화하는 경우다. 대규모 공기업은 일반적으로 시장에서 독점적인 위치를 가지고 있거나, 또는 경쟁이 도입되어 있어도 불완전한 경우가 많다. 경쟁이 불완전한 경우, 우선적으로 경쟁체제를 도입하고 민영화를 추진하는 것이 바람직하다. 그러나 산업의 자연독점적 성격이나 기타 요인으로 인해 경쟁체제 도입이 용이하지 않은 경우도 있을 수 있다.

독점으로 인한 문제는 원칙적으로 규제를 통해 해결하는 것이 이상적이다. 그럼에도 불구하고 규제와 관련된 불확실성이 존재하기 때문에, 기업의 소유지배구조를 통해 사적독점 폐해의 가능성을 최소화할 수 있는 방법도 추가적으로 고려할 수 있다. 즉, 향후 소유지배구조를 염두에 두고 민영화 방법을 선택함으로써 사적독점의 폐해가 발생할 가능성을 최소화하는 것이다. 어떤 경우에는 산업이 안정되고 규제가 정착되는 시점까지 정부가 최소한의 소유권을 가지되, 경영 간섭을 최소화하는 단계적 민영화방안도 고려할 수 있다.

일반적으로 특정인에게 소유가 집중되어 있는 경우에는 지분이 분

---

197) 대한중석이 재벌에 매각된 후 실패한 것은 대표적으로 인용되는 사례다.

산되어 소유되는 경우보다 사적독점의 폐해가 발생할 가능성이 더 높다. 따라서, 대규모 공기업, 특히 독점성을 가진 대규모 공기업의 경우에는 지분을 분산매각하고 전문경영인 체제로 가는 것이 바람직하다. 다른 OECD 국가들에서도 대규모 공기업의 민영화는 자본시장을 통한 주식분산매각 및 전문경영인 체제 도입이 일반적인 경향이다.

한 가지 유의하여야 할 점은, 지분분산매각과 전문경영인 체제 도입은 독점폐해의 가능성을 최소화하는 보완적인 수단이지 근본적인 해결책은 아니라는 점이다. 따라서 비록 소유지배구조를 통해 전문경영인 체제를 도입하는 경우라 하더라도, 경쟁체제의 도입과 적절한 규제제도의 도입은 반드시 선행되어 검토되어야 한다.

라. 우리나라에서의 민영화 방법

우리나라에서 최근에 민영화가 완료된 기업 중에서 경영권매각을 통해 민영화된 기업은 국정교과서와 종합기술금융이다. 포항제철은 주식시장에서 지분을 분산하여 매각하여 민영화한 전형적인 경우다. 한국중공업은 경영권 매각과 자본시장을 통한 지분매각을 복합적으로 활용한 경우에 해당된다. 대한송유관공사는 사용자이자 동시에 기존 주주에게 지분을 분산매각한 경우로, 자본시장을 통한 민영화나 경영권매각의 범주에 포함되지 않는 또 다른 형태다.

최근에 민영화가 완료된 기업들을 보면, 우리나라에서는 아직도 다른 OECD 국가들과 달리 경영권매각을 통한 민영화가 다수인 것처럼 보인다. 그러나 이는 우리나라의 민영화 진행 단계가 다른 OECD 국가들에 비해 늦어 민영화되는 대상에 차이가 있기 때문이다. 즉, 다른 OECD 국가들에서는 최근 주로 인프라 산업의 민영화가 추진되고 있는 반면, 우리나라에서는 아직까지도 경쟁시장에 속하는 제조업 등의 민영화가 진행된 것이다.

뿐만 아니라, 민영화가 완료된 것만이 아니라 현재 민영화가 진행되고 있는 것도 포함하여 평가해야 한다. 현재 민영화를 추진 중인 한국통신, 가스공사, 담배인삼공사 등까지 포함하면, 최근의 민영화 추진실적 중 큰 부분이 자본시장을 통한 민영화에 속한다. 특히 민영화수입을 기준으로 보면, 자본시장을 통한 민영화가 거의 절대적인 부분을 차지하고 있다.[198]

일부에서는 최근의 민영화 정책이 주인 있는 경영체제를 달성하지 못한 채, 지분매각에만 치중하고 있다는 비판도 제기되고 있다. 그러나 지분매각은 궁극적인 민영화를 위한 과정이다. 그럼에도 불구하고 이러한 비판이 제기되는 것은, 아직까지 지분의 분산매각 및 전문경영인 체제 확립이라는 민영화 모형에 대한 인식이 부족한 때문인 것으로 보인다.

3. 경쟁도입, 규제 및 경영효율화

민영화의 논리는 사적 소유권에 기초한 인센티브를 작동시킴으로써 효율성을 제고하려는 것이다. 따라서 민영화를 추진하는 기업이 속한 시장에서 적절한 인센티브가 작동되도록 하는 것이 필요하다. 민영화되는 기업에 대한 규제는 이러한 인센티브를 약화시키는 요인으로 작용할 가능성을 가지고 있다. 또한, 피규제자는 규제를 피하기 위한 새로운 방법을 개발할 수 있으므로 규제 결과의 유효성에 대한

---

198) 국정교과서와 종합기술금융 등 경영권 매각을 통해 민영화한 소규모 공기업의 경우에는 매각수입 규모가 크지 않기 때문이다.

불확실성이 있다. 따라서 원칙적으로 규제보다는 시장에 의한 규율에 따라 시장효율을 증진시킬 수 있게 경쟁체제를 도입하면서 민영화를 추진하는 것이 바람직하다.[199) 민영화과정 또는 민영화 이전에 경쟁체제의 도입이 바람직하다는 점은 기존의 여러 연구에서도 지적된 바 있다.

그러나 민영화되는 기업이 자연독점성이 강하거나 기타 이유로 경쟁도입이 용이하지 않을 수도 있다. 또한 경쟁을 도입하는 경우에도 경쟁이 불완전하여 추가적인 규제가 필요할 수 있다. 따라서, 시장특성에 따라 정도의 차이는 있지만, 경쟁이 불완전한 시장에 속하는 공기업을 민영화함에 있어서 적절한 규제제도 도입은 성공적 민영화를 위한 선결과제이자 핵심이다. 적절한 규제제도가 마련되지 않는 경우에는, 소유권을 통해 사전적 규제를 유지하는 공기업에서보다 사회적으로 더 바람직하지 못한 상황이 발생할 수도 있다.

규제는 재량적이지 않고 투명하게 이루어져야 한다. 규제자의 재량권이 너무 큰 경우에는 잠재적 투자자는 불확실성에 대해 우려하게 되고, 이로 인해 매각가치도 하락될 수 있다. 민영화 후에 규제의 규칙이 결정되어 기업을 인수한 자가 예기치 못한 이득을 얻는 것을 방지하기 위해서도 시장규칙은 사전적으로 확정되는 것이 바람직하다. 성공적 민영화를 위해서는, 규제제도가 사전적으로 명확하게 결정되어야 한다.

민영화는 기업을 규제하는 방식이 소유권에 의한 재량적 규제로부터 사전에 정해진 규칙에 따른 투명한 규제로 전환되는 것을 의미한다. 즉, 규제의 형태가 진일보되는 것을 의미하며, 이에 맞추어 규제

---

199) 영국은 민영화 과정에서 경쟁도입과 규제제도 정비에 상당한 노력을 하였다. 그럼에도 불구하고 전력 및 가스 등의 민영화에서 충분한 경쟁을 도입하지 못하여 추가적인 구조개편 등이 사후적으로 이루어졌다.

자의 능력과 소양도 향상될 필요가 있다. 규제는 투명하고 객관적으로 이루어져야 하며, 효과적인 규제를 위해서는 기업경영과 관련된 충분한 정보가 공개되고, 기업경영도 투명하게 변해야 한다.

민영화되는 기업에서 경영 투명성을 제고하는 것은 주주권한의 보호 및 경영효율화를 위해서도 바람직하다. 우리나라 공기업에서는 정책성 사업과 수익성 위주의 사업에 대한 분리가 불명확하고, 기업의 의사결정 과정에서 경영상의 합리성과 정책적인 의사결정이 혼재되어 있는 경향이 강하다. 정부는 예산을 통하지 않고서 수익성이 약한 정책사업을 수행하거나, 상업적인 성격을 가지는 재화나 서비스를 원가 이하로 제공하기도 한다. 물론, 공기업을 통한 정책기능 수행은 우리나라에만 있는 것은 아니며, 보편적 서비스 등은 공기업이 민영화된 후에도 계속 제공되는 것이 세계적인 추세이다. 다만, 민영화는 이러한 기능 수행이 더욱 투명해질 것을 요구한다.

민영화 이전에 정부는 소유권을 가지고 이러한 보조를 내부화시킬 수 있지만, 민영화 이후에는 이러한 정책기능은 사전적으로 정해진 규칙에 의해 투명하게 이루어져야 한다. 즉, 보편적 서비스를 어떻게 공급할 것인지, 누가 비용을 부담할 것인지에 대해서는 원칙이 사전적으로 투명하게 정해져야 한다. 이는 때로 민영화에 대한 오해와 반대를 불식시키기 위해서도 필요하다.

민영화로 인해 기대할 수 있는 것 중 하나가 불투명한 의사결정 과정을 시정하는 것이다. 민영화를 추진하고 있는 대규모 공기업의 경영 효율성을 높이기 위해서 정부는 이들 공기업이 경영목표를 설정함에 있어 기업의 수익성 측면에 더욱 비중을 두도록 하고, 정책적인 기능을 기업의 경영결정과 분리시켜 투명하게 할 필요가 있다. 이러한 제도적 보완장치 마련과 더불어, 경영에 있어서의 정부의 자의적 간섭은 최대한 배제되어야 할 것이다.

Ⅵ. 결 론

공기업을 민영화하여 시장규율을 통해 효율성을 개선하고, 기타 정책 목표를 달성하고자 하는 민영화의 흐름은 1980년대 초반에 일부 OECD 국가에서 시작된 후 전 세계적으로 확산되어 이제는 세계경제에서 일반적인 추세가 되었다. 우리나라에서는 공기업 민영화가 비교적 느리게 진행되어 왔으나, 외환위기를 계기로 민영화 정책의 추진이 가속화되고 있다.

우리 경제의 체질개선을 위해서는 민영화 정책의 기본방향을 유지하고 꾸준히 추진하는 것이 필요하다. 또한 민영화 과정에서 새로운 기업모형을 창출하는 것이 필요하다. 그러나 민영화 정책은 다양한 변수에 의해 영향을 받을 수 있으므로 여건 변화에 따른 탄력적 대응도 필요할 수 있다.

제조업 등의 민영화를 포함한 현재까지의 민영화 정책이 추구한 방향이 비교적 명백한 과정이었다면, 전력과 통신 등 다음 단계에서 추진할 민영화는 더 어렵고 중요한 과정이다. 한국전력, 한국통신 등 주요 기간 산업 민영화는 국민경제적 파급효과도 매우 크다. 공기업의 민영화가 충분한 혜택을 줄 수 있도록 하기 위해서는 세심한 준비와 제도정비가 필요하다.

계획대로 추진되면, 2002년까지는 현재 민영화를 추진중인 대부분 공기업이 민영화될 것이다. 그러나 필요에 따라 새로운 공기업도 계속 생겨나고 있다. 최근에도 인천국제공항 등 새로운 공기업이 생겨났으며, 철도청, 고속철도 등의 공사화도 추진되고 있다. 뿐만 아니라, 외환위기를 계기로 금융시장 안정을 위해 시작된 금융기관에 대한 지원은 실질적으로 다수의 금융기관을 공기업으로 변화시키는 결과를 초래하게 되었다.

현재 추진되고 있는 전력, 통신 등의 민영화 외에도 향후에 사회간 접자본과 금융부문의 민영화도 중요한 과제로 부각될 것이다. OECD (2000) 등은 한국이 향후 직면하는 가장 중요한 과제 중 하나가 금융 기관의 민영화라는 점을 지적하고 있다. OECD 국가들이 평균적으로 제조업, 금융업, 장치산업 순서로 민영화를 추진한 점을 감안하면, 우리나라에서 이미 장치산업 민영화가 추진되는 상황에서 금융산업이 국유화되었다는 사실은 금융산업의 시장화가 크게 뒤떨어지고 있음을 시사한다. 향후 금융산업의 민영화에 대해서도 중점을 두고 검토해야 할 것이다.

참고문헌

〈국문자료〉

기획예산위원회, [1차 공기업민영화계획], 보도자료, 1998.

______, [2차 공기업 민영화 및 경영혁신 계획], 보도자료, 1998.

김대환, {영국의 민영화와 기업규제 - 규제기구와 방식을 중심으로}, 한국경제연구원, 1994.

김재홍, {공기업의 소유구조적 특성과 행동에 관한 연구}, 한국경제연구원, 1991.

남일총, {공기업 경영혁신을 위한 제도개선 방안}, 한국개발연구원, 1997.

남일총, {공기업 민영화의 현주소와 향후 전개방향}, 공기업학회 추계 학술대회 발표 논문, 1999.

박진우, [공기업문제에 대한 경쟁정책적 접근], {KDI 정책연구}, 한국개발연구원, 1996.

삼성경제연구소, {민영화와 한국경제}, 1997.

송대희, {우리나라 공기업부문의 역사적 변천: 1945~1988}, 연구자료 90-10, 한국개발연구원, 1990.

______, {한국의 공기업경영개선정책}, 연구자료 91-26, 한국개발연구원, 1991.

오연천 외, {공기업소유지배구조 개선방안}, 서울대학교 행정대학원, 1999.

______, {OECD 한국경제보고서}, 재정경제부 · 한국개발연구원(역), 2000.

윤미경 · 박영호, {공기업 매각방식의 주요 유형: 해외매각을 중심으로}, 대외경제정책연구원, 1998.

이만우, [바람직한 공기업 민영화 방안: 소유지배구조를 중심으로], 공공경제학회, 1999.

이성봉 · 이동근, {OECD 기업지배구조 원칙의 제정과 한국경제에 대한 시사점}, 대외경제정책연구원, 1999.

임양택, [공기업의 민영화], 최광 · 임주영(편), {공공부문 생산성 제고를 위한 연구(IV)}, 한국조세연구원, 1997.

임원혁 · 남일총 · 이혜훈, {민영화와 집단에너지사업}, 한국개발연구원, 2000.

정갑영 · 임웅기 · 정구현 · 엄구호, {민영화와 기업구조}, 나남출판, 1996.
중소기업연구원, {공기업 민영화와 중소기업참여}, 중소기업연구원, 1994.

〈영문자료〉

Niskanen, W., *Bureaucracy and Representative Government*, Chicago and New York: Adline, 1971.

OECD, *State Owned Enterprises, Privatization and Corporate Governance — Summary Record*, *DAFFE/PRI/M(97)2*.

______, *State Owned Enterprises, Privatization and Corporate Governance — Synthesis Note*, *DAFFE/PRIV(07)3*, 1997.

______, *Privatization and Financial Markets*, DAFFE/CMF(96)47, 1996.

______, "Recent Privatization Trends", *Financial Market Trends*, 2000.

Vickers, John and George Yarrow, *Privatization — An Economic Analysis*, MIT Press, 1988.

제 6 장 자치구 재정조정제도의 문제점과 개선방안

Ⅰ. 문제의 소재

자치구는 지방자치법 제2조에 근거해 설치된 기초자치단체로 특별/광역시 관할구역 안의 구를 지칭하며, 2000년 12월 현재 서울특별시와 6개 광역시에 69개가 개설되어 있다.[200] 자치구 제도는 1988년 5월부터 시행하고 있으며 자치구의 사무범위는 지방자치법 시행령 제9조에 의거하여 시/군의 그것보다 14가지가 적다.[201]

---

200) 69개 자치구의 구성은 서울 25, 부산 15, 대구 7, 인천 8, 광주 5, 대전 5, 울산 4개구이다. 이들 7대 특별/광역시는 전체 인구의 48.2%를 점하고 있는데 서울이 21.1%, 광역시 합계가 27.0%를 보이고 있다. 광역시별로는 부산 8.0%, 대구 5.4%, 인천 5.4%, 광주 2.9%, 대전 3.0%, 울산 2.3%로 나타나고 있다(통계청, 「추계인구 2000년」 참조).

201) 지방자치법 시행령 제9조와 별표 2는 다음의 14가지 시/군 사무를 자치구 아닌 특별/광역시 사무로 규정하고 있다. 지방공무원의 임용과 교육훈련, 토지등급의 설정, 재산세 과세시가표준액 결정·승인, 공설묘지 및 쓰레기 처리시설 운영, 국민주택 건설사업, 아파트 지구개발계획과 도시기본계획, 12미터 이상 도로의 관리, 상수도 및 공공하수도 설치와 개축, 도시공원·유원지·공설운동장·체육관·도서관·시민회관의 설치와 운영, 각종 공설시장 및 공판장의 개설 운영 등 14가지.

발족 이후 자치구는 자주재원인 조세수입과 세외수입이 충분하지 못해 중앙정부와 특별/광역시 본청으로부터 재정지원을 받아오고 있었다. 조세수입과 세외수입의 합계를 세입액(지방채 제외)으로 나눈 '재정자립도'는 69개 자치구 평균(1997년 일반회계 결산기준)이 54.8%로서 전체 소요재원의 반 정도를 중앙정부와 특별/광역시 본청에 의존하고 있는 처지이다. 지역별로는 서울 자치구가 61.0%로 광역시 자치구 48.8%보다 12.2%포인트 더 높다. 광역시 중에서는 인천이 53.2%로 가장 높고 대전(51.6%), 광주(48.8%), 부산(47.7%), 대구(46.0%), 울산(42.3%)의 순으로 나타나고 있다.

이처럼 구조적으로 어려운 처지에 있는 자치구 재정을 더욱 어렵게 만든 것이 1997년 12월 이후의 IMF관리체제였다. 물론 중앙정부 재정도 세수가 크게 줄면서 그동안 경험해 보지 못했던 적자재정을 강요받았다. 하지만 중앙정부는 국채를 대량발행하거나 공적자금 등 여유자금을 일시적으로 끌어들여 세입부족분과 필요한 구조조정자금을 조달할 수 있었다. 그런데 자치구를 비롯한 지방정부는 중앙정부 이상으로 조세수입이 감소하여 재정운영이 한층 어려워졌지만 채권발행이나 국내외 차입을 통한 자금 조달이 쉽지 않았다. 지방채 시장이 활성화되지 못한데다 금융시장 경색으로 지방정부에까지 여유자금이 잘 돌아가지 않았기 때문이다.

지방정부 중 광역시의 재정운영은 자치구의 그것 못지않게 힘들다. 그렇지만 본고의 관심은 자치구 재정운영에 있으므로 특별/광역시의 재정에 영향을 미칠 수 있는 지방세제의 개편과 특별/광역시 대상 지방교부세, 지방양여금, 국고보조금 등에 대해서는 별도로 언급하지 않는다. 대신 특별/광역시와 자치구간 재정조정제도인 조정교부금과 시비보조금 그리고 자치구 대상 국고보조금으로 논의를 한정한다.

이상의 문제의식에 입각하여 자치구 세제와 재정이 안고 있는 문제점을 정리하면 다음과 같다.

첫째, 유통과세와 재산과세 중심으로 이루어진 지방세는 경기침체기나 구조적 변동기에 세수변동이 클 수 있다는 사실이 입증되었다. 종합토지세, 재산세 등 재산과세 의존도가 특히 높은 자치구 세제는 IMF 충격에 따른 경기침체가 자산디플레를 동반하면서 세수가 크게 주는 문제점을 드러내 보였다. 소비와 소득 과세 중심의 국세에 비해 지방세가 경기변동에 약한 세제일 수 있다는 사실이 판명되었다.

둘째, 이전재원의 구조적 특성 때문에 지방정부 안에서도 자치구 재정이 타 자치단체의 그것에 비해 특히 불안정할 수 있다는 사실이 드러났다. 중앙정부로부터 지방교부세를 지원받는 광역시/도, 시/군에 비해 광역시로부터 조정교부금을 받는 자치구의 세수감소가 컸다. 이는 경기침체로 취득세와 등록세 세수가 예년에 비해 크게 줄었기 때문이다.[202]

셋째, 2000년부터 지방교부세 인상이 일부 실현되었고 앞으로도 예정되어 있는 마당에, 지방교부세 교부 대상이 아닌 자치구 재정은 향후 더욱 어려워질 전망이다. 2000년부터 지방교부세율이 인상되었는데(내국세 총액 대비 13.27% → 15%), 자치구에 교부되는 조정교부금의 규모는 경기침체를 반영하여 거의 늘지 않고 있다.

넷째, 조정교부금은 지방세 및 세외수입에 비해 세입원으로서의 안정도가 낮으므로, 자치구는 경기변동기에는 중앙정부와 광역시의

---

202) 자치구의 세입 중 조정교부금은 1997년의 2조 851억 원에서 1998년의 1조 6,262억 원으로 크게 줄어 세입내 비중도 29.8%에서 24.1%로 낮아졌다(일반회계 결산 기준). 1999년도는 1998년에 비해 다소 증가했지만, 1997년 수준을 크게 밑도는 것으로 추정되고 있다. 조정교부금에서 특별교부금을 제외한 보통교부금만을 비교하면 1997년이 1조 8,793억 원으로 1998년의 1조 5,178억 원(울산 포함시 1조 5,626억 원), 1999년의 1조 5,691억 원(동 1조 6,194억 원)에 비해 월등히 크다(행자부 내부자료[2000]).

국고보조금, 시비보조금에 크게 의존해야 할지 모른다. 전체 세입규모(일반회계 기준)는 1997년의 6조 9,951억 원이 1998년에 6조 7,385억원으로 3.7%가 줄었다. 그런데 구성비는 자주재원인 지방세가 20.8%(1997년 20.4%), 세외수입이 34.4%(34.2%)로 별반 변화가 없는데 이전재원인 조정교부금은 24.1%(29.8%), 보조금이 19.8%(15.3%)로 변동폭이 아주 크다.

이처럼 허약한 자치구 재정구조의 문제점을 해결하기 위해 자치구는 1998년 이후 조정교부금 제도의 근본적인 개정을 요구하고 나왔다. 자신들도 시/군처럼 중앙정부로부터 지방교부세를 직접 교부받을 수 있도록 해달라는 것이다.

외형상으로 보면 자치구는 시/군처럼 기초자치단체이므로 지방교부세를 교부받을 수도 있다. 그런데 지방교부세 대신 조정교부금을 교부받게 된 것은 행정자치부가 1988년 5월, 자치구 제도를 발족시키면서 준비부족 상태에서 대도시 재정조정제도로 일본 도쿄에서 시행하는 '도구(都區) 재정조정제도'[203]를 도입하면서부터이다.

도쿄의 특별구, 도구재정조정제도와 우리의 자치구, 조정교부금은 몇 가지 점에서 다르다. 첫째, 도쿄의 특별구는 2000년 4월부터 시행된 도구(都區) 제도개혁으로 비로소 법률상의 기초자치단체가 된 반면, 우리의 자치구는 1995년의 지방자치 시행과 더불어 기초자치단체로서 발족됐다. 둘째, 도구재정제도는 본래 특별구가 징수해야 할 세목을 도가 대신 징수하여 그 중 일부를 특별구에 나누어 주는 데 비해 우리는 특별/광역시 세목의 일부로 징수하는 세수의 일부를 자치구에 나누어 준다. 셋째, 조정교부금의 세목과 규모는 도쿄가 고정자

---

203) 이 제도는 1947년 지방자치법의 시행과 동시에 도입되었으며 대도시 도쿄의 균형발전을 추구할 목적으로 도입되었다. 관련 사항이 "도와 특별구, 특별구 상호간 재정조정에 관한 조례"로 규정되어 있다.

산세, 특별토지보유세, 주민세법인할(혹은 법인주민세) 3稅 세수의 52%(1976년 이후 1999년까지 44%)인데, 우리는 취득세, 등록세 2稅 세수의 50%(서울기준, 광역시에 따라 다소 차등)이다. 물론 배분몫은 도쿄는 23개 특별구, 우리는 69개 자치구의 재정상황에 따라 다르다.

지금이라도 자치구 요구대로 직접 지방교부세를 교부하는 방안을 검토할 수도 있지만, 몇 가지 문제점이 있어 곧바로 실현하기 어려운 것이 현실이다.

우선 지방교부세 산정에 필요한 기초통계가 마련되지 않아 예상 지방교부세액을 추정하기 힘들다. 시군 차원에서 집계되고 있는 각종 통계자료가 자치구 차원에서는 확보되지 않고 있기 때문에 환경공해대책비, 도시계획비, 지역경제비, 관광진흥비, 상하수도비, 하천비, 교통관리비, 소방비 등을 객관적으로 추정하기가 어렵다.

다음으로 조정교부금 제도를 그대로 둔 채 지방교부세를 건네줄 경우 광역시와 자치구의 담합 등 지방정부의 재량적인 조치로 중앙정부의 지방교부세액이 늘거나 주는 사태가 발생하여 공평한 지방교부세 배분이 힘들어진다. 즉, 광역시와 자치구가 전체 이전재원의 규모를 일정하게 유지하면서 조정교부금을 줄이고 시비보조금을 늘리는 조치를 취할 때, 해당 광역시에 지방교부세가 원래 배분되어야 할 수준보다 좀더 배분되고 타 지방정부 배분 몫이 줄게 되는 왜곡현상이 발생할 수 있다.

따라서 현재 고려하고 있는 방안의 하나가 광역시에 배분하는 지방교부세액을 기존의 조정교부금 재원에 추가하여 자치구별 조정교부금몫을 다시 정하는 안이다. 이에 따르면, 행정자치부는 지금까지와 달리 개별 자치구 차원의 기준재정수요액, 기준재정수입액, 재정부족액을 계측가능한 수준까지 추정하여 이를 광역시의 그것에 합산하여 지방교부세액을 산정하고, 광역시는 이를 기존의 취득세, 등록세에 더하여 조정교부금 재원으로 운영해야 한다.

물론 이 밖에도 다른 대안을 고려할 수 있을 것이다. 가령 조정교부금의 재원을 광역시의 전 지방세 세목이나 주요 세목으로 확대하는 방안, 통계를 정비하고 추정산식을 간소화하여 자치구에 지방교부세를 교부하면서 자치구 세목을 현행 4개 세목에서 좀더 늘려주는 방안 등이 그것이다.

이하의 논의에서는 Ⅱ절에서 자치구 재정제도의 현황과 문제점을 정리하고, Ⅲ절에서 자치구 사무배분과 재원배분의 불균형 문제를 검토하고, Ⅳ절에서 자치구 재정조정제도 개편의 기본방향과 개편방안 그리고 파급효과, 마지막 Ⅴ절에서 논의 내용을 정리, 요약하고 남은 과제를 기술한다.

Ⅱ. 자치구 재정제도의 현황과 문제점

우리의 자치구 재정은 자주적인 세입원으로 지방세, 세외수입, 지방채를 가지고 있고, 의존적인 세입원으로 조정교부금, 국고/시비 보조금, 예외적으로 지방교부세, 지방양여금을 지니고 있다. 이들에 관한 구체적인 수치가 <부표 6-1>과 <부표 6-2>에 나와 있다. 재정자립도는 1998년도 일반회계 결산총계 기준으로 55.2%로 나타나 1997년(54.6%)에 비해 다소 높아졌다.

자주재원 중 가장 규모가 큰 세입원은 세외수입(이월금 포함)으로, 여기에는 각종 수수료 수입, 징수교부금 수입, 과태료 과징금 수입, 재산매각 수입 등이 포함된다. 지방세는 종합토지세, 재산세, 사업소세, 면허세의 4세목인데, 종합토지세 하나가 전체 세수의 50%를 넘고, 재산세까지 포함하면 그 비율은 75%를 넘고 있다. 지방채는 그 비중이 0.4%로 극히 낮으며 발행수입은 주로 일반회계 재원으로 사용되고 있다.

의존재원 중에서는 조정교부금이 24.1%로 가장 크고 시도비보조금이 10.3%, 국고보조금이 9.4%를 점하고 있으며 이들의 합계는 43.9%로 나타나고 있다. 지방교부세는 0.5%, 지방양여금은 10억 원으로 미미한 수준이다.

세출은 1998년도 일반회계 결산총계 기준으로 일반행정비에 46.6%가 지출되고 있고 그 다음이 사회개발비(37.5%), 경제개발비(14.6%), 지원 및 기타경비(0.9%), 민방위비(0.4%)로 나타나고 있다. 이들을 조금 더 세부적으로 보면, 일반행정(45.0%)이 가장 높고 보건 및 생활환경개선(19.1%), 사회보장(15.6%), 국토자원보존개발(12.4%)이 주요 세출항목임을 알 수 있다. 다음으로는 주택 및 지역사회개발(1.9%), 입법 및 선거관계(1.6%), 지역경제개발(1.1%), 교육 및 문화(0.9%)로 나타나는데, '교육 및 문화' 지출이 1%를 밑도는 점이 특징적이다.

이하에서는 먼저 자치구 세제, 재정의 현황과 문제점을 정리하고, 이어서 자치구 재정조정제도의 현황과 문제점을 기술한다. 한 가지 강조할 점은, 자치구 자주재원의 규모가 작고 안정성이 낮다는 점을 인정하더라도, 이것이 광역시가 안고 있는 같은 문제에 비해 심각하고 따라서 우선적으로 시정해야 할 문제인가에 대해서는 여기서 판단을 내리지 않고 있다는 점이다. 이 문제에 대한 답을 구하기 위해서는 본고의 분석보다 포괄적인 접근이 필요할 것이다.

1. 자치구 세제, 재정의 현황과 문제점

앞에서 설명하였듯이, 자치구 세제는 4개 세목으로 구성되어 있고 특별/광역시 세제는 13개 세목으로 구성되어 있다. 현재와 같은 세제의 기본틀은 1988년 5월에 자치구 제도가 도입되면서 정해진 이후 지금까지 지속되어 오고 있다. 기존의 11개 세목에 2000년에 지방주행세가 그리고 2001년부터는 지방교육세가 추가되었다. <표 6-1>에 관련 세목들이 기술되어 있는데, 세수비중이 높은 세목이 앞에 제시되어 있다.

자치구 조세제도의 문제점은 크게 보아 두 가지로 정리할 수 있다. 첫째는 필요한 세출재원을 조달하기에 턱없이 부족한 세원을 가지고 있다는 점이고, 둘째는 자치구간에 세원이 불공평하게 분포하여 자

<표 6-1> 특별/광역시와 자치구의 세목

구 분	특별/광역시세	자치구세
계	13개	4개
보통세	등록세 주민세 취득세 자동차세 담배소비세 지방주행세 경주마권세 도축세 농지세	종합토지세 재산세 면허세
목적세	지방교육세 도시계획세 공동시설세 지역개발세	사업소세

주: 지방주행세는 2000년 1월, 지방교육세는 2001년 1월에 도입.

치구간 재정력 격차가 상당한 수준이라는 점이다.

첫번째 문제와 관련하여 자치구는 특별/광역시로부터 부족한 재원을 메우기 위해 조정교부금과 보조금을 지원받는다. 특별/광역시는 부족한 재원을 보전하기 위해 중앙정부로부터 지방교부세, 국고보조금, 지방양여금 등의 형태로 지원받는다. 서울시를 제외한 광역시 전체가 지방교부세를 교부받고 있으며, 서울시를 비롯한 대부분의 광역시가 국고보조금과 지방양여금(서울 제외)을 지급받고 있다. 물론 특별/광역시가 중앙정부로부터 지원받은 금액만을 자금원으로 하여 자치구를 지원해 주는 것은 아니다. 특별/광역시는 특정 지방세목으로 징수한 금액의 일정비율을 조정교부금으로 배분하고, 중앙정부의 지원금과 자체수입의 일정 부분을 보조금으로 지급한다.

한편, 자치구에 재원을 지원해 주는 특별/광역시 역시 충분한 조세수입을 확보하고 있다고 말할 수 없다. 지방세 수입이 총세입에서 점하는 비율(1998년 일반회계 결산기준)은 서울이 74.1%로 가장 높고, 광역시는 49.9% 수준을 보이고 있다. 그리고 이들로부터 재정을 지원받는 자치구는 서울 자치구가 24.3%, 광역시 자치구가 17.7%로, 특별/광역시의 절반에도 미치지 못한다.[204]

이처럼 서울시 본청을 제외한 대부분의 지방정부가 소요재원을 자체적으로 조달할 능력을 갖추지 못하고 있기 때문에 소요 세출예산을 꾸려나가기 위해서는 중앙정부나 광역자치단체로부터의 이전재원에 의존해야 한다. 물론 정부간의 재정이전이 거의 없거나 그 규모가 작도록 세제를 설계할 수도 있을 것이다. 하지만 이같은 세제가 바람직한 지방세체계라는 보장은 없다. 조세체계와 재정조정제도의 설계

---

204) 같은 비율을 도, 시, 군에 대해 구해 보면 각각 25.0%, 20.0%, 8.4%로 나타난다. 서울시 자치구는 도보다 다소 낮지만 시군보다 높으며, 광역시 자치구는 도, 시보다 낮지만 군보다는 훨씬 높게 나타난다. 행정자치부, 『지방재정연감』, 1999, pp.768~769.

를 통한 재정운영의 주도권을 중앙정부가 가질 것인지 아니면 지방 정부에 분산시켜 행사토록 할 것인지는 정치의 지배구조, 경제체제, 나라와 지역의 특성, 역사적 배경 등에 따라 상이한 답이 얻어지기 때문이다.

앞의 수치에서 보듯이, 자치구들의 재정자립도는 특별/광역시의 그것에 비해 월등히 낮다. 따라서 <표 6-1>에 제시된 우리의 지방세 체계를 두고 지방재정의 운영권이 특별/광역시에 편중되어 있다고 말할 수 있을지 모른다. 하지만 현재의 세원배분이 최적 상태에서 어느 정도 유리된 것인지 또 어떤 방향으로 개정되는 것이 최적에 가까워 가는 것인지를 말하기 위해서는 좀더 체계적인 분석이 필요할 것이다.

자치구 세제의 재원조달력이 약하다는 것을 입증하는 유력한 지표의 하나로 자주재원 대비 경상예산, 인건비 비율이 곧잘 거론된다. 이들 지표는 지방세와 세외수입의 합계금액으로 경상 예산과 인건비를 어느 정도까지 감당할 수 있는가 하는 것이다.

<표 6-2>와 [도 6-1], [도 6-2]에서 보듯이, 모든 자치구들이 자주재원으로 경상예산인 인건비, 관서운영비, 기타 경상적 경비의 합계금액을 충분히 감당할 수 있는 것으로 나타나고 있다. 또 인건비가 자주재원에서 차지하는 비율은 인천이 30.6%로 가장 낮고 부산이 43.4%로 가장 높게 나타나고 있으며, 재정에 여유가 있을 것으로 예상되는 서울 자치구가 42.3%로 전체 평균 40.1%보다 높게 나타나고 있는 점이 특이하다. 울산과 인천 지역 자치구는 지방세 수입만으로 인건비를 해결할 수 있을 정도의 재정력을 갖추고 있으며, 서울 자치구는 지방세 수입만으로는 인건비도 해결하지 못하고 있다.

물론 이같은 수치는 특별/광역시 자치구를 평균적으로 파악한 것이며, 개별 자치구 측면에서 보면 이와 상이한 모습을 파악할 수 있

<표 6-2> 자치구의 인건비 대비 지방세 수입의 비중(1998년 일반회계 결산기준)

(단위: 10억 원)

	조세 (A)	세외수입 (B)	자주재원 (C)	인건비 (D)	경상예산 (E)	D/A	E/A	D/C	E/C
서울	7,656	11,747	19,403	8,199	15,309	1.071	2.000	0.423	0.789
부산	1,999	3,051	5,050	2,194	4,146	1.098	2.074	0.434	0.821
대구	1,167	2,516	3,683	1,414	2,541	1.212	2.177	0.384	0.690
인천	1,239	2,409	3,648	1,115	2,259	0.900	1.823	0.306	0.619
광주	652	1,638	2,290	752	1,489	1.153	2.283	0.328	0.650
대전	677	1,405	2,082	780	1,544	1.152	2.281	0.375	0.741
울산	625	443	1,068	460	893	0.736	1.429	0.431	0.836
광역계	6,358	11,461	17,819	6,714	12,873	1.056	2.025	0.377	0.722
합계	14,014	23,208	37,222	14,914	28,182	1.062	2.011	0.401	0.757

주: 자주재원은 조세+세외수입, 경상예산은 인건비 외에 관서운영비, 경상적경비 등을 포함.

자료: 행정자치부, 『지방재정연감』, 1999, pp.2360~2365, pp.2396~2401, pp.2384~2395.

[도 6-1] 서울시 자치구별 재정자립도(1997년 일반회계기준)

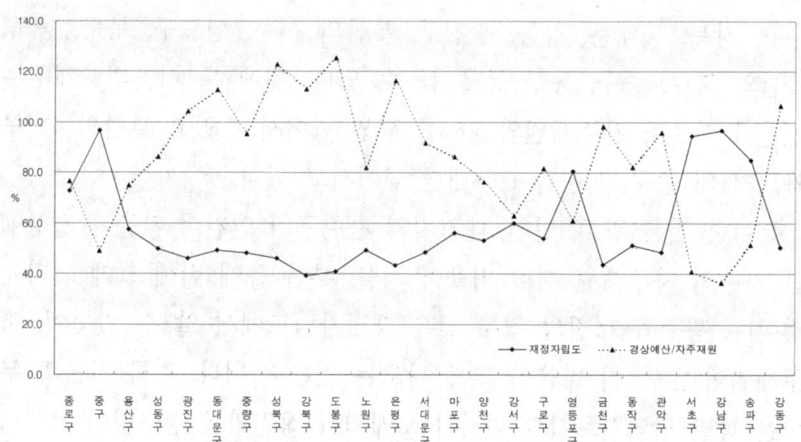

[도 6-2] 광역시 자치구별 재정자립도(1997년 일반회계기준)

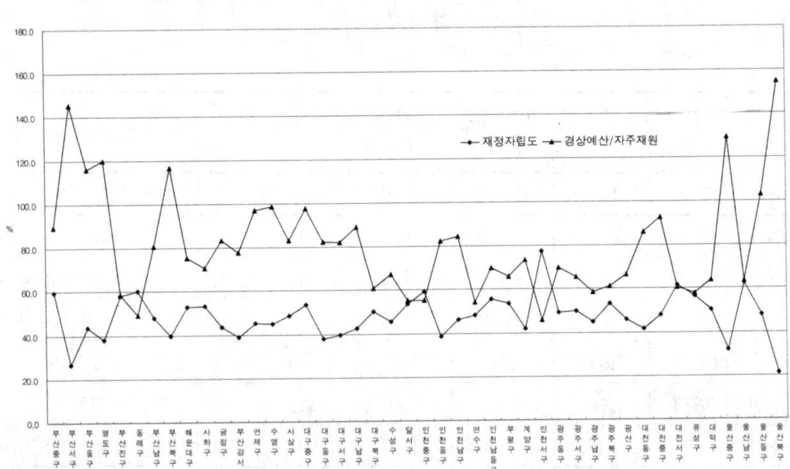

다. <부표 6-1>, <부표 6-2>가 보여주듯이, 가장 여유있는 광역시인 인천에서도 서구와 연수구의 재정력이 강하지만 동구와 남구는 두 구에 비해 재정력이 크게 뒤진다. 울산에서는 남구를 제외한 북구, 중구, 동구는 자주재원으로 경상예산조차 조달하지 못하고 있다. 자주재원으로 경상예산조차 조달하지 못하는 구로는 서울의 도봉, 성북, 은평, 강북, 동대문, 강동, 광진구, 부산의 서구, 영도구, 북구, 동구, 울산의 북구, 중구, 동구 등을 들 수 있다. 위에 든 서울의 7개구는 인건비 지출이 자주재원의 50%를 훨씬 넘어서고 있고 부산의 4개구와 울산의 중구, 북구는 60%대를 넘어서고 있다.

특이한 것은 광주, 인천, 대전지역 자치구의 인건비 지출과 경상예산 지출의 자주재원 대비 비율이 서울, 부산 등에 비해 크게 낮다는 점이다. 광주와 대전의 경우 낮은 재정자립도에서 알 수 있듯이, 자주재원이 많아 이 비율이 낮게 나오는 것은 아니다. 결국 서울과 부산은 특별/광역시로서의 역사가 오래되어 직원의 연령구성이 고령화되어 있고 상대적으로 숙련 인력이 분포하고 있을 가능성을 감안하더라도 위의 비교 결과는 두 지역의 인력구성 내지는 인건비 수준 자체가 적정수준을 넘어서 있을 가능성을 시사해 준다. 광역시별로는 광주, 인천, 대전, 서울, 대구, 부산, 울산의 순서로 인건비/자주재원의 비율이 높아져 울산, 대구의 인건비 지출도 낮지 않다는 것을 알 수 있다. 자치구 단위로 보면 이 비율이 20%를 밑도는 곳은 서울의 강남구, 서초구, 광주 북구의 세 곳뿐이다.

두번째 문제와 관련하여 "자치구 세제의 공평성을 증대시키는 작업"이 현안과제로 남아 있다. 우리나라에 자치구제가 1988년 5월에 도입된 이후, 경제가 발전하고 지가가 상승하면서 자치구 세제가 심각한 불공평성을 안고 있다는 사실이 드러나기 시작했다. 자치구별로 세수의 신장률이 크게 다르게 나타난 것이다. 경제가 발전하면서 신흥 비즈니스 지역, 유흥지역, 고급주택지역 등이 형성되면서 도시내 지역특성이 뚜렷이 구분되기 시작하였고, 이를 반영하여 지가와 건물가의 상승률에 차이가 심해지기 시작했다. 자연스럽게 재산과세 중심인 자치구 세제는 자치구간의 세수를 벌어지게 하였다.

지난 10여년간 이 문제에 대한 해법을 찾는 것이 자치구 세제개혁의 중심과제의 하나가 되어 왔다. 실제로 자치구 세제개편을 추진하는 방안의 하나로 수년 전까지 특별/광역시세인 담배소비세와 자치구세인 종합토지세를 맞교환하는 문제가 매우 심도있게 논의되어온 바 있다.

그 결과 1995년 11월에는 그간의 거듭된 논의를 토대로 지방세법 개정안이 마련되어 차관회의를 통과하고 국무회의에까지 상정되었으나, 마지막 단계에서 자치구 구청장들이 이 안을 받아들일 수 없다고 태도를 바꾸었고, 그 결과 부처간 의견이 조정되지 않아 국무회의 통과가 무산된 전례가 있다. 초기에는 강남구, 서초구, 중구 등 부유한

구의 청장들이 종합토지세제가 지니고 있는 세원 분포의 불공평성에 대해 이해를 표시하면서 맞교환에 비교적 호의적인 반응을 보여 입안단계에 이르렀다. 그런데 논의가 매듭될 막판에 이르러 일부 부유구 구청장들이 "장기적으로 보면 종합토지세가 세수신장성면에서 담배소비세보다 더 높을 것이므로 맞교환은 모든 구에 손해를 안겨줄지 모르는 선택"이라는 논리를 들고 나왔고, 이 주장에 다수의 구청장들이 호응함으로써 전세가 역전되고 말았다.205)

물론 당시의 이같은 예상은 5년이 경과한 현 시점에서 올바른 것이었다는 판단이 내려질 수 있다. 하지만 이때의 선택으로 부유구와 그렇지 못한 구간의 재정력 격차가 확대되면서 자치구 세제가 안고 있는 불공평성 문제는 여전히 불씨로 남아 있다.

<표 6-3>은 특별/광역시 본청과 자치구간의 세수배분이 조정교부금 교부 전후에 어떻게 달라지는지를 보여주고 있다. 본청과 자치구간의 세수배분은 조정교부금 배분 이전에는 약 85 : 15의 비율을 보이지만 조정교부금을 고려한 세수배분은 약 67 : 33의 비율을 보여 자치구 가용재원이 크게 늘어난다.206)

최근 자치구 재정강화의 유력한 방안의 하나로 특별/광역시세인

---

205) 1994년과 1999년의 두 해를 기준으로 두 세목의 세수 신장도를 비교해 보면 종합토지세가 월등히 높게 나타난다. 담배소비세가 기간 중 2.1% 증가한 반면, 종합토지세는 21.0%나 증가하였다. 금액으로는 담배소비세가 2조 450억 원에서 2조 882억 원으로 약간 늘어난 반면, 종합토지세는 1조 262억 원에서 1조 2,421억 원으로 크게 증가하였다. 담배소비세는 1998년에 비해 1999년 세수가 7.9%나 감소하는 특이한 모습을 보여주고 있다(행정자치부, 『지방세정연감』, 2000, p.5).

206) 조정교부금을 고려한 특별/광역시와 자치구간의 세수배분 비율이 2 : 1을 보여주는데, 이 값이 특별/광역시와 자치구간 사무배분과 어떻게 대응하는지를 분석하는 것은 향후의 과제다. 지방자치법 시행령 별표 1과 별표 2에 따라 사무건수를 단순비교하면 345건 대 269건으로 56.2% 대 43.8%로 나온다. 하지만 현실에서는 특별/광역시의 업무 중 상당수가 자치구에 위임되고 있으므로 정확한 비교는 좀더 체계적인 분석을 필요로 한다.

<표 6-3> 특별/광역시 본청과 자치구간 세수 배분(1998년 일반회계 결산기준)

(단위 : 억 원, %)

	조정전 세수배분			조정교부금(D)	조정후 세수배분	
	특별/광역시세(A)	자치구세(B)	계(C)		특별/광역시(A-D)	자치구(B+D)
서울	41,788 (84.5)	7,656 (15.5)	49,444 (100.0)	7,909	33,879 (68.5)	15,565 (31.5)
부산	10,957 (84.6)	1,999 (15.4)	13,111 (100.0)	2,453	8,504 (65.6)	4,452 (34.4)
대구	6,809 (85.4)	1,167 (14.6)	8,256 (100.0)	1,487	5,322 (66.7)	2,654 (33.3)
인천	7,308 (85.5)	1,239 (14.5)	8,673 (100.0)	1,490	5,818 (68.1)	2,729 (31.9)
광주	3,804 (85.4)	652 (14.6)	4,456 (100.0)	1,336	2,468 (55.4)	1,988 (44.6)
대전	3,761 (84.8)	677 (15.2)	4,437 (100.0)	1,106	2,655 (59.8)	1,783 (40.2)
울산	2,953 (82.5)	625 (17.5)	3,982 (100.0)	481	2,472 (69.1)	1,106 (30.9)
소계	35,592 (84.8)	6,358 (15.2)	42,915 (100.0)	8,353	27,239 (64.9)	14,711 (35.1)
합계	77,380 (84.7)	14,015 (15.3)	92,359 (100.0)	16,262	61,118 (66.9)	30,277 (33.1)

주: 일부 지역에서 (C)가 (A)와 (B)의 합과 다른 것은 (C)는 『지방세정연감』의 수치이고, (A)와 (B)는 『지방재정연감』의 수치이기 때문임.
자료: 행정자치부, 『지방재정연감』, 1999, pp.1212~1213, pp.2396~2401.
   행정자치부, 『지방세정연감』, 2000, p.6.

자동차세를 자치구에 넘겨 주는 방안이 일부에서 검토되고 있다. 자동차세는 특별/광역시 세목 중 세수비중이 등록세, 취득세, 주민세, 담배소비세에 이어 다섯번째로 높은 세목으로 세수신장률도 지난 5년 사이에 49.7%가 증가하여 이들 다섯 세목 중 주민세(87.4%) 다음으로 높다. 가령 자동차세의 1/2을 조정교부금 재원에 포함시킨다고 가정하면, <표 6-3>에서 제시한 특별/광역시와 자치구의 조정후 세수배분은 55.0% 대 45.0%로 개선되고, 전액을 재원에 포함시키면 이 비율이 43.1% 대 56.9%로 역전된다.[207]

2. 자치구 재정조정제도

가. 정부간 재원조정의 필요성

앞에서 살펴보았듯이, 정부조직체계상의 상급기관인 중앙정부는 조세, 세외수입, 채권발행 등을 통한 재원조달능력 측면에서 하급기관인 광역자치단체나 기초자치단체보다 우위에 있다. 따라서 재정적으로 여유를 가질 수 있고, 또 여유가 없더라도 중앙정부는 상대적인 우위에 있는 재원조달능력을 살려 광역자치단체와 기초자치단체를 지원해 준다. 또 광역자치단체는 기초자치단체를 재정적으로 지원해 준다. 이같은 제도가 바로 지방재정조정제도다. 우리나라의 경우 중앙정부가 광역자치단체와 기초자치단체를 지원하는 수단은 지방교부세, 국고보조금, 지방양여금 등이고, 광역자치단체가 기초자치단체를 지원하는 수단은 조정교부금, 재정보전금, 시도비보조금 등이 일반적이다.

지방재정조정제도라고 일컫는 정부간 재정관계는 연방형 국가나 단일형 국가를 막론하고 대부분의 국가가 채용하고 있다. 이같은 제도를 통해 중앙정부는 재원의 효율적이고 공평한 배분을 도모하지만, 구체적인 사안에 들어가면 나라마다 또 시대에 따라 조금씩 다른 모습을 보이고 있다. 그것은 각국이 자신들이 처한 시대적, 사회경제적

---

207) 1998년도의 자동차세수는 2조 1,749억 원으로 최근 5년 중 가장 높은 수준이다. 1994년 이후 1999년까지의 5년간의 특별/광역시 주요 세목의 세수신장률을 보면 주민세가 87.4%로 가장 높고 자동차세 49.7%, 등록세 40.2%, 취득세 30.7%, 담배소비세 2.1%의 순이다. 전 지방세 중에서는 경주마권세가 가장 높고 그 다음은 농지세, 주민세, 공동시설세, 도축세, 자동차세, 면허세, 등록세, 재산세, 지역개발세, 도시계획세, 사업소세, 취득세, 종합토지세, 담배소비세의 순이다. 구체적인 수치는 <부표 6-3> 참조(행정자치부, 『지방세정연감』, 2000, p.5).

여건하에서 적합한 방식을 모색해 현안 문제에 접근하고 있기 때문이다. 하지만 각국이 정부간 재원조정에 나서는 배경을 들여다 보면 다음의 세 가지 측면에서 그 공통점을 찾아볼 수 있다.

1) 지역 혹은 정부간 재정력의 불균형 시정 : 세입 측면

이미 살펴본 바와 같이 지방정부 안에서도 재정력에 큰 차이가 있다. 광역자치단체 안에서도 서울시와 광역시간에 차이가 크고, 광역시안에서도 재정자립도, 재원조달능력의 측면에서 다소간의 차이를 찾아볼 수 있다. 그리고 기초자치단체로 내려가면 이같은 차이는 한층 심해진다. 재정자립도가 95%대를 넘어서는 서울 강남구, 서초구, 중구 등이 있는가 하면, 20%대인 부산 서구, 울산 북구 등이 있다.

이같은 재정력 격차는 기본적으로 해당 지역 고유의 지리적 특성과 관내 산업활동의 내용과 수준이 다르기 때문이다. 그 이유를 좀더 들여다보면, 지리적으로 외진 지역이거나, 사회문화적 요인이나 경제적 요인에 의해 개발의 손길이 아직 제대로 미치지 못한 곳이거나, 개발이 되었더라도 거주민의 특성상 세수가 걷히기 어려운 곳들이다. 사람과 자본이 모이고 또 능력있는 사람들이 활발하게 생산활동을 왕성하게 하는 곳은 소득수준이 높아 납세력이 크므로 재정력도 높다. 경제가 발전하면서 경제활동이 활발한 지역과 그렇지 못한 지역이 구별되고, 시간이 흐르면서 이같은 구별이 소득격차, 나아가 재정력 격차로 이어지면서 지역간의 공공재 공급능력에 차이가 발생한다. 방범, 치안, 행정, 도로, 공원, 시민회관 등의 지방공공재 공급수준에서 차이가 난다는 것은 곧 지역 생활환경의 우열을 의미하며, 이를 방치할 경우 격차가 점차 확대될 가능성이 크다. 재정력이 약한 지역은 기본적인 지방공공재마저도 공급받지 못하는 사례가 발생할 수 있다.

지역간 지방공공재 공급의 격차는 필연적으로 후생수준의 격차로 연결되고, 이렇게 되면 같은 소득을 가진 사람이 거주지역의 재정능력에 따라 누리는 지방공공재 서비스의 크기가 달라질 수 있고, 또 소득이 낮아 세금을 적게 내는 사람이 재정능력이 있는 지역에 거주하면, 소득이 높아 세금을 많이 내는 사람이 재정능력이 약한 지역에 거주할 때보다 더 높은 공공재 서비스를 즐기는 사태가 발생할 수 있다. 이때는 한계편익과 한계비용이 일치할 때 지방공공재를 최적수준으로 공급할 수 있다는 원칙이 적용될 수 없다. 결국 시간이 흐르면서 재정잉여가 발생한 지역으로 인구와 자본이 이동하여 자원배분을 왜곡하는 현상이 발생한다. 이 때문에 중앙정부, 광역자치단체 등의 상급정부는 지방재정조정제도를 이용하여 지역간 재정능력의 격차를 해소시켜려 한다.

2) 소득분배의 불균형 시정 : 세출 측면

주민이 거주지역에 따라 차등적인 공공재 서비스를 받을 수 있다는 가능성을 앞에서 지적하였다. 같은 소득을 벌어 비슷한 금액을 납세하는 주민이 거주지역이 다름에 따라 상이한 지방공공재 서비스를 받는 경우는 얼마든지 목격할 수 있다. 이때는 두 지역 주민의 후생수준에 차이가 생긴다. 이보다 더욱 심각한 것이 지역간의 전반적인 소득격차와 지방공공재 공급의 격차이다. 지역간 개발이 편중되면 거주지역에 따라 거주민 전체의 소득수준이 차등화하는 상황이 전개될 수 있다.

중앙정부 등의 재정조정이 없다면 편중된 지역개발에 따른 거주민간의 소득격차는 곧바로 지역정부의 재정력 격차를 가져옴으로써 지방공공재의 차등공급을 야기하고, 그 결과 양 지역 거주민들의 후생수준에 격차가 생기고, 시간이 지나면서 이것이 고착화될 수 있다. 노약자와 장애자 대상의 각종 사회복지, 주민 건강을 지키는 보건위생, 기초지식과 사회생활의 규범을 가르치는 초중등 교육, 쾌적한 주거생활에 필수적인 생활환경 개선 등은 지방정부가 반드시 공급해야 할 지방공공재이다. 이러한 것들이 지역간의 재정력 격차로 인해 적정 수준 이하로 공급되는 것이 일상화하면, 빈곤과 질병, 범죄가 뿌리내리면서 해당 지역 전체가 슬럼화하거나 기피지역으로 전락되고 만다. 이같은 악순환을 차단하기 위해서는 소득재분배적 성격이 강한 지방공공재, 가령 사회복지, 보건위생, 기초교육 등을 최저수준 이상으로 공급해야 하며, 이를 위한 구체적인 방법의 하나가 중앙정부 등의 상급정부에 의한 재정지원이다.

물론 이들 서비스는 기술적 효율성의 관점에서 보면 민간부문에서 공급하는 것이 바람직할 수도 있다. 그렇지만 대부분의 국가는 소득재분배적 특성을 고려하여 지방정부에 이들 서비스를 공급하도록 하고 있다. 또 같은 서비스를 상급정부가 직접 공급하지 않는 이유는, 이들 지방공공재의 경우 지방정부가 지역주민의 선호구조를 더 잘 파악하여 한정된 재원을 적정하게 배분할 것으로 기대하기 때문이다.

3) 외부성에 따른 서비스 공급유인 약화 시정 : 세출 측면

지방정부는 사회경제적 혹은 지리적 여건의 차이에 더하여 재정력이나 인력구성 등의 면에서 차이가 있다. 따라서 같은 사업이라도 채무가 많은 지방정부와 적은 정부는 해당 사업의 비용을 다르게 받아들일 수 있다. 지리적 여건 등의 차이에 따라 절대적 사업비가 다를 수 있지만, 설사 절대적 사업비가 같더라도 지방정부의 재정여건에 따라 사업비용이 주는 부담을 다르게 받아들일 수 있다. 즉, 각 지방정부가 느끼는 상대적인 사업비용이 다를 수 있다는 것이다.

문제는 이같은 측면에 덧붙여 해당사업을 자기들이 하지 않아도 인근 지방정부에서 시행하면 별도의 비용지불 없이 이들 사업이 제공해 주는 공공재서비스 혜택을 누리는 '무임승차' 문제가 발생할 수 있다는 점이다. 이같은 경우에는 수혜자부담 원리에 따라 필요한 부담을 주민들에게 부과, 징수하기가 어려워지고 그 결과 해당 지방정부는 지역주민이 원하는 수준만큼 지방공공재를 공급하기가 힘들어진다.

도로, 교량, 상하수도, 오염방지시설, 병원 등의 시설물이 대표적인 외부경제효과를 갖는 공공재로, 이들 재화에 대해서는 상급정부인 중앙정부나 광역자치단체가 개입하여 지역간 외부성을 내부화함으로써 해당 서비스를 적정수준으로 공급할 수 있다. 즉, 상급정부는 보조금 등의 재정적인 지원조치를 통해 하급정부가 이들 서비스를 수요에 대응하여 공급하도록 함으로써 지방공공재의 과소공급을 막을 수 있다.

만일 지역간 외부성이 전국에 걸쳐 발생할 때에는 '완전일치(perfect correspondence)'의 원칙에 따라 중앙정부가 그 기능을 수행해야 한다. 이때 중앙정부가 각 지역의 선호에 따라 보조금을 지급하고 지방정부가 이 보조금을 해당 공공재의 공급에 지출할 때 자원이 효율적으로 배분된다. 이처럼 공공재가 갖는 외부성의 크기와 이 성격에 따라 정부계층을 세분화하여 자원배분의 효율성을 추구할 수 있지만, 현실적으로 외부성만을 기준으로 정부계층을 세분화하기는 어렵다. 따라서 외부성에 따른 서비스공급 유인의 약화를 막기 위한 지방재정조정은 위에서 제시한 재정능력의 불균형 시정과 소득분배의 불균형 시정에 비하면 그 중요성이 떨어진다.

나. 자치구 재정조정제도의 현황과 문제점

현행 우리나라의 중앙정부와 지방정부간, 지방정부 내의 광역자치

[도 6-3] 정부간 재정조정제도 개요

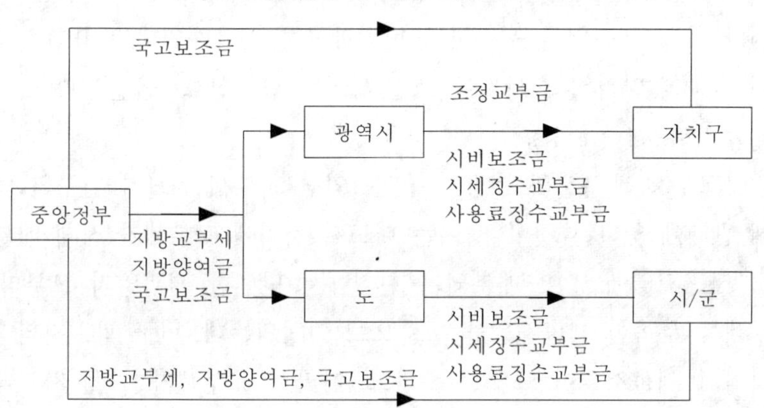

단체와 기초자치단체간의 재정조정제도를 정리하면 [도 6-3]과 같다.
  중앙정부와 지방정부간 재정조정제도로 지방교부세, 국고보조금,
지방양여금 제도가 있다. 먼저 이들 제도의 현황과 문제점에 대해 간
략히 살펴보고 이어서 지방정부간 재정조정제도를 살펴보자.

1) 중앙정부/지방정부간 재정조정제도

  지방교부세는 중앙정부가 지방교부세법에 입각해 광역자치단체인
광역시와 도, 기초자치단체인 시/군에 지방교부세를 교부하는데 그
규모는 내국세 총액의 15%이다. 이 중 10/11은 보통교부세로, 1/11은
특별교부세로 지원한다. 이 제도는 중앙정부와 지방자치단체가 세원
을 공유하여 이를 배분하는 조치다. 배분 공식은

$$지방교부세 = 조정률 \times (기준재정수요액 - 0.8 \times 지방세수입)$$

조정률: 약 0.9(2000년)

으로 정해지는데, 여기서 기준재정수요액은 인구, 공무원수, 가구수,

면적, 도로 등과 같은 지수를 바탕으로 계산한다. 지방세 수입은 보통세와 목적세 수입을 포함하며 탄력세율을 적용하거나 과표현실화율의 변동에 따라 실효세율이 바뀔 때에는 평균실효세율을 적용한다(종합토지세, 재산세 등).

지방교부세 배분상의 특징은 주민 1인당 교부세 규모가 인구와 역비례 관계에 있다는 것이다. 이는 대도시 지역에 교부세가 적게 배분되고 시군지역에 많이 배분되는 현실에서 당연한 결과일지 모른다. 교부세는 부족한 세출재원을 기준으로 편성되는데, 인구 과소지역인 군지역의 세출재원이 크게 부족하고, 따라서 교부세가 이들 지역에 상대적으로 많이 배정되기 때문에 이같은 결과가 얻어지고 있다. <표 6-4>에서 보듯이, 절대적으로도 군지역에 가장 많은 지방교부세가 교부되고 있다. 같은 표에서 알 수 있듯이, 지방교부세는 이전재원 중 국고보조금에 이어 두번째 큰 규모로 지방정부의 일반적인 재정부족을 해소할 목적으로 교부되고 있다.

국고보조금은 중앙정부와 지방자치단체가 경비부담 원칙에 입각하여 특정 시책을 장려하거나 재정적으로 지원해 주기 위해 중앙정부가 지방자치단체에 건네주는 부담금, 보조금, 위탁비, 장려비 등을 가리킨다. <표 6-4>에서 보듯이, 국고보조금은 지방정부 이전재원 중 가장 큰 규모이며, 2000년도 예산규모는 8조 원에 달하고, 지난 5년 사이에 빠르게 증가하여 2배 정도가 되었다. 이같이 빠르게 증가한 것을 설명하는 주장 중 다음의 두 가지가 설득력이 있는 것으로 판단된다.[208]

하나는, "선거를 통해 선출되는 지방자치단체장의 정치적 힘이 커

---

208) 김정훈「지방재정의 현황과 정책과제」『조세 및 지방재정구조개혁의 방향』, 개원 8주년 기념 심포지엄, 한국조세연구원, 2000. 9, p.101에 관련 내용이 기술되어 있다.

<표 6-4> 지방정부에의 이전재원(1997년, 일반회계 총계기준)

(단위 : 억 원)

	계	서울시	서울 자치구	광역시	광역 자치구	도	시	군
계	227,994	981	13,277	9,984	18,272	62,615	56,614	66,251
지방교부세	67,857	28	-	2,154	-	14,135	23,009	28,531
증액교부금	2,289	-		83	-	2,046	160	-
지방양여금	28,764	-	-	3272	11	9,427	7,919	8,134
조정교부금	20,851	-	10,788	-	10,064		-	-
보조금	108,233	954	2,489	4,475	8,196	37,007	25,525	29,586
국고보조금	74,095	954	541	4,439	2,537	37,007	12,483	16,136
시도비보조금	34,138	0	1,949	36	5,660	-	13,042	13,451

자료 : 행정자치부, 『지방재정연감』, 1998.

져 중앙정부에 대한 로비력이 강화되었고, 이로 인해 임의성이 큰 국고보조금의 규모가 증가하였다"는 주장이고, 다른 하나는, "지방자치로 중앙정부의 입지가 축소되자 중앙정부가 재정권한을 통해 발언권과 통제력을 행사하려는 과정에서 임의적인 결정의 여지가 많은 국고보조금이 늘어났다"는 주장으로, 모두 정치경제적인 측면에서 바라본 시각이다.

이렇게 볼 수 있는 것은, 우선 국고보조금의 내용을 들여다보면 국가적 이해 조정을 위한 사업보다 선심성 지역사업이 많이 들어 있고, 또 포괄적인 재원으로 지원하는 것이 가능한 경우에도 세부심사를 통해 국고보조금으로 지원하는 사례가 많기 때문이다.

지방양여금은 본래라면 지방자치단체의 세원으로 넘겨 주어야 하거나 넘겨 줄 수 있는 세목을 과세상의 편의나 기타 사유로 중앙정부가 부과 징수권을 행사하여 지방자치단체에 양여하는 재원지원 조치로서, 지방양여금법의 규정에 의해 현재는 주세, 전화세, 농어촌특별세의 일부(19/150) 등을 포함하고 있다. 지방양여금법 제1조는 그 목적을 명확히 규정하고 있다.

"국세 수입의 일부를 지방자치단체에 양여하여 지방자치단체의 재정기반을 확충하고 도로정비사업 등을 추진함으로써 지역간의 균형 있는 발전을 도모함을 목적으로 한다"

이 목적에 따라 지방양여금은 도로사업, 수질오염방지사업, 지역개발, 농어촌개발, 청소년 육성 등 5대 사업을 지원하는 데 사용되고 있다. 가장 예산규모가 큰 도로사업은 광역시도, 지방도, 군도, 농어촌도로, 시의 국도 등의 도로사업을 포함하고 있으며, 2000년도 예산규모는 3조 7천억 원 수준이다. <표 6-4>에서 보듯이, 지방양여금은 그 규모가 국고보조금, 지방교부세에 비해 적으며, 그 성격은 포괄적 지원금인 지방교부세와 특정사업 지원금적 성격을 지니는 국고보조금의 중간 정도의 위치에 있다. 하지만 실제의 배분상황을 보면 지방교부세와 아주 유사하여 양자간의 상호연관도가 아주 높게 나타나고 있다.[209]

문제는, 지방양여금 제도의 목적이 지역간 균형발전을 도모하는 것이라면, 지방정부의 부족한 경상재원을 지원하는 지방교부세와 배분방식이 달라야 할 것인데, 결과는 양자의 배분이 유사하게 이루어지고 있다는 점이다. 따라서 현재와 같은 용도에 사용하는 것이, 또 현재와 같은 배분방식으로 재원을 나누는 것이 적합한지에 대해 추가적인 검토가 필요할 것이다. 문제의 본질은 현재의 지역균형발전 정책이 인구과소 지역에 재원을 많이 배분하여 이곳으로 과밀지역의 인구를 끌어들이려고 시도한다면 이것은 잘못된 방향이라는 점이다. 이같은 정책노력은 기본적으로 그 효과가 나타나기 어렵고, 나타나

---

[209] 김정훈(2000), 앞의 논문, p.99. 1인당 양여금 $= 0.9971 + 0.236 \times 1$인당 교부세. $R^2 = 0.85$.

더라도 한계가 있기 때문이다.

2) 지방정부간 재정조정제도 : 조정교부금 등

지방정부간 재정조정제도에는, [도 6-3]에 제시되어 있듯이, 광역시와 자치구간에 적용되는 조정교부금, 시세징수교부금, 사용료징수교부금, 시비보조금 등이 있고, 도와 시/군간에 적용되는 재정보전금, 도세징수교부금, 사용료징수교부금, 도비보조금 등이 있다.

먼저 조정교부금은 특별/광역시 자치구에 대해 행정의 특성상 지방교부세를 교부하는 대신 이를 시 본청의 지방교부세 몫에 합산하여 배분하고, 대신 특별/광역시가 지방세수입의 일부를 확보하여 관내 자치구 상호간의 재원을 조정토록 하는 제도이다. 법적 근거는 지방교부세법 제6조, 지방자치법 제160조, 동법 시행령 제57조에 있으며, 조정교부금의 산정 및 교부방식에 대한 구체적인 내용은 해당시의 조례, 즉 "○○특별/광역시 자치구의 재원조정에 관한 조례"와 관련 규칙으로 규정하고 있다.

조정교부금의 재원은 취득세 및 등록세 합산액(조정세)의 일정률이며, 이 일정률은 자치단체별로 조례에 따라 서울 50%, 부산 51%, 대구 52%, 인천 50%, 광주 70%, 대전 68%, 울산 58%로 정해져 있다. 또 조정교부금은 전체의 90%를 보통교부금으로, 10%를 특별교부금으로 교부하는데, 부산시만이 95%를 보통교부금으로, 5%를 특별교부금으로 교부토록 되어 있다. 조정교부금의 산식은 다음과 같다.

조정교부금 = 기준수요액 – 기준수입액 (= 재원부족액)

이때 기준수요액은 지방의회비, 인건비, 일반행정비, 사회복지비, 산업경제비, 지역개발비 등 6~23개 측정항목별로 측정단위에 단위비용을 곱하여 계산한다. 측정단위로는 인구수, 지방공무원수, 의원정수, 구공무원수, 투표구수, 가구수, 건물 연면적, 생활보호자수, 산업인구수, 행정구역면적, 도로 연장, 자연녹지면적, 민방위대원수 등 13종이 있다. 또 기준수입액은 자치구세와 경상세외수입의 80% 해당액으로 하며, 자치구세에는 종합토지세, 재산세, 사업소세, 면허세가 있다.

조정교부금이 안고 있는 문제점을 정리해보자.[210]

첫째, 경기침체에 따른 취득세, 등록세 세수의 변동을 반영하여 조정교부금 규모가 연도별로 들쑥날쑥하여 자치구 재정의 안정성을 해치고 있다. 취득세와 등록세는 1988년에 조정교부금 제도가 도입된 이후 조정세 역할을 맡아 왔다. 90년대 후반의 IMF관리체제 이전까지 두 세목은 세수신장성은 약했지만 세수탄력성이 낮아 경기변동에 강한 세목으로 인정받아 왔다. 그런데 IMF 관리체제 이후 급속한 경기침체에 따른 자산디플레와 재산거래의 급감으로 두 세목의 세수가 모든 대도시에서 지방세 평균감소율의 2~3배에 달하는 심한 감소현상을 보였다[211](부표 6-4 참조). 그 결과 조정교부금 총액이 줄어들고

---

210) 이하에서 기술하는 문제점은 행자부에서 1999년 5월에 제시한 사항들이다. 이후 각 광역시에 필수적 개선사항과 선택적 개선사항으로 구분되어 제시되었다. 인천과 광주가 필수적 개선사항을 대부분 받아들여 조례를 개정하여 2000년 1월부터 시행하고 있고, 나머지 광역시는 조례 아닌 규칙개정 등의 조치로 부분적으로 제도를 보완하면서 제도를 운영해 오고 있다. 행정자치부, 『조정교부금 제도개선안』, 1999. 5; 『광주광역시 자치구의 재원조정에 관한 조례중 개정조례안』, 1999. 8; 『인천광역시 자치구의 재원조정에 관한 조례중 개정조례안』, 1999.

211) 세목별, 지역별로 1989년부터 1997년까지의 9년간에 대한 연평균 신장률과 지역내 총생산(GRDP) 탄력성, 그리고 1998년 1년의 신장률을 비교해 보자. 서울특별시의 경우 취득세는 13.6%, 2.3, -30.3%, 등록세는 14.6%, 2.5, -23.4%로 나와 서울시 지방세 평균의 16.9%, 2.8, -7.3%에 비해 9년간의 연평균 신장률과 지역 총생산 탄력성이 모두 낮다. 이는 취득세와 등록세가 안정적인 세원이었음을 입증하고 있고, 98년의 급격한 세수감소폭이 지방세 평균보다 3~4배 크다는 것을 말해 준다. 부산, 대구, 인천, 광주, 대전도 정도의 차이는 있으나 기본적인

<표 6-5> 자치구 재원조합별 타일 지수

	자치구세	자치구세 + 조정교부금	자치구세 + 국고보조금	자치구세 + 조정교부금 + 국고보조금
합계	0.159	0.057	0.110	0.064
서울	0.244	0.051	0.193	0.073
부산	0.055	0.045	0.036	0.043
대구	0.051	0.038	0.023	0.037
인천	0.066	0.079	0.044	0.078
광주	0.048	0.037	0.028	0.038
대전	0.056	0.042	0.027	0.036
울산	0.044	0.009	0.020	0.032

자료: 임주영 외(2001), p.43.

개별 자치구 배분몫도 줄어들었다.

둘째, 인천에서는 조정교부금의 재정형평화 효과가 역으로 나타나고 있다. 또 부산, 대구, 인천, 광주, 대전 등에서 조정교부금의 재정형평화 효과가 국고보조금의 그것보다 낮다. 조정교부금의 기본적인 목적이 자치구간 재정형평화이므로, 대도시 자치구간 재정 불균형을 얼마나 시정하는가에 따라 제도의 효과를 판단할 수 있다. 특별/광역시 자치구를 대상으로 재원 조합별로 타일(Theil) 지수를 이용한 불균형도 측정결과(표 6-5) 이같은 결과가 얻어졌다.[212]

셋째, 측정 항목이 자치체별로 작게는 6개, 많게는 23개 항목(세항목은 12개에서 32개 항목)으로 나뉘어져 서로 다른 기준을 가지고 측정하고 있고, 현행 측정항목이 새로 추가된 기능이나 변화한 행정수

패턴은 같다. 상세한 내용은 <부표 6-4> 참조.

212) 임주영 외, 『대도시 자치구 재정조정제도 개선방안에 관한 연구』, 최종보고, 2001. 1.

요, 가령 공무원 복리후생비, 환경공해비, 공원녹지비 등을 반영하지 못하고 있다.

넷째, 측정 단위로 의원정수, 공무원수 등 13개에서 22개 단위를 사용하고 있는데, 구청보유 통계와 측정단위 통계가 일치하지 않는 사례가 있고, 측정단위가 측정항목과 상관관계가 낮은 경우가 있다. 가령 '산업유형별 인구수'라는 측정단위에 상공업종사자수를 사용하거나, 도로유지비에 '도로면적' 대신 '도로연장'을 단위로 사용하거나, 지역개발비에 행정구역면적 대신 인구수를 단위로 사용하는 것 등이 그것이다.

다섯째, 단위비용이 비현실적인 수준이어서 기준 재정수요 산정액의 현실적합성이 떨어진다. 단위비용이 조례 규정사항으로 개정이 쉽지 않은 탓에 연별로 단위비용을 산정하지 않고 행자부의 전년도 단위비용을 사용하거나(부산, 대구, 울산), 89년도에 규정한 단위비용에 물가상승률을 곱해 사용하고 있다(대전). 이들 광역시가 사용하는 단위비용은 지방교부세 산정에 사용하는 단위비용과 비교할 때 크게 낮다. 인천과 광주는 2000년도부터 조례를 개정하여 단위비용을 전년도 세출예산을 토대로 매년 산정할 수 있도록 바꾸었다.

여섯째, 기준재정수요액과 기준재정수입액을 보정하는 보정계수를 사용하지 않는 곳(서울, 울산), 보전수요와 가산수요를 적용하는 곳(광주), 89년도 혹은 전년도 회귀식을 이용하여 보정계수를 산정하는 곳(대전, 부산, 인천) 등 제각각이다.

일곱째, 기준재정수입액(지방세+경상세외수입)에 목표액 전체가 아닌 일정률만이 반영된다(서울 95%, 광역시 80%). 또 지방세 목표액과 결산액 차액의 반영 비율도 각기 상이하다(서울 70%, 부산 20%, 기타 광역시 80%). 또 목표액이 기준이 됨으로써 징세실적이 반영되지 않아 징수노력을 유인할 조치가 없으며, 징수교부금을 기준재정수입에 반영하는 곳이 있는가 하면, 하지 않는 곳이 있어 형평성에 문제가 있다(서울·부산은 0%, 대구·대전·울산은 80%, 인천·광주는 100% 반영).

여덟째, 자치체별로 사용하는 조정률이 다르다. 서울, 인천, 대전, 울산은 1988년에 만들어진 초기 조정률인 (기준수입액+조정교부금)/기준수요액 비율을 사용하고 있고, 부산, 대구, 광주는 현행 지방교부세 산정시 사용하는 개선 조정률인 조정교부금/재원부족액 비율을 사용하고 있다. 개선 조정률을 사용하면 서울 등 4개 지역의 자치구 간 재원배분 비율이 상당히 달라진다.

아홉째, 기준재정수요 산정시 인센티브가 거의 적용되지 않고 있다. 경상경비와 일용인부의 절감, 지방세 징수율 제고, 읍면동 통합, 표준정원 반영 등을 고려하여 기준재정수요를 편성하는 노력이 부족하다. 부산, 대구에서 일부 인센티브 제도를 반영하고 있다.

다음으로, 징수교부금과 재정보전금 제도를 살펴보자. 시도세 징수교부금은 지방세법 제53조에 의거하여 시/군(광역시의 군 포함)이 당해 시/군 내의 도세를 징수하여 도에 납부할 의무를 지며, 이때 도세 징수에 따른 비용은 시/군의 부담으로 하고 그 처리비용으로 도는 시/군에 도세징수교부금을 교부해야 한다.

1999년까지 도세 징수교부금은 도세(공동시설세는 제외) 징수액의 30%였다. 단, 특별/광역시는 특별/광역시세의 3%를 당해 구에 징수교부금으로 교부한다(지방세법 시행령 제41조 1항). 또 인구 50만 이상의 시에 대해서는 도세의 50%를 징수교부금으로 교부했으며(지방세법시행령 제41조 2항, 지방세법 시행규칙 제26조), 시/군이 공동시설세를 징수하여 도에 납입하는 때에는 그 세수의 3%를 징수교부금으로 당해 시/군에 교부해야 한다(지방세법시행령 제41조 3항).

2000년부터 도세 징수교부금에 재정보전금 제도가 도입되어 도는 도세징세금의 3%를 시/군에 도세징수교부금으로 교부하고, 나머지 재원을 재정보전금으로 시/군에 교부하여 시/군간의 재원불균형을 해소하고자 한다. 또 징수교부금을 교부하고 남은 재원인 재정보전금(인구 50만 이상의 시/군은 도세의 47%, 그 이하는 도세의 27%)은 인구와 징세실적을 6 : 4의 비율로 고려하여 배분한다. 재정보전금 제도는 시/군에만 적용하고 자치구에는 적용하지 않는다.

이어서 사용료 징수교부금 제도를 살펴보자. 시/군/자치구가 시/도의 수입인 하천공유수면 점용/사용료 및 도로점용료 등을 징수하여 납입하면, 특별/광역시와 도는 납입금액의 일부를 시/군/자치구에 교부해야 한다. 관련 내용이 도로법 제43조, 하천법 제33조, 공유수면관리법 제7조 등에 기술되어 있다.

이 밖에 시도비 보조금이 있다. 특별/광역시와 도는 관내 자치구와 시/군의 특정 사업을 지원하거나 제도 개혁 등을 장려하기 위해 각종 보조금을 지급하고 있다. 이들 지원금에는 자치구와 시/군의 자본형성을 지원하는 형태의 보조가 상당수준 포함되어 있다.

Ⅲ. 자치구의 사무배분과 재원배분의 불균형

자치구 재정조정 제도를 살펴볼 때 궁금한 사항의 하나는, 자치구가 수행하는 업무배분에 비추어 자치구에 배분된 재원, 즉 지방세, 세외수입, 조정교부금, 각종 보조금의 규모가 적정한가 하는 점이다. 이 질문에 대한 답을 얻기 위해서는 자치구가 수행하는 업무를 엄밀히 분석하여 모든 수행업무를 분류가능한 사무로 구분, 취합하고 또 이를 사무특성에 따라 자치구 고유사무, 국가나 광역의 위임사무, 공동사무 등으로 구분함으로써 경비 부담의 주체를 명확히 가려내고 이를 경비의 부담주체와 매칭시키는 작업이 필요할 것이다.

지금까지 위에서 기술한 문제의식에 입각해 자치구의 사무배분과 재원배분을 매칭시키는 체계적인 작업을 추진한 연구는 없었다. 이하의 2항에서 소개하는 임주영 외(2001)가 이같은 문제에 도전하는 연구인데, 자료상의 제약 때문에 엄밀한 연구결과를 제시하지는 못하고 있다. 그럼에도 불구하고 이하에 소개하는 두 연구를 통해 자치구의 사무배분과 재원배분의 불균형에 대한 초보적 단계의 시사점을 정리해 볼 수는 있다.

아래의 1항에서 소개하는 내용은 자치구 위임사무의 비율이 34~42% 정도라고 할 경우, 34% 수준이라면 현행과 같은 자치구 재원배분조치가 설득력을 지니고 있다고 말할 수 있으며, 42% 수준이라면 현행 재원배분보다 좀더 많은 재원이 자치구로 이관 내지는 이전되어야 할 것이라고 말할 수 있을지 모른다는 것이다. 또 2항에서 소개하는 내용은 인천광역시 남구를 예로 들어 위임사무 때문에 186억~231억 원(작게는 116억~145억 원), 즉 기존 세출예산의 24~30%(작게는 21~26%)에 상당하는 추가예산을 국가/광역시로부터 배정받아야 한다는 것이다.

1. 특별/광역시와 자치구의 사무배분과 재원배분의 불균형: 기존조사

이하에서는 특별/광역시와 자치구의 사무건수를 사무특성별로 구분하여 분포를 조사한 기존의 두 조사를 소개하고, 이 조사의 결과를 앞 절의 논의에서 얻은 분석결과와 연계시켜 사무배분과 재원배분의 불균형 문제에 대한 하나의 해석을 시도해 본다.

기존 조사에는 행정자치부/한국지방행정연구원(1997)이 서울특별시와 강남구를 대상으로 시행한 조사와, 삼일회계법인/한국행정연구원(1999)이 인천광역시와 인천 남구를 대상으로 비슷한 내용을 조사한 자료가 있다. 앞 조사에 따르면, 특별시와 자치구의 사무건수 분포는 2,289건과 2,610건으로 나와 46.7%와 53.3%의 분포를 보이고 있다. 그리고 뒷 조사에 따르면, 광역시와 자치구의 사무건수 분포가 4,633건과 925건으로 83.4%와 16.6%를 보이고 있다(표 6-6 참조).

또 사무특성에 관한 조사에서도 두 조사는 상당히 다른 결과를 보여주고 있다. 행정자치부 등의 조사에서는 서울시에 위임한 국가사무를 강남구로 재위임하는 사무가 많았고, 서울시 사무를 강남구에 위임하는 사례도 많다는 결과가 얻어졌다. 그리고 삼일회계법인 등의 조사에서는 광역시의 사무건수가 훨씬 많은 것으로 조사되었는데, 그 이유는 국가위임사무의 남구 재위임 비율이 낮고 인천시 자치사무가 많기 때문인 것으로 드러났다. 두 조사의 결과를 종합하면, 상급기관의 자치구에의 위임사무 비율은 34~42% 수준으로 나오고 있다(표 6-6 참조).

이처럼 두 조사가 큰 차이를 보이는 것은 다음과 같은 측면에서 그 이유를 찾을 수 있을 것이다. 첫째, 사무를 규정하고 있는 법과 규정의 포괄범위가 달랐다. 행정자치부 등(1997)이 법령상의 단위사무에 초점을 맞춘 반면, 삼일회계법인 등(1999)에서는 법령 외에 자치법규, 통첩, 훈령, 예규, 지침, 지시 등의 형태로 규정된 다양한 단위사무까지를 포괄하고 있다. 둘째, 조사대상이 서울시와 인천시로 서로 달라 업무가 다를 수 있다. 셋째, 조사방법과 기준상의 차이 등을 들 수 있다.

두 조사 중 어느 쪽이 더 신뢰성 있는 조사인지를 가리는 것은 쉽

<표 6-6> 특별/광역시와 자치구의 유형별 사무건수

가. 특별/광역시

	인천광역시		서울특별시	
	건수	비율(%)	건수	비율(%)
국가가 위임한 사무	304	7	599	26
광역자치사무	3,754	81	1,523	67
국가/광역 공동사무	125	3	33	1
국가/광역/기초 공동사무	309	7	56	2
광역/기초 공동사무	141	3	78	3
계	4,633	100	2,289	100

나. 자치구

	인천 남구		강남구	
	건수	비율(%)	건수	비율(%)
국가가 위임한 사무	97	10	43	2
국가가 광역에 위임한 사무의 자치구 재위임사무	129	14	501	19
광역위임사무	93	10	557	21
자치구 자치사무	527	57	1,373	53
국가/자치구 공동사무	4	0	2	0
국가/광역/자치구 공동사무	46	5	56	2
광역/자치구 공동사무	29	3	78	3
계	925	100	2,610	100

자료: 행정자치부/한국지방행정연구원 내부자료(서울특별시, 강남구), 1997.
　　　삼일회계법인/한국행정연구원 내부자료(인천광역시, 인천 남구), 1999.

지 않다. 위에서 언급한 것처럼, 조사대상과 조사방법이 다르기 때문
이다. 따라서 우리는 두 조사의 결과를 동시에 시야에 넣고 포괄적으
로 사무건수의 배분과 위임비율을 검토한다.

앞 절의 <표 6-3>에서 광역시와 자치구의 재원배분이 조정교부금 배분 이후에 2 : 1 정도라고 하였다. 앞의 두 조사에서 드러난 상급기관의 자치구에의 위임사무 비율이 다소 다르긴 하지만 34~42% 수준으로 나오고 있다(표 6-6 참조). 위임사무가 34% 수준이라면 현행 재원배분조치가 상당히 효과를 발휘하고 있다고 말할 수 있을지 모른다. 그리고 위임사무 비율이 42%라면 현행 재원배분보다 좀더 많은 재원이 자치구로 이관 내지는 이전되어야 할 것이라고 말할 수 있을지 모른다. 물론 이같은 추론은 사무건수의 단위비용이 동다는 가정하에 가능하다는 점에서 강한 제약하에 행해질 수 있을 것이다.

2. 특별/광역시와 자치구의 사무배분과 재원배분의 불균형: 임주영 외(2001)

임주영 외(2001)는 광역시와 자치구가 수행하는 업무를 소기능 중심으로 구분하고 실제 세출예산을 이들 소기능에 맞추어 배분함으로써 사무배분과 재원배분을 결합시키는 작업을 시도하고 있는데, 이는 이 분야의 효시적인 연구이다.[213)]

이같은 연구는 지금까지 행해진 바가 없는 전혀 새로운 연구인데, 자료 때문에 일정한 제약하에서 분석을 진행하였다. 또 광역시와 자치구의 사무특성을 고려한 사무건수의 분포에 대해서는 앞의 두 연구의 결과를 이용하고 있다. 여기서 제약이라 함은 중앙정부가 광역

---

213) 이 연구는 행정자치부의 의뢰를 받아 임주영 외 7인(필자 포함)이 수행한 것으로, 2001년 1월에 최종보고서가 제출되었다. 사무배분과 재원재분의 연계작업은 연구팀 중 홍준현 교수와 김재훈 교수가 담당하였다.

시에 교부하는 지방교부세를 광역시의 부족한 경상재원을 메워주는 재원으로 보고, 국가가 광역에 위임한 사무는 그에 상응한 보조금으로 보상해 주어야 한다고 전제하는 것을 지칭한다. 마찬가지로 특별/광역시가 자치구에 교부하는 조정교부금도 자치구의 부족한 경상재원을 충당하는 데 사용하는 것이므로 국가와 광역이 기초에 위임한 사무는 국고보조금, 시비보조금 등으로 보상해 주어야 한다고 전제한다. 물론 이들은 이 제약을 일정한 가정하에 완화시켜 추가적인 작업도 시도하고 있다.

임주영 외(2001)는 위에서 지적한 점에서 제약을 지니고 있지만, 이 분야의 효시적인 연구로 주목할 가치가 있다는 점에서 연구의 방법론과 결과의 일부를 간략히 소개한다.

가. 분석방법

앞에서 이미 간략히 설명한 바와 같이, 특별/광역시와 자치구의 세출예산을 사무유형별, 재원유형별로 구분하여 대응시키기 위해 위의 두 조사에서 얻어진 사무유형별 분포비율을 이용한다. 또 사무유형을 재원유형과 대응시키는데, 사무유형은 앞의 두 조사에서 사용한 방식의 분류를 이용하되 개별사무는 세출예산서의 소기능에 대응시킨 것을 사용하고, 재원유형은 특별/광역시 혹은 자치구의 세출예산서에 명기된 내용을 사용한다.

먼저, 광역시에 대해서 소기능에 대응시킨 사무를 특성에 따라 5가지 유형으로 구분하여 국가가 위임한 사무, 광역자치사무, 국가/광역 공동사무, 국가/광역/기초 공동사무, 광역/기초 공동사무로 나누고, 재원을 3가지 유형으로 구분하여 국고보조, 시비의 국고보조부문 지출, 시비의 비국고보조부문 지출로 나누어 이들을 위의 5가지로 구분한 사무유형과 대응시켜 세출예산을 배분한다.

한편, 자치구에 대해서는 사무를 특성에 따라 7가지 유형으로 구분하여 국가가 위임한 사무, 국가가 광역에 위임한 사무를 기초에 재위임한 사무, 광역이 위임한 사무, 기초자치사무, 국가/기초 공동사무, 국가/광역/기초 공동사무, 광역/기초공동사무로 나누고 재원을 6가지 유형으로 구분하여 국고보조, 시비보조, 구비 중 국고보조부문 지출, 구비 중 시비보조부문 지출, 구비 중 국고/시비 보조부문 지출, 구비 중 자체업무부문 지출로 나누고 이들을 위에서 7가지로 구분한 사무유형과 대응시켜 세출예산을 배분한다.

여기서 사무배분과 관련한 법규정을 살펴보자. 지방자치법 시행령 제10조는 자치단체 종류별 사무배분 기준을 명기하고 있다.

우선 특별/광역시/도의 사무를 ① 행정처리 결과가 2개 이상의 시/군/자치구에 미치는 광역적 사무, ② 시/도 단위로 동일한 기준에 따라 처리되어야 할 성질의 사무, ③ 지역적 특성을 살리면서 시/도 단위로 통일성 유지가 필요한 사무, ④ 국가와 시/군/자치구간 연락, 조정 등의 사무, ⑤ 시/군/자치구가 독자적으로 처리하기에 부적당한 사무, ⑥ 2개 이상의 시/군/자치구가 공동으로 설치하는 것이 적당하다고 인정되는 시설의 설치 및 관리에 관한 사무 등으로 규정하고 있다.

시/군/자치구 사무는 특별/광역시/도가 처리하는 사무를 제외한 사무로 규정하고 있다. 자치구와 관련하여 지방자치법 제2조는 특별/광역시 관할구역 안에 자치구를 인정하여 이를 시/군과 같은 계층의 자치단체로 규정하고 있지만 지방자치법 시행령 제9조는 자치권의 범위를 시/군과 다르게 규정하고 있다.

구체적인 사무내용과 그 건수에 대해서는 지방자치법시행령 별표 1이 특별/광역시/도 사무를 301건, 시/군/자치구 사무를 313건으로 규정하고 있는데, 별표 2는 자치구 대신 특별/광역시가 처리하는 사무로 44건을 별도로 규정하고 있다. 결국 이상의 지방자치법 규정에 따라 특별/광역시와 자치구간 사무배분 건수를 단순하게 비교하면 345건과 269건이 되고 비율은 56.2% 대 43.8%로 나온다.

사무건수의 포착과 관련해 남은 문제는, 자치단체가 수행하는 사무를 어디까지 포착하느냐 하는 것이다. 사무내용은 지방자치 관련 법규정에 명시되어 있는 것 외에 통첩, 훈령, 예규, 지침, 지시 등의 행정규정으로 폭넓게 규정되어 있기 때문에 어느 수준까지를 포괄하느냐에 따라 다른 결과가 얻어질 수 있다.

정리하면, 사무건수의 포착 범위에 따라 사무건수의 숫자와 그 분포가 달라질 수 있고, 또 포착한 사무건수도 그 속성이 국가가 위임한 사무, 광역이 위임한 사무, 재위임 사무, 자치구 고유사무, 공동사무 등의 어느 부류에 속하는지에 대해 뚜렷한 잣대가 마련되어 있지 못하다는 것이다. 따라서 임주영 외(2001)에서는 기왕의 두 연구가 제시한 분석결과를 원용하여 이 문제를 처리하고 있다.

나. 분석결과

<표 6-7>은 인천 남구를 예로 들어 1999년도 당초 세출예산에 반영된 숫자를 사무유형별, 재원유형별로 대응시켜 제시하고 있다. 이 표에서 A는 삼일회계법인 등(1999)의 조사결과를 토대로 추정한 수치이고, B는 행정자치부(1997)의 조사결과를 토대로 추정한 수치다.

첫째, 이 분석 결과를 놓고 인천 남구의 경우 구비, 즉 구의 재원으로 국가가 위임한 사무, 국가가 위임한 광역사무의 재위임사무, 광역이 위임한 기초사무의 세 가지를 행하는 것은 부당한 지출이므로, 국가/광역시는 구에 대해 이 부문만큼을 추가적으로 지원해 주어야 한

<표 6-7> 인천 남구의 사무유형별, 재원유형별 세출예산
배분(1999년 당초예산 기준, 일반회계+특별회계)

(단위: 억 원)

	국고보조	시비보조	구비					합계 A	합계 B
			국고보조부문	시비보조부문	국고/시비동시보조부문	구비단독부문 A	구비단독부문 B		
1.국가가 위임한 기초사무	39.5	9.8	-	0.2 (0.1)	0.1 (0.1)	60.6 (39.6)	9.5 (6.2)	110.3 (89.1)	59.1 (55.7)
2.국가가 위임한 광역사무 재위임	10.0	6.0	0.1 (0.1)	0.8 (0.5)	1.3 (0.9)	80.6 (52.7)	111.0 (72.6)	98.9 (70.2)	129.2 (90.1)
3.광역이 위임한 기초사무	-	15.0	-	0.7 (0.5)	-	58.1 (38.0)	123.4 (80.7)	73.8 (53.5)	139.1 (96.2)
4.기초사무	11.0	5.5	-	0.0 (0.0)		329.5 (215.5)	304.2 (198.9)	345.9 (232.0)	320.7 (215.4)
5.국가/기초공동사무	-	-	-	-	-	2.5 (1.5)	0.4 (0.3)	2.5 (1.5)	0.4 (0.3)
6.국가/광역/기초공동사무	58.1	22.2	3.0 (2.0)	1.4 (0.9)	9.5 (6.2)	28.8 (18.8)	12.4 (8.1)	122.9 (108.2)	106.6 (97.5)
7.광역/기초공동사무	-	0.5	-	0.5 (0.3)	-	18.1 (11.8)	17.3 (11.3)	19.1 (12.6)	18.2 (12.1)
계	118.5	59.0	3.1 (2.0)	3.5 (2.3)	10.9 (7.1)	578.3 (378.2)	578.3 (378.2)	773.4 (567.1)	773.4 (567.1)
조정계								959.6 (683.1)	1,004.1 (712.3)

주: ( ) 안 값은 구비지출액에 0.654를 곱한 값임. 0.654=1－(조정교부금 204억＋
지방양여금 0.2억)/(총예산 773억－국고, 시비보조 184억). 조정계는 주 214의
방식에 따라 계산
자료: 임주영 외(2001), 인천광역시, 『인천광역시 남구 세입세출예산각목명세서』,
1999.

다고 주장할 수 있다. 물론 이때 국고보조나 시비보조로 기초사무를
수행한 것에 대해서는 국가/광역시에 환원해야 하므로 앞의 추가지
원예산에서 이만큼을 차감해야 한다.

이렇게 해서 계산된 금액은 A방식에 따르면 186억 원, B방식에 따
르면 231억 원으로 추계되어 기존 세출예산의 24%와 30%에 상당하

는 추가예산을 국가/광역시로부터 배정받아야 한다는 해석이 가능해진다.[214]

둘째, 첫째 해석은 다음과 같은 점에서 한계점을 갖는다. 즉, 광역에서 자치구의 기준재정수요를 산정해 조정교부금을 배분할 때, 국가/광역시가 기초에 위임한 사무가 모두 재정수요에 포함되어 고려된다는 점에서 이러한 수요를 토대로 산정한 재정부족액을 보전해 주는 조정교부금을 자치구 고유재원으로 간주하는 것은 설득력이 약하다는 것이다. 극단적으로 자치구가 자주재원을 고유사무를 처리하는 데 전액 사용하고, 조정교부금과 국고/시비 보조금을 국가/광역시의 위임사무와 권장사무에 사용하는 상황이 발생할 수도 있을 것이다. 즉, 자치구의 재정부족액이 전액 국가/광역시의 위임사무를 수행하는 과정에서 발생하는 상황을 가정할 수도 있다는 것이다. 실제로 상급기관의 자치구에의 위임사무 비율은, 연구에 따라 다소 다르긴 하지만, 34~42% 수준으로 나오고 있다(표 6-6 참조).

이같은 위임사무의 비율, 그리고 1997, 1998년의 자치구의 의존재원 비율이 전체 세입의 45%, 44%로 나타나는 점, 그리고 기준 재정수요액 산정시 위임사무가 다 고려되어 재정부족액을 계산해 낸다는 점 등을 감안할 때, 첫째와 같은 해석방식은 문제의 소지를 안고 있다. 즉, 세입의 15~20% 규모인 보조금을 국고보조와 시비보조로 구분하여 이를 사무유형별로 할당, 재원의 귀속처를 가리고, 24~30% 규모의 조정교부금은 전액 자치구 고유수입에 포함시켜 이들 자금으로 국가가 위임한 사무와 광역이 위임한 사무, 재위임사무 등을 수행

---

214) A방식의 계산은 다음과 같다. 773.4 + 0.2 + 0.1 + 60.6 + 0.1 + 0.8 + 1.3 + 80.6 + 0.7 + 58.1 - 11.0 - 5.5 = 959.6. 즉, 합계치(A) + 구비에 의한 국가위임사무 + 구비에 의한 재위임사무 + 광역위임사무 - 국고보조에 의한 기초사무 - 시비보조에 의한 기초사무 =조정계(A). B방식의 계산도 같은 방법으로 한다.

하는 부분에 소요되는 예산을 추가적으로 자치구에 지원해 주어야 할 부분으로 지적하는 것은 설득력이 약하다.

셋째, 앞에서 제기한 문제점을 해결하는 간이방식의 하나로 다음과 같은 대응책을 고려할 수 있다. 임주영 외(2001)가 제시하고 있듯이, 구비 예산에서 조정교부금 등을 제외하고 남은 금액을 <표 6-7>의 종축에 제시한 사무별로 배정하여 여기서 얻어지는 자치구에 대한 추가배분금을 기왕의 조정교부금에 얹어주는 방법이다. 물론 이 같은 세출예산은 실제로는 존재하지 않으므로 여기서는 항목별 세출예산에 일정비율, 즉 조정교부금과 지방양여금의 합계액이 국고, 시비보조금을 제외한 총세출예산에서 차지하는 비율을 구해 이를 1에서 차감한 값인 0.654를 곱하여 추계한다.

<표 6-7>의 괄호안 값이 이 방식으로 추계한 값이다. 국가/광역시가 추가로 지원해 주어야 할 예산은 A방식에서 116억원, B방식에서 145억원으로 계산되는데, 이는 기존 예산의 21%와 26% 상당액이다. 이 방식에 의한 추가지원금은 앞의 방식으로 추계할 때보다 37~38% 정도 낮게 나온다.

다. 분석결과 검토시 유의할 점

셋째 방식도 이전재원이 많아 (1-이전재원/총세입) 값이 작은 자치구일수록 조정한 세출예산값의 증가율이 작고, 이전재원이 적거나 재정초과를 보이는 자치구일수록 이 값의 증가율이 커지는 약점이 있다. 재정초과를 보이는 서초구, 강남구 등도 조정한 세출예산값이 커질 뿐 아니라 증가율마저 더 높게 나타나는 등 상식과 배치되는 결과가 얻어질 수 있다.

이 문제를 해결하는 대안의 하나로 재원출처를 자주재원과 이전재원으로 나누어 사무별 재원배분을 다음과 같이 가정한다. "자주재원 (지방세+세외수입 등)을 기초사무, 공동사무 등에 우선 배정하고 남은 재원을 위임사무에 배정한다. 이때 자주재원이 위임사무 수행에 투입된 만큼을 광역시와 국가가 지원해준다." 이 방식에 따르면 재정자립도가 높은 일부 자치구를 제외한 대부분의 자치구에서 조정한 세출예산값을 크게 낮출 수 있다.

그런데 이 방법 역시 서초, 강남 등 재정초과가 발생하는 자치구의 조정한 세출예산값을 키워 이들 자치구에 추가적인 지원이 필요하다는 결과를 가져오는 문제점이 있다. 이를 시정하기 위해 위에서 계산한 값에서 '자주재원−(기초사무와 공동사무 자치구부담분 예산합계)' 만큼을 차감하는 방안을 고려할 수 있다. 이것은 기초사무와 공동사무의 자치구부담분 소요예산을 넘는 세입을 일단 '자치구재정조정풀'에 반납했다가 위임사무와 공동사무에 대한 상급단체, 즉 국가와 광역시 부담분 상당액을 다시 지원받는 것을 말한다. 이 방식을 사용하면 서초, 강남 등의 재정초과가 발생하는 자치구의 조정한 세출예산값을 상식에 맞는 수준으로 추계해 낼 수 있을 것이다.

이처럼 자치구의 부족한 재원규모를 엄밀하게 추계하려면 일선 구청에서 세입세출예산서 등의 자료를 생산하는 단계부터 정비하는 등 추가적인 선행작업이 필요하다. <표 6-7>에서 보듯이 자치구 수행사무를 7개 부문 등으로 구분할 수 있다면 수행사무의 성격을 고려하여 사무별로 자주재원과 이전재원의 비율을 정할 수 있을 것이다. 이때 필요하다면 자치구별 재정상황도 함께 고려한다. 향후 이같은 방향으로 세입세출예산서 작성지침이 바뀐다면 국가/광역시에의 재정의존도가 높은 자치구, 인건비와 경상비 지출비율이 높은 자치구의 예산집행 관련 규율이 점차 잡히면서 낭비적인 예산지출도 줄어들 것이다.

Ⅳ. 자치구 재정조정제도 개편방안

1. 제도 개편의 기본방향

자치구 재정조정제도인 조정교부금, 국고보조금, 시비보조금 제도의 개편방향은 지방자치의 정착과 지방분권의 강화라는 대원칙에 맞는 방향으로 전개되어야 한다.[215] 특히 1998년 이후 문제점으로 부각된 조정교부금 제도의 미비점은 자치구 재정제도가 당장 해결해야 할 주요 과제의 하나라고 할 수 있다. 사실 자치구 재정은 1988년의 자치구 발족 이후 만성적인 재원부족에 시달리고 있으며, 그나마 가지고 있는 재원도 불안정성이 높고, 게다가 특별/광역간 및 특별/광역내 자치구간의 불공평성이 오래전부터 제기되어 왔다.

재정조정이 필요하다는 것은 재정자립이 되지 않고 있다는 말인데, 자치구의 재정자립도는 전체적으로 보면 그렇게 낮은 수준은 아니다. 다만 서울시와 광역시간의 격차가 존재하고, 특별/광역시 내에서 격차가 크게 존재하고, 이것이 시간이 경과하면서 개선되기보다 악화하는 양상을 보이고 있기 때문에 문제가 되고 있는 것이다. 자치구 재정자립도는 전체 평균이 55%로 39%인 군에 비해 훨씬 높고, 64%를 보이는 시와 62%를 보인 특별/광역시/도에 비하면 낮다. 광역별

---

215) 현재의 자치구 제도를 폐지하고 일반행정구로 전환하자는 주장이 일부에서 일고 있다. 사실 우리처럼 대도시의 구가 모두 자치구인 국가는 세계적으로도 찾아보기 힘들다. 일본도 도쿄도의 특별구만이 2000년 4월부터 자치구로 인정을 받고 있고 나머지 대도시의 구는 일반행정구로서 기본적으로 통상의 시정촌(市町村)과 동일한 행정단위로 간주된다. 이하의 논의에서는 자치구 제도의 존치를 염두에 두고 논의를 진행한다. 그렇다고 필자가 반드시 자치구 제도의 존치를 지지하는 것은 아니다.

자치구 평균은 서울 61%, 부산 48%, 대구 46%, 인천 53%, 광주 49%, 대전 52%, 울산 42%로 나타난다.

따라서 자치구 지방재정조정제도, 즉 조정교부금의 개편방향은 재원의 불충분성을 해소하고, 재원의 안정성을 높이면서, 서울시와 광역시간의 재원분포의 격차를 줄이고, 나아가 특별/광역시내 자치구간의 재원분포의 격차까지를 줄이는 방향으로 추진되어야 할 것이다.

추가하여 자치구 재정조정제도의 개편과 관련하여 언급하고자 하는 점은, 재정조정제도라고 하여 조정교부금이나 국고, 시비보조금의 개편만을 염두에 두어서는 안 된다는 점이다. 즉, 자치구의 사무배분 및 세제와의 연계선상에서 고려해야 문제를 순리에 맞게 또 효과적으로 풀어갈 수 있다는 것이다.

따라서 자치구 재정조정과 해법을 찾아나갈 때 먼저 현행 사무 중 잘못 배분되어 자치구 사무로 들어와 있는 것이 없는지, 혹은 정부간에 사무배분을 바꾸면 예산이 크게 절감될 수 있는 여지가 없는지 등을 살피는 사무배분의 적정화가 선행되어야 한다. 사무배분의 적정화를 기한 다음에는 자치구의 기준재정수요를 엄밀하게 재측정한 다음, 자치구 세제와 세외수입의 구조를 바꾸어 자치구 재정력을 강화하면서 장기적으로 특별/광역시의 재정부담이 덜어지는 방안이 없는지를 고려한다. 이상의 작업이 끝난 다음에도 자치구가 기준재정수요를 기준재정수입액으로 채우지 못할 때 재정부족액을 효율적으로, 또 가능하면 공평하게 메워 주기 위해 조정교부금 등의 재정조정제도 개편을 고려해야 한다.

다만 본고의 논의에서는 지면제약상 사무배분과 기준재정수요의 측정, 자치구세제 개편의 문제를 뛰어넘어 곧바로 조정교부금을 중심으로 하는 재정조정제도의 개편문제로 좁혀 논의를 전개한다.

2. 개편방안

앞에서 논의한 제도개편의 기본방향에 따라 자치구 재정조정의 개편안으로 <표 6-8>에 제시된 두 가지 안을 고려할 수 있을 것이다.

첫번째 안은 조정교부금의 재원을 특별/광역시 본청의 주요 5가지 세목 혹은 전 세목으로 확대하는 방안이다. 여기서 주요 세목이란 기존의 취득세, 등록세 외에 주민세, 자동차세, 담배소비세를 더한 5가지 세목을 가리킨다.

두번째안은 조정교부금의 재원으로 기존의 취득세, 등록세에 특별/광역시에 교부되는 지방교부세를 추가하여 자치구별 조정교부금을 산정하는 안이다. 이때 조정교부금 총액은 지방교부세의 전액(혹은 일정비율)을 기존의 취득세, 등록세 배분 몫에 추가하여 구하는 방법과 취득세, 등록세, 지방교부세 합산액의 일정비율로 다시 정하는 두 가지 방안이 고려될 수 있을 것이다.

<표 6-8> 조정교부금 제도 개편방안과 특징

대 안	특 징
1 안 조정교부금 재원 세목 확대방안 (광역본청세 중심)	- 조정교부금 재원에 광역시세인 주민세, 자동차세, 담배소비세를 추가 - 조정교부금 재원의 안정성 확보 - 장기적으로 재원의 신장성 확대
2 안 조정교부금 재원 확대방안 (지방교부세 포함)	- 조정교부금 재원에 광역시교부 지방교부세 포함 - 조정교부금 재원의 안정성 아주 커짐 - 장기적으로 재원의 신장성 확대

3. 대안별 평가

제시된 안이 미치는 파급효과를 예상하기 위해 우리는 다음과 같은 가정과 분석방법을 채택하였다.

우선 특별/광역시 단위로 1997년의 (취득세 + 등록세) 세수, 5대 세목 세수, 전 세목 세수와 같은 해의 실제 배분된 조정교부금액의 비율을 구하고, 이들 간의 상호비율로 1998년 및 1999년의 가상 조정교부금을 계산하였다. 이 과정에서 세목수가 달라져도 조정교부금의 재원규모는 2개 세목으로 거둘 때의 수준을 유지하는 것으로 가정했다. 또 특별/광역시별로 조례에 따라 차이가 나는 상황을 그대로 받아들였다.

이후 이들 값을 1998년의 실제 조정교부금/1997년도 조정률(=조정교부금/(취득세 및 등록세 세수합계))로 계산한 1998년 가상 조정교부금 비율, 또 1999년도 실제 조정교부금/1997년도 조정률로 계산한 1999년도 가상 조정교부금의 비율로 재조정한다. 이렇게 하여 계산된 값은 1998년과 1999년의 조정교부금 산정과 관련한 연도별 사정을 반영한 가상의 값이 된다.

또 해당 광역시 본청 몫으로 배분되는 지방교부세액을 조정교부금 재원 풀에 포함시킬 때에는 기왕에 특별/광역시에 교부되는 지방교부세 전액을 기존의 취득세, 등록세 배분 몫에 추가하여 조정교부금 재원의 총액을 구했다. 다시 말해, 자치구별 기준 재정수요를 추가적으로 고려하여 지방교부세액을 다시 계산하지 않았다.

이렇게 하여 계산한 값이 <표 6-9>에 제시되어 있다. 위의 가정과 분석방법을 통해 얻은 수치를 토대로 두 가지 대안의 예상효과를 추정해 보자.

먼저 첫번째 안에 따라 조정교부금의 재원이 되는 세목을 특별/광

<표 6-9> 조정교부금 재원 변경시의 가상 조정교부금 총액

(단위: 억 원)

		1997	1998	(1997=1)	1999	(1997=1)	98/99 평균
서울	2재원(실제값)	10,788	7,909	0.733	9,656	0.895	0.814
	5재원	10,788	9,855	0.914	9,372	0.869	0.871
	전 세목	10,788	9,914	0.919	9,314	0.863	0.891
	교부세	10,788	7,915	0.734	9,644	0.894	0.814
부산	2재원(실제값)	2,977	2,468	0.829	2,285	0.768	0.799
	5재원	2,977	2,829	0.950	2,303	0.774	0.862
	전 세목	2,977	2,817	0.946	2,377	0.798	0.872
	교부세	2,977	2,402	0.807	2,136	0.718	0.763
대구	2재원(실제값)	2,157	1,500	0.695	1,108	0.514	0.605
	5재원	2,157	1,800	0.834	1,117	0.518	0.676
	전 세목	2,157	1,827	0.847	1,140	0.529	0.688
	교부세	2,157	1,490	0.691	1,042	0.483	0.587
인천	2재원(실제값)	1,919	2,099	1.094	1,717	0.895	0.995
	5재원	1,919	2,392	1.246	1,809	0.943	1.095
	전 세목	1,919	2,419	1.261	1,851	0.965	1.113
	교부세	1,919	2,132	1.111	1,661	0.866	0.989
광주	2재원(실제값)	1,570	1,336	0.851	1,140	0.726	0.789
	5재원	1,570	1,562	0.995	1,257	0.801	0.898
	전 세목	1,570	1,586	1.010	1,300	0.828	0.919
	교부세	1,570	1,428	0.910	1,122	0.715	0.813
대전	2재원(실제값)	1,304	1,116	0.856	1,402	1.075	0.966
	5재원	1,304	1,335	1.024	1,288	0.988	1.006
	전 세목	1,304	1,348	1.034	1,302	0.998	1.016
	교부세	1,304	1,153	0.884	1,280	0.982	0.933

주: 1) 2재원은 현행, 5재원은 광역시본청 주요 5세목으로 확대, 전 세목은 광역
　　 시 본청 전 세목으로 확대, 교부세는 기존의 재원에 지방교부세 포함.
　　2) 울산은 1997년도 통계가 없음.

역시 본청의 주요 5세목으로 확대하면, 조정교부금의 안정성이 증대
하고 신장성도 대체로 높아질 것으로 전망된다. 우리의 분석에서 안
정성이 높다는 것은 연도별 조정교부금 재원규모의 변동폭이 작다는

것을 가리키고, 신장성이 높다는 것은 특정기준, 즉 각년도 실제 조정교부금 값에 비추어본 가상의 조정교부금 값인 지수치가 크게 나타나는 것을 지칭한다.

<표 6-9>는 가상의 조정교부금 규모를 제시하면서 이를 1997년의 조정교부금배분액과 비교해본 수치를 보여주고 있다. 1998년은 인천과 대전을 제외하고는 1997년보다 조정교부금의 금액이 줄지만 감소폭은 실제값의 감소폭보다 훨씬 작으며, 1999년은 모든 곳에서 1997년에 비해 조정교부금 금액이 줄지만 서울과 대전만이 실제값보다 적게 나오고 나머지 광역시에서는 실제값보다 크게 나온다. 이상의 수치는 가상의 조정교부금의 재원안정성이 높다는 것을 말해준다.

한편, <표 6-10>에서 알 수 있듯이, 1998년과 같은 극심한 경기침체기에 현재 가정하고 있는 바와 같이 조정교부금 재원 세목이 바뀌

<표 6-10> 조정교부금 재원변경시의 가상 조정교부금(1998~99년)

단체별		1 안				2 안	
		특별/광역시 본청 주요 5세목 확대		특별/광역시 본청 전 세목으로 확대		지방교부세를 조정 교부금 재원에 포함	
		1998	1999	1998	1999	1998	1999
서울	각년도 실제 조정 교부금값 = 1	1.246	0.971	1.254	0.965	1.001	0.999
부산		1.146	1.008	1.141	1.040	0.973	0.935
대구		1.200	1.008	1.218	1.029	0.993	0.940
인천		1.140	1.054	1.011	1.023	1.016	0.967
광주		1.169	1.103	1.187	1.140	1.069	0.984
대전		1.196	0.919	1.208	0.929	1.033	0.913
평균		1.183	1.011	1.170	1.021	1.014	0.956

주: 모든 수치는 각년도 실제 조정교부금값을 1로 보고 지수화함.
자료: 행정자치부, 『지방재정연감』, 1998, 1999; 행정자치부, 『지방세정연감』, 2000; 행정자치부 내부자료를 토대로 한 본고의 시뮬레이션 작업결과임.

었더라면 조정교부금의 규모가 실제 배분하였던 조정교부금보다 작게는 14%(인천) 크게는 25%(서울) 정도 증가할 것으로 전망되고, 경기가 다소 살아난 1999년과 같은 해에도 서울과 대전을 제외한 지역에서는 조정교부금이 실제 배분값보다 늘어났을 것으로 예상할 수 있다(도 6-4, 6-5, 6-6 참조).

[도 6-4] 조정교부금 재원 세목 확대시(특별/광역시 주요 5세목)

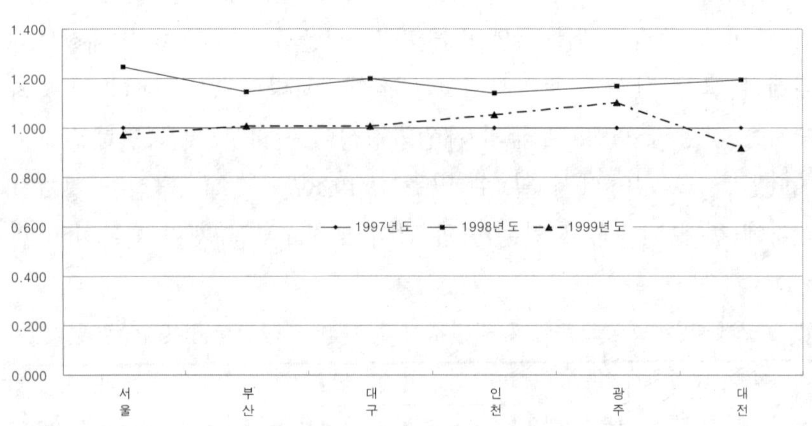

[도 6-5] 조정교부금 재원 세목 확대시(특별/광역시 전 세목)

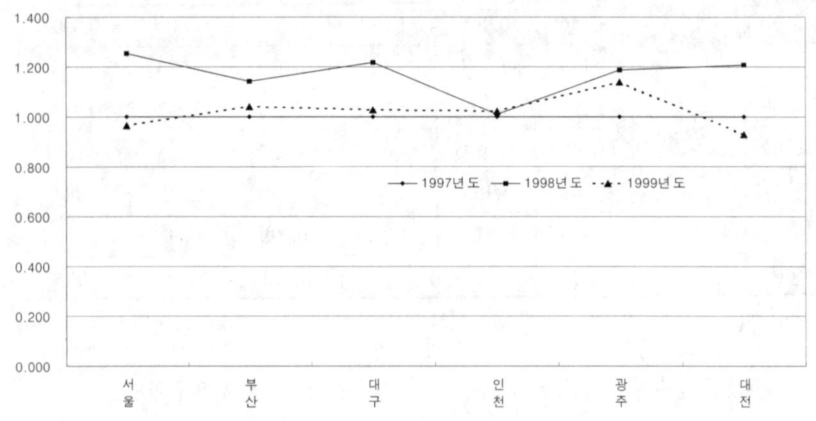

[도 6-6] 광역시 본청 지방교부세를 조정교부금 재원 포함시

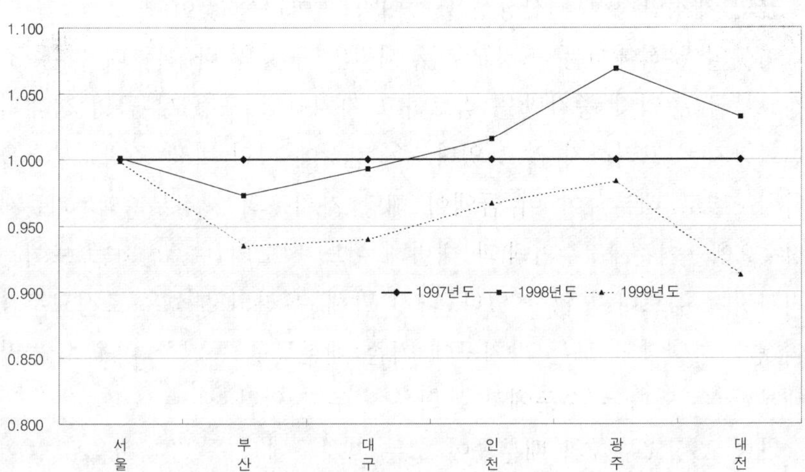

다음으로, 조정교부금의 재원이 되는 세목을 특별/광역시 본청의 전 세목으로 확대할 때는 조정교부금의 안정성이 5세목으로 확대할 때보다 조금 더 증가하고, 인천을 제외한 대부분의 지역에서 장기적인 신장성 전망도 5세목 때보다 더 높게 기대된다.

두번째 안에 따라 조정교부금 재원에 광역시 본청으로 교부되는 지방교부세를 추가하는 방안은 그 효과가 별로 크지 않다. 이것은 지방교부세 규모가 작고 1988년에서 1999년의 12년에 걸쳐 축소되어 왔기 때문일 것이다. 지방교부세 규모가 큰 광주와 대전에서 그 효과가 다소 크게 나타나는데, 방향도 1998년에는 안정성을 높이더니 1999년에는 안정성을 해치는 것으로 나타나는 등 명확한 방향성을 지닌 효과를 내지 못하고 있다(도 6-6 참조). 그렇지만 2000년도에 不교부 단체이던 부산, 인천, 울산 광역시 본청 등도 2001년도 이후 지방교육재정의 지원과 관련하여 상당한 수준의 지방교부세가 교부될 예정이므로, 향후 효과가 기대되는 개편방안이라고 할 수 있을 것이다. 물론

연도별로 지방교부세 교부액의 변화가 크면 이같은 개편으로 조정교부금의 재정안정성과 신장성을 높이기는 어려울 것이다.

이상의 분석에서는 조정교부금 재원의 구성을 바꾸는 데 따른 조정교부금 총액의 증감만을 검토하고 자치구별 조정교부금의 상대적 변화까지는 고려하지 않고 있다. 즉, 가정에 따라 바뀐 조정교부금을 자치구별로 배분하여 이 금액이 해당 자치구의 재정부족액(=기준재정수요액－기준재정수입액)과 대비해 어느 정도의 수준변화를 보이는지까지는 검토하지 않고 있다. 다시 말해, 우리의 분석은 조정교부금이 증가하였다면 모든 자치구에 기존 배분몫을 동일한 비율로 늘려 배분할 수 있다는 수준에서 논의를 멈추고 있다.

가령 조정교부금의 배분몫이 모든 자치구에서 동일한 비율로 늘어날 때 자치구간 재정이 좀더 형평화할 것은 쉽게 예상할 수 있다. 하지만 형평화의 정도는 어떤 변수를 분석대상으로 삼느냐에 따라 달라질 것이다. 재정규모를 분석 대상 변수로 삼을 때와 재정구조를 분석대상으로 삼을 때 조금 다른 결과가 얻어질 수 있다. 예컨대 재정규모의 측정지표로 1인당 세입(歲入), 1인당 재정부족액 등을 고려할 수 있고 재정구조의 측정지표로 자주재원비율(=자주재원/세입총액), 재정부족액 충족률(=지원금/재정부족액) 등을 사용할 수 있는데, 어느 것을 사용하느냐에 따라 다른 값이 얻어질 것이다.

이상의 문제에 대한 답을 얻으려면 자치구별 인구, 세입총액과 세입내역, 기준재정수입액, 기준재정수요액, 조정교부금 등의 자료를 토대로 한 형평화 효과 분석을 시도해야 하는데, 이는 본고의 연구범위를 넘어선다.216)

---

216) 조정교부금 재원의 증감에 따른 조정교부금의 형평화 효과를 분석한 글로는 임주영 외(2001) 등이 있고, 조정교부금의 배분방식 변경에 따른 조정교부금의 형평화 효과를 분석한 논문으로 박완규(1999)가 있다. 또 일반적인 지방재정조정제도의 형평화 효과를 분석한 논문으로는 허재완(1993), 박병희(1996) 등이 있다.

결과를 정리하면, 광역시 본청의 전 세목을 조정교부금 재원 세목으로 확대하는 것이 여기서 고려한 방안 중에서는 가장 바람직한 것으로 나타나고 있다. 물론 1998년, 1999년이라는 경제적으로 기복이 심하고 경기자체가 침체국면에서 완전히 벗어나지 못한 시기의 재정통계를 가지고 작업한 만큼 신뢰성을 부여하기에는 충분하지 못한 점이 많다.[217] 그렇지만 이 분석결과는 조정교부금 재원이 되는 세목을 광역시 본청 차원에서 확대하는 것이 재원의 안정성과 장기적인 신장성을 확보하는 유효한 방법임을 확인시켜 주고 있다.

V. 결 론

본고에서는 우리나라 특별/광역시 자치구 재정조정제도의 현황과 문제점을 살펴보고 개편방안 두 가지를 제시하면서 그 예상효과를 전망하였다. 69개 자치구 중 다수의 재정상황이 악화하여 지난 3년 사이에 자치구 재정의 광역시 본청과 중앙정부 의존도가 높아졌다. 이는 지방자치의 정착과 지방분권의 추진이라는 장기적인 목표와는 배치되는 방향이다. 게다가, 이같은 상급정부에의 의존도 심화가 재

통상적인 분석기법은 Theil 지수 등 불평등지수를 이용한 분석방법과 상관관계 분석이나 회귀분석을 이용하여 1인당지방세 수입(혹은 자체재원)과 1인당 재정조정재원(지방교부세, 지방양여금, 국고보조금)이 보이는 부(負)의 상관관계의 수준이나 회귀계수의 변화 등을 추적하는 방법이다.

217) 분석기간을 자치구 제도가 발족한 1988년 이후의 12년간으로 확장할 수도 있을 것이다. 그런데 여기서 분석기간을 1997년 이후 2개년으로 제약한 것은 1996년까지는 취득세, 등록세 세수의 변화가 1998, 1999년만큼 크지 않았고, 따라서 분석기간을 연장하더라도 시사점이 크게 달라지지 않을 것으로 전망하였기 때문이다.

정자원의 효율적인 이용과 공평한 배분으로 연결되기보다는 자원의
재량적인 이용과 불공평한 배분으로 이어지기 쉽다는 점에 문제의
심각성이 있다.

실제로 최근 수년 사이 광역시 본청이 자치구에 배분하는 조정교
부금이 크게 줄어들고 국고보조금과 시비보조금은 크게 늘었다. 그
결과 지방재정 자원이 비효율적으로 사용되고 있을 가능성이 높아졌
다. 그리고 조정교부금이 줄어드는 과정에서 자치구 세제, 나아가 지
방세제가 안고 있는 구조적인 문제가 부각되었다. 종합토지세, 재산
세 등 재산세제 중심으로 구성된 자치구 세제가 자산디플레기를 맞
아 세수증가세가 주춤하면서 자치구 재정을 압박하고 있는데, 자치
구의 주요 세입원의 하나인 조정교부금마저 취득세, 등록세 세수가
불안정하고 낮은 신장세를 보이면서 그 규모가 지난 수년간 크게 줄
어든 것이다.

그동안 조정교부금은 낙후된 배분방식이 문제시되어 왔는데, 최근
수년 사이에 그 재원구성이 보다 큰 문제점으로 떠올랐다. 이같은 상
황변화를 인식하여 본고에서는 조정교부금의 재원구성을 바꾸어 보
는 개선안을 제시하면서 그 예상효과도 함께 제시하고 있다.

두 안 중 첫번째 안은 조정교부금의 재원을 특별/광역시 본청의
주요 5세목 혹은 전 세목으로 확대하는 방안으로, 주요 세목에는 취
득세, 등록세 외에 주민세, 자동차세, 담배소비세가 포함된다.

두번째 안은 조정교부금의 재원으로 기존의 취득세, 등록세에 특
별/광역시에 교부되는 지방교부세를 추가하여 자치구별 조정교부금
을 산정하는 안이다. 시산에서는 지방교부세의 전액을 기존의 취득
세, 등록세 배분몫에 추가하여 조정교부금 총액을 구했다.

분석 결과는 첫번째 안의 경우 조정교부금의 안정성을 높이고 신
장성도 현행보다 나아질 것으로 전망하고 있다. 두번째 안의 경우는

그 효과가 별로 크지 않을 것으로 예상되었다. 종합적으로 보면, 광역시 본청의 전 세목을 조정교부금 재원 세목으로 확대하는 것이 고려한 방안 중에서는 가장 효과가 큰 것으로 나타나고 있다. 물론 분석기간이 경제적으로 기복이 심하고 경기침체 국면에서 벗어나지 못한 시기인 만큼 분석결과에 신뢰성을 부여하는 데는 신중해야 할 것이다. 그렇지만 우리의 분석결과는 조정교부금 재원이 되는 세목을 광역시 차원에서 확대하는 것이 재원의 안정성과 장기적인 신장성을 확보하는 유효한 방법임을 확인시켜 주고 있다.

광역시 본청에 교부하는 지방교부세를 조정교부금 재원에 포함시키는 방안도 2001년 이후 대다수 광역시가 교부단체로 전환할 전망이라는 점에서 추가적인 분석이 필요한 부분이다. 2000년도에 不교부 단체이던 부산, 인천, 울산 광역시 본청 등도 앞으로 지방교육재정 지원 등과 관련하여 상당한 금액이 교부될 전망이다. 다만 지금까지처럼 지방교부세 교부액의 규모가 별로 크지 않으면서 연도별 편차가 크다면 이 방안은 앞으로도 도입 여지가 낮다고 해야 할 것이다.

끝으로 제Ⅲ절에서 지방정부 일반 및 인천광역시 남구를 대상으로 살펴본 사무배분과 재원배분의 불균형 문제는 자치구는 물론 중앙정부/특별/광역시 모두에 관계되는 중요한 문제다. 본고에서는 문제의 소재를 밝히고 한 연구의 분석방법과 결과를 간략히 소개하는 데 그치고 있지만, 향후 이 문제를 체계적으로 접근해 분석할 필요가 있다. 국가/광역시/자치구간 업무의 흐름도를 정비해 잘못된 사무배분과 인력배분 구조를 시정하고, 자치단체가 수행하는 사무의 성격에 따라 세출항목별 예산에 대한 자주재원과 의존재원의 배분비율을 달리함으로써 재원이 효율적으로 또 효과적으로 사용될 수 있도록 해야 할 것이다.

참고문헌

〈국문자료〉

광주광역시, 『광주광역시 자치구의 재원조정에 관한 조례중 개정조례안』,
　　　1999. 8.

김정훈, 「지방재정의 현황과 정책과제」, 『조세 및 지방재정구조개혁의 방
　　　향』, 개원 8주년 기념 심포지엄, 한국조세연구원, 2000. 9.

박병희, 「지방재정조정제도의 균등화 및 역진화 효과 분석」, 『공공경제』,
　　　창간호, 1996, pp.87～107.

박완규, 「지방교부세제도와 조정교부금제도간의 조정률 비교연구」, 『재정
　　　논집』, 제14권 제1호, 1999년 8월, pp.85～108.

삼일회계법인/한국행정연구원, 정부경영진단자료, 1999.

이양희 외, 『광역과 기초자치단체간의 재원조정에 관한 연구』, 한국지방행
　　　정연구원 연구용역보고서, 1999. 8.

인천광역시, 『인천광역시 자치구의 재원조정에 관한 조례중 개정조례안』,
　　　1999.

임주영 외, 『대도시 자치구 재정조정제도 개선방안에 관한 연구』, 최종보
　　　고서,　2001. 1.

행정자치부, 『조정교부금 제도개선안』, 1999. 5.

─────, 『지방재정연감』, 1999.

─────, 『지방세정연감』, 2000.

행정자치부/한국지방행정연구원, 내부자료, 1997.

허재완, 「지방재정조정제도의 형평화효과 분석을 위한 새로운 접근」, 『경
　　　제학연구』 제41집 제2호, 1993, pp.169～183.

〈동양자료〉

都税制調査會, 『東京都税制調査會答申』, 2000. 11.

都から區市町村への分權のあり方檢討委員會, 『都から區市町村への分權のあ
　　　り方檢討委員會最終答申』, 1997. 5.

─────,　　『都から區市町村への分權のあり方檢討委員會中間のまとめ』,
　　　1996. 11.

東京都地方分權推進本部,『東京都地方分權推進 計劃大綱』, 1998. 7.
_________,『第1次東京都地方分權推進計劃』, 1999. 7.

〈영문자료〉
Council of Europe, *Local Finance in Europe*, 1997.
OECD, *Taxing Powers of State and Local Government*, 1999.

<부표 6-1> 서울시 자치구 재원구성 및 재정자립도(1997년 일반회계 기준)

(단위: 억 원)

	지방세	세외 수입	지방 양여금	조정 교부금	보조금	국비 보조금	시도비 보조금	지방채	자주재원	세입합계	세입합계 (채권제외)	인건비	경상 예산	재정 자립도	인건/ 자주재원	경상예산/ 자주재원
종로구	445	474	0	227	117	33	84	0	919	1,263	1,263	374	704	72.8	40.7	76.6
중 구	766	694	0	1	50	13	38	0	1,460	1,510	1,510	297	717	96.6	20.3	49.1
용산구	261	437	0	429	86	12	74	0	698	1,214	1,214	282	523	57.5	40.4	74.9
성동구	183	519	0	544	162	18	144	0	702	1,409	1,409	308	606	49.9	43.9	86.3
광진구	206	303	0	470	124	5	119	0	509	1,103	1,103	281	531	46.1	55.2	104.3
동대문구	211	436	0	577	89	18	71	0	647	1,314	1,314	361	729	49.3	55.8	112.7
중랑구	156	446	0	559	88	22	66	0	602	1,250	1,240	306	574	48.2	50.8	95.3
성북구	199	416	0	615	107	22	85	0	615	1,337	1,337	387	755	46.0	62.9	122.8
강북구	129	336	0	601	124	24	100	0	465	1,189	1,189	278	526	39.1	59.8	113.1
도봉구	134	293	0	533	85	13	72	0	427	1,046	1,046	242	535	40.9	56.7	125.3
노원구	182	563	0	621	148	47	102	0	745	1,514	1,514	301	610	49.2	40.4	81.9
은평구	171	352	0	588	93	19	74	0	523	1,205	1,205	307	608	43.4	58.7	116.3
서대문구	174	452	0	549	116	17	100	0	626	1,292	1,292	315	574	48.5	50.3	91.7
마포구	252	568	0	548	92	35	57	0	820	1,461	1,461	346	708	56.2	42.2	86.3
양천구	191	514	0	503	118	16	102	0	705	1,326	1,326	265	537	53.2	37.6	76.2
강서구	317	530	0	461	108	36	72	0	847	1,417	1,417	298	532	59.8	35.2	62.8
구로구	230	433	0	501	68	24	44	0	663	1,232	1,232	282	542	53.8	42.5	81.7
영등포구	537	455	0	123	117	33	84	0	992	1,232	1,232	324	605	80.5	32.7	61.0
금천구	161	272	0	504	59	11	48	0	433	997	997	219	425	43.5	50.6	98.2
동작구	211	453	0	551	79	17	62	0	664	1,293	1,293	294	546	51.3	44.3	82.2
관악구	187	519	0	641	108	23	85	0	706	1,456	1,456	359	676	48.5	50.8	95.8
서초구	734	734	0	1	87	14	73	0	1,468	1,556	1,556	277	600	94.4	18.9	40.9
강남구	1,285	1,205	0	1	86	28	57	0	2,490	2,576	2,576	355	906	96.6	14.3	36.4
송파구	584	847	0	168	82	33	49	0	1,431	1,680	1,680	375	737	85.1	26.2	51.5
강동구	246	328	0	470	95	6	89	0	574	1,139	1,139	327	612	50.4	57.0	106.6
합 계	8,152	12,579	0	10,785	2,488	539	1,951	0	20,731	34,011	34,011	7,758	15,419	61.0	37.4	74.4
평 균	326	503	0	431	100	22	78	0	829	1,360	1,360	310	617	61.0	37.4	74.4

자료: 행정자치부,『지방재정연감』, 1998 및 『지방세정연감』, 1998.

<부표 6-2> 광역시 자치구 재원구성 및 재정자립도(1997년 일반회계 기준)

(단위: 억 원)

	지방세	세외수입	지방양여금	조정교부금	보조금	국비보조금	시도비보조금	지방채	자주재원	세입합계	세입합계(채권제외)	인건비	경상예산	재정자립도	인건/자주재원	경상예산/자주재원
부산중구	106	134	0	106	58	13	46	0	240	405	404	117	214	59.4	48.8	89.2
부산서구	66	108	0	217	266	100	167	0	174	657	657	135	253	26.5	77.6	145.4
부산동구	105	120	0	187	107	33	74	0	225	519	519	137	261	43.4	60.9	116.0
영도구	63	149	0	216	132	54	78	0	212	560	560	130	254	37.9	61.3	119.8
부산진구	276	457	0	248	278	68	210	10	733	1,269	1,259	207	428	58.2	28.2	58.4
동래구	156	415	0	203	175	35	141	4	571	954	949	143	281	60.2	25.0	49.2
부산남구	124	257	0	207	208	74	134	30	381	825	796	147	308	47.9	38.6	80.8
부산북구	77	153	0	221	131	49	82	0	230	581	582	132	268	39.5	57.4	116.5
해운대구	196	210	0	154	210	84	127	4	406	773	770	147	306	52.7	36.2	75.4
사하구	191	292	0	195	232	87	144	11	483	921	910	184	341	53.1	38.1	70.6
금정구	129	255	0	225	275	83	192	0	384	884	884	160	320	43.4	41.7	83.3
부산강서구	73	178	0	210	188	87	101	20	251	669	649	103	195	38.7	41.0	77.7
연제구	108	149	0	182	129	41	88	0	257	568	568	122	249	45.2	47.5	96.9
수영구	109	129	0	176	119	36	83	0	238	533	533	129	235	44.7	54.2	98.7
사상구	156	193	0	201	169	55	113	0	349	719	719	145	290	48.5	41.5	83.1
합 계	1,935	3,199	0	2,948	2,677	899	1,780	79	5,134	10,837	10,759	2,137	4,204	47.7	41.6	81.9
평 균	129	213	0	197	178	60	119	5	342	722	717	142	280	47.7	41.5	81.9
대구중구	166	206	0	183	139	22	118	28	372	723	694	178	363	53.6	47.8	97.6
대구동구	138	356	0	370	444	80	364	0	494	1,308	1,308	212	406	37.8	42.9	82.2
대구서구	135	292	0	303	347	44	303	26	427	1,103	1,077	185	350	39.6	43.3	82.0
대구남구	89	251	0	256	204	43	161	0	340	801	800	161	303	42.5	47.4	89.1
대구북구	185	508	0	347	341	81	260	2	693	1,382	1,381	207	422	50.2	29.9	60.9
수성구	206	336	0	347	302	103	198	10	542	1,201	1,191	195	364	45.5	36.0	67.2
달서구	240	453	0	349	256	76	183	2	693	1,300	1,298	194	382	53.4	28.0	55.1
합 계	1,159	2,402	0	2,155	2,033	446	1,587	68	3,561	7,818	7,749	1,334	2,591	46.0	37.5	72.8
평 균	166	343	0	308	290	64	227	10	509	1,117	1,107	191	370	46.0	37.5	72.7

<부표 6-2> 광역시 자치구 재원구성 및 재정자립도(1997년 일반회계 기준)(계속)

(단위: 억 원)

	지방세	세외 수입	지방 양여금	조정 교부금	보조금	국비 보조금	시도비 보조금	지방채	자주 재원	세입 합계	세입합계 (채권제외)	인건비	경상 예산	재정 자립도	인건/ 자주재원	경상예산/ 자주재원
인천중구	131	293	0	207	86	21	66	0	424	717	717	118	233	59.1	27.8	55.0
인천동구	55	204	0	272	142	26	117	0	259	674	673	100	213	38.5	38.6	82.2
인천남구	194	245	0	305	209	52	157	4	439	956	953	171	370	46.1	39.0	84.3
연수구	110	283	0	215	207	63	145	13	393	828	815	99	213	48.2	25.2	54.2
인천남동구	202	334	0	277	153	44	109	0	536	967	966	172	374	55.5	32.1	69.8
부평구	219	363	0	280	225	82	143	9	582	1,097	1,087	171	382	53.5	29.4	65.6
계양구	91	210	5	283	130	35	95	0	301	719	719	108	221	41.9	35.9	73.4
인천서구	351	356	5	80	123	41	81	0	707	915	915	147	324	77.3	20.8	45.8
합 계	1,353	2,288	11	1,919	1,275	364	913	26	3,641	6,873	6,846	1,085	2,329	53.2	29.8	64.0
평 균	169	286	1	240	159	46	114	3	455	859	855	136	291	53.2	29.9	64.0
광주동구	128	284	0	265	158	72	86	2	412	837	835	149	287	49.3	36.2	69.7
광주서구	137	269	0	264	145	73	72	0	406	816	815	133	265	49.8	32.8	65.3
광주남구	83	339	0	319	201	94	107	4	422	945	942	126	247	44.8	29.9	58.5
광주북구	190	478	0	396	194	97	96	3	668	1,260	1,258	122	409	53.1	18.3	61.2
광산구	113	324	0	327	191	93	98	30	437	984	955	141	290	45.8	32.3	66.4
합 계	651	1,694	0	1,571	889	429	459	39	2,345	4,842	4,805	670	1,497	48.8	28.6	63.8
평 균	130	339	0	314	178	86	92	8	469	968	961	134	299	48.8	28.6	63.8
대전동구	99	300	0	353	210	91	120	0	399	963	962	172	343	41.5	43.1	86.0
대전중구	147	249	0	285	146	58	88	0	396	828	827	178	367	47.9	44.9	92.7
대전서구	166	493	0	229	186	87	99	0	659	1,074	1,074	169	398	61.4	25.6	60.4
유성구	154	278	0	196	139	60	80	0	432	767	767	111	250	56.3	25.7	57.9
대덕구	102	301	0	241	158	57	101	13	403	816	802	122	257	50.2	30.3	63.8
합 계	668	1,621	0	1,304	839	353	488	13	2,289	4,448	4,432	751	1,615	51.6	32.8	70.6
평 균	134	324	0	261	168	71	98	3	458	890	887	150	323	51.6	32.8	70.5
울산중구	55	44	0	0	210	11	199	0	99	309	309	64	128	32.0	64.6	129.3
울산남구	156	62	0	65	67	14	53	0	218	350	350	69	138	62.3	31.7	63.3
울산동구	73	29	0	0	111	9	102	0	102	213	213	53	105	47.9	52.0	102.9
울산북구	42	11	0	103	93	12	81	0	53	249	249	38	82	21.3	71.7	154.7
합 계	326	146	0	168	481	46	435	0	472	1,121	1,121	223	453	42.1	47.2	96.0
평 균	82	37	0	42	120	12	109	0	119	280	281	56	113	42.3	47.1	95.0

<부표 6-3> 지방세 세목별 세수증가율 순위(1994/99)

	1994년	1999년	증가율	순위
주민세	13,600	25,482	87.4%	3
자동차세	12,938	19,364	49.7%	6
등록세	30,857	43,267	40.2%	8
취득세	23,446	30.654	30.7%	13
담배소비세	20,450	20,882	2.1%	15
경주마권세	1,768	3,936	122.6%	1
농지세	23	43	88.6%	2
공동시설세	1,829	3,161	72.8%	4
도축세	299	456	52.6%	5
면허세	1,686	2,374	40.8%	7
재산세	4,807	6,699	39.4%	9
지역개발세	545	760	39.4%	10
도시계획세	5,640	7,850	39.2%	11
사업소세	2,531	3,467	37.0%	12
종합토지세	10,262	12,421	21.0%	14

자료: 행정자치부, 『지방세정연감』, 2000.

<부표 6-4> 세목별 광역시별 연평균 세수신장률과 지역내총생산(GRDP) 탄력성

(단위: %)

	서 울		부 산		대 구		인 천		광 주		대 전	
	1989 ~97	1997 ~98	1989 ~97	1997 ~98	1989 ~97	1997 ~98	1989 ~97	1997 ~98	1989 ~97	1997 ~98	1990 ~97	1997 ~98
취득세	13.6 (2.28)	-30.3	17.2 (3.76)	-23.7	17.6 (3.16)	-27.0	23.0 (2.84)	-21.8	22.3 (3.23)	-32.3	17.3 (2.34)	-27.8
등록세	14.6 (2.45)	-23.4	18.5 (4.05)	-18.7	19.5 (3.50)	-24.8	23.6 (2.91)	-21.0	23.4 (3.39)	-13.5	18.1 (2.45)	-24.7
주민세	19.0 (3.18)	20.6	18.8 (4.13)	12.4	22.1 (3.95)	25.0	21.7 (2.68)	10.2	23.9 (3.47)	19.7	25.3 (3.41)	20.9
자동차세	17.3 (2.90)	1.8	24.5 (5.37)	1.2	28.0 (5.02)	10.3	35.0 (4.32)	5.7	35.5 (5.15)	8.2	31.6 (4.27)	5.2
농지세	-13.8 (-2.30)	74.1	-13.4 (-2.92)	-9.6	-30.6 (-5.49)	2.2	19.4 (2.39)	3.0	-40.6 (-5.89)	181.2	-35.1 (-4.74)	-70.5
도축세	4.0 (0.67)	-14.4	-5.2 (-1.12)	-11.6	2.2 (0.40)	-12.6	5.4 (0.66)	21.9	15.2 (2.20)	-4.9	17.0 (2.30)	6.8
담배 소비세[1]	4.4 (1.01)	-0.5	4.4 (1.35)	-2.9	4.8 (1.31)	4.4	8.5 (1.47)	2.4	7.8 (1.65)	3.6	9.2 (1.23)	-10.6
도시 계획세	17.6 (2.93)	-0.9	17.2 (3.77)	3.4	17.3 (3.11)	8.7	19.6 (2.41)	2.1	21.7 (3.15)	8.2	20.8 (2.81)	5.3
공동 시설세	15.2 (2.53)	7.8	15.8 (3.47)	12.6	18.3 (3.28)	11.6	18.7 (2.30)	15.1	20.4 (2.95)	14.0	20.3 (2.73)	15.6
지역 개발세[1]	9.1 (2.11)	51.3	11.3 (3.44)	-3.5	36.0 (9.93)	6.7	38.2 (6.64)	11.7	162.0 (34.26)	13.5	24.1 (4.17)	-12.9
면허세	18.1 (3.02)	5.7	20.3 (4.44)	3.7	23.6 (4.24)	6.8	29.3 (3.62)	7.8	25.8 (3.73)	10.2	28.1 (3.79)	7.3
재산세	4.6 (0.77)	3.8	4.7 (1.02)	8.1	6.4 (1.14)	15.2	8.9 (1.09)	13.7	9.9 (1.43)	18.0	8.3 (1.12)	12.3
종합 토지세	61.3 (10.25)	-9.2	14.2 (4.33)	1.3	62.3 (11.19)	-5.3	20.8 (3.61)	-18.5	80.7 (11.71)	-7.1	67.7 (9.15)	-4.9
사업소세	15.5 (2.58)	-13.1	8.7 (1.91)	-12.9	13.9 (2.49)	-15.3	13.2 (1.63)	-12.2	19.4 (2.81)	-10.9	16.5 (2.23)	-5.6
지방세 평균	16.9 (2.82)	-7.3	21.2 (4.63)	-6.8	22.3 (3.99)	-7.8	25.6 (3.16)	-9.0	26.0 (3.76)	-6.4	18.7 (2.52)	-9.1

주: ( ) 안의 수치는 조세수입의 지역내총생산(GRDP) 탄력성.

　 1) 담배소비세는 1990~97년, 지역개발세는 1993~97년 값.

자료: 행정자치부, 『지방세정연감』, 1998; 임주영 외(2001).

[부도 6-1] 서울시 자치구별 재정자립도(1997년 일반회계 기준)

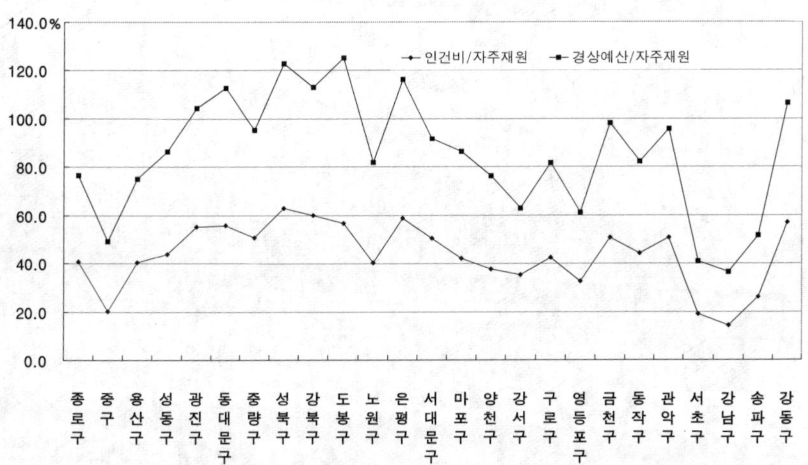

■ 재벌, 과연 위기의 주범인가
— 위기 이후 재벌정책의 평가와 과제 —

경제위기 이후 위기에 대한 '재벌책임론' 과 '재벌개혁론' 이 대두되었다. 저자는 이 책에서 '과연 재벌이 한국경제위기의 주범인가' 라는 질문을 던지고 재벌해체론의 논리적 근거를 따지고 있다. 또한 정부가 재벌정책의 기초가 되는 문제의식을 분명히 가질 것을 주문하면서 현정부의 재벌정책을 평가하고 있다.

[내용]
제1장 1997~1998 경제위기의 본질과 재벌 책임론 비판
제2장 재벌해체론 비판
제3장 재벌정책의 평가
제4장 재벌정책의 향후과제

유승민 著/신국판 p.183/
값 9,000원

■ 經濟政策決定論 : 최선의 과정은 있는 것인가
— 미국 국민경제위원회를 중심으로 —

미국의 경제정책조정기구인 국민경제위원회 (NEC: National Economic Council)의 탄생과 발전 그리고 한계에 대하여 상세히 기술함으로써 복잡하고 광범위한 경제정책 결정과정의 분석을 시도한 책이다. 최근 경제정책 결정의 조정기능이 강화되고 있는 시점에서 우리에게 많은 시사점을 준다.

[내용]
제1장 서론
제2장 국민경제위원회의 설립
제3장 국민경제위원회의 운영
제4장 국민경제위원회의 한계
제5장 변화의 실패
제6장 기구의 존속
제7장 결론 및 제언

맥 데스틀러 著/玄旿錫 譯/
신국판 p.150/ 값 10,000원

■ 교원보수의 경제분석과 정책개혁

왜곡된 유인체계를 바로잡음으로써 더 높은 성과를 얻을 수 있는 교육정책 방향을 제시하기 위하여 시도된 최초의 교육부문 경제분석서이다. 현재의 교육제도가 교사들에게 올바른 유인체계를 제공하고 있는지를 광범위한 자료를 근거로 한 실증분석과 국제비교 등을 통해 교육정책 개혁의 방향까지 제시하고 있다.

[내용]

제1장 교원보수의 특징

제2장 교원보수의 변화

제3장 교원보수의 국제비교

제4장 교원보수의 문제와 정책개혁

이주호 · 유경준 · 한유경 共著/
신국판 p.205/ 값 10,000원

■ 고용창출에 관한 연구

경제위기 이후 실업률의 급증에 따라 실업과 고용관련 이슈들이 경제정책의 주요 쟁점으로 부각되었다. 또한 경제의 회복과정에서 나타난 장기실업자 및 비정규근로자 증가와 관련된 분배문제에 대한 정책방향도 사회적 통합이라는 명제하에 향후 우리나라의 경제발전 경로에 중요한 영향을 미치는 정책변수로 등장하게 되었다.

본 연구는 이러한 점에 근거하여 최근 OECD국가에서 장기적으로 추진하고 있는 고용창출을 위한 전략을 통해, 노동과 관련된 우리나라의 향후 경제정책 설정에 대한 시사점을 제시하고 있다.

유경준 編著/ 신국판 p.540/
값 23,000원

[내용]

제1부 기존 실업대책의 평가 및 현 상황의 인식

제1장 경제위기와 실업의 동태적 변화

제2장 경제위기 이후의 고용창출 유형분석

제3장 구조적 실업률에 기초한 현 상황의 인식

제4장 IMF이후 분배구조의 변화와 일자리 창출

제5장 중장기 인력수급 전망(2000~2010)

제2부 일자리 창출을 위한 전략

제1장 세제 및 사회보장제도의 개선

제2장 노동시장 유연성과 일자리의 창출

제3장 적극적 노동시장 정책과 일자리 창출

제4장 기술 혁신과 확산

제5장 기업의 육성

제6장 저기능 근로자의 고용창출

<저자약력>

文亨杓
· 펜실베니아大(經濟學博士)
· KDI 연구위원

高英先
· 스탠포드大(經濟學博士)
· KDI 연구위원

李惠薰
· UCLA大(經濟學博士)
· KDI 연구위원

崔灣旭
· 펜실베니아大(經濟學博士)
· 기획예산처 정부개혁실 공공2팀장

禹天植
· 콜롬비아大(經濟學博士)
· KDI 연구위원

裵埈晧
· 히토쓰바시大(經濟學博士)
· 한신대 교수

李 榮
· 미시간大(經濟學博士)
· KDI 연구위원

2000年度 國家豫算과 政策目標

財政運用의 懸案課題와 改善方向

초판인쇄	2000년 12월 23일
초판발행	2000년 12월 30일
저 자	文亨杓·高英先
펴낸이	朴琪鳳
펴낸곳	**比峰出版社**
주 소	서울 마포구 서교동 480-10 미리내빌딩 3층
대표전화	3142-6551~5
팩시밀리	3142-6556
E-mail	beebooks@hitel.net
등록번호	2-301(1980. 5. 23)
ISBN	89-376-0268-7

값 22,000원